趣聞北京

常林、白鶴群 著

U0078485

目　錄

前言

　　人們發現，隨著北京城市現代化建設的發展，一座神祕的古城正在逐漸遠去。

　　但人們又時常感覺到，那個依舊充滿魅力的古城又突然出現在我們面前。為什麼同一座城市會給予我們如此不同的感覺呢？

　　原來，仍舊能夠讓我們感受北京數千年古城魅力的是那些散布於京城各處的皇家或平民的古代建築與遺址，特別是依附於這些建築或遺址原來主人的、被廣泛傳播和傳承下來的趣聞故事。

　　趣聞就是有趣的傳聞，是文化的一種具體承載形式。北京趣聞則是自北京文化發端以來，經過前人的累積和流傳下來的各種逸事傳聞。可以說，北京趣聞強大的文化承載力使得北京城被賦予了生命。

　　北京的歷史若自「北京人」發端算起，已有約70萬年的歷史；而自周武王滅商，封召公於燕地算起，則也已有3000餘年的歷史了。

　　在這之中，風雲激盪，歷史事件與傑出人物不斷湧現，一脈相承的文化傳統，使得北京文化不斷豐富發展。創造歷史的人們有意無意間留下了包括名勝、古蹟、歷史、人物、生活方式、習俗在內的豐富趣聞。在此基礎上，現代北京人又創造了或傳統，或現代，或兩者兼有的新文化，使得北京的魅力依舊，文化特色更加渾厚。

　　數千年歷史的北京城，曾經生活過帝王、皇親國戚、文官武將、文人墨客、僧尼俗眾、商人工匠、軍人俠客、戲曲藝人、平民百姓等無數人士，數千年來，在他們身上都發生過什麼故事？故事

的前因後果是什麼？無疑，這些是生活在北京或來到北京的人們所關心的。也許您居住的胡同內就生活過一位王公貴族，或許您的同事竟是某位名人後裔，還有可能您剛到過的某個古代建築中原來發生過那樣有趣的故事......

城市是有生命的，這生命的源泉就是歷史上的人物和今天的北京人。傳承歷史，創造新的歷史就是今天北京人的生活狀態，北京城的文化生命之不竭，正源於此。因此，我們說：一個城市不能沒有文化的根基，歷史的延續才會使城市文化的土壤更加肥沃。

有鑑於此，如何以最簡單的方式，讓新來到北京或未來過北京或對北京文化仍舊充滿回味的人們提供一個認識的手段，《趣聞北京》一書責無旁貸。

雖然在我同合作者白鶴群先生起草本書的提綱時，由於北京趣聞資源的豐富，很快就列出了數十條類目，但由於圖書的容量所限，只能選擇其中最具代表性的一些典型類目入選。選擇的過程的確是艱難的，但我們最終還是選擇了歷史北京、城垣北京、皇城北京、宮廷北京、遊在北京、北京宗教、住宿北京、飲食北京、娛樂北京、購物北京、風習北京、名人北京12個類目，構成了本書的框架。

我們希望，這些類目和趣聞，能夠使讀到此書的人們，對北京文化形成一個整體的認識，同時也能享受到文化的樂趣。

北京正在發展文化創意產業，北京豐富的趣聞資源應是北京文化創意產業的重要創意素材，老北京人能將明武宗的故事創意成京劇「遊龍戲鳳」，美國人能將中國「花木蘭」的故事創意成動畫電影，張藝謀能將劉三姐的故事創意成大型桂林山水實景演出《印象──劉三姐》，就連少林寺的故事也已經透過大型原創舞劇《風中少林》去賺美國人的銀子了，我們為什麼不能從北京趣聞中發現新的文化創意產品呢？

白鶴群先生與筆者多次合作，最近兩年我們合作完成的《掌故北京》《北京西山健銳營》兩部專著均得到好評。他作為一位經歷豐富、學識廣泛、著述眾多的北京掌故大家，對本書的撰寫貢獻良多。正是由於他親身的經歷、實地的考察最大限度地保證了收入本書內趣聞的真實無誤，這是非常難得的。

　　我們真誠地希望本書的出版能夠進一步弘揚北京文化，為人們更全面瞭解北京這座古老城市的歷史與文化，貢獻一點微薄的力量。

常林

歷史北京

為什麼說北京是建都的風水寶地

北京，歷來被風水學家稱為「山環水抱必有氣」的理想都城之地；自古有「北枕居庸，西峙太行，東連山海，南俯中原」之說，其地理位置十分重要。

人們都說北京是塊寶地，如何理解呢？舊時的風水學對城市的選址講究山和水。地處華北大平原西北端的北京，「其地左環滄海，右擁太行，北枕居庸，南襟河濟」，形勢雄偉。其西部的西山，為太行山脈；北部的軍都山，為燕山山脈，均屬崑崙山系。兩山脈在北京的南口（南口是兵家要地）會合，形成向東南展開的半圓形大山灣，山灣環抱的是北京平原。地勢由西北向東南微傾。河流又有桑乾河、洋河等在此匯合成永定河。

古代在選擇國都地點時，有一句「前要照後要靠」的諺語。仔細看來，北京城完全符合這個條件。

諺語中所說的「照」，是指照水，即像鏡子一樣的海洋、湖泊或河流。「靠」是指以高大的山脈作依靠。北京前邊的「照」既有茫茫渤海，又有永定河、潮白河、拒馬河、泃河以及溫榆河五大水系。水土豐茂，光彩照人。北京水系屬海河水系，流向東南的渤海。

北京的「靠」是東北和西郊綿延不斷的群山，如西山、軍都山等。北京山脈連綿、大小有名者近百座。它們虎踞龍蟠，天然形勝。在地理格局上，「東臨遼碣，西依太行，北連朔漠，背扼軍都，南控中原」，自然形成了利於發展和控制的戰略格局，正是絕佳的「藏風聚氣」之地。

北京、西安、洛陽、開封、杭州、南京為中國的六大古都，其中只有北京符合「前要照後要靠」的要求。西安是前有秦嶺，後有渭水，屬於「前靠後照」，而洛陽、開封、杭州、南京都是位於平原地區，雖有奔流的黃河、長江，甚至濤濤的東海，但都缺乏作為依靠的連綿高山，屬於「有照而無靠」，整體地理形勢都不如北京。故而稱北京為千古寶地之城，不為過也。

　　為什麼說世界上歷史名字最多的城市是北京

　　北京是中國的首都，也是全國政治、經濟、文化和交通的中心，它在歷史上也是中國歷代王朝軍事重鎮或都城所在地，隨著歷代王朝的興衰、歷史的變遷，北京的名稱也被不斷地更改。據統計，北京的正名、別稱有60餘個，稱得上是世界上歷史名稱最多的城市。

　　北京地處華北大平原西北端，50萬年以前，這裡就有了原始人的活動。當時的「北京人」，為後世留下了豐富的文化遺存，卻沒有留下地名。

　　北京地區在上古時稱幽陵；夏代稱冀州；周喚薊；春秋戰國謂燕；秦署廣陽、漁陽；西漢設幽州；東漢為廣有、伐戎；北魏叫燕郡；隋改涿郡；唐改范陽郡；遼改為幽都，建南京，稱燕京，又改為析津府；金建中都，改析津府為永安府，又改大興府；元稱大都；明朝永樂元年（西元1403年）起始稱北京，置順天府，西元1421年改稱京師；清代稱北京；1928年改北京為北平。中華人民共和國成立後復稱北京。以上僅是比較常見的名稱。

　　北京在歷史上還曾叫過宛平、燕山府、聖都、汗八里。從西元1153年開始，經歷了元、明、清幾個朝代，歷時800餘年，北京一直處於國都的地位，因此又得到了各式各樣的別稱、美稱，如長

安、春明、日下、京華、都門、帝州、帝臺、王城、皇州、辰垣、天都、玉京、神京等。

北京過去為什麼又叫「燕」

在北京別名當中，燕的名稱一直可以追溯到3000多年以前。春秋戰國時期，這裡曾經建有燕國，其範圍不僅包括今天北京，還包括今天河北北部以及遼寧一帶。而其都城薊，恰好就屬於今天北京地域範圍。

據說，這個國家的人由於非常喜歡燕子，並且將其作為圖騰表示崇敬，人們也就把這個國家稱作燕國。「燕」衍生的地名也不少，如燕臺、燕城、燕市、燕京等。今日北京的一些學校、工廠、飯店和商品也用「燕京」來命名的，如「燕京大學」、「燕京飯店」、「燕京啤酒」等。

為什麼說「薊」是北京有據可查的第一個地名

傳說與當時在北京地區廣泛生長、一種叫做「薊」的草本植物有關。如今這種野草雖已不多見，但名稱卻一直保留下來。實際上，早在西元前1000多年，周武王滅商分封諸侯的時候，北方的燕國遷都於薊城，「薊」由此得名。這個地名延續時間很久，不僅在史書上有記載，在出土文物裡也可以得到證實，而且還衍生出一系列地名，如薊門、薊丘、薊苑、薊城等。

北京「幽州」一名是怎樣得名的

「幽州之地，沃野千里」，在今天的許多文學作品當中，人們

還常用「幽州」一詞來指代北京。

中國最早的地理著作《禹貢》（成書於周秦之際的《尚書》中的一篇），將天下分為九州。北京屬於當時幽州的地域範圍，幽州的名稱就是由此而來。

為什麼說「北平」是北京最廣為人知的別名

到底是先有北京之名，還是先有北平之說呢？早在北京被稱作順天府之前，明洪武元年（西元1368年），明太祖朱元璋命大將徐達北征，攻占元朝都城大都，並將其改名為北平府。其治所在今天北京的大興和房山一帶。因此，北平這一名稱應該早於北京出現。直到新中國成立前，北京與北平的名稱都是一直交替出現在中國版圖之上。

北京城是怎麼得名「北京」的

這還得從明朝開國皇帝朱元璋定都南京後說起，那時北京還只是朱元璋的兒子燕王朱棣的封地，稱做順天府。後來，朱棣就在這裡策劃發動政變，最終登上了皇帝寶座。

朱棣在南京即位後，立即將順天府改稱為北京。這裡北京的「北」字，便是與南京的「南」字相對而言的。由此可見，在歷史上，是先有南京，然後才出現北京這一名稱。而北京的「京」字，在中國古代漢語中相當於「大」的意思。

「北京人」是北京最早的居民嗎

位於北京市西南約48公里處的房山周口店龍骨山，是北京地

區內最重要的一處古人類文化遺址，是「北京人」，即北京猿人和山頂洞人化石的發現地。

「北京人」在周口店居住的時間，大約從距今60多萬年開始，一直到距今20多萬年；「北京人」文化，早期從距今60多萬年到距今40多萬年前，中期為距今40多萬年到30多萬年，晚期為距今30多萬年到20多萬年前。這裡是世界上發現直立人化石、用火遺蹟和原始人化石遺存最豐富的古人類文化遺址。「北京人」選擇周口店地區定居，是因為該處山體為石灰岩，易於被水溶解，形成許多洞穴和裂隙，提供了良好的居住條件。現在，周口店西邊的龍骨山北坡，就有北京人居住過的山洞。在山洞裡發現的「北京人」遺骨，有完整和比較完整的頭蓋骨、面骨、下頜骨、牙齒、殘破的大腿骨、殘脛骨、上臂骨、鎖骨和腕骨等。

周口店北京人遺址，把北京的文明史從距今3000多年上推到60多萬年，其意義不言而喻。它是中國人民引以自豪的人類文明發祥史聖地，可以說「北京人」是北京最早的主人。

周口店龍骨山，早在1961年已被國務院列為第一批全國重點文物保護單位，現在已成為研究人類學起源的重要科學基地。1949年以來，前去參觀考察的中外人士一天天增多，現在已成為旅遊勝地了。1987年12月，該地被聯合國教科文組織列入世界文化遺產。1992年，被評為北京旅遊世界之最。

發現了第一個完整的北京猿人頭蓋骨化石的科學家是誰

1929年，中國古生物學家裴文中在周口店龍骨山發現了第一個完整的北京猿人頭蓋骨化石，當時震驚了世界。從此以後，周口店就以中國「猿人之家」聞名全球，其中以「北京人」遺址最有代表性。隨後的考古過程中，陸續挖掘出「北京人」化石、「山頂洞

人」化石、石製品和用火遺蹟。這些有力地證實了生活在25萬年到60萬年前的早期人類已可以製造石器和用火取暖、煮食，為研究人類的進化提供了巨大的幫助。

周口店發現的全部化石材料，代表著40多個男女老幼個體。雖然已有的化石材料還嫌破碎和不足，但就相同階段的古人類化石來說，周口店的化石，目前在世界上還是僅有的。許多相同部位遺骨的重複出現，更是其他同時期古人類化石所不能比擬的。此外，還發現「北京人」製作的大批石器和用火的證據。北坡山頂還發現動物化石118種。「北京人」化石，除1949年以後發現的7枚牙齒、一段上臂骨、一段腿骨尚存外，在第二次世界大戰期間連同「山頂洞人」的化石全都被外國人盜走而遺失了。周口店北京人遺址1927年正式發掘，此後的10年間周口店猿人洞中先後發掘出土5個完整和比較完整的頭蓋骨。遺憾的是，在第二次世界大戰期間，這5個頭蓋骨神祕失蹤。

「北京人頭蓋骨」化石是如何丟失的

根據周口店北京人遺址博物館提供的資料，1927年以後發掘的「北京人」化石一直保存在北京協和醫院。1937年蘆溝橋事變後，日本軍隊侵占了北京，但當時協和醫院是美國的機構，懸掛美國國旗，侵華日軍鐵蹄不敢踏入。這時，「北京人」化石在這個「保險箱」裡還安然無恙。

到了1941年，日本和美國的關係越來越緊張。為了使「北京人」化石不被日寇搶走，當時保管者曾有3種選擇，分別是：把化石運到抗日戰爭期間的大後方重慶去；留在北京找一個妥善的地方祕密收藏起來；以及想辦法送到美國暫時保管。

採用第一種辦法的問題是，從淪陷的北京去大後方路途遙遠，

安全無法保證；第二種方法也太危險，容易發生意外。但對於第三種方案，由於當初進行周口店的發掘和研究曾經有過約定，經費由美國洛克斐勒基金會提供，標本不得運出中國。後來，協和醫院的負責人與重慶的中國政府協商後，決定還是採取第三種方案。

1941年2月初，包裝在兩個大木箱裡的「北京人」化石被移交給即將離開北京撤回美國的美國海軍陸戰隊，準備一同運往美國的還有周口店山頂洞人的化石。12月5日，該部隊乘火車離開北京駛往秦皇島，打算在那兒搭乘預計8日到港的美國輪船「哈里遜總統號」去美國。巧合的是，12月8日爆發了珍珠港事件，日本軍隊迅速占領了北京、天津等地的相關機構，「北京人」頭蓋骨從此下落不明。

「北京人頭蓋骨」化石下落的幾種可能

1998年，包括有「北京人」之父之稱的賈蘭坡院士在內，14名中國科學院資深院士發起的「世紀末大尋找」，但無果而終。2005年，北京市房山區成立了尋找「北京人頭蓋骨」化石工作委員會，加大了尋找力道。綜合得到的有關資訊，以下幾種可能性都存在著：

第一種可能：「北京人」也許已被毀壞，即已經毀於戰火。第二種可能：化石埋在日壇公園，「那是1996年，有個日本老兵臨死前，向中國有關部門傳遞消息，稱化石埋在日壇公園的一棵松樹下，這顆松樹還做了特殊記號」，但發掘尋找無果。第三種可能：化石裝在沉船「阿波丸」號上。據悉，美國總統尼克森當年訪華時，曾將美方認為的化石下落作為絕密禮物送給了中國政府，稱化石可能在日本沉船「阿波丸」號上。第四種可能：有學者認為，「北京人頭蓋骨」化石應該丟失在從北平到秦皇島的運送船隻「哈里遜總統」號上，而「哈里遜總統」號由於受到日艦追逐，半途被

擊沉。第五種可能：化石在「里斯本丸」號上。據有關資料記載，1942年10月2日凌晨，裝載著700多名日軍官兵，以及1800多名英國被俘人員和財物的「里斯本丸」號運輸船，途經舟山附近海域時被魚雷擊沉，船上所載大量文物和奇珍異寶隨之葬身海底。後來，附近漁民救起英軍官兵384人，而據獲救的英國戰俘回憶，船上載有大批被日軍掠奪的黃金財寶和文物，還可能有「北京人頭蓋骨」化石。第六種可能：化石在天津美兵營。1980年代，美國人類學家夏皮羅在《北京人》一書中說，一位原海軍陸戰隊軍人曾告訴他，化石曾輾轉到了駐天津的美國海軍陸戰隊兵營。第七種可能：化石在原美國駐北平領事館，但目前未能得到證實。歷史之謎，還在等待破解。

秦始皇統一中國後的北京叫什麼名字

西元前221年，秦始皇統一中國，薊城改為廣陽郡的治所，名上谷郡。秦始皇以首都咸陽為中心，大修驛道，向東北直通薊城，使薊城成為中國北方的貿易中心及北疆軍事重鎮。

秦朝之後，歷漢、三國、魏晉南北朝各代，薊城之名一直被沿用，而且一直是中國北方的政治經濟中心，成為中原漢族與東北遊牧民族間的兵馬相爭之地。到漢朝時，薊城更名為廣陽郡，晉名范陽郡。物轉星移，及至遼代，又在薊的位置建設陪都——遼南京。金代時又予以擴建，建成規模雄偉的金中都，從而成為北京建都之始。

盛唐時的幽州是今天的北京嗎

到了隋朝，北京城稱涿郡，隋開皇三年（西元583年），廢郡為州，稱總管府。唐改為幽州的治所，稱為幽州城，所以盛唐時的

幽州是今天的北京。

隋煬帝、唐太宗都曾先後駐兵幽州，作為北征高麗的基地。今北京城西南的法源寺，其前身就是唐太宗悼念陣亡將士所建的憫忠寺。盛唐給今天的北京留下的遺存還有古樹。中國的高僧們都是用銀杏樹來代替佛門聖樹菩提樹的，所以北京的古銀杏樹大多在寺廟中。唐代崇佛，北京唐代遺存下來的著名古銀杏樹，有潭柘寺的「帝王樹」、居庸關外四橋子村石佛寺遺址的「關溝大神木」、紅螺寺的兩棵雌雄銀杏、密雲縣巨各莊鄉塘子小學的「香岩寺銀杏」等。

唐中葉以後，東北遼河上遊的契丹族興起，建立遼國，與中原漢族政權形成了南北對峙的局面。五代後晉年間（西元10世紀前半葉），契丹攻占幽州城，定為陪都（首都之外的國都），稱南京或燕京。此乃北京城稱京之始。

安史之亂是發源於北京嗎

安史之亂是中國歷史上發起於幽燕地區，對中國歷史影響至深的一場叛亂（西元755～763年），是唐朝由盛而衰的轉捩點。

唐玄宗改元天寶後，政治愈加腐敗。唐玄宗耽於享樂，寵愛楊貴妃和她的義子安祿山等小人，使國政先後由奸相李林甫、楊國忠把持，又放任邊地將領擁兵自重。幽州當時是「安史之亂」的大本營和策源地。天寶四年（西元745年），安祿山在幽燕地區進行了一系列的政變準備活動。一是在幽州薊城北，另築雄武城，內貯兵器。積穀納糧，戰馬萬匹，牛羊五萬。二是網羅仕途失意文士如張通儒、嚴莊、高尚、李庭堅等為幕僚謀主；培植驍勇善戰的行伍軍士如安守忠、李歸仁、蔡希德、阿史那承慶等為前驅大將。三是組成了以包括突厥、契丹、同羅、奚、室韋、靺鞨在內的諸胡人為主

要成員的軍隊，戰鬥力甚強。天寶十四年（西元755年），安祿山趁唐朝內部空虛腐敗，發動兵變，翌年就攻入都城長安，安氏稱帝。唐玄宗逃入四川，太子李亨在靈武自行登基，是為唐肅宗。此後，安祿山被其子安慶緒所殺。乾元元年（西元758年），由於朝廷一項暗殺史思明的計畫外洩，史思明發動兵變，殺安慶緒並稱帝。至上元二年（西元761年），史思明被其子史朝義所殺。翌年，唐代宗繼位，並從叛軍中收復洛陽。最後，史朝義被李懷仙逼迫自殺，八年的安史之亂結束。

遼代的陪都南京城是今天北京的前身嗎

唐朝以後，中原又陷入分裂的局面，而東北地區的契丹族卻逐漸強盛起來，於西元916年，正式立國，國號契丹。隨後向南發展。遼會同元年（西元938年）吞併了華北地區包括幽州在內的燕雲十六州，並在幽州城建立陪都，稱為南京。其目的是要以此作為經營華北並繼續南進的據點。遼太宗大同元年（西元947年），正式改國號為遼。

遼南京，是遼代五京中最大的一個。它基本上沿用了唐代的幽州城址，只是重修了城牆和在西南隅建造了一個不大的宮城。據記載，南京城「方圓三十六里，高三丈，寬一丈五尺」，有八座城門。宮城內有元和、昭慶、嘉寧等宮殿，還有果園、湖泊以及供帝王遊幸的球場。南京城內分三十六坊，街道房舍井然有序。城市人口達30萬，除漢、契丹以外，還有奚、渤海、女真和來自西域的少數民族。

北宋統治者不止一次地派遣大軍，北上攻遼，希望收復燕雲十六州。但宋軍屢遭失敗。就在遼南京城的郊外，曾發生過有名的高梁河之戰，結果宋軍全軍潰敗。在一系列的軍事失敗之後，西元

1004年，北宋與遼訂立了「澶淵之盟」，兩方從此暫息干戈，形成了較長時期的南北對峙局面。

西元12世紀，女真民族崛起於遼國後方，西元1115年建立金國。西元1122年，金聯合北宋，對遼國進行南北夾擊。西元1123年，金軍突破居庸關、德勝口，攻陷遼南京。

金中都城是何時建成的

西元1113年，興起於白山黑水間的女真人由阿骨打任完顏部首領，練兵牧馬。西元1115年，完顏阿骨打稱帝，建國號金。10年後就俘獲了遼的天祚帝，再用兩年又攻下了北宋的汴梁城。

金人大軍中，有一個阿骨打的孫子，叫完顏亮，他對汴梁繁華美麗的大城驚歎不已。這個完顏亮正是後來遷都燕京、興建中都的海陵王。西元1151年，金開始役使民工80萬、兵夫40萬在遼南京的基礎上營建中都，西元1153年建成遷都。北京市於宣武區濱河公園內金中都大安殿遺址，建立了「北京建都紀念闕」，由青龍、斗拱組成的銅巨闕展現了古都文化底蘊。

金建中都有重大的歷史意義：一是，促進了漢族與契丹、女真、蒙古等少數民族的交往，是中華民族逐漸形成統一國家的一個重要標誌；二是，意味著中國政治中心向北方遷移。

為什麼說金中都是歷史上在北京地區建立最早的都城

北京建都850餘年，這是從「金中都」算起的。在金之前，春秋戰國時期，北京曾做過燕國的都城「薊」，後來又是遼的陪都「南京」，但為什麼把建都的起始點定在了「金中都」？

著名歷史學家戴逸對此作了解釋。他說：燕國當時只是一個封

11

國，不能稱其為全國性政權，而遼的陪都有很多，北京只是其中的一個，只有到了金，北京才開始真正成為一個政治中心，海陵王完顏亮在北京建造了城垣、宮殿和民居。完顏亮之所以把都城選在了北京，主要是考慮到當時金的「上京」（今黑龍江省阿城市）很偏僻，不利於對全國的統治和與中原地區的經濟交流，而燕京當時湖泊眾多，交通發達，物產豐富，於是決定遷都，定名中都。

此後，元、明、清三朝相繼建都於此。可以說，從西元1153年開始，北京成為北部中國繼而是全中國的政治文化中心。

為什麼說元朝時北京第一次成為全國的政治中心

南宋度宗咸淳七年（西元1271年），忽必烈建元帝國，定都燕京，初稱北平，在滅南宋後，不久改為大都，正式成為全中國的統治中心。由於中都城已毀，元世祖忽必烈乃在其東北郊另選一片湖泊地區的周邊，即太液池（今日的中南海與北海）的周邊，重建都城。

大都城從元世祖至元四年（西元1267年）開始建造，共費時10餘年初步完成。至元二十二年（西元1285年）以後，皇室、貴族、衙署、商舖相繼遷入新城。但是，由於詔令規定，遷入大都新城必須以富有者和任官職者為先，結果大量平民百姓只得依舊留在中都舊城。

全城以太液池為中心，周圍約30公里，南北略呈長方形，主要工程包括宮殿、城池、運河（即通惠河）三項。位於太液池東面的「大內」（皇帝生活的地方）及其附近的宮殿群被最早興建，接著是東面的太廟、西面的社稷壇，然後修建官衙及街坊。大都的街坊如棋盤般縱橫整齊，大街寬24步，小街寬12步，今日北京的街道、胡同仍可看出昔日痕跡，而「胡同」一詞，亦即元代對街道的

稱呼。大都設計、興建的工程十分龐大，莊嚴的宮殿、幽雅的園林、整齊的街坊交織成一個整體，而細部的石雕、塑畫更是美不勝收，被當時許多外國使臣譽為「汗八里」，意即大汗之城，是當時世界上最美麗的城市之一。有關這些讚美及描述的文字，可在義大利人馬可·波羅的遊記中看到。

元大都城是怎樣規劃的

元大都的城址勘定與規劃是在劉秉忠、趙秉溫、趙鉉等主持下確定的，完全遵從了《周禮·考工記》中「左祖右社，面朝後市」的皇權至上的城市規劃原則，規劃嚴整，規模宏大，南北中軸直線貫通，東西建築對稱排列，街道整齊劃一，涇渭分明。為以後北京城的建設奠定了堅實的基礎。

大都新城的平面呈長方形，周長28.6公里，面積約50平方公里。元大都道路規劃整齊、經緯分明。城牆用土夯築而成，外表覆以葦簾。由於城市輪廓方整，街道砥直規則，使城市格局顯得特別壯觀。

由於宮室採取了環水布置的方法，而新城的南側又受到舊城的限制，城區大部分面積不得不向北推移。元大都新城中的商市分散在皇城四周的城區和城門口居民集結地帶。其中，東城區是衙署、貴族住宅集中地，商市較多，有東市、角市、文籍市、紙箚市、靴市等，商市性質明顯反映官員的需求。北城區因郭守敬開通通惠河，使海子（積水潭）成了南北大運河的終點碼頭，沿海子一帶形成繁榮的商業區。海子北岸的斜街更是熱鬧，各種歌臺酒館和生活必需品的商市匯集於此，如米市、上市、帽市、緞子市、皮帽市、金銀珠寶市、鐵器市、鵝鴨市等一應俱全。稍北的鐘樓大街也很熱鬧，尤其引人注目的是在鼓樓附近還有一處全城最大的「窮漢

市」，應是城市貧民出賣勞力的市場。西城區則有駱駝市、羊市、牛市、馬市、驢騾市，牲口買賣集中於此，居民層次低於東城區。南城區即金中都舊城區，有南城市、蒸餅市、窮漢市，以及新城前三門外關廂地帶的車市、果市、菜市、草市、窮漢市等。由於前三門外是水陸交通的總匯，所以商市、居民麇集，形成城鄉接合部和新舊二城交界處的繁華地區。由此可見，元大都的商市與居民區的分布，既有城市規劃制約因素，也有城市生活及對外交通促成的自發因素。

元大都城市建設上的另一個創舉是，在市中心設置高大的鐘樓、鼓樓作為全城的報時機構。中國古代歷來利用裡門、市樓、譙樓或城樓擊鼓報時，但在市中心單獨建造鐘樓、鼓樓，上設銅壺滴漏和鼓角報時則尚無先例。

元大都的水源是怎樣解決的

元大都新城規劃最有特色之處是，以水面為中心來確定城市的格局。這可能和蒙古遊牧民族「逐水草而居」的傳統習慣與深層意識有關。

水資源短缺一直是北京地區，特別是城市生活面臨的一個難題，金中都時期如此，元大都時期也是如此。大都城市用水有四種：一是居民飲用水，主要依靠井水；二是宮苑用水，由西郊引山泉經水渠導入太液池，因水從西方來，故稱金水；三是城濠用水，也由西郊引泉水供給；四是漕渠用水，此渠即大都至通州的運糧河通惠河。由於地形落差較大，沿河設閘通船，所需水量很大。

四者之中以漕渠用水最難解決，金朝曾引京西的蘆溝水（即今永定河）入注漕渠未成，元朝水利專家郭守敬（西元1230年～1310年）改用京北和京西眾多泉水匯集於高粱河，再經海子而注

入漕渠，曾一度使江南的糧食與物資直達大都城中，因此郭守敬還受到元世祖忽必烈的嘉獎。但由於上游各支流被權貴和寺觀私決堤堰澆灌水田、園圃，使水源日見減少，漕運不暢，朝廷雖然嚴申禁令，也未見效。

元大都地下水脈，也是來自玉泉山。此井水甘甜，旱季水位也恆定，後來成為皇宮祭祀「龍泉井神」的聖地。

明代為何從南京遷都北京

洪武三十一年（西元1398年），明太祖駕崩。皇太孫朱允炆繼皇位，為建文帝。

諸王叔擁重兵，建文帝深感不安，公開削藩控制局勢，削廢代、齊、湘等王，燕王朱棣深感地位危機，先佯裝瘋癲，後公開以討伐奸佞為由起兵，號稱「靖難軍」。歷時四年皇權之爭，以永樂元年（西元1403年）朱棣登上了皇帝寶座告終。

早在明代之前，北京就是甲於天下的大城，明代遷都北京，有極為充分的歷史、文化、政治、軍事、經濟、個人情感的原因。有人說就是因為明成祖朱棣在北京有自己穩固的政治基礎，所以力排眾議，遷都北京。其實，主要原因是因為蒙古勢力已有新的增強並峙持於漠北，隨時可能捲土重來，如不全力守衛邊疆，極可能出現北宋時半壁江山淪入敵手的情景。北京的地緣位置屬交通要衝，占住北京，就挾制了西北到東北、北方到南方的四條關口（這是四條生命線）。北京城外有太行山、軍都山、燕山，地勢高峻，明代人認為「以燕京而視中原，居高負險，有建瓴之勢」，「形勝甲天下，層山帶河，有金湯之固，誠萬古帝王之都」。

因此永樂帝登基後，深感北平之重要，地形之固、關隘之險、人才之聚、經濟之富，且又為自己經營多年的根基。經與謀臣計

議，遂決心遷都京師，改北平府為順天府。疏通運河，南糧北運，採伐名貴木料巨石，督辦金磚。修城垣、拓南城，建宮殿城池，於永樂十九年（西元1421年）正月初一，正式遷都北京，南京則降為陪都。

北京城的中軸線在哪裡

關於城市中軸線，《周禮》中曰：「惟王建國，辨方正位，以為民極。」是說國都的方位必須辨清楚。定正位，也即是中軸線要正。所謂正，就是都城中軸線應與所在地的子午線相平行。古往今來，歷代建立國都均慎重選擇確立中軸線。

北京的中軸線，就是從永定門到地安門的縱穿京城的一條南北線。1950年代，北京的一次施工中，從地安門地下挖出一隻石鼠，從正陽門地下挖出一匹石馬。這兩件孤立的文物，在地下埋藏了多久？它們同時出現在中軸線上，是偶然的巧合，還是存在著某種隱祕的聯繫？原來天干地支中，子為鼠，午為馬。這兩隻分別被埋藏的石雕，暗示著中軸線實際上是城市的子午線。

北京市政府做出恢復永定門城樓的決定，從而使這條7.8公里的中軸線的完整性得以復原。此後，奧林匹克國家公園設計方案中，中軸線的長度，正隨時間一起延伸。

為何說北京城的中軸線從元大都建設時就已有了

西元1260年，躊躇滿志的忽必烈第一次踏進北京這座夢境一樣的城市。金宮的廢墟已無法居住，而城外東北方向一片湛藍的湖水卻吸引了他。那片水今天叫北海。兩年後，有人把一整塊玉石雕琢而成，名叫「瀆山大玉海」的大酒甕進獻給忽必烈。也是在這一

年，忽必烈批准了著名水利工程學家郭守敬提出的放棄金中都的蓮花池水系，引導高梁河水系進入北海，為未來的都城取得更豐沛的水源的設想。新城市的中心點，就是今天鼓樓的位置上。

中心點確定之後，城市中軸線和城池的位置也自然得以確定。麗正門（今天安門）內的幹道，向北穿越皇宮，直抵鐘鼓樓附近的「中心臺」，正是沿中軸線開闢出來的。元大都的城址勘定、規劃由劉秉忠、趙秉溫、趙鉉等主持，完全遵從《周禮·考工記》中「左祖右社，面朝後市」的皇權至上的城市規劃原則，規劃嚴整，規模宏大，南北中軸直線貫通，東西建築對稱排列，街道整齊劃一，涇渭分明。為以後北京城的建設奠定了堅實的基礎。

明洪武元年（西元1368年），徐達攻克元大都。為了削減元大都的「王氣」，將元大都的北城牆向南移，使之不能超過明都南京城的規模，並拆毀了元大內的宮殿。但皇城的營建，基本以元大都為基礎，實現了正陽門到鼓樓、鐘樓中軸的貫通。

1970年代初，中國科學院考古研究所和北京市文物管理處聯合進行了一次考古發掘，在景山北牆外探出一段寬18米的南北大街，並在景山公園內壽皇殿前探出大型建築夯土基址，這些證據無疑給歷史學家們帶來意外的驚喜——這裡不僅僅是明清都城的中軸線，元大都的中軸線也自北向南從這裡穿過，從而將這條中軸線的歷史提前了100多年。

古代京城是怎樣報時的

鼓樓置鼓，鐘樓懸鐘，暮鼓晨鐘，是元明清時期京城的報時方法。昔日文武百官上朝，京城百姓生息勞作均以此為度，歷經數百年，後隨清朝衰亡而逐漸失去功能。據史料記載，所謂暮鼓晨鐘是鐘鼓樓擊鼓定更、撞鐘報時的規律。由於舊京城大多是平房，「暮

鼓晨鐘」的聲音可傳達5公里多，覆蓋62平方公里的老城區，北京的9個古城門也依據聽到的鐘鼓聲，再鳴點，關啟城門。

清代原規定鐘樓晝夜報時，乾隆後改為只報夜裡兩個更時，而且由兩個更夫分別登鐘、鼓樓，先擊鼓後敲鐘。其計時方式按古人將一夜分為五更來計算，每更為一時辰，即現在的兩小時，19點為定更，21點為二更，23點為三更，1點為四更，3點為五更，5點為亮更。鐘鼓樓每到定更先擊鼓，後敲鐘，提醒人們進入睡眠，二更到五更則只撞鐘不擊鼓，以免影響大家睡眠。到了亮更則先擊鼓後敲鐘，表示該起床了。擊鼓的方法是先快擊18響，再慢擊18響，共擊6次，共108響。撞鐘與擊鼓相同。擊鼓定更，撞鐘報時，在1924年廢帝溥儀離開紫禁城時被廢止。

如今的鐘鼓樓雖已失去司時的作用，但每到年節，北京人依然能聽到宏厚有力的鐘鼓聲，成為京城著名的一景。每到新年到來時，這裡將再現「暮鼓晨鐘」的表演，而且是在歷史資料記載的基礎上加以完善進行的。25面鼓是按照中國第一歷史檔案館所存的清代嘉慶時期奏摺中資料，依尺寸仿製的。目前，鼓樓還現存清代主鼓1面，西元1900年八國聯軍刺破鼓面的印記仍歷歷可見。

北京城為何又稱「八臂哪吒城」

今天京城之格局，源於720多年前的元大都城。元大都的整體設計和建築，由忽必烈的漢人謀臣劉秉忠策劃和監造。元大都城是於西元1267年動工，西元1276年建成的。歷史上一直傳說北京地下有孽龍水怪，劉秉忠把元大都城設計成了哪吒的形狀，以求鎮龍壓怪，保城平安。

哪吒，是流傳甚廣的神話人物。既然哪吒是三頭六臂兩足，武藝非凡，可鎮孽龍、制妖魔，那麼劉秉忠是怎樣把哪吒的三頭六臂

設計到元大都都城上的呢？

　　元大都麗正門為哪吒的頭部，東邊的文明門為第二頭，西邊的順承門為第三頭，三頭有了，六臂自然就好擺位置了。東邊的齊化門、崇仁門、光熙門為左邊三臂；西邊的平則門、和義門、肅清門為右邊三臂。三頭六臂有了，總得有兩隻腳吧？正好，北城牆上的兩座城門健德門、安貞門便是哪吒的雙腳。

　　當我們確定了哪吒三頭六臂兩腳的位置，再在元大都城內找到哪吒的五臟六腑就不難了。哪吒的上半身在元大都南端中部，其建築為蕭牆內的皇宮，五臟六腑包括靈顯門、延春閣、仁智殿、興聖宮、光天殿、隆福宮等宮城苑囿建築及延伸到都城南部的35個坊。哪吒下半身則在元大都城正中，包括厚載門、海子橋、萬寧寺、中心橋、鐘鼓樓等區域。

　　明永樂四年（西元1406年），明成祖朱棣開始改造北京城，先將元大都的北城牆向南收縮2.5公里，這樣，元大都南北方向短了，哪吒的腳沒了。永樂十七年（西元1419年），將南城牆於舊址南擴1公里，這樣哪吒的雙腳與整個身體又協調了。

　　經過北縮南展，明代北京城垣不但仍然具有哪吒城的特色，而且更充實了北京是哪吒城的材料。由於明北京城北城牆的南移，失去了東城牆的光熙門和西城牆的肅清門，北京掌故中又流傳出了一頭六臂的傳說。一頭即正陽門，東三臂為崇文、朝陽、東直門；西三臂為宣武、阜成、西直門。明嘉靖年間，在原城牆的基礎上修築環抱南城牆的外城，北京城成了一個「凸」字形的城郭。好像給哪吒城戴上了一頂大帽子。外城也有城樓，藉著外城東、西便門的建築，又豐富了哪吒城的說法，三頭六臂兩足論依然存在：正陽、宣武、崇文門為三頭；左三臂為東便、朝陽、東直門；右三臂為西便、阜成、西直門。

為什麼說北京城是按照五行之說設計的

金、木、水、火、土，是指人類在生活中常見的五種物質，俗稱「五行」。中國古代思想家曾用這五種物質來證明世間萬物的起源和多樣化的統一，其學說稱為「五行學說」。五行所代表的物件不是孤立存在的實體，而是互相聯繫的有機生命本體。五者之間相生相剋，由此演成豐富複雜的內在生命運動。五行相生的規律是：木生火，火生土，土生金，金生水，水生木。五行相剋的規律是：木剋土，土剋水，水剋火，火剋金，金剋木。

歷史上的封建統治者將五行相生相剋的原理完全運用於北京形勝的堪輿中，成為北京古代城市規劃與建設中的最為重要的依據之一。堪，為天道，輿，為地道，堪輿為選擇地形之意，這是古代的一種哲學思想在城市規劃中的反映，雖然有其唯心主義的一面，但也體現著中國古代傳統文化中「人與自然和諧」、「天人合一」的樸素思想。因此，以批評的態度來認識這種現象，可以更好地認識北京城的變遷。

明成祖朱棣選定北京為都城時，他既要用此地理之氣，又要廢除元代的剩餘王氣。當時的風水師便採用將宮殿中軸東移，使元大都宮殿原中軸落西，處於風水上的「白虎」位置，加以剋煞前朝殘餘王氣；鑿掉原中軸線上的御道盤龍石，廢掉周橋，建設人工景山。這樣，主山（景山）—宮穴（紫禁城）—朝案山（永定門外的大臺山「燕墩」）的風水格局又重新形成了。

依據北京的古籍文獻和透過實地探訪，人們會驚奇地發現，在北京的地形上，北京的五行表現得淋漓盡致。即東為木，北京東郊有皇木。西為金，大鐘寺內有大鐘。北為水，頤和園東堤上有鎮水牛。南為火，永定門有燕墩。中為土，景山公園內的土山氣象萬千。北京的五方鎮物是歷代封建統治者數次興建及擴建的，對這些鎮物的認識有助於研究北京這座古城的人文典故。

為什麼說明代是中國歷史上最後實行人殉制度的朝代

修短有數兮，不足較也。

生而如夢兮，死者覺也。

先吾親而歸兮，慚予之失孝也。

心淒淒而不能已兮，是則可悼也。

郭愛《絕命辭》

明代的宮女大都出自京城門庭清白的小戶人家，一旦被選入宮，就意味著從此與家人生死永不得見，而且明初的宮廷沿襲了元代慘烈的人殉制度，宮女郭愛被勒令為明宣宗殉葬時入宮僅20天，《絕命辭》是其臨終時所作，字字血淚與父母訣別。歷代帝王為一己之私，廣蓄美女，不見天日的高牆深院，不知白白葬送了多少女子的青春、幸福和生命。

用活人殉葬，是中國古代一項殘忍野蠻的制度，秦漢以後就很少有人殉葬了，往往代之以木俑、陶俑。到明代，人殉之風死灰復燃，明太祖朱元璋首開惡例。洪武三十一年（西元1398年），明太祖病死，以40多名妃嬪殉葬，這些妃嬪當中，有不少還為朱元璋生育過子女。據《李朝實錄》記載，到了殉葬那天，由侍臣太監們將她們召集到一庭院內一同去赴宴。宴畢，引進一殿堂。殿堂內事先就放好一個一個的小木床，殿梁上繫好繩套。妃嬪們自知死期已到，哭聲震響大殿。迫於聖旨，誰敢說「不」字呢？這些嬌豔美麗的妃嬪顫巍巍地登上木床，有的甚至需要人攙扶才能爬上去。她們把頭伸進繩套，太監、侍臣拉緊繩索，挪開木床，將她們一個個吊死，殘忍至極。一個朱元璋寵愛的妃子在臨死前，還對自己的乳母喊道：「娘，我去了，娘，我去了！」話聲未落，便被太監踢開

木床，一命嗚呼！

在明英宗以前，除皇后葬帝陵以外，其他宮妃大多殉葬而死。明朝這種殘酷的人殉制度，一直到明英宗後才被廢除。

清朝是如何定都北京的

1643年，努爾哈赤之子皇太極病逝。實力占優但尚不足以勢吞群雄的多爾袞，為使皇朝免遭分裂，擁戴皇太極6歲的幼子福臨即位，自己出任攝政王總攬實權。

1644年，是個風雲變色、江山易主的年頭。坐困北京的明朝，坐大瀋陽的清朝，稱王西安的李自成，三方征戰多年，中原逐鹿。李自成率領義軍攻克北京，建立大順政權。駐守山海關的明總兵吳三桂乞求清廷出兵，共同鎮壓李自成。清廷利用這一時機，迅速向山海關推進。四月二十二日，吳三桂迎接多爾袞入關，清軍即與李自成的大順軍在山海關附近決戰。大順軍戰敗，李自成被迫退回北京，數日後又從京城撤出。五月初一日，清軍進入北京城，多爾袞錄用部分明官僚，建立起由滿洲貴族主持、滿漢官僚共同掌權的清政府。

因北京皇宮大部已被李自成撤退前縱火燒燬，所以多爾袞將攝政王府設在未遭火焚的武英殿中。這時，武英郡王阿濟格等將領提議在北京城大肆屠戮，然後帶著戰利品返回關外。多爾袞力排眾議，決策定都北京，並派遣官員到瀋陽去迎接順治皇帝。順治元年九月十九日（1644年10月19日），順治皇帝抵達北京，由正陽門進城，入住武英殿。十月初十，順治在皇極門（今故宮太和門）頒布即位詔書。

清朝建都北京，自是出於雄霸九州的眼光，也是出於退可出關的戰略考慮。以多爾袞為首的清廷的遠見卓識者，認為要「以圖進

取」，必遷北京，從而統一全國，「以建萬年不拔之業」。

清代京師的建置大體沿襲明代，但內城改駐八旗軍。未入旗之漢人皆遷移南城，實行滿漢分治，開創了清朝入主關內的267年（西元1644～1911年）的基業。

您知道清初八旗勁旅駐京位置與八卦的關係嗎

清朝入關後為了鞏固政權，在全國各地駐防部隊。而駐紮在北京城內外的滿洲八旗稱之為「禁旅八旗」。滿洲八旗排列是有一定順序的。以鑲黃、正黃、正白為上三旗，正紅、鑲白、鑲紅、正藍、鑲藍為下五旗，並按方向定該旗的位置，以鑲黃、正白、鑲白、正藍四旗居左，封稱左翼。正黃、正紅、鑲紅、鑲藍四旗居右，封稱右翼。

北京城由內城與外城兩部分組成，清軍入關後，實行滿人居內城，漢人居外城的政令。北京內城是個正方形，當時按方位顏色在京城內進行了布防：北方為鑲黃、正黃二旗，駐防安定門、德勝門內。東方為正白、鑲白二旗，駐防東直門、朝陽門內。西方為正紅、鑲紅二旗，駐防西直門、阜成門內。南方為正藍、鑲藍二旗，駐防在崇文門、宣武門內。

由上可知，按八卦列，恰每旗各守一門，正陽門則由皇宮（中部為土）衛營把守。

京城滿洲八旗軍隊是怎樣布局的

京城滿洲八旗軍隊的位置安排，是按照陰陽五行來進行的。它反映了滿洲人與中華文化一脈相承的人與自然和諧一致的思想。京城八旗按陰陽五行分，則每二旗雄踞一方：兩面黃旗在北邊，北邊

在五行中為水；兩面白旗在東邊，東邊為木；兩面紅旗駐紮在西邊，西方代表金；兩面藍旗駐紮在南面，南方代表火。黃色代表土，土能擋水；白色代表金，金能降木；紅色代表火，火能剋金；藍色代表水，水能滅火。這樣東西南北，金木水火，黃白紅藍，它們之間一伸一抑、一張一合，給人們一種順其自然的印象。

滿洲八旗子弟兵是怎樣變成紈褲子弟的

清軍入關之前，滿洲八旗子弟兵具有很強的戰鬥力，因為八旗子弟自幼苦練騎射，剽悍勇猛。由於連年戰爭，八旗子弟一直保持著尚武的民族風尚，按時操練，堅持不怠，每月在校場練習弓馬六次，春秋兩季集中操練馬步騎射和火器，今日的東安市場所在地就是城內八旗演練的舊址。可是隨著全國的平定，八旗兵以征服者自居，日漸驕橫，享有特權，養尊處優，由於貪圖享受，武藝日漸荒疏。到了同治年間，八旗兵完全喪失了戰鬥力，變成了只坐吃俸祿的紈褲子弟。儘管清王朝在咸豐年間因遭到英法聯軍的侵略而又重整八旗精銳部隊——神機營，但也杯水車薪，無濟於事。

中國歷史上的最後一次科舉考試是何時廢止的

西元1904年7月4日清晨，在禮部會試中選拔出來的273名貢士，從中左門進入保和殿，歷經點名、散卷、贊律、行禮等種種儀式禮節，準備參加名義上由皇帝主考的殿試。

這是三年一度的全國科舉考試的最後一關。貢士們按這次考試的成績重新排定名次。一甲三名將獲賜進士及第，二甲和三甲分別獲賜進士出身和同進士出身。上午10時，試題發下，日暮為交卷時限。

金息侯的殿試卷，慈禧太后初閱後很欣賞，但經過細審，慈禧太后發現他在應對策論時，針砭時弊，寫出了「國家危亡」、「痛哭流涕」的字樣。那時正值慈禧七十萬壽大典，「痛哭流涕」四字非同小可，慈禧認為實在不吉利，結果金的試卷被淘汰。

劉春霖擅長小楷，在書法界有「大楷學顏（真卿）、小楷學劉（春霖）」之說。恰好慈禧又性喜疏淡清新字體，所以翻開直隸肅寧劉春霖的試卷後，自是大為欣賞。

這一年又逢大旱，急盼一場春雨，而「春霖」二字含春風化雨、甘霖普降之意，加之其籍貫為直隸肅寧，地處京畿，「肅寧」又象徵肅靜安寧的太平景象，這對烽火四起、搖搖欲墜的清王朝，自然是「吉祥」之兆。於是，慈禧在劉春霖的殿試卷名字上，點上了一點朱紅，名列榜首，大魁天下。這次殿試的前三名為，狀元劉春霖、榜眼朱汝珍、探花商衍鎏。

參加這次殿試的貢士還有譚延闓、湯化龍、蒲殿俊、沈鈞儒等。1905年，直隸總督袁世凱主筆，會同盛京將軍趙爾巽、湖廣總督張之洞、兩江總督周馥、兩廣總督岑春煊、湖南巡撫端方同奏，請立廢科舉。不久，清廷宣布：「自丙午科（光緒三十二年）為始，所有鄉試、會試一律停止，各省歲科考試亦即停止。」一個持續千餘年的科舉時代，就此壽終正寢。1904年的這場考試，便成了中國歷史上最後一次科舉考試。

中共中央是何時考慮將新中國定都北京的

毛澤東熟悉中國的歷史，熟悉北京的歷史，從歷史的作用來看，定都北京無疑是歷史發展的必然。選定北京，這裡邊有著太多的理由和依據。北京在中國歷史上所起的統一全國的作用，是以毛澤東為首的中共中央領導人所考慮定都的歷史背景。

中華人民共和國成立前夕，黨和國家領導人對於新中國定都何處，曾進行過多次討論。據一些回憶錄披露，1948年3月下旬，毛澤東、周恩來、任弼時等率中共中央機關東渡黃河，進入晉綏解放區，結束轉戰陝北歷程的時候，就已經在考慮建國和定都問題了。當時毛澤東正在組織平津戰役，數十萬解放軍對北平「圍而不打」，其目的就是為了保護北平這個千年古都不受破壞，其中就有定都北平的考慮。

新中國正式定都北京是何時決定的

新中國正式決定定都北平，是在1949年3月5日召開的中共七屆二中全會上提出的。七屆二中全會提出黨的工作重心必須從鄉村轉移到城市，提出要進行廣泛的城市經濟建設。在這一背景下，毛澤東提出定都北平。他講：「我們希望四月或五月占領南京，然後在北平召集政治協商會議，成立聯合政府，並定都北平。」

1949年3月25日，毛澤東進北平城，由河北涿縣乘火車到北平清華園。火車經過北平城牆時，毛澤東看了看窗外蕭條的景象，對身邊的同志說：「你們來過北平嗎？我來過，整整三十年了！那時，為了尋求救國救民的真理，我到處奔波，在路上連褲子都被人偷走了，吃了不少苦，現在三十一年後還舊國，真是『玄都觀裡桃千樹，儘是劉郎去後栽』。翻天覆地，翻天覆地喲！」

毛澤東將定都北平的想法提交給新政協籌備會議第六小組，第六小組在廣泛徵求專家的意見後，很快取得了共識。1949年9月27日，新政協第一屆全體會議在中南海懷仁堂舉行，會議審議透過了中華人民共和國定都北平的提議，並自當天起正式改北平為北京。

城垣北京

金中都的城牆遺存在哪裡

金中都全城略呈方形，當時周長約37公里，每邊各有兩個城門。皇城位居中央（今廣安門以南），呈長方形，城內的宮殿承襲北宋的奢麗風格，極其豪華，如今北京城的皇家園林中還有很多那時的太湖石。宮殿西側還建有風景優美的御花園。金中都太液池遺址亦稱西華潭遺址，就位於廣安門外南街。金名為同樂園，史載在同樂園內，闢治了瑤池、蓬瀛、柳莊、杏村等名勝。宋人曾有詩描述金中都的皇城之美：

燕石扶欄玉雪堆，柳塘南北抱城迴。

西山剩放龍津水，留待官軍飲馬來。

中都雖然華麗，但可惜不及百年，13世紀初蒙古揮軍南下，中都毀於戰火之中。金中都城為金朝的國都共歷60餘年。金中都城故址的方位大致是，出右安門沿護城河岸西行至鳳凰嘴村，是中都城的西南角，復興門外黃亭子是西北角；宣武門內翠花街是東北角，永定門豁口外四路通是東南角。城門有：施仁、宣曜、陽春（東面），景風、豐宜、端禮（南面），麗澤、灝華、彰義（西面），會城、通玄、崇智（北面）12座。現豐臺區蘆溝橋鄉界內尚存西、南城牆遺址3處：三路居鳳凰嘴村為城西南牆角，牆體殘高3米，綿亙約百餘米，牆南面的水渠應為金代護城河遺蹟。此為金中都遺址較大的一處；萬泉寺村有南牆兩段，連在一起；東管頭高樓村有西牆一段。均為夯土牆，為北京市重點保護文物。

北京有元大都的城牆遺址公園嗎

元大都城牆共開有11門，北面的兩門即肅清門、健德門的甕城土牆，還部分殘存於地面之上。北垣俗稱「土城」的地方，至今仍可以見到高達數米的元城牆遺蹟。城的四角都有巨大的角樓，今北京建國門南側的觀象臺，就是元大都城東南角樓的舊址。

現在的元大都土城遺址公園，就是在元大都的土城遺址上建造起來，所以又簡稱「土城公園」。土城公園西起現在學院南路的明光村附近，向北到學知橋後再折向東經北土城西路直到朝陽區的芍藥居附近。目前公園在黃亭子恢復了「薊門煙樹」景區，並在遺址公園的「建都大典」景區內建造了元代武士的雕像。在沿著古老的土城牆邊還有一條景色優美的小月河，園內種植了洋槐、松樹、毛白楊和核桃樹等樹木。

在經歷了600多年風雨沖刷之後，今天我們來到這裡，雖然看到的只是一垛殘缺的夯土築成的城牆遺蹟，但依然可以感覺到它的歷史的厚重。

北京老城門的多種稱謂有哪些

在今存的諸城門名稱中，不同時期有著不同的名字。記述如下：

南端：正陽門，俗稱前門，曾用名麗正門。

崇文門，曾稱哈德門、海岱門、文明門。

宣武門，曾稱順治門、順城門。

北端：安定門，從元代安貞門演化而來。

德勝門，從元代健德門演化而來。

西部：阜成門，曾稱平則門，元大都舊城門名。

西直門，曾稱和義門，元大都舊城門名。

東部：朝陽門，曾稱齊化門，元大都舊城門名。

東直門，曾稱崇仁門，元大都舊城門名。

北京城牆豁口的由來

在清代及其以前，北京的城牆是根本不能擅動的，即使需要修繕，也需由工部奏請皇帝御批。

西元1901年，英國人將天壇東城牆挖建一門洞，將津滬鐵路引至前門東，得名前門車站。與此同時，法國人在西便門西南的城牆也挖了一門洞，將鐵路修至前門西，得名前門西站。

1915年，修環城鐵路時，建城門洞數個，並拆除正陽門（前門）甕城。1925年，開設和平門。日本侵占北平期間，在長安街東西延長至城牆處，各開城門，東為啟明，西為長安。1946年，啟明門改為建國門，長安門改為復興門。

新中國成立後，城牆豁口愈拆愈多。1950年，拆除建國門城樓改豁口。1950年，崇文門西拆豁口。1951年，拆豁口納入正式規劃，內城東牆拆兩個，大雅寶與北門倉；西牆拆兩個，井兒胡同與松鶴庵；北牆拆兩個，舊鼓樓大街與新街口。

1951～1953年，又拆出12處豁口。1966年，因為修地鐵，整座北京城郭從地圖上消失了。

在上述諸多城門中，倖存下來的城門遺址和實物僅存五處。它們是，德勝門箭樓、前門（正陽門）城樓與箭樓、東南角樓、內城西南角南北向城牆遺址和古觀象臺。

「國門」正陽門的門字為什麼沒有鉤

正陽門為北京內城九大城門之一，元稱麗正門，明改為正陽門，人們俗稱前門。正陽門因皇帝龍車出入此門，又稱「國門」。

從中國歷史上來看，就是從秦始皇開始，講究進行「避諱」。因始皇的名字為「嬴政」，就講究避諱與「政」同音的「正」字。故秦代時就出現了將「正月」改為「端月」的現象。傳說，有一年，不知哪位皇帝出入京城南面的正門「正陽門」（俗稱前門）時，發現城樓門匾上的「門」字右邊的一豎有鉤，他眉頭一皺，心裡覺得不吉利，自己為真龍天子，「門」字有鉤，豈不鉤著皇帝身上的龍鱗？回宮後，他就下諭旨，命人重寫了「正陽門」的門匾，把「門」字的鉤砍掉，以示尊崇皇帝「避諱」，出入「正陽門」順利吉祥。這樣，京城的「正陽門」懸掛的門匾，其「門」字是沒有鉤的，並且一直流傳至今。

前門甕城中的關帝廟為何有名

前門甕城中關帝廟位於九門之首，故人稱「正陽關帝」。前門與同在中軸線北端的地安門、鐘鼓樓前後呼應，成為北京城中一組最為顯著的建築物。如今，前門箭樓已成為北京的代表圖案之一，而正陽關帝這一史蹟在北京內城九門中也有著獨特的價值。

關帝廟在北京尤為興盛，明清兩朝約有百處以上，北京內城九門中有八門供有關帝，而正陽門關帝居於首位，這是為何呢？

第一，明清兩朝皇帝每出入正陽門必下馬；祭祀關帝，以求關帝顯聖，國泰民安。每逢正月初一，派人大辦官祭，影響極大。

第二，正陽關帝廟，緊靠正陽門甕城內西側，與東側的觀音廟

並守正陽門戶，為京都中心。正陽關帝廟建築雖小，但廟中所祀之物為明代宮內舊物，更有清嘉慶十五年（西元1810年）所鑄青龍偃月刀。這些都使得在京的五金雜商均要派人來致祭，以求坐賈得利。過去，每屆朔望，前往焚香者頗多，結拜金蘭者均在此廟內。

《都門竹枝詞》有「靈籤第一推關廟，更去前門洞裡求」的詞句，可見當時人們迷信於正陽關帝的顯聖之靈。因此，過去各地的文人秀士、梨園弟子、商賈小販紛紛雲集正陽門下。

正陽門城樓是怎樣被改建的

清光緒二十六年（西元1900年），正陽門城樓、箭樓均遭到焚燬。在西安避難一年多的慈禧太后，在1902年初回北京，史稱「庚子回鑾」。途中，要經過正陽門進入紫禁城。直隸總督陳夔龍記：「令廠商先搭席棚，繚以五色綢綾，一切如門樓之式，以備駕到時藉壯觀瞻。」

清光緒二十七年（西元1901年），京奉火車站建立，當時人們依據地形與前門城樓的關係，叫前門東站。1959年，北京站建成後，此處改建為北京鐵路職工俱樂部，今建築依存。

1915年，民國政府為了改善前門的交通，方便行人和車輛出入，在內務總長，兼北京市政督辦朱啟鈐的主持下，拆除了甕城。由於具體施工人員中有外國人，所以負責此項工程的德國人羅恩凱在改建正陽門箭樓時，添建了水泥平座護欄和箭窗上的弧形遮簷，月牆斷面上增添了西洋圖案花飾。

1949年2月3日，北平和平解放，人民解放軍在前門箭樓前舉行了威武雄壯的閱兵式。

1958年，又拆除了那座深入市民之心的關帝小廟。1963～

1966年，拆除了前門（正陽門）東西兩側的城牆。

　　在北京市人民政府的領導下，全市進行了大規模的改建，前門地區已是商店林立、市招繁多的京都最著名的商業區之一。現在正陽門箭樓已成為北京市的文物保護單位，成為回望歷史的遺蹟。2006年9月27日，歷時一年修繕的正陽門城樓正式對外開放，城樓下新落成的零公里公路起點標誌與古老的城樓形成了歷史與現實的對照。

　　地安門在皇城中有何寓意

　　地安門是北京中軸線上的重要標誌性建築之一，是皇城四門之一的北門，天安門則是皇城的南門。南北互相對應，寓意天地平安、風調雨順。皇城正門稱天安門（明稱承天門），東稱東安門，西稱西安門，北稱地安門。明稱北安門，俗稱厚載門，亦俗稱後門。

　　地安門位於皇城北垣正中，南對景山，北對鼓樓，始建於明永樂十八年（西元1420年），弘治十六年（西元1503年）二月重修，隆慶五年（西元1571年）七月修葺；清順治九年（西元1652年）七月重建，並易名為地安門。地安門內左右兩側各有雁翅樓一座，為二層樓，原為內務府滿、蒙古、漢上三旗公署。1924年，驅逐末代皇帝出宮時，部分太監曾暫棲於此樓。

　　地安門在歷史上曾經發揮過什麼作用

　　據文獻記載，地安門在歷史上曾經發揮過重要作用。因為是皇城的北門，凡是皇帝北上出征巡視時大多要出地安門，親祭地壇諸神時也出地安門。光緒二十六年（西元1900年），八國聯軍入侵

北京時，侵略軍曾在地安門遭受清軍的頑強抵抗。在緊急關頭，慈禧太后帶光緒皇帝倉皇逃出紫禁城，出皇城北門地安門，再出內城德勝門，走避西安。1924年，馮玉祥將軍驅逐溥儀出宮時，這位末代皇帝也是從地安門灰溜溜地走向他的出生地攝政王府的。早年，地安門內設置有許多為皇家服務的衙門，諸如尚衣監、司設監、司禮監、酒醋局、織染局、針工局、巾帽局、火藥局、司苑局，還有鐘鼓司、供用庫、蠟庫、簾子庫、兵器庫、皮房、紙房、安樂堂等。

朝陽門為何被稱為京城「糧門」

朝陽門，門內九倉之糧皆從此門運至，故甕城門洞內刻有穀穗一束，以此紀實，謂之「朝陽穀穗」，朝陽門也別稱為「糧門」逢京都填倉之節日。往來糧車絡繹不絕。

朝陽門為北京內城九大城門之一，與阜成門東西遙遙相對，元時稱齊化門，明永樂年間起改稱為朝陽門。但老北京人還習慣稱它為齊化門。朝陽門在明、清歷朝均有修葺。明、清兩代，京城食米皆從南方經運河運至東便門外大通橋，再用車馬運至朝陽門內各糧倉。

朝陽門鎮門之物是甕城城門洞左壁上的石刻穀穗。朝陽門為京都江南進糧之門，故東城諸漕運和諸倉之倉使、副使、攢典、倉子等上下官員皆以谷穗為記。朝陽門外護城河又稱運糧河，使江南諸物，商賈舟楫皆直達京城。南糧及貨物可自朝陽門入倉儲。朝陽門甕城及閘樓於1915年修環城鐵路時拆除。

1950年，於朝陽門城門北側城垣開豁口，以利交通。於1953年將朝陽門城樓拆除。1957年，將朝陽門箭樓拆除。今二環路建成後，為了交通便利，東護城河自東直門北起南流至大通橋，現已

改地下暗河。

朝陽門除以谷穗石塑為記外，門樓東外側的城牆堆口處鑲有連脊小廟三座，「高約二尺，長僅尺半」，廟分三閣，內供三皇（伏羲氏、神農氏、軒轅氏），此廟俗稱「一步三座廟」。光緒二十六年（西元1900年），八國聯軍侵占北京，朝陽門城樓遭到圍攻北京的俄、日軍隊炮火的轟擊而嚴重損壞。

新中國成立後，朝陽門內外商業極盛，朝外市場，攤商林立，照相館、餐廳、商店不勝枚舉。如今，朝陽門外大街已改建成為一個現代化的街區。

東直門為何被稱為「商門」

東直門是北京內城九大城門之一，位於內城東垣北側，元時為元大都東垣中門，稱崇仁門，明清為東直門。甕城為正方形，四隅均為直角。1915年，因修築環城鐵路將甕城、閘樓拆除，於箭樓後部兩側建「之」字形磚磴道。箭樓形制與朝陽門略同，1927年將箭樓拆除，僅存箭樓臺基，臺基於1958年拆除。1950年，在東直門城門北側開豁口，以利交通。1965年，拆除東直門城樓。

東直門與京都諸門比較起富貴來，稱最「貧」之門，人稱「商門」。東直門明、清間南方木材經運河運京後均儲於東直門外。清康熙三十六年（西元1697年），於東直門外建水關，管理進京貨物。清代於東直門外設「春場」，每至立春時順天府尹於此鞭「春牛」，曰「打春」。出入此門之人多為郊外盆窯小販，日用雜品貨商占據整個甕城。甕城內北側有關帝廟一座，廟內除供有關帝外，左右尚有周倉、關平黑白二將，塑像極為精細，附近人稱「東直塑像」，也有稱為「東直金身」。東直門塑像為何而建？廟內有一聯，上聯曰「刮骨療創，誰能學當年關夫子」；下聯曰「施針灸

毒，吾幸逢今世華太醫」。聯為城內約一里許的藥王廟同行所贈。逢陰曆四月二十八藥王聖誕之日，藥界名流便集聚於東直門關帝廟前，故拜關帝而捐款者大有人在。

逢藥王生日，活動由東城羊管胡同藥商沈氏主持，並於德愛堂藥館前設齋、誦經、演戲酬神，熱鬧異常。東直門外里許有鐵塔寺，塔高聳半空呈圓城狀，人稱「東直鐵塔」。殿內供一胡頭陀，相傳為明建文帝化身。每年正月初一、四月初八均有廟會。

今日東直門外高樓林立，眾多使館和高檔賓館、辦公室建在那裡。立足東直門高架橋之上，東望農業展覽館，綠色建築歷歷在目；西見城中高聳的鼓樓，位於一紅一綠建築之間的東直門大街上車水馬龍，絡繹不絕。

只有安定門中建有真武廟嗎

安定門，是北京內城九大城門之一，位於內城北垣東側，原在今安定門高架橋正中處，元時稱安貞門，遺址在今安外小關一帶。明清兩代則稱為安定門，為京都最重要的防禦城門之一。因附近建有地壇、國子監、孔廟、雍和宮等建築，所以安定門交通繁忙。天子每年要途經此門赴地壇祈禱豐年以圖國泰民安；每當從德勝門出兵的戰士征戰歸來，得勝軍士也多由安定門進入。

明洪武元年（西元1368年）八月，明軍攻下元大都城，同年九月改大都為「北平」。洪武四年（西元1371年），改建北平城垣，廢元大都北垣及北垣之原「安貞」、「健德」二門，在新築北土垣上加高加寬，東側門仍稱安定門。清咸豐十年（西元1860年），英法侵略軍攻占安定門，安定門遭到炮火轟擊，英法聯軍一度占據此門作為軍事要塞，城上懸英、法國旗，不准中國居民出入。《北京條約》後，至1860年11月5日，始將安定門交還清廷。

安定門與京都其他八門的最大區別是甕城中的廟宇。京師其他八門甕城裡皆建關帝廟，內祀關帝，獨安定門內建真武廟，供奉真武大帝（北方之神），在京都諸門中獨具一格。瑞典人奧斯伍爾德‧喜仁龍寫的《北京的城牆和城門》記載：「箭樓腳下，偎伏著一座小廟——真武廟，雖然不大卻很幽雅，包括六間各自獨立的寺閣，小廟周圍有門，院內椿樹交擁，樹影幢幢立著一座大香爐和一塊塊大理石碑......所以這個小廟是個難能可貴的風景點。」

西元1915年，建環城鐵路，將甕城及閘樓拆除，在箭樓內側左、右以磚砌「之」字形磴道可登箭樓。1956年至1957年，安定門箭樓首先被拆掉。1969年，適值「文化大革命」時期修地鐵，城樓在這一時期被拆。

今日的安定門高架橋橫跨南北，橋下的護城河疏濬後，兩岸已成為美麗的花園供附近的人們休憩。夕陽西斜，餘暉照耀在孔廟與雍和宮殿頂的琉璃瓦上，在樹冠的烘托下黃綠交融，相互掩映，編織出了一幅北城最美麗的圖畫。

德勝門為何稱「軍門」

德勝門，為北京內城九大城門之一，也是北京城現今僅存的幾座古代城防建築之一。它位於內城西北部，是通往塞北的重要門戶，故德勝門又有「軍門」之稱。

明朝初期，明軍因防禦上的需要，由徐達修建德勝門。徐達將元大都城牆南移，並將京城北部西側的健德門改稱德勝門。今天德勝門外祁家豁子兩側就是元大都健德門的舊址。

德勝門城防建築包括德勝門城樓、甕城、箭樓、石橋等。城門洞大而高，配之三重飛簷的雄偉城樓，倍顯德勝門這座「軍門」的威嚴。1921年，德勝門城樓因梁架朽壞而被拆除，其後又拆除了

大部分甕城。

德勝門箭樓今依存，人民政府曾於1951年撥專款給予修繕。箭樓高31.6米，為重檐滴水歇山頂，南面的抱廈開有三座樓門，箭樓四層，北、東、西三面的簷下各開有4排箭窗，北面每排12孔，東西兩面每排各4孔，南面抱廈的東西側各開1孔，德勝門箭樓共有箭窗82孔。

北京過去有一種說法，即明、清二朝出兵打仗多從德勝門出征，取其「旗開得勝」之吉語，班師則從安定門而回，寓意外邦已安定。但也有反說者：出安定、進德勝。有研究者做過詳查，康熙年間，兵馬出德勝門居多。德勝門作為「軍門」，守備器械種類極多，故城內外兵械商人雲集，今德勝門外冰窖口胡同內有一弓箭胡同，即昔日兵器行會中的弓箭會館，今會館尚存，卻已成為民宅。

1982年，北京市文物局在此設立了德勝門箭樓文物保管所，箭樓這座歷時500多年的古代建築從此得到精心的保護和合理的利用。遊人們可以登上箭樓，四周環眺，氣象萬千，南側二環路上的高架橋車水馬龍，而垂柳碧波的北護城河，則如綠帶飄束其間。至於當年德勝門門樓洞上的「德勝門」巨大石刻匾額，如今則保存在首都博物館內。雄偉的德勝門箭樓，已被列為北京市市級文物保護單位。

乾隆為何寫有「德勝祈雪」詩

德勝門除去在歷史上享有軍事要塞的盛譽外，可與京都其他八門爭雄的為清乾隆四十四年（西元1779年）所立的「祈雪碑」，人稱「德勝祈雪」。乾隆四十二年（西元1777年）天大旱，饑民扶老攜幼遷徙、逃亡。年末，乾隆北行查看明陵，至德勝門處喜逢大雪紛飛，乾隆大悅，書《祈雪詩》兩首，通諭刻石立之，以慰天

公。碑大小與燕京八景碑無異，立於甕城中的同興德煤棧西側，故「德勝石碣祈雪碑」也同「阜成梅花」、「崇文鐵龜」等鎮門之物一樣譽滿京城，往來客商行旅見此碑無不下馬閱之，至此同興德生意日益興隆，逢年過節帶頭祭之。

喜仁龍所著《北京的城牆和城門》一書則記：德勝門甕城內的珍品，當為立於鐵道中間的一座碑亭。亭中矗立著一座高大石碑，鐫有乾隆帝六十六歲時（1777年）的御製詩。這位當時的皇上曾提到德勝門。

乾隆御詩如下：

春祀還宮內，路經德勝門。

文皇緬高祖，渺已實無孫。

力取權弗取，德尊果是尊。

微塵郊外有，望雨復心存。

入德勝門作乾隆四十二年歲次丁酉仲春御筆

西直門為何又稱「水門」

西直門，是北京內城九大城門之一，與京城東端的東直門為姊妹門。西直門最早建於元朝，元大都時叫和義門。「義」在古代有指西方的意思。到了明代，北京城往南移建，廢了和義門北邊的肅清門（今明光村一帶），和義門也於永樂十七年（西元1419年）改名為西直門。西直門在明清兩代，每日午夜開城門一次，有水車往皇宮送玉泉山的水，故有「水門」之稱。

北京昔日飲水，多從井中汲用，因井深甚淺，故不能達到甘味之泉源，多苦鹹，難於入口。清代皇宮為了飲到新鮮的泉水，專設

運水車輛往來於玉泉山與皇城之間。西直門為進水之門，曾特設一位山東籍官吏管轄。為使守門水卒引以重視，水吏在甕城門洞中鑲嵌漢白玉水紋一方，石面上無字無畫，只有天然水紋，京人皆稱「西直水紋」。但享有盛譽的西直水紋，卻至今也不知流落到哪裡了。

西直門甕城面積很大，裡面除了必有的關帝廟外，尚有煤棧、盆瓦缸鋪和畜力車停放的地方。新中國成立後，整個甕城一度作為有軌電車回轉掉頭的停車場，在電車公司的老人中，曾見過此水紋石者甚多。

今天，像許多城門一樣，西直門已名存實亡了。可眼前的風光，又別有一番情趣。新中國成立後，西直門城樓所在地多次改建交通樞紐，是北京的重大工程之一，有鐵路輕軌站、城市鐵路指揮中心、西直門火車站改造等項目。

你知道西直門外高粱橋的典故嗎

離西直門不遠，便是高粱橋。這裡樹木茂盛、河柳成行，是初春城裡人踏青郊遊的好去處，時人稱之為「西直折柳」。

傳說劉伯溫造北京城，填了龍王的海眼。龍王一怒，把城裡的水用水車推走。一個名叫高亮的壯士，奉劉伯溫之命，拿著長槍出西直門追龍王。半路上遇到了龍王的水車，他用槍刺破了水車，水又回了城。高亮卻被湧來的水淹死了。他死的地方，人們造了一座石橋紀念他，名曰高粱（亮）橋。西直門城樓，就是劉伯溫給高亮助威的地方。

阜成門城門洞下為何刻「梅花」

阜成門，為北京內城九大城門之一，元時稱平則門，明永樂年間起改平則門名為阜成門。

　　阜成門同北京內城其他八門一樣，亦有一鎮門之物，猶如「安定真武」、「德勝石碣」一樣馳名京都，人稱「阜成梅花」。在阜成門甕城門洞的左壁上，嵌有漢白玉石雕梅花一朵。昔日阜成門是進京運煤的唯一城門，所以京西門頭溝、齋堂、坨裡等礦上之煤均由阜成門輸入。「梅」與「煤」二字諧音，往來客商，皆捐款刻石，以此而托吉兆，故刻梅花以記之。此石雕梅花雕刻工藝細膩，石質精良，堪稱京都諸門之一絕，至今老人們回味此物時仍讚不絕口。此外，阜成門又謂「阜三多」，即駱駝多，煤棧多，煤黑子（舊時稱挖煤和運煤的工人）多。可見阜成門昔日出入之盛況。現錄前人駱駝煤詩：

　　腫背馬行鈴聲長，背上捆載高於牆。

　　城中千煙復萬煙，使你京西運煤忙。

　　城內多煤棧，而城外則多驢戶，驢戶靠養驢給行人代步為生，供遊人騎驢去西山八大處及妙峰山郊遊踏青進香而用。

　　1915年12月20日，北京環城鐵路竣工，由西直門經德勝門、安定門、東直門、朝陽門與直奉鐵路銜接。自此各城垣門外，均有煤棧，故阜成門的「三多」已不足為奇。

　　今日立足於阜成門高架橋上環眺，二環路上，車如梭穿，阜成門大街直貫東西，大街北側商業網點極為繁華，喧鬧之中，遙見東北處的妙應白塔與紅牆相映，倍覺皎潔，古意悠長。想昔日運煤之艱難，看今天交通運輸之便利，正是：「昔日梅花今香溢？換了人間！」

「宣武午炮」是舊時用來對時的工具嗎

宣武門，為北京內城九大城門之一，元稱順治門，明改為宣武門，因舊名比新名順嘴，故許多老北京依然稱之為順治門。

因宣武門外即為昔日菜市口刑場，故人稱宣武門為「死門」。宣武門最為顯耀的象徵是午炮。在甕城箭樓上的臺基上，停有5尊高大的鐵炮，炮身上鑄有鑄炮工匠姓名，這些古代遺物體現了中國古代勞工的鑄造工藝。田蘊瑾著《最新北平指南》一書中說：「午炮有兩處，一在宣武門以東的城牆上，一在德勝門以東的城牆上，每日午時燃火藥炮一聲，聲震遐邇，用於城中人們對時之用。人稱『宣武午炮』」。

您知道「宣武水準」的來歷嗎？

在宣武門甕城內，昔有土丘五個，俗呼五人墳。相傳明成祖北征時，部下有五員虎將：火仁、火義、火禮、火智、火信，成祖賴以大破元兵，得最後之勝利。但終以其術太精，恐生他變，乃誘至宣武門甕城內殺而葬之。後人憫其忠，覆土成墓以志之。1931年，民國市政府拆除甕城時，雖對於五人墓費力不少，但毫無遺蹟發現，僅拆毀外城時，得古代巨大鐵炮二尊。多年疑案，茲已證明，以上五丘乃水準也。因為舊都地勢唯宣武門最低，每遇驟雨，內城之水均向西趨，穿城而出。守門者特以土磚砌城五堆，以為測水之具。據附近老人云：光緒某年大水，門不能開啟，便用大象二頭，方將城門拽開。故又得名「宣武水準」。

宣武門外箭樓下為何立有「後悔遲」石碑

舊時的宣武門外箭樓下西側，立有石碑一通，石上鐫有「後悔

遲」三大字。

此碣石為清代刑部所立，清時處決犯人，赴菜市口刑場，必經宣武門，立此石碣使犯人見此石方知後悔已遲。然立此石之根本目的在於警告在世之人，故北京風情歇後語說：「刑部立的碑──後悔遲。」

菜市口本是一個地處鬧市的丁字路口，老北京都知道，清朝時那裡是「刑人之所」。依慣例，在菜市口街北的老藥鋪鶴年堂一側，是監斬官的席位。死囚須在此「驗明正身」，經監斬官硃筆勾決後在路口處斬。這裡的寸寸土地，都曾被鮮血所浸染。光緒二十四年（西元1898年）戊戌變法失敗，譚嗣同等「六君子」就是在這裡為變革中國而慘遭殺害。變法前後，許多重要的歷史事件都是發生在菜市口附近。

為何說宣武門是宣南文化的見證人

清中期，以皇城為中心的內城成了宮廷文化的集中區，而外城的宣南則日益成為士子文化與市井文化的展示地。宣武門外多為會館，故各省市赴京趕考之舉子多出入於此門。康有為在自編年譜中，多處記有出入宣武門的情況。清初許多大文學家均住在宣南，如王漁洋、吳梅村、朱彝尊、孫承澤等。乾隆年間朝廷編修《四庫全書》，天下文人聚集北京，《四庫全書》總編修紀昀、編修程晉芳等也都住在宣南。加上歷來外省進京舉子逐年建起的近500家的各地會館，這些會館把眾多進京舉子、商家引到宣南的同時，也形成了最初的士子文化，也就是京味文化的雛形。

今日宣武門，已為宣武門東西大街與宣武門內外大街的交點，商業網點雲集，車如流水，往來行人絡繹不絕。

北京城的海眼在崇文門嗎

老北京提到崇文門時，往往提到「九門八點一口鐘」這句俚語。九門中到底哪個門敲鐘？那個門打點？這裡有一則趣聞：

什麼叫「點」呢？這是古代一種與鐘、鑼等相似的金屬製敲擊器物，形狀扁平，上有一孔可用繩索穿繫懸吊。北京內城的正陽、宣武、阜成、西直、德勝、安定、東直、朝陽八個城門上的值班人，每天晚上只要聽到鐘樓鳴鐘，就開始打點。鐘聲、點聲相互呼應，悠遠蒼涼，給古城增添了一種古樸神祕的色彩。待鐘聲停止，打一輪點，就開始關城門了。每天早晨，聽到鼓樓的鼓聲，守城人仍以打點相應，鼓聲停止，城門也就大開了。

唯獨崇文門通宵達旦地開著，可是行人不能隨便通過，因此崇文門有事用鐘而不用點。崇文門是清代京師收稅的總機關，設有崇文門監督一官，專管稅收一切事務，每年更換正、副監督各一人。監督一職，是以各部、院滿員尚書、侍郎，或八旗各旗都統、副都統充之。官署設在崇文門外大街路東。至於管理散稅關口北京共計有十幾處，比較著名的有：蘆溝橋、東壩、海淀等。其收稅類別約為：菸、酒、茶、綢、布、果等稅。因為崇文門為收稅之關口，故終宵有官員、司役守衛。因要有別於其他各門，所以不能用點啟閉，有事則以鐘鳴之，這才逐漸形成了這句俗語：「九門八點一口鐘。」

崇文門為何叫「稅門」

自古崇文門就是商販進出頻繁之所。明朝時拓南城牆闢崇文門，即在崇文門外大街路東上三條與上四條之間設立「京師稅務衙門」；成化年間，升設「宣課分司」；弘治年間，索性將內城九門的「課稅」統由「崇文司」監管；清依明制，設「監督署」專收貨

稅。舊時，崇文門稅關令外埠客商談「關」色變，勒索商賈行旅之暴行，使商賈望崇文門城關如赴湯蹈火之狀。人們視崇文門稅關為鬼門關：

崇文關稅最難行，街市高低路不平。

寄語官商切牢記，鬼門關口最無情。

其實，舊時京城九門皆有關稅，凡進京的商賈、行旅、赴試的舉子，進城門都要納稅，頗有不買門票不得入，即使寫了稅票也要刁難你的樣子。至於城郊的農民挑菜進城去賣，都在耳邊插錢兩文，過城門時，由稅官自行摘取，不用搭話。至於殺豬賣羊，稅錢要多，達25文。每年京師九門所收稅銀在「十萬兩」以上。崇文門稅關在民眾中印象極差，是因為舊時的燒鍋多在南郊和通縣一帶，有南路燒酒和東路燒酒之稱，故崇文門多走酒車。酒車稅大，納稅人多釀酒業之雜工，力求少交，所以官民之間矛盾極大。此外，科考的貢院在崇文門裡，在外地進京赴試的舉子也常常被稅官有意刁難。書箱也往往被強行打開，衣物、書籍扔拋滿地，而這些文人則不敢抗爭。更有那外職官員進京復職，職位越高，稅官們索稅就越多。

北京城外城為何形狀像「帽子城」

北京外城是明朝嘉靖三十二年（西元1553年）修的，相對內城而稱之為「外城」，因為外城位於北京城的前三門以南，所以，又叫「南城」。南城東西距離比內城要長，而南北距離卻只相當於內城的一半，形狀上就像一個「凸」字；過去又因為它長得像頂帽子，所以又叫「帽子城」。

本來，這外城是準備修在內城之外，真正地環繞一圈的。可是在40里內城外修一圈城牆，這得多少銀子啊？花銷太多，所以當

時先修南邊。南城的北牆包接內城的東南、西南角樓，周長28里，一共開了7個門，南面正中是永定門，東為左安門，西為右安門；東側一門叫廣渠門；西面一門，起初叫廣寧門，後來為了避道光皇帝的名諱，改名為廣安門。外城北邊的東、西便門一看就跟別的門不一樣：北京城所有城門，唯獨兩個便門臉兒朝北，別的都是臉兒衝南。

您知道「西便群羊」趣聞的由來嗎

原在西便門外護城河畔左側河坡上的草地中，散落有數十塊漢白玉石，立足於西便門上。看著這數十塊漢白玉石在河水、綠草、樹叢中時隱時現，點綴其間，西便門外郊野趣味頓覺十足。民國馬芷庠所著《北平旅行指南》中記載：在西便門外城河岸左側，向有白石數十，長各三四尺不等，星羅棋布，隨河堤上下分置之，年代已久。人於里許望之，如草中白羊。其狀成群結隊，或立或臥，與其羊無異，遂為一景，列入京師八景之內，曰「西便群羊」。值得注意的是，京師八景不等於燕京八景。關於這些白石，民間傳說很多。最有代表性的是說魯班用法術把石頭變成羊，趕來修建北京城，由於延誤了時辰，未被用上，白羊又變回石頭。金受申所著的《北京的傳說》，曾記載了這個趣聞故事。

現西便門明城牆遺址尚存。1988年，北京市政府將緊靠城樓東側殘存的195米內城牆予以整修，並在外城相接處修復了城樓，同時保留了7處斷面遺蹟，被改造成一個免費開放的小公園。

為什麼東便門外的蟠桃宮廟會香火非凡

東便門，是北京諸城樓中最小的一個，門外有一處名勝，即三月三舉辦廟會的蟠桃宮。蟠桃宮又名太平宮，全名為「護國太平蟠桃宮」，是道教廟宇。坐落於東便門外橋南不遠的一個小土臺上。

相傳該廟建於明代，後殘毀，幾成廢墟。清康熙元年（西元1662年），敕工部尚書吳達禮重建，殿宇僅兩進，前殿供奉西王母娘娘，同時，別具一格地築有一座鼇山，塑著從四面八方或踏雲或步行而來，給王母娘娘祝壽的眾仙。此宮與北京其他大小各寺截然不同。後殿供奉斗姥娘娘。廟雖不大，但香火很盛。成家的許多青年男女，都來此燒香、拴娃娃，以求子嗣。

相傳，農曆三月初三日是西王母娘娘壽誕，屆時並舉行蟠桃會。因此，蟠桃宮每年農曆三月初一至初三日，辦三天的廟會，後來延長到初五日。

廟會期間，自崇文門外沿護城河東行3里之遙，一路上車水馬龍，熙熙攘攘，紅男綠女，魚貫而行。因時值春末夏初，氣候宜人，遊人們多換上了新置的夏裝。其中，有戴馬蓮坡草帽、穿官紗大褂、手執摺扇的，給人以輕快、歡暢之感。河堤兩邊，攤棚林立，賣小棗豌豆黃兒的高聲叫賣，吆喚一嗓子能聽出二里地去。賣扒糕、涼粉及各種冷熱飲的攤架鱗次櫛比。

明清城牆遺址公園在何處

現存的崇文門至城東南角樓一線的城牆遺址全長1.5公里，是目前僅存的一段明城牆，也是北京城的標誌。東便門附近城牆和東南角樓皆已被闢為明清城牆遺址公園，角樓也被闢為博物館，館內還有蟠桃宮的遺物可供愛好者觀賞。

據歷史資料記載，明洪武元年（西元1368年），徐達在修整元北城垣的同時，在距北城垣以南3公里的地方，加修了一道新的城垣。

這個南城垣是在東、西長安街一線上。永樂十七年（西元1419年），因修皇城營建大內，為了能把五府六部都擺在皇城前

面，便將南城垣向南拓展約0.8公里，即今前三門大街一線，也就是現今的明城牆遺址公園所在的位置。

明城牆遺址公園，在2002年由崇文區政府負責修建一新，從設計初衷上重點突出了城牆的殘缺之美。如今，這裡已經是古樹掩映，綠草茵茵，綿延古樸的明城牆及深沉凝重的角樓彷彿在向人們訴說歷史的滄桑。

廣渠門與袁崇煥有何關係

今日廣渠門，舊俗稱為沙窩門。廣渠門是個多戰事的城門。清入關時，明守將袁崇煥在此相拒，迫清軍退兵。袁崇煥（西元1584～1630年），祖籍廣東東莞，後落籍廣西藤縣。明萬曆中進士，初授福建邵武知縣。他心繫北疆，關心國家安危，毅然投筆從戎，官至兵部尚書、薊遼督師，在任期間曾多次擊敗清軍的進攻，獲寧遠、寧錦大捷，阻遏清軍南下。崇禎二年（西元1629年），皇太極親率大軍避開袁崇煥的防區，攻下遵化，直逼北京城下。袁崇煥聞訊率部星夜馳援京師，取得廣渠門、左安門大捷，力解京師之危。但昏庸的崇禎帝卻聽信閹黨餘孽的讒言，中了皇太極的反間計，反而將袁崇煥逮捕下獄，殺袁崇煥於西市。

清亡後，有人在離袁崇煥舊戰場不遠的地方──廣渠門內迤南（今龍潭湖西側）集資修造了「袁督師廟」，可見市民確實把袁將軍奉若神明，現已被列為北京市市級文物保護單位。新中國成立後，這裡已改建為龍潭湖公園。

為何說北京外城中最大、最重要的城門是永定門

永定門，是北京外城城門之一，為外城七門中最大、最重要的

城門，是北京城中軸線的南起點。其原址在現崇文區天壇街道辦事處境內，永定門內大街南端、橋北側，坐北朝南。

據《明史地理志》記載：「明嘉靖三十二年（西元1553年），築重城，抱京城之南，長二十八里。」而永定門為其一。永定門前有箭樓，後有城樓，中間為甕城。永定門左右兩側有占地廣闊的先農壇、天壇。清末民初，更有了鐵路和有軌電車，交通十分便利，是北京南郊人口、貿易的集散地。

2003年10月，已有450年歷史的永定門城樓復建工程開工，現已重現京城。

北京城的鎮物燕墩在何處

在永定門城門附近的鐵路南側有一巨大的磚臺，稱為「永定石幢」，它是北京城五鎮物之南方鎮物，市人俗稱煙墩、燕墩。底部邊長14.5米，人們從45級臺階而上，可達臺之上部。臺上立有四方石碑一座，高約8米。碑上文字為《御製皇都篇》和《御製帝都篇》，滿漢兩種文字皆鑴其上，均為清高宗乾隆手跡。燕墩碑文是記述北京幽燕之地的風水篇。1984年，這座石幢被公布為北京市市級文物保護單位。

左安門建築規制如何

左安門為北京外城南垣東側門，位於今左安門內大街南口正中。始建於明嘉靖三十二年（西元1553年）閏三月，同年十月竣工。清沿明舊制，乾隆十五年（西元1750年）、乾隆三十一年（西元1766年）均修葺。

城樓為單層，單簷歇山式屋頂鋪灰筒瓦，飾灰瓦脊獸，城臺內

側築馬道一對。城樓梁柱為紅色，紅堊磚牆，明間及兩側各開過木方門，城樓面闊三間。左安門距外城東南角箭樓很近。甕城為明嘉靖四十三年（西元1564年）增建，甕城為圓弧形，乾隆十五年（西元1750年）後重建甕城，甕城北端接外城南城垣為兩直角，南端呈圓弧形。箭樓為乾隆十五年（西元1750年）後增建，乾隆三十一年（西元1766年）重修，為單簷歇山小式頂鋪灰筒瓦，飾灰瓦脊獸，城臺闢券門，券頂微尖，城樓、箭樓於1920年代已十分破敗，30年代將城樓、箭樓拆除，僅存城樓、箭樓臺基及券門。1953年，將甕城及城樓、箭樓城臺拆除。

左安門外「分鐘寺」得名的由來

出左安門，往南偏東一點，不到三四里地，有一個地方叫「分鐘寺」。早年，廟裡有一口奇怪的鐘，打起鐘來，聲音不像鐘聲，倒像有人在耳朵旁邊說話一樣。聽鐘的人，也是一個人聽出一個樣，如果是懶人聽了，就是：「下炕！下炕！」要是勤快人聽了，就是：「不忙！不忙！」小牧童聽到的是：「放羊！放羊！」如果在春天聽呢，就是：「倒倉！倒倉！」等到了麥秋時候，就是：「揚場！揚場！」因為每個人聽到的鐘聲都不一樣，大夥就管這裡的鐘叫「分鐘」，廟自然也就成了分鐘寺。如今，分鐘寺在三環路上有車站，其地已建成了通往天津的高架橋。

左安門外為何有「架松」和「架榆」

左安門外東北1.5公里處有肅武親王墓，當地人稱老墳，墓主有九代肅王的第一代肅王豪格。豪格是清太宗皇太極的長子，從清太祖征諸部，功勞最著。一個皇族家庭的墓穴何以與一座城門而關聯，實是一本古書所致。清人震鈞著有《天咫偶聞》一書，據書中

記載，肅武親王碑樓前的六株古松「不甚高而偃蹇盤磚，橫蔭十畝，支以朱柱百許根」。六棵松樹其樹冠遮蔭涼達十畝（約0.67公頃）之廣，其枝杈用百餘根塗著紅漆的木柱支撐。可見其景觀甚大。正因此景，當地人稱「架松」。昔日「架松」為小村落，與今日勁松居民社區不能等同。今日勁松社區為昔日鹿圈。架松肅王墳在其正南一公里處。肅王墳一度改為小學校，其遺存物有朝房、石礎等，現已列為朝陽區區級文物保護單位。

在架松的東側，有一棵高大的榆樹，同樣用許多木柱支撐。所以得名「架榆」，其村為架榆村。

而左安門裡舊時窯坑遍布，潘家窯、呂家窯和各省在京會館的義地占了外城東部的二分之一面積。

右安門為何稱為「花鄉之地」

右安門（俗稱「南西門」）為北京外城南垣西側門，位於今右安門內大街南口正中。

右安門外昔日有地名草橋，有地名黃土崗，均屬今豐臺區花鄉。這片地方的居民以種花為業，栽之如稻，諸花悉備。眾花之中，猶以春天的牡丹、芍藥，秋天的菊花最為著名。花鄉有著悠久的花卉生產歷史，遠在遼、金、明、清時代，就有花農種植花卉。花鄉一名的由來，也有一個動人的傳說故事，花鄉原來與金章宗有關。

金章宗，那時居住在金朝的中都。在金中都的遠近郊區曾經建立了許多行宮，有作為近郊春水的場所，如大興縣的建春宮，就建在今天的永定河附近，豐宜門外。這一帶為永定河東岸，有河流、大片的湖泊等，這湖泊在元時稱為飛放泊，明清稱為南海子。金章宗曾多次到建春宮駐蹕，史料記載：承安元年（西元1196年）二

月，「幸都南行宮春水」。承安三年（西元1198年）二月，「以都南行宮名建春」。那著名的蘆溝橋，也是金章宗下令修建的。那時金章宗經常出宮遊玩。

金章宗在一次出遊中，因做夢夢到百花仙子，他回到金宮，便傳旨賜豐宜門到拜交臺之間名為「豐臺」，命當地百姓以種花為主，按時向皇宮進奉各種鮮花，尤其是各種名貴的牡丹。從此，豐臺變成了京城的花鄉。

金代在北京建都至今已有800多年了。豐臺這個地名一直叫到今天，豐臺的花也越種越多，越開越豔了。2003年，經國家林業局和中國花卉協會評選，全國有59個鄉鎮榮獲首批「中國花木之鄉」稱號，豐臺區花鄉榜上有名。在此次評選中，花鄉還榮獲「全國重點花卉市場」及「全國花卉生產示範基地」稱號。

舊時廣安門為何駱駝多

廣安門前身為廣寧門，舊時稱彰儀門。至今仍有老北京稱廣安門為彰儀門。廣安門曾於乾隆三十一年（西元1766年）重修，有碑記兩方。

舊時廣安門「拉駱駝跑城兒」，是一種日常社會現象。當時交通工具不發達，路面情況也不好，城裡需要的建材、燃料還有山貨，都要靠駱駝從山區往城裡運。「拉駱駝」的「駝戶」大多是京西、京南的專業戶，他們利用駱駝易飼養、能負重、耐跋涉、性格溫馴的特長，拉活兒搞運輸，好養家餬口。北京城從元大都建設開始，就有駱駝隊參與，要是算到1950年代駱駝從北京的運輸行業退役，在足足700多年裡，駱駝為北京的建設和發展立下了汗馬功勞。

皇城北京

明清北京的皇城範圍有多大

北京的明清古城共有四重城，其中心是紫禁城，再往外是皇城，然後依次是內城、外城。皇城牆主要是界於紫禁城和內城之間的一道城牆，當時建成後呈不規則的正方形，四面各開一門。北京皇城大體是一個方形的城垣，東西寬約2500米，南北長約2790米，圍繞皇城轉一圈，9公里有餘。

皇城始建於明永樂四年（西元1406年）至永樂十八年（西元1420年），用磚砌成，外塗朱紅色，牆頂覆黃琉璃瓦，南為大明門，清代改為大清門，民國時叫中華門，這是皇城南大門，也就是現在的天安門。

在明、清時期的皇城內就已經建有紫禁城、北海、中南海、景山、太廟、社稷壇等皇家建築及內宮衙署。同時在明、清時期，這裡也都是禁區，普通的老百姓是不得入內的，直到1920年代初皇城牆被大部分拆去之後。在如今地面上存留還能讓後人見到的建築，只有天安門和兩側的部分城牆。

古人精心規劃的皇城中有山也有水。太液池和瓊華島的歷史可上溯至金代，是北京建都史的見證。景山，曾被乾隆皇帝譽為皇宮的屏風，是環視皇城、縱覽雲天的佳處。

為何說明清皇城之內戒備森嚴

明《武宗實錄》曾有記載，皇城之外設有72座崗亭，每個崗亭駐守10名官兵，共720名官兵，專門負責環城保衛，尤其是夜間

巡邏，每天從起更時開始，便由這批官兵分批編組搖著銅鈴、帶著腰牌，沿著皇城根巡邏。從長安右門到地安門是巡城的一半。地安門是皇城的北門，天安門是皇城的南門。南北互相對應，寓意天地平安，風調雨順。地安門外有18座紅鋪，駐守有180名官兵，可見警衛制度之嚴。地安門往昔為禁地，普通百姓是不得隨便出入的。清朝推崇古制，實行前朝後市，由此，地安門商貿活動比較活躍，市場繁榮。但是，皇城之內為皇上宸居，諸王在內居住，漢官大臣是禁止在皇城以內居住的。早年，地安門外豎有一通石碑，上書「官員人等，至此下馬」。如果有誰躍馬揚鞭而過，則被視為欺君之罪。因此，假如把地安門內的皇家世界比喻為天上，那麼，地安門外的什剎海一帶就是人間俗世了。

清皇城拆除於何時

在清代，占據城市中心的皇城禁止行人通過，市民若想來往於東、西城，只能向北繞行地安門外或向南繞行大清門外。民國初期，北京成立了京都市政公所（即今新華門斜對面的那座小洋樓），由內務部長朱啟鈐兼任公所督辦。朱啟鈐對皇城進行了大規模的改造，他將皇城打通許多豁口，以利交通。今日長安街上的南池子和南長街兩座仿古拱門，就是那時開闢的。

朱啟鈐還將皇城城牆交由商家投標，分段承包拆除。所拆下的城磚，有一部分用於砌築下水道。北京西城一條主要的南北排水大溝，就是用皇城城磚改建而成的暗溝。暗溝上面開闢成馬路，就是現在的趙登禹路和佟麟閣路。

您知道紫禁城名字的由來嗎

明朝第三代皇帝朱棣，是朱元璋的第四個兒子。西元1402

年，朱棣繼承了皇帝之位後，下詔在北京城營建紫禁城。紫禁城占地72萬平方米，是世界上最大的建築群。中國人認為「天人感應」或「天人合一」，因此故宮的結構是模仿傳說中的「天宮」構造的。

其一，紫禁城取紫微星居於天地中心之意，表示這裡是世界的中心，「紫」是指居於中天的紫微星，古代是天地的象徵，另外皇宮戒備森嚴，又是禁地，所以稱為紫禁城。

其二，歷代封建皇帝都尊自己為「天子」，即玉皇大帝的兒子，天上的父親住的地方是「紫宮」，兒子的皇宮當然也要沾沾光，可以喻為「紫宮」了。皇帝的家門口四周戒備森嚴，皇宮成了一座禁城。「紫宮」加「禁城」合起來稱作「紫禁城」。

古人認為天上恆星有三垣：紫微垣、太微垣和天市垣。紫微垣位居中央，明亮耀眼；太微垣和天市垣陪設兩旁，因而有「紫微正中」的說法。整座皇城也是按照「紫微正中」的格局，把皇宮建在北京城的中心。宮中的太和殿居高臨下，象徵天的威嚴；乾清宮和坤寧宮兩座帝后寢宮象徵天地乾坤；乾清宮東西兩面的日精門和月華門，象徵日月；東西十二宮院，象徵十二星辰。十二宮院後面的陣列宮閣，象徵群星環繞。設計者們絞盡腦汁地設計出這些象徵天、地、日、月、星辰的建築模式，只不過是為了凸顯天子高高在上的威嚴和神聖。

誰是紫禁城的設計者

如此浩大的紫禁城建築工程，是由誰負責設計的呢？大多數人認為是明代一位傑出的匠師蒯祥設計的。蒯祥，江蘇吳縣人。原來是名木匠，以工藝精巧卓絕著稱，有「蒯魯班」之號，後任工部侍郎，永樂十五年（西元1417年），負責建造北京宮殿。後來，皇

極、中極、建極三大殿遭受火災，正統年間（西元1436～1449年），他又負責主持重建。天順末年（西元1464年），他還規劃建造過英宗的陵墓裕陵（明十三陵之一）。

明代的紫禁城是怎樣建造的

西元1406年，明成祖朱棣下令營建北京，歷時14年，到西元1420年，動用10萬工匠，100萬伕役，耗銀無數，終於建成了北京紫禁城。

明代的紫禁城是以奉天殿（太和殿）、中極殿（中和殿）、建極殿（保和殿）和乾清、交泰、坤寧三宮組成的雄偉的建築群體，金碧輝煌，顯示了皇帝的至高無上的尊嚴，從南面的承天門（今天安門），一條中軸線直貫北面玄武門外的萬歲山（今景山）。這些宮殿正處於中心地帶，更加突出了皇朝統治者的無上威權。龐大的宮殿群，在明清兩代屢經重建、修葺，大體上保存了下來，成為中國現存最大最完整的皇家宮殿。宮城之外，又布列了衙署、王府、壇廟等。特別在西郊建造了許多巨大的園苑。

整個營建工程十分浩大，幾乎動員了全國的人力、財力、物力，一磚一瓦都凝聚著勞動人民的血汗。城磚是在山東臨清燒造的；建造皇宮的上好木料，是從湖南、雲南等地採伐來的。據說，每當大樹砍倒以後，都不可能立即運輸，總要等到雨季利用洪水把樹木從山上衝下來，再由江河水路運到北京。建造皇宮用的巨大石料，大都是從北京附近的房山、盤山開採來的。那巨大的石料是怎麼運到北京城中的呢？冬天，民夫們潑水成冰，鋪成一條冰道；夏天，就在路上鋪上滾木。而鋪地的澄漿方磚，又名「金磚」，則是江南蘇州燒製的。從永樂四年（西元1406年）開始下詔營建北京宮殿，分別派遣大臣到湖廣四川採集大木，到永樂十五年（西元

1417年）開始營建，上百萬民夫工匠，日夜勞動，直到永樂十八年（西元1420年），宮殿、城池才基本完工。

明代紫禁城的格局如何

明代紫禁城處在皇城、內外城的層層拱衛之中，以「天、地、日、月」四壇相圍。莊嚴瑰麗的宮殿，秀美清新的御苑，防範嚴密的城門，玲瓏典雅的角樓，幽靜深邃的壇廟寺觀，規格嚴整的城防，棋盤式街道，命名奇異的胡同，鱗次櫛比的四合院，都集中體現了明代帝都北京城的總體設計思想和建築工藝的精粹。

當時的紫禁城四門威嚴聳立、宏偉壯麗，外朝「三大殿」為「大內正衙」，即奉天殿（太和殿）、華蓋殿（中和殿）、謹身殿（保和殿），為皇帝和官員們舉行各種典禮和政治活動的場所；內廷「三大宮」——乾清宮（皇帝居住、辦公之所），交泰殿（帝、后娛樂之地），坤寧宮（皇后寢宮）；東西十二宮（嬪妃起居處）、十二所（皇子起居處）；城四隅為多角、多簷、多屋脊的玲瓏絢麗的角樓，更顯得紫禁城規模宏大、莊嚴壯美、氣勢磅礴、和諧統一。

故宮的整個建築被兩道堅固的防線圍在中間，周邊被一條寬52米、深6米的護城河環繞；接著是周長3公里的城牆，牆高近10米，底寬8.62米。城牆上有4個門，南有午門，東有東華門，西有西華門，北有神武門，城牆四角，還聳立著4座角樓，角樓有3層屋簷、72條屋脊，玲瓏剔透，造型別緻，縝密布局，舉世無雙，堪稱中國古建築中的傑作。

明代紫禁城的正門為何叫五鳳樓

午門，是紫禁城的正門，上有重樓九楹。與天安門之間還有一道門為端門。宮前矗立三座大門，使得宮殿更為深邃、肅穆、森嚴、神聖。午門中兩側各有兩座闕閣，建立五座樓閣，行如鳳翅，俗稱「五鳳樓」。午門共有五個門洞，當中之門，只有皇帝一人才能出入。皇后在大婚入宮時走一次，殿試考中的狀元、榜眼、探花三人出來時可以走一次，其他人員只能走兩側掖門。

為何說紫禁城是世界上最大的皇宮

紫禁城位於北京市區中心，是明清兩代皇宮，先後有24位皇帝在此居住，今天人們稱之為故宮，意為過去的皇宮。紫禁城是世界上最大的皇宮，它東西寬750米，南北長960米，占地面積達72萬平方米。故據現代古建築物專家的科學統計，故宮現存大小宮、殿、堂、樓、閣等建築共980座，8707間，為世界之最。

為何說紫禁城是按照陰陽五行學說設計的

宏偉的紫禁城，主要是以中國古代的陰陽五行學說為建築設計思想的。

《易傳》言「一陰一陽謂之道」，把陰陽兩極的交替變化，看做是宇宙發展的根本規律。紫禁城是成功運用陰陽學說的典範。如將雄偉的前朝三大殿為陽，太和殿是陽中之陽，以體現陽剛之氣。秀麗的後廷三宮六院為陰，坤寧宮則是陰中之陰，以顯陰柔之美。前朝保和殿為陽中之陰，後廷乾清宮則是陰中之陽。明代名醫張景岳言：「善補陽者，必於陰中求陽，則陽得陰助而生化無窮；善補陰者，必於陽中求陰，則陰得陽升而泉源不竭。」《太極圖》中的陰陽魚極好地反映了這一內涵。如，前朝部分如同太極圖裡的陽（白）魚，保和殿是黑色魚眼，以體現陽中之陰；後廷部分則似太

極圖的陰（黑）魚，乾清宮是白色魚眼，以體現陰中之陽。中和殿與交泰殿，則分別設置於陰陽兩大建築之間，這就造成陰陽調和的美妙作用，充分體現了陰陽交感，天下太平的哲理性。

紫禁城是怎樣巧用五行學說的

五行學說在紫禁城中的運用十分出色。中國古代哲學思想認為，天地萬物是由木、火、土、金、水五種基本物質構成，即五行。五行具有相生相剋的運動規律。所以前朝三大殿建於「土」字形的露臺上，以表示「土居中」和「天下之地莫非王土」之意。五行的色彩各不相同，即青（木）、赤（火）、黃（土）、白（金）、黑（水）。紫禁城以紅、黃色調為主，因紅屬火，火主光大，黃屬土，土居中央。紅、黃色彩兼用，以表示帝王之居的至尊至大及為天下的統治中心。將前朝三大殿設於皇宮南部，從火主大，故作施政要地；將三宮六院置於北方，從水主藏，因而作為寢宮；將掌管文化、文治的衙門設於東側宮殿，從木從春；將管理兵刑、武備的衙門設置於西側殿宇，以從金從秋。

皇帝專用的金鑾殿在哪裡

紫禁城裡首屈一指的大殿，也是中國現存古建築中最大的宮殿，就是太和殿，金鑾殿是它的俗稱。整個大殿占地2300多平方米，一把雕龍鎦金大椅高擱於七層階梯的臺上，這就是皇帝的寶座。

金鑾殿，在平時是不使用的。那麼，在什麼時候使用呢？據記載，明清兩朝皇帝只在即位、大婚、冊立皇后、命將出征，以及每年元旦、冬至、萬壽節（也就是皇帝生日）等三大節的時候，才會使用金鑾殿，而且，都要在這裡舉行隆重的朝會典禮。

紫禁城中的朝會大典儀式是怎樣的

在舉行朝會大典的那天，天不亮，鑾儀衛就把法駕鹵簿，就是儀仗執事陳列於天安門，經端門、午門，直達太和殿前。法駕鹵簿有500多種金銀器，木製的斧鉞、瓜戟等武器，以及傘蓋旗纛等組成，排列起來，十分壯觀。

在舉行朝會大典的時候，各民族代表、各國使臣也會在太和門前靜候。

在甬路上擺放有低矮的、排列整齊的山形物，也就是品級山，每個大約半米高，都是用銅做的。文武百官從一品到九品，根據自己的品級，對應在相應的品級山旁，排列整齊，在太和殿院中靜候。

大約在日出前三刻時分，中和韶樂響起。中和韶樂的響起，告訴了人們，身穿龍袍的皇帝正在從中和殿走向太和殿準備升座。中和韶樂的唱詞，大都是頌揚皇帝「乾坤日月明，四海昇平」等一類的內容。寬闊的廣場，輝煌的太和殿，臺基上升起的裊裊香煙，五彩繽紛的儀仗，身著朝服的文武百官在樂聲中行禮，這一切，都顯示了高坐在金鑾殿龍椅上的天子威嚴。皇帝來到太和殿時，中和韶樂就會停止，開始演奏丹陛大樂，丹陛是指金鑾殿的臺基。丹陛大樂響起，皇帝開始接受祝賀，在宣表官宣讀完賀表以後，文武百官行三跪九叩禮。明朝時，在場的軍校還要山呼萬歲，萬歲，萬萬歲，後來的清朝取消了這一禮節。

皇帝降座退朝以後，有時會在太和殿內外大擺筵席，賜宴群臣。酒宴過後，就是殿前演出，有喜慶舞、慶隆舞和各民族的音樂舞蹈等。慶隆舞是表現打獵的樂舞。皇帝的朝會大典大體如此，一年幾次。

明清皇帝的寢宮在哪裡

從明朝永樂帝到清朝康熙帝，共16位皇帝都居住在乾清宮。康熙以後，雍正帝把寢宮移至養心殿。這樣，從雍正開始，直到末代皇帝溥儀，清朝後八位皇帝均住在養心殿。

乾清宮，是內廷最尊貴的宮殿，其開間9楹，進深5楹，正中設寶座，左右列圖史，北牆正中高懸順治御筆、康熙臨摹的「正大光明」匾額。這是明朝和清朝初年皇帝居住和處理日常政務的地方。

養心殿，建於明代嘉靖年間，位於內廷乾清宮西側。清初順治皇帝病逝於此地。康熙年間，這裡曾經作為宮中造辦處的作坊，專門製作宮廷御用物品。清雍正時（西元1723～1735年）重修，改為皇帝居住和進行日常政務活動的地方。據說雍正為了表示給康熙守孝，故從乾清宮改居於養心殿。自雍正到清末的200年間，皇帝處理政務的活動及寢宮均從乾清宮移至於此。

養心殿為工字形殿，前殿面闊3間，後殿設有皇帝寢宮5間，即正間、東西兩次間及東西靠北牆的兩稍間。帝后的龍鳳床分設於兩個稍間內。皇帝的臥室並不比平民百姓的大多少，也不過10多平方米而已。

養心殿後殿東西兩小院的排房，東院北側的耳房名「體順堂」，是皇后前來養心殿時臨時坐臥休息之處。皇后主管後宮，但不得干預皇帝的私生活。西院北側的耳房叫「燕禧堂」，是妃子被召幸侍寢時的臨時歇息之所。因為后妃們在宮中都有各自的住處，沒有皇帝的旨意，是不得輕易來此的。清代順治、乾隆、同治，均死於養心殿內。

清代紫禁城的護衛措施是怎樣的

八旗兵分為京營和駐防兩類，京營是守衛京師的八旗軍總稱，由郎衛和兵衛組成。侍衛皇室的人稱郎衛，且必須是出身鑲黃、正黃、正白上三旗的人，如紫禁城內午門、東西華門、神武門由上三旗守衛。

八旗軍隊總的職責是「環拱宸極」、「綏靖疆域」，即「宿衛扈從」，守衛皇宮、京城，隨侍皇上出巡，用兵各地，對外征戰。各營官兵又有各自具體職責。

就「宿衛扈從」而言，領侍衛府責任最重、地位最高，總管宮殿宿衛和巡幸扈從諸事。紫禁城內各門各宮各殿，由領侍衛內大臣調派侍衛、親軍、上三旗與內府三旗前鋒、護軍、驍騎宿衛。

紫禁城外周圍，由下五旗（正紅、鑲紅、正藍、鑲藍、鑲白五旗）護軍守衛。紫禁城外、皇城以內，由滿洲八旗步軍守衛，皇城以外、大城以內，由滿洲、蒙古、漢軍八旗步軍守衛。大城以外，即安定門、朝陽門、廣渠門、永定門、西直門、東直門、右安門、廣安門、德勝門以外，由五城巡捕營之一萬綠營兵守衛巡邏。

紫禁城內為何會出現賣饅頭的小販

紫禁城堅如磐石又防守嚴密，宮禁面面俱到又處罰嚴厲，按理說就不該有什麼破禁之事發生。但事情總是比想像的複雜，紫禁城破禁之事屢禁不絕，宮廷違例情形時有發生。有趣的是賣饅頭小販竟然能夠偷入紫禁城。

咸豐三年（西元1853年）三月二十三日這天，在靠近皇帝起居的養心殿的隆宗門外，一個正在賣饅頭的小販王庫兒被巡守人員捉住。

這是怎麼回事呢？宮廷禁地豈能容商販叫賣？事情是這樣的
——王庫兒，順天府宛平縣一個以做小買賣為生的民人，咸豐元
年（西元1851年）九月間，他在做生意時偶然撿到一塊宮裡用的
腰牌，見利忘「義」的他隨即就戴上了這塊腰牌。從此以後王庫兒
就成為紫禁城的常客，大大方方地出入宮廷大門，儼然宮中一役，
在宮廷之中售賣饅頭、餑餑等竟也平安無事，日子一久還與宮中不
少人混得挺熟。就這樣冒用腰牌的他一直無人查問，直到咸豐二年
（西元1852年）四月間，王庫兒出繼的哥哥張貴林聽說此事後又
驚又喜，思索著這紫禁城警衛林立、水洩不通的，老百姓平時誰能
進去？誰敢進去？做夢也不敢想——這等好機會怎能錯過？張貴
林把自己想去大內做做這獨家買賣，瞅瞅那神祕皇宮的想法告訴了
弟弟王庫兒。王庫兒倒也乾脆，當即就答應了，隨後將腰牌上原來
的姓名「袁士棟」刮去改寫成張貴林。自此張貴林就接替王庫兒，
開始了他原來做夢都不敢想的「大內擺攤」的生意。

　　再說王庫兒本人也沒閒著，因為他在宮中售賣已有時日，出入
禁門很有經驗又混得臉熟，還結識了不少宮中之人，所以仍然在宮
中找到了活計，有一個叫張春成的宮內廚師，讓王庫兒幫他一起做
飯並住在他那兒。就這樣，張貴林和王庫兒竟然在戒備森嚴的宮廷
裡「非法」找到了工作，而且兄弟倆都平安無事。過了一段時間，
宮中稽查又嚴了起來，王庫兒就在咸豐三年（西元1853年）三月
初六，辭去工作向其兄張貴林要回腰牌想重操舊業。三月二十三日
這天，已在宮中混跡近兩年的王庫兒露餡了……這塊腰牌原是什麼
人的？隨身佩戴的證件怎麼會丟呢？原來，這塊腰牌是鑾儀衛一個
負責廚房事務的校尉袁士棟的，咸豐元年（西元1851年）九月
間，同在一處服役的翟二套出去買菜，拿錯了腰牌又不慎丟失，因
怕受責罰不敢呈報，於是乎不可思議的事情就發生了。

紫禁城的角樓有什麼特點

自古以來，皇宮建築四周都有城牆，城牆四角也都有瞭望警戒用的角樓。而明代紫禁城的四座角樓，比起前朝皇宮的角樓來，它們的造型更加玲瓏，結構更加巧妙。角樓屋頂是三重檐，用72條脊相銜接，形成縱橫連貫，多角相錯的布局。角樓內沒有柱子，外沒有梁頭。而且，無論從哪個角度看，角樓呈現的都是正面。由於角樓的各部分比例協調，簷角秀麗，造型玲瓏別緻，遂成為紫禁城的標誌，使人驚奇，令人讚歎敬仰。

紫禁城角樓，建成於明永樂十八年（西元1420年），清代重修。角樓是紫禁城城池的一部分，它與城垣、城門樓及護城河同屬於皇宮的防衛設施。紫禁城角樓是四面凸字形平面組合的多角建築，坐落於須彌座之上，周邊繞以石欄，屋頂有三層，上層是縱橫搭交的歇山頂，由兩坡流水的懸山頂與四面坡的廡殿組合而成，因這種屋頂上有九條主要屋脊，所以稱做九脊殿。中層採用「鉤連搭」的做法，用四面抱廈的歇山頂環拱中心的屋頂，猶如眾星拱月。下層簷為一環半坡頂的腰簷，使上兩層的五個屋頂形成一個複合式的整體。

您知道紫禁城的角樓與魯班爺的傳說嗎

關於紫禁城角樓的設計，還有著一個動人的神話傳說：當初設計角樓時，設計人由於苦心思考，多日寢食不安，感動了建築鼻祖魯班，送給他一個蟈蟈籠子。這個籠子的形象正是「四面歇山、三罩樓」的建築構架。蟈蟈籠子的構架解開了設計人在技術設計上的疑難，於是建成了紫禁城角樓。

為何說北京城內有水旱兩條龍

古代的皇帝，穿的是龍袍、坐的是龍椅、睡的是龍床，以真龍天子自居。北京作為五朝古都，歷代「真龍天子」在建造自己的皇宮內院時，其建築特徵是否與「龍」也有關係呢？1987年，地質礦產部遙感中心研究人員發現，北京城內存在古建築兩條龍。一為旱龍，由故宮建築群組成；一為水龍，由中南海等四海組成。

旱龍，從南邊的前門到北端的鐘鼓樓，長達4.75公里，天安門為龍嘴，金水橋是頷虬，東西長安街為龍髯，太廟（今勞動人民文化宮）、社稷壇（今中山公園）是龍眼，天安門到午門的甬道則為龍鼻骨；作為龍身的故宮，其四個角樓恰似伸向八方的龍爪，太和殿是居中寶座，煤山（今景山公園）為龍後身隆起部，一條脊椎骨，直通龍尾的鐘鼓樓。登景山之巔南望，故宮的金色琉璃瓦恰似龍鱗閃爍，正陽門的甕城（已拆除），正如龍銜的明珠。

水龍，位於旱龍的西側，半圓形南海為龍頭，圓圓的瀛臺島是龍眼；中海與北海連成前窄後寬的龍身，中海中的一座半島和北海的瓊島分布勻當為雙爪部分，而什剎海作為龍尾擺向西北方向；東、西金水河（今已消失）為兩條龍髯。

您知道紫禁城內的房間數量有多少嗎

相傳，當初修建紫禁城時，永樂皇帝打算把宮殿的總間數定為1萬間。就在他傳下聖旨後，夢見玉皇大帝很生氣，原因是這和天宮裡的1萬間的數量相同。一個叫劉伯溫的官員建議改為9999間半。這樣既不失玉皇大帝的面子，又不失皇家的氣派。但後來劉伯溫看到大興土木，讓老百姓的日子越過越苦。於是他把設計好的圖紙減少了很多間。他覺得反正紫禁城很大，數也數不過來的。這些都只是傳說而已，不過紫禁城中確實有個半間。在清代存放四庫全書的文淵閣的西邊，有一獨特之處，它和一般的樓閣不同，兩柱之

間不是一丈多的間隔，而僅有五尺左右的距離，紫禁城的半間說的就是那兒。但實際上，紫禁城建成後，殿、宮、堂、樓、齋、軒、閣，加起來總共是8707間半。

為何紫禁城內的廟宇多

清朝的京師，是統一的多民族國家的政治中心。為了充分體現這一點，用宗教來加強同少數民族的聯繫，在城內增建、改建了很多廟宇建築。此外，皇帝還在紫禁城內建了許多廟宇。如，紫禁城內的坤寧宮原是明代皇后住的地方，順治時改建為祭祀和宗教活動的場所。又如，御花園欽安殿也是專門供神的地方，供有玄武大帝。欽安殿是明朝嘉靖時修建的。嘉靖皇帝信奉道教，追求長生不老，在現在養心殿西邊的地方建造了一座無梁殿，天天煉丹造藥。無梁殿與同時期建造的皇史宬（是明清兩代的皇家檔案館）一樣，可以防火。因煉丹不免開爐點火，木建築容易著火。嘉靖二十一年（西元1542年）十月二十一日，嘉靖帝在乾清宮睡覺，險些被宮女們勒死，於是遷到中南海，20年不回宮，一意修煉。崇禎五年（西元1632年），清理宮中佛道神像，隆德殿（今雨花閣一帶）、英華殿等處的神像都送到朝天宮、大隆善寺等處，唯有欽安殿神像不動，清代也沒有變化，至今供奉殿中。清代每年元旦於天一門內設斗壇，皇帝在此拈香行禮。每遇年節，欽安殿設道場，道官設醮進表。欽安殿事務由太監道士管理。

紫禁城內的藏傳佛堂分布於內廷各區，有中正殿、中正殿後殿、中正殿東西配殿、香雲亭、寶華殿、梵宗樓、雨花閣、慧曜樓、吉雲樓、慈寧宮大佛堂、英華殿、慈蔭樓、寶相樓、咸若館、臨溪亭、佛日樓、梵華樓等獨立佛堂35處。有養心殿西暖閣、養性殿西暖閣、崇敬殿東西暖閣、寧壽宮東暖閣等暖閣佛堂10處。無論是帝后日常起居的寢宮內，還是消閒遊樂的花園中都有供佛之

所。這些殿堂內供滿了藏傳佛教神像、佛塔、佛經、祭法器，組成了紫禁城中一個神祕的藏傳佛教世界。每座佛堂供奉的主神不同，均有宗教崇拜的不同功用，其內的陳設布局依據格魯派（黃教）教義，模擬西藏寺廟神殿，所以清宮佛堂內幾乎囊括了西藏神殿中各類神像、神器。

現存清宮佛堂的建造年代，除少數為明代遺留的佛殿如英華殿和清初順治康熙所建的慈寧宮後殿外，幾乎全部為乾隆時期新建，或在舊建築基礎上改建的。

紫禁城中的稀世珍寶有哪些

紫禁城作為明、清兩代的皇宮，如今它是世界上最大的皇家博物館之一。這裡珍藏著中華民族幾千年的文物、寶典，堪稱稀世珍寶。故宮所藏歷代文物逾百萬件，占全國館藏文物的十分之一，涵蓋了紫禁城建築、青銅器、宮廷陶瓷、珍寶、帝后印璽、鐘錶、宮廷戲劇藏畫、后妃首飾、宮廷生活繪畫多個方面。

其中，故宮博物院保存和收藏的古代名畫無疑最為完整豐富，僅乾隆時期內收藏的歷代書法名畫就達數萬件之多。北京故宮擁有大量的晉唐宋元珍品，這是其他的博物館難以比擬的；第二就是它的系統和全面，如明、清的書畫，可以說各個流派、大小名頭非常齊全。如顧愷之的作品《洛神賦圖》、晉代文學家陸機的《平復帖》、唐代李白的《上陽臺帖》、杜牧的《贈張好好詩》，均收藏在故宮博物院中。

故宮收藏的青銅器物就有1萬多件，它不但數量多，而且種類也多，時代延續的時間也長，可以說從商周青銅時代經兩漢到隋唐，藏品的種類一直延續到宋以後的仿製品。如「龜魚方盤」是戰國時期的作品，盤內龜、魚、蛙等水生動物的浮雕，似在水波里遊

動，盤外有各種幾何形紋飾和浮雕的獸。此盤紋飾精美、構思奇巧，體現了青銅器製作的精密水準。作為國家一級文物，堪稱是故宮博物院的「鎮院之寶」。

此外，還有玉器、鐘錶、印章、服飾、兵器、瓷器等，藏品非常豐富。

海峽兩岸的兩座故宮博物院有什麼區別

在海峽兩岸存在著兩座故宮博物院，它們都以清室宮廷收藏為基礎；在追溯博物院的歷史時，也都將1925年的開院視作各自誕生的標誌。兩者各有什麼特點呢？

臺北故宮博物院65萬件藏品，堪稱中國文化藝術之寶庫；但北京故宮博物院超過了100萬件的珍藏，同樣無人匹敵。僅新中國成立後的50年內，入藏文物即達240880件，溥儀出宮前流失的精品，基本收回了故宮。被乾隆視為三件稀世珍寶中的兩件，王獻之的《中秋帖》和王珣的《伯遠帖》，還有中國傳世最早的名人墨蹟——晉·陸機的《平復帖》，以及韓滉的《五牛圖》、顧閎中的《韓熙載夜宴圖》、展子虔的《遊春圖》等著名國寶，都是新中國成立後入藏故宮的。原本是在一起的著名的三希堂帖，北京故宮博物院藏有「三希」中的「二希」，而臺北藏有其中的「一希」。

紫禁城內為何「龍」多

紫禁城是龍的世界，龍的造型千姿百態，栩栩如生。在中國封建社會裡，皇帝被稱做「真龍天子」，是大地的主宰。紫禁城是明、清兩朝的皇宮，因此，宮中的殿堂、橋梁、丹陛、石雕以及帝后寶璽、服飾御用品等無不以龍作為紋飾。那麼，故宮裡到底有多

少龍？恐怕誰也說不清。有人粗算過，故宮號稱有宮殿8000多間，僅以每殿有6條龍計算，就有龍近4萬條，如果加上所有建築裝飾和一切御用品上的龍，那就數不勝數了。

有人做了一個統計，即，太和殿頂屋脊及瓦當、滴水等共有龍紋2632條，外簷額枋及門窗彩繪包括飾件共有龍紋5732條，殿內簷及殿內梁枋天花上共有龍紋4037條，殿中金柱、藻井、寶座、屏風及陳設上共有龍紋609條，殿內牆壁及暖閣門罩等共有龍紋542條。這是個尚不完全的統計，太和殿內外的龍紋、龍雕等各種形式的龍就有13844條之多。這種萬龍朝聖的裝潢設計，構成了一種威嚴神祕的氛圍，以獲得神化皇帝、恫嚇臣民的效果。

太和殿內的蟠龍金柱有何特點

太和殿，俗稱「金鑾殿」，位於紫禁城南北主軸線的顯要位置，明永樂十八年（西元1420年）建成，稱奉天殿。嘉靖四十一年（西元1562年）改稱皇極殿。清順治二年（西元1645年）改今名。自建成後屢遭焚燬，又多次重建，今天所見為清代康熙三十四年（西元1695年）重建後的形制。

太和殿是紫禁城內最體現中國帝制權力象徵的建築，不僅面積是紫禁城諸殿中最大的一座，而且形制也是最高規格。它面闊11開間，進深5開間，建築面積達2300多平方米。殿內空間開闊高大，其間擎立72根巨柱。在殿內有許多龍的影子，如中間開間的6根大柱為蟠龍金柱，柱上龍紋用中國特有的工藝「瀝粉貼金」製成。這6根金柱分作兩排，每根柱上纏繞著一條昂首張口的巨龍；東三柱龍紋向西上望，西三柱龍紋向東上望；龍下繪海水江崖，洶湧的海浪崩雲裂岸，烘托出六龍飛騰於海上的磅礴氣勢。

太和殿是明、清兩朝舉行大典的地方，新皇帝登極，頒發重要

詔書，以及元旦（春節）、冬至、皇帝生日、皇帝大婚、命將出師、發布新進士黃榜，都在這裡舉行慶祝儀式。當皇帝升座時，殿前陳列的銅鶴、銅鼎、銅爐都升起裊裊香煙，繚繞殿宇。殿廊下的金鐘、玉磬和笙、簫、琴齊鳴，跪在丹墀和廣場的文武百官山呼萬歲，充滿了肅穆的氣氛。

慈禧垂簾聽政在何處

乾清門西側路北，是養心殿。現在是按當年原樣布置的，殿內陳設講究。養心殿是清朝雍正以後歷代皇帝處理政務的地方。每天早晨，皇帝在此接見軍機大臣，聽取政務。慈禧「垂簾聽政」處也是在這裡。現在西殿的南窗下，還保留有當年的木板圍牆，是防備有人偷聽和偷看而設的。

咸豐十一年（西元1861年），咸豐帝死，傳位于載淳。此時的載淳年僅6歲，因其年幼，咸豐帝臨終前命贊襄政務王八大臣輔政。同時又賜「同道堂」印予載淳，「御賞」印予皇后鈕祜祿氏（慈安太后），命用兩印代替硃筆簽發諭旨，以與八大臣互為牽制。然而正是由於載淳年幼，為其生母慈禧太后提供了「垂簾聽政」的契機。極具政治野心的慈禧太后聯合被排擠在八大臣之外的恭親王奕訢，發動宮廷政變，將輔政的八大臣革職幽禁、抄家斬首，於是大權落於慈禧太后與奕訢之手。

咸豐十一年（西元1861年）十月初九日，慈禧與慈安兩太后便攜載淳在養心殿正式垂簾聽政。養心殿的東暖閣，於同治光緒年間，成了慈禧（西太后）和慈安（東太后）「垂簾聽政」的地方。每當召見大臣、策劃軍機要政之時，小皇帝坐於前座，慈禧和慈安坐於後座，兩座之間掛一黃色紗簾，一切決策實際上由簾後慈禧作出。慈禧在「垂簾聽政」的名義下，統治中國長達48年之久。

明朝的慈寧宮是做什麼用的

慈寧宮位於內廷外西路隆宗門西側。始建於明嘉靖十五年（西元1536年），是在仁壽宮的故址上，並拆除大善殿而建成。萬曆年間因災重建。清沿明制，順治十年（西元1653年）、康熙二十八年（西元1689年）、乾隆十六年（西元1751年）均加以修葺，將其作為皇太后居住的正宮。乾隆三十四年（西元1769年），將慈寧宮正殿由單簷改為重簷，並將後寢殿後移，始定今之形制。

明朝慈寧宮為前代皇貴妃所居。萬曆年間慈聖李太后，泰昌元年（西元1620年）萬曆帝鄭皇貴妃、昭妃等人曾在此居住。天啟七年（西元1627年），明熹宗卒，其皇貴妃等人移居此處。

清朝的慈寧宮主要由誰居住

清順治十年（西元1653年），慈寧宮修葺一新後，孝莊皇太后成了它的清代第一位主人。孝莊皇太后是科爾沁蒙古族人，生於明萬曆四十一年（西元1613年），逝世於康熙二十六年（西元1687年）十二月二十五日，享壽虛歲76歲。本名為布木布泰，虛歲13歲時嫁給清太宗（皇太極）。到她30歲時，時年52歲的皇太極逝世，6歲的福臨在瀋陽即位，尊30歲的莊妃為皇太后，翌年改年號為順治。順治十八年（西元1661年），順治帝福臨死，其第三子玄燁即位，時年8歲，尊其祖母為太皇太后。此時，她48歲。她成功地做了皇太后，又成功地做了太皇太后。她是中國歷史上唯一的一位兩任皇太后，也是中國歷史上唯一的一位管事的太皇太后，也是不垂簾的太皇太后。在當太皇太后之前，她當了18年的皇太后。

慈寧宮為皇太后的正宮，清朝的前期和中期是慈寧宮的興盛時

期，當時著名的孝莊文皇后、孝聖憲皇后都先後在這裡居住過。順治、康熙、乾隆三帝以孝出名，慈寧宮經常舉行為太后慶壽的大典。不過道光之後，隨著清王朝走向沒落，國庫空虛，當時的孝和睿皇后不得不縮減宮中開支，慈寧宮才逐漸失卻往日的輝煌。

紫禁城內的九龍壁有什麼特點

九龍壁，位於紫禁城寧壽宮區皇極門外，壁長29.4米，高3.5米，厚0.45米，是一座背倚宮牆而建的單面琉璃影壁，為乾隆三十七年（西元1772年）改建寧壽宮時燒造。

壁上部為黃琉璃瓦廡殿式頂，簷下為仿木結構的椽、檁、斗拱。壁面以雲水為網底，分飾藍、綠兩色，烘托出水天相連的磅礴氣勢。下部為漢白玉石須彌座，端莊凝重。壁上9龍以高浮雕手法製成，最高部位高出壁面20公分，形成很強的立體感。縱貫壁心的山崖奇石將9條蟠龍分隔於5個空間。黃色正龍居中，前爪作環抱狀，後爪分攪海水，龍身環曲，將火焰寶珠托於頭側，瞠目張頷，威風凜然。左右兩側各有藍白兩龍，白為升龍，藍為降龍。左側兩龍龍首相向；右側兩龍背道而馳，四龍各逐火焰寶珠，神動形移，似欲破壁而出。外側雙龍，一黃一紫，左端黃龍挺胸縮頸，上爪分張左右，下肢前突後伸；紫龍左爪下按，右爪上抬，龍尾前甩。二龍動感十足，爭奪之勢活靈活現。右端黃龍弓身弩背，張弛有度，騰挪跳躍之體態刻畫生動；紫龍昂首收腹，前爪擊浪，風姿雄健。

紫禁城內的九龍壁與山西大同九龍壁、北京北海公園九龍壁合稱「中國三大九龍壁」。

您知道紫禁城內九龍壁的傳說嗎

修建九龍壁的古代工匠技藝是十分高超的。有這樣一個傳說：

　　九龍壁在拼接組合時，其中有一名工匠不慎，打碎了一塊琉璃飾件，影響了工程按時完成，而乾隆皇帝早有聖諭，到時要親自驗收。這可急壞了九龍壁的監工和匠師，壞了的琉璃已來不及燒製，而延誤了工期是要被治罪的。工匠們急中生智，他們將壞了的那塊琉璃拼上，又用木頭雕成圖案補齊，再用顏料染成琉璃色。當乾隆皇帝到了九龍壁前仔細觀看時，竟沒有發現用木雕補的部分，於是工匠們便免去了一場災禍。

　　紫禁城中的戲樓有哪些，最小的和最大的戲樓分別是哪座

　　清代是戲樓的鼎盛期。清宮戲樓是在傳統戲臺的基礎上形成的，吸收了民間的神廟戲樓，又借鑑了當時的戲園建築，根據皇室演出的需要而發展起來的。它對戲曲藝術的成熟發展起了重大的作用。在清宮中的戲樓有6座。即漱芳齋戲樓、風雅存戲樓、寧壽宮倦勤齋室內戲臺、寧壽宮暢音閣大戲臺、景祺閣戲臺、長春宮戲臺。京劇名伶梅蘭芳、姜妙香民初時曾進宮演出過《遊園驚夢》、《霸王別姬》。

　　最小的戲樓是風雅存戲樓，位於漱芳齋後廳西室的一座小型戲臺，建於乾隆年間。樣式小巧，呈方形亭子式，全部為木製。臺基高0.5米，面寬3.9米，進深3.5米，頂高2.2米。臺西有耳房用作後臺。這座戲臺是專為皇帝和太后吃飯時演出15分鐘的小戲而設，是戲臺中的精品。

　　最大的戲樓是寧壽宮暢音閣大戲臺，建於乾隆三十六年（西元1771年）。臺基高1.2米，總高20.71米，總面積685.94平方米。樓分3層，從上往下依次是福臺、祿臺、壽臺。壽臺是主要表演區，福臺和祿臺用處不大，只在一些神怪戲中才用。對面閱是樓分

上下兩層，是皇帝和后妃看戲的地方。東西北3面都用兩層圈樓圍繞，宮女和大臣可以在兩側樓的廊下看戲。現存建築為嘉慶年間改建後的規制。暢音閣建築宏麗，京西頤和園內德和園大戲樓即仿暢音閣規制建造。

著名的「雲龍階石」在哪裡

保和殿後面三層須彌座高臺正中的御路，由一塊巨大的漢白玉雕成。這塊御路石稱為雲龍階石，它長16.57米，寬3.07米，厚1.07米，重量超過200噸，是紫禁城內最大的一塊石料。在這塊巨大的御路石上，雕刻著9條凌空飛舞的巨龍，它們或升或降，高高地突起在巨石的表面，造型十分生動。巨龍身下是萬朵雲霞。石雕的下部有5座寶山，寶山之間是流暢的水紋。整塊石雕運用了各種不同的雕刻手法，變化有致，主次分明，是一件極有價值的藝術品。

此塊石雕，工程之大可見一斑。不僅要把石料就地加工成粗料，而且要從把石料剝離地點到裝車地點之間開鑿成一個大斜坡，墊以滾木，用撬槓、人拽，一寸一寸地移動。這種特大石料的運載工具叫做「旱船」。由巨大的方木聯結成木排，架在兩排方木上面，其使用多在冬季，嚴寒季節在路面潑水結冰，用人力和畜力拉拽，由房山到北京一路直到現在水井仍較多，就是明清兩代遺留下來的。按前面所記，如果再加上軍工，則運這塊巨石所動用的人力達兩萬六、七千人。房山到北京的距離以75公里計，運了近1個月，每天行程約5～6里，可見運輸之難。

這個巨大的石雕原本是計畫用在太和殿前的，但是因當時備置石料放置位置不當，施工程序出了差錯，三大殿和石雕作業是同步進行。這塊巨大石雕的石材是早在紫禁城落成之前運到現場的，等

到石雕雕成時，三大殿主體工程也已大體告竣，此時巨大的石雕已無法穿越重重宮門運至太和殿的御道，於是，只得就近安置在保和殿後邊。

皇家印製圖書的地方在哪裡

康熙年間，首開武英殿書局。康熙十九年（西元1680年），將左右廊房設為修書處，掌管刊印裝潢書籍之事，由親王大臣總理，下設監造、主事、筆帖式、總裁、總纂、纂修、協修等30餘人，由皇帝和翰林院派充。康熙四十年（西元1701年）以後，武英殿大量刊刻書籍，使用銅版雕刻活字及特製的開化紙印刷，字體秀麗工整，繪圖完善精美，書品甚高。乾隆三十八年（西元1773年），命將《永樂大典》中摘出的珍本138種排字付印，御賜名《武英殿聚珍版叢書》，世稱「殿本」。

歷史上武英殿曾發生過哪些事情

武英殿始建於明初，位於外朝熙和門以西。正殿武英殿南向，面闊5間，進深3間，黃琉璃瓦歇山頂。須彌座圍以漢白玉石欄，前出月臺，有甬路直通武英門。後殿敬思殿與武英殿形制略似，前後殿間以穿廊相連。東西配殿分別是凝道殿、煥章殿，左右共有廊房63間。院落東北有恆壽齋，西北為浴德堂。

明初帝王齋居、召見大臣皆於武英殿，後移至文華殿。明末農民起義軍領袖李自成於崇禎十七年（西元1644年）春攻入北京，成立大順政權。但很快就因軍心懈怠，無力抵抗入關的清兵，只在四月二十九日於武英殿草草舉行了即位儀式，翌日便撤離北京。

清兵入關之初，攝政王多爾袞先行抵京，以武英殿作為理事之

所。清初武英殿用作皇帝便殿，舉行小型朝賀、賞賜、祭祀等儀典。康熙八年（西元1669年），因太和殿、乾清宮等處維修，康熙皇帝曾一度移居武英殿。

紫禁城三大殿的「和」字有什麼含義

從《中國書法大字典》我們得知，「和」字的源起是上古時期的一種能吹奏的樂器，吹奏出來的聲音非常和諧。由此，「和」字產生，代表「和諧」之意，以後又衍生出「包容」和「和平」的含義。這種「和」的理念，在封建皇家文化中更是得到重視。

在紫禁城中，「和」的文化理念更集中表現在故宮三大殿，即太和殿、中和殿、保和殿。這三大殿，代表著中國封建國家和社會的最高統治權威和文化境界。

如，太和殿的「太和」在中國古代文化中，是一種很高的境界。「太」的解釋是指形成天地萬物的元氣。「太和」是指陰陽會合、沖和的元氣。《易經》在乾卦上講的「太和」就是吉利之道，利於萬物生長。「太和」的另一種解釋，就是「天下太平」。

太和殿為什麼要建在三重臺基上呢

太和殿，坐落在全部用漢白玉雕砌的三重臺基上。太和殿，為什麼要建在三重臺基上呢？太和殿的臺基又為什麼不只一重呢？早在春秋戰國時候，宮殿建築的時尚是把房屋建在夯土臺上，一來少受地下潮氣的侵蝕，同時，外觀宏偉，居高臨下，能顯示宮殿的威嚴。北京紫禁城的臺基也一樣，而且在建築藝術上，達到了歷史最高水準。

原來，古代建築臺基的高低是有嚴格規定的，公侯以下、三品

以上的大臣住宅的臺基不能高過0.6米，而這座三重臺基高達8米以上，從而使太和殿成為紫禁城內最高的建築，殿頂距地面35.05米。殿下為高8.13米的三層漢白玉石雕基座，周圍環以欄杆。欄杆下安有排水用的石雕龍頭，每逢雨季，可呈現千龍吐水的景觀。

紫禁城裡有何滅火設備

步入紫禁城的人們，多半會注意到皇宮中到處安放著碩大無朋的金屬缸，而每座大型宮殿前的鎏金大缸更是耀眼奪目。這些金屬缸都是用來儲水，以備滅火之用的。用水缸之水滅火的工具，叫做「激桶」（唧筒）。激桶可以將水缸中的水汲上來，噴射到起火的建築物上。各主要宮殿的門前都備置有激桶，例如，乾清宮等處就安設有激桶65架。

紫禁城中總計有銅缸、鐵缸共308口，其中鎏金銅缸18口，放置在太和殿、保和殿、乾清門左右。平時缸中儲滿清水，每到小雪（二十四節氣之一，在農曆十月中），例行安設缸蓋，蓋中並設鐵屜，放置火炭，以防止缸水冰凍。每個缸都不直接落地，而是用石基墊底，石基中的一塊可以挪開，在隆冬時節，缸水封凍後，熟火處太監會負責在缸底燒火融水。迨來年驚蟄（二十四節氣之一，在農曆二月中）時，撤去缸蓋鐵屜。

紫禁城內的冷宮在何處

來紫禁城參觀的人，總想要找找「冷宮」在哪裡，看皇帝是不是真的過著「三宮六院七十二妃」的生活。先談「三宮六院」。紫禁城中路乾清宮、交泰殿、坤寧宮稱為「三宮」。「六院」分別指東路六宮：齋宮、景仁宮、承乾宮、鐘粹宮、景陽宮及永和宮。至於選到宮中的女子，一旦失寵，便在宮中禁室裡等死，更為悲慘。

紫禁城的「冷宮」在哪裡？查遍所見明、清史料，紫禁城無「冷宮」匾額，冷宮並不是某一處宮室的正式命名。根據一些文獻記載，明、清時代被作為「冷宮」的地方有好幾處。

明末天啟皇帝時，成妃李氏得罪了權勢赫赫的太監魏忠賢，被由長春宮趕到御花園西面的「冷宮」，一住4年。先後被幽居此處的，還有定妃、襄妃、恪嬪三人。這個「冷宮」在紫禁城內之西。

光緒皇帝的珍妃被慈禧落井之前，據說關在景祺閣北邊北三所（現坍毀），這地方就在今天珍妃井西邊的山門裡。如果這一出自太監之口的傳聞屬實，則此地也算得一處「冷宮」。

紫禁城各門匾中「門」字為何無鉤腳

紫禁城各門匾中「門」字末筆直下至底，沒有向上的鉤腳。為什麼故意寫成這樣呢？「門」字寫成無鉤腳的「門」，宋代就有了。據說宋偏都臨安後，玉牒殿失火，殿門燒光。大臣們奏說，宮殿匾額中的「門」字，末筆都有鉤腳，帶火筆，因此招火，將這些匾額全部燒掉方能免災。從此以後，凡宮殿的匾額，書寫時「門」字末筆都直下，不鉤腳。

有一個為寫「門」字而喪生的故事，更能說明宮殿匾額「門」字無鉤的原因：明太祖在南京命中書詹希原寫太學集賢門匾，所寫「門」字，末筆微微鉤起，多疑的明太祖便大發雷霆說：我要招賢，你詹希原這要閉門，塞我賢路！遂下令斬之。真是伴君如伴虎！

後宮交泰殿是做什麼用的

交泰殿是內廷後三宮之一，位於乾清宮和坤寧宮之間，約為明

嘉靖年間建，順治十二年（西元1655年）、康熙八年（西元1669年）重修，嘉慶二年（西元1797年），乾清宮失火，殃及此殿，是年重建。交泰殿平面為方形，深、廣各3間，單簷四角攢尖頂，銅鍍金寶頂，黃琉璃瓦，雙昂五彩斗拱，梁枋飾龍鳳和璽彩畫。四面明間開門，三交六椀菱花，龍鳳裙板隔扇門各4扇，南面次間為檻窗，其餘三面次間均為牆。殿內頂部為盤龍銜珠藻井，地面鋪墁金磚。明間設寶座，上懸康熙帝御書「無為」匾，寶座後有板屏一面，上書乾隆帝御製《交泰殿銘》。東次間設銅壺滴漏，乾隆年後不再使用。西次間設大自鳴鐘，宮內時間以此為準。

交泰殿為皇后千秋節受慶賀禮的地方。清代，於此殿貯清二十五寶璽。每年正月，由欽天監選擇吉日吉時，設案開封陳寶，皇帝來此拈香行禮。清世祖所立「內宮不許干預政事」的鐵牌曾立於此殿。皇帝大婚時，皇后的冊案、寶案設殿內左右案上。每年春季祀先蠶，皇后先一日在此查閱採桑的用具。現為宮廷生活原狀陳列。

清代皇帝讀書之所在哪裡

昭仁殿始建於明代，為乾清宮東側小殿。昭仁殿南向，單簷歇山頂，上覆黃琉璃瓦。面闊3間，正中明間闢門，兩次間檻窗。殿前接抱廈3間。明時，殿前有斜廊通乾清宮及東廡，清代改廊為磚牆，自成一院，有小門以通內外。殿後接室3間，均為藏書之處。殿之東設龍光門，明代已有，是正宮通向東路的安全出口。

明崇禎十七年（西元1644年），李自成攻入北京。崇禎皇帝出紫禁城自縊前，在此砍殺其女昭仁公主。

清代，昭仁殿成為皇帝讀書的地方。殿後西室匾曰「慎儉德」，再西有匾曰「五經萃室」。乾隆九年（西元1744年），皇帝下詔從宮中各處藏書中選出善本呈覽，列架於昭仁殿內收藏，並

御筆書「天祿琳瑯」匾掛於殿內。

清代皇太后及太妃、太嬪禮佛之地在哪裡

英華殿，是明清兩代皇太后及太妃、太嬪禮佛之地。英華殿位於紫禁城內廷外西路西北，始建於明代，初曰隆禧殿，隆慶元年（西元1567年）更為今名。清乾隆三十六年（西元1771年）重修。

整座院落分為南北兩進院，南院中部闢山門，門後為寬敞的庭院。第二進院門為英華門，正北即英華殿，門、殿之間有一碑亭。殿後宮牆西北隅闢門，北出可至神武門內西橫街。英華殿院落東西兩側原各有一座跨院，東跨院及內諸旗房於清乾隆八年（西元1743年）拆除，改為西筒子路北段，西跨院至今尚存。

英華殿坐北面南，面闊5間，黃琉璃瓦單簷廡殿頂。殿內設佛龕7座，供西番佛像。殿前出月臺，上陳香爐1座。臺前有高臺甬路與英華門相接。甬路兩側菩提樹各1株，為明萬曆皇帝生母慈聖李太后親手所植。殿前碑亭內石碑上刻乾隆御製英華殿菩提樹歌、菩提樹詩。明代每年萬壽節、元旦於英華殿作佛事，事畢之日有人扮作韋馱，抱杵面北而立，其餘僧眾奏諸般樂器，讚唱經文，並於當晚設五方佛會。每逢夏曆四月初八「浴佛日」，供糕點「大不落夾」200對，「小不落夾」300對，供畢分別賜予百官。明慈聖李太后薨，萬曆皇帝上尊號曰「九蓮菩薩」，奉御容於殿中。

清代皇太后、皇后俱以此處為禮佛之所。祀神日於案下設小桌，供奉「完立媽媽」。平時每月供乳餅及水果，設太監專司香燭、掃灑、坐更等事。咸豐二年（西元1852年），咸豐帝亦曾親詣此殿拈香禮拜。

佛堂寶華殿在哪裡

寶華殿位於雨花閣後昭福門內，是清宮中正殿佛堂區中主供釋迦牟尼佛的一處佛堂，今殿內明間尚懸咸豐皇帝御筆「敬佛」匾額。寶華殿坐北朝南，面闊3間，進深1間，黃琉璃瓦歇山式頂。

清代，寶華殿明間設四方銅鍍金大龕一座，內供金胎釋迦牟尼佛一尊。龕前供案上供觀音菩薩和阿彌陀佛銅像。東、西次間沿牆供案上亦陳設佛像、供器。這裡的日常佛事活動主要是喇嘛誦經和設供獻等。清代皇帝每年數次到這裡拈香引禮。寶華殿前為一廣場式院落，院中央潔白的漢白玉石須彌座上置「大清乾隆乙巳年造」款青銅三足寶鼎大香爐一座，靠北東西各豎漢白玉石基座幡桿一根。清代，這裡是宮中舉行大型佛事活動的場所，如一年一度的「送歲」、「跳布紮」等。今寶華殿建築完好，陳設尚在，格局有變。

明清兩代的保和殿用途有何不同

保和殿於明清兩代用途不同。明代，大典前皇帝常在此更衣；清代，每年除夕、正月十五，皇帝賜外藩、王公及一二品大臣宴，賜額駙之父、有官職家屬宴及每科殿試等，均於保和殿舉行。每歲終，宗人府、吏部在保和殿填寫宗室滿、蒙古、漢軍以及各省漢職外藩世職黃冊。清順治三年（西元1646年）至十三年（西元1656年），順治帝福臨曾居住保和殿，時稱「位育宮」，大婚亦在此舉行。康熙自即位至八年（西元1669年），亦居保和殿，時稱「清寧宮」。二帝居保和殿時，皆以暫居而改稱殿名。清初，選拔新進士的殿試曾在太和殿舉行，乾隆五十四年（西元1789年）始，改在保和殿舉行，「傳臚」仍在太和殿舉行。

皇子居所在哪裡

毓慶宮是康熙年間特為皇太子允礽所建，後作為皇子居所。乾隆皇帝12歲到17歲間一直居於此宮。嘉慶皇帝5歲時，曾與兄弟子侄等人居於此宮，後遷往擷芳殿；乾隆六十年（西元1795年），他即位後又遷回毓慶宮。同治、光緒兩朝，此宮均作為皇帝讀書處，光緒皇帝曾在此居住。

毓慶宮位於內廷東路奉先殿與齋宮之間，是清康熙十八年（西元1679年）在明代奉慈殿基址上修建而成。毓慶宮是由長方形院落組成的建築群，前後共四進。第三進院東西兩側各有圍房20間，直抵第四進院，正殿即毓慶宮，建築為工字殿。後殿室內明間懸匾曰「繼德堂」，西次間為毓慶宮之藏書室，嘉慶皇帝賜名「宛委別藏」，東山牆接懸山頂耳房1間與東圍房相通。東耳房內懸嘉慶皇帝御筆匾曰「味餘書室」，其東側圍房內「知不足齋」匾亦為嘉慶皇帝御筆。毓慶宮內裝修極為考究，尤其是後殿內以隔斷分成小室數間，其門或真或假，構思精妙，素有「小迷宮」之稱。

文淵閣是清宮的藏書樓嗎

文淵閣為清宮藏書樓，乾隆四十一年（西元1776年）建成。乾隆三十八年（西元1773年）皇帝下詔開設「四庫全書館」，編纂《四庫全書》。乾隆三十九年（西元1774年）下詔興建藏書樓，命於文華殿後規度適宜方位，創建文淵閣，用於專貯《四庫全書》。《四庫全書》編成後，最初用了六年的時間抄錄正本四部，除一部藏文淵閣外，另三部分別藏於文源閣、文津閣、文溯閣，四閣又稱「北四閣」。後又抄三部藏於文宗閣、文匯閣、文瀾閣，稱「南三閣」。七部之中或已亡失，或為各圖書館收藏。文淵閣本現藏臺北故宮博物院。

文淵閣坐北面南，閣制仿浙江寧波範氏天一閣構置。外觀為上下兩層，腰簷之處設有暗層，面闊6間，西盡間設樓梯連通上下。兩山牆青磚砌築直至屋頂，簡潔素雅。黑色琉璃瓦頂，綠色琉璃瓦剪邊，寓意黑色主水，以水壓火，以保藏書樓的安全。閣的前廊設迴紋欄杆，簷下倒掛楣子，加之綠色簷柱，清新悅目的蘇式彩畫，更具園林建築風格。閣前鑿一方池，引金水河水流入，池上架一石橋，石橋和池子四周欄板都雕有水生動物圖案，靈秀精美。閣後湖石堆砌成山，勢如屏障，其間植以松柏，歷時200餘年，蒼勁挺拔，鬱鬱蔥蔥。閣的東側建有一座碑亭，盝頂黃琉璃瓦，造型獨特。亭內立石碑一通，正面鐫刻有乾隆皇帝撰寫的《文淵閣記》，背面刻有文淵閣賜宴御製詩。

文淵閣自乾隆四十一年（西元1776年）建成後，皇帝每年在此舉行經筵活動。乾隆四十七年（西元1728年）《四庫全書》告成之時，乾隆帝在文淵閣設宴賞賜編纂《四庫全書》的各級官員和參加人員，盛況空前。

文淵閣的藏書是如何使用的

清宮規定，大臣官員之中如有嗜好古書、勤於學習者，經允許可以到文淵閣中閱覽書籍，但不得損害書籍，更不許攜帶書籍出閣。

《四庫全書》連同《欽定古今圖書集成》在文淵閣內，是按經史子集四部分架放置的。以經部儒家經典為首共22架和《四庫全書總目考證》《欽定古今圖書集成》放置一層，並在中間設皇帝寶座，為講經筵之處。二層中三間與一層相通，周圍設樓板，置書架，放史部書33架。二層為暗層，光線極弱，只能藏書，不利閱覽。三層除西盡間為樓梯間外，其他五間通連，每間依前後柱位列

書架間隔，寬敞明亮。子部書22架、集部書28架存放在此，明間設御榻，備皇帝隨時登閣閱覽。乾隆皇帝為有如此豪華的藏書規模感到驕傲，曾做詩曰：「丙申高閣秩干歌，今喜書成鄴架羅。」

雨花閣是藏傳佛教密宗佛堂嗎

雨花閣，位於內廷外西路春華門內，是宮中數十座佛堂中最大的一處。清乾隆十四年（西元1749年），乾隆皇帝採納蒙古三世章嘉國師胡土克圖的建議，仿照西藏阿里古格的托林寺壇城殿，在原有明代建築的基礎上改建成雨花閣，於其中供奉西天梵像，雨花閣是一座藏傳佛教的密宗佛堂。

雨花閣為樓閣式建築，外觀三層，一二層之間靠北部設有暗層，為「明三暗四」的格局。底層面闊、進深各3間，四周出廊，乾隆三十二年（西元1767年）添建前簷抱廈3間，屋面滿覆鎏金銅瓦，四條脊上各立一條銅鎏金行龍，寶頂處安鎏金銅塔。龍和塔共用銅近500公斤。乾隆四十四年（西元1779年）曾重造。建築形制獨特，具有濃郁的藏式佛教建築風格。

每年四月初八日，宮中派喇嘛5名在雨花閣無上層誦大怖畏壇城經。二月及八月初八日，各派喇嘛10名在瑜珈層誦毗盧佛壇城經。三月及六月初八、九月及十二月十五日，各派喇嘛15名在智行層誦釋迦佛壇城經。每月初六日，在德行層安放烏卜藏經。雨花閣是目前中國現存最完整的藏密四部神殿，對於研究藏傳佛教具有重要的意義。

紫禁城內三大殿院內為何不種樹

翻開紫禁城的興衰史，就能查閱到紫禁城裡少古樹。原來這跟

清代的一次農民起義有關。1813年9月15日，北京宛平宋家莊（今大興縣宋家莊）人林清率領義軍衝向東華門和西華門。東路義軍受阻失利，西路義軍攻入西華門，殺到隆宗門，門已關閉，義軍見宮牆兩邊樹木參天，便爬上大樹，奮勇翻牆，並砍折樹枝，準備火攻隆宗門......三大殿院內不植樹，有人說是怕隱蔽於樹叢中的敵人威脅皇帝的安全。這種說法乍聽似乎有理，實不儘然——紫禁城養心殿、御花園中古松蒼柏高大茂密，又怎麼解釋？

有人撰文提出三大殿院內不種樹，主要是出自烘托意境的需要。太和殿、中和殿、保和殿並稱外朝三大殿，是皇帝舉行盛典的地方，從位置上說居整個外宮建築的中心，也是整個北京城的中心。為了突出這組宮殿的威嚴氣勢，建築上採取了許多手法，其一便是院內不植樹，從皇城正門天安門起，經端門、午門、太和門，這之間的一系列庭院內都無樹木（現在端門前後的樹是辛亥革命以後種植的）。當時人們去朝見天子，進入天安門，經過漫長御道，在層層起伏變化的建築空間中行進，會感到一種無形的、不斷增長的精神壓力，最後進入太和門，看到寬闊的廣場與高聳在三重臺基上的巍峨大殿，這種精神壓力達到頂點。而這正是至高無上的天子對自己臣民所要求的。

如果在這些庭院內都種上樹，綠蔭宜人，小鳥鳴叫，那將會破壞朝廷的威嚴氣氛。的確，寬闊的廣場、藍藍的天空，把三大殿映襯得更加威嚴壯觀，讓人肅然起敬。

故宮東華門的門釘為何少一排

封建社會等級森嚴，舉凡服飾、車轎、府第等方方面皆有定規。至明清，已從制度上對門釘數目加以限制。比如按清代典制，規定皇家宮苑的宮門「朱扉金釘，縱橫各九」，因九為陽數，又是

數字之極，九九八十一顆門釘最能體現帝王的尊貴。奇怪的是竟有一處例外：故宮東華門的門釘居然少一排，是為每扇門八九七十二顆，而且僅此一處例外。

曾有兩種說法。其一是說東華門的門釘與別處不同，尺寸稍大。由此推斷當年必是有一批門釘做大了，若仍用九排就顯得擁擠，去掉一排看著舒服些。另一種說法，據故宮博物院老專家稱：「東華門為皇帝死後出殯的必經之門。」出殯之門是「陰門」，故因與正常門有所區別。

紫禁城內的「石子畫」位於哪裡

故宮御花園，是清代皇帝遊憩賞玩的地方。在園內的石子甬路上，由五色勻稱的石子綴成了一幅幅生動的畫面，細心觀看，會發現一個爭妍鬥奇的大千世界，其中有花卉、人物、博古、建築、飛禽、走獸、吉祥圖案等700多幅，色彩斑斕、琳瑯滿目，內容十分豐富。

這些石子畫，做工十分考究。它有兩種做法：一種是用磚雕成花紋，經過磨光；一種是以瓦條組成花紋，都是在花紋的空間填鑲石子，鋪綴成各種圖案的。整個御花園，石子甬路犬牙交錯，而石子畫的各種圖案又層見疊出，迴環組合，相映成趣，顯得變化而不單調，在整體結構上有一種流動的氣韻。御花園內的石子畫甬路縱橫花園南北，五顏六色，光潤華麗，每一幅畫不但有獨立的畫面，還有各式各樣的圖案裝飾，它結構奇麗，優美別緻，實在是難得的藝術珍品！

有意思的是，在一幅帶形石子畫裡，我們看到了一列正在進站的火車，這列火車由很多車廂組成，其中還有一些敞露的貨車廂，鐵路由遠方蜿蜒伸來，鐵軌、枕木清晰可辨。慈禧太后，當年在現

在的北海、中南海修有一條專供她一人使用的「西苑鐵路」。想不到石子畫裡還反映了這一內容，確實很有意思。另有一組交通圖，由好幾幅畫面組成，中間一幅有一個交警，戴帶沿帽，穿黑制服，手執警棍，前面有一盞路燈，後面有一座崗亭，看來他正在執行任務。在此圖的兩邊，分布著一些馬車、人力車、自行車等，但是沒有汽車。中國交警起於何時，未曾深考，但透過這一畫面，我們似乎可以瞭解到一些當時的交通管理情況。

紫禁城內是如何供暖的

北京的冬天很冷，作為世界上最大的宮殿建築群，在冬天是如何取暖的？龐大的故宮很難見到煙囪，其大小宮殿冬季的取暖問題，光靠大小熏爐燒炭是難以解決問題的。原來是在建築上採取了科學的設計辦法，即將宮殿的牆壁砌成空心的「夾牆」，俗稱「火牆」。牆下修有火道，添火的炭口設於殿外的廊簷底下。炭口裡燒上木炭火，熱就可順著夾牆，暖和到整個大殿。而且這種火道還直通人們睡覺時的炕床下面，形成「暖炕」與「暖閣」，從而既乾淨衛生又經濟實用地解決了宮中生活、工作中的冬季取暖問題。

紫禁城內有廁所嗎

清代皇宮裡主要是使用便器，包括便盆、恭桶等，而沒有專門的廁所，存放便器的地方叫做「淨房」。裝滿炭灰的便盆是為大便準備的，解完後用炭灰蓋住就行了；小便時不用炭灰，直接倒進恭桶裡，用蓋蓋好。皇帝、后妃們使用的便器叫做「官房」，有專門的太監保管，需要時則傳「官房」，平時不放在寢宮中，其餘下等人的便器都叫做「便盆」。

皇帝、妃嬪們使用的「官房」是十分講究的。這種「官房」分

為長方形和橢圓形兩種形式，用木、錫或瓷做成。木質的官房為長方形，外邊安有木框，框上開有橢圓形口，周圍再襯上軟墊，口上有蓋，便盆像抽屜一樣可以抽拉，一般木質便盆都裝有錫質內裡，以防止滲漏。錫質官房為橢圓形，盆上有木蓋，正中有鈕；這種便盆要與便凳配合使用，便凳比較矮，前端開出橢圓形口，便盆放在下面對準圓口。便凳有靠背，包有軟襯，猶如現在沒扶手的沙發一般，坐在上面，並不比現在的馬桶差，只不過不能沖水而已。

　　普通的宮女、太監們也各自有淨房，一般設在各個宮院配房後的小屋內，裡邊有恭桶、茅凳、便盆、灰槽等，使用完後，要把污物處理好，把便盆擦洗乾淨，放在茅凳下，以供後來的人使用。

紫禁城內為何有冰窖

　　在景山公園西門至北海公園東門之間，有一條東西走向的古老的陟山門街。從陟山門街中段往北一拐，就是雪池胡同。在清朝，這裡有六座皇家冰窖，如今還殘存兩座。雪池胡同，也是因冰窖而得名。

　　夏季，紫禁城中的人們也用冰來防暑降溫、製作冷飲及食品保鮮。據《大清會典》記載，清朝在京城共分四處設冰窖18座，統由工部都水司掌管。冰窖，是用石材和城磚砌成，故宮內隆宗門西有五座，儲冰2.5萬塊；德勝門外冰窖三座，儲冰2.67萬塊；雪池胡同六座，儲冰5.4萬塊。冰窖的冰用於壇、廟祭祀及宮廷生活。

　　金易先生所著《宮女談往錄》書中，宮女何氏對慈禧太后夏日在頤和園消暑有這樣的敘述：「宮裡頭出名的是零碎小吃，秋冬的蜜餞、果脯，夏天的『甜碗子』。『甜碗子』是消暑小吃……把新採上來的果藕芽切成薄片，用甜瓜裡面的瓤，把籽去掉和果藕配在一起，用冰鎮了吃……把青胡桃砸開，把裡頭的帶澀的一層嫩皮剝

去，澆上葡萄汁，冰鎮了吃。」由此可見清宮夏季用冰之一斑。

另據慈禧的侄孫、曾於1900年隨從護衛慈禧為躲避八國聯軍逃到西安的葉赫那拉・岳超寫於1962年的回憶文章《庚子——辛丑隨鑾紀實》說：「辛丑在陝度夏，慈禧要吃冰鎮酸梅湯，關中天氣溫熱，向無存冰，御膳房計無所出。有當地人建議，謂距長安城西南百餘里之太白山......山中有一岩洞，深邃陰涼，內有千年不化之冰。因命地方官每日派人赴太白山運冰，供御膳房用。」

浴德堂是香妃洗澡的地方嗎

浴德堂位於故宮西華門內武英殿的西北。浴德堂有後門，透過白琉璃磚砌築的走廊，與後面的一個土耳其式建築相連。這個土耳其式建築是一座平面呈圓形、內壁用白色琉璃磚砌築、上有透明穹隆頂的浴室。浴室西牆外還有井和鍋爐房，透過一條銅管將蒸汽通入室內，構造很像阿拉伯式的浴室。浴德堂就是傳說中「香妃沐浴」的土耳其浴室。但有歷史學家曾撰文指出，明清時期，武英殿一直是皇家編書印書的場所，浴德堂也是清代修書之地。這樣一個地方，妃子們怎可能在其中洗澡呢？該處已不是真正的浴室，而是按古禮帝王宮殿必具「浴德澡身」之義而存在的。另外，故宮外朝宮殿，在清代是處理王朝大政之地，后妃嬪們一律不准到達。后妃們是不可能在裡面沐浴的。

故宮內的「金磚」是金的嗎

故宮三大殿地面鋪設的方磚原產於蘇州，因其燒製工藝繁複，耗時極長，燒成後油潤如玉、光亮如鏡、細膩如金、不澀不滑、堅硬無比而被稱為「金磚」。所謂「金磚」，實際上是規格為二尺二、二尺、一尺七見方的大方磚。古籍《金磚墁地》有這樣的解

釋：「專為皇宮燒製的細料方磚，顆粒細膩，質地密實，敲之作金石之聲，稱『金磚』；又因磚運北京『京倉』，供皇宮專用，稱之『京磚』，後逐步演化稱『金磚』。」現在北京故宮的太和殿、中和殿、保和殿和十三陵之一的長陵祾恩殿內鋪墁的大方磚上，尚有明永樂、正德，清乾隆等年號和「蘇州府督造」等印章字樣。

　　生產金磚的陸慕御窯位於古城蘇州東北的御窯村。御窯村原名余窯村，千百年來當地村民燒製磚瓦的傳統世代相襲。明代永樂年間，被永樂皇帝明成祖朱棣賜封為「御窯」。古老的金磚燒製工藝極為複雜，在明代著名的《天工開物》中有約略的描述。一塊金磚從製作到出窯需要大半年時間，故而產量有限。蘇州陸墓御窯近年「復活」了古老工藝，重新燒製的大量新「金磚」開始用於北京著名古建築的維修。1990年，北京故宮維修時首次用上新燒製的金磚。

　　日晷與嘉量是做什麼用的

　　故宮的太和殿和乾清宮前的丹陛上，各陳設有兩件十分引人注目的歷史悠久的文物──日晷與嘉量。日晷陳設在丹陛左側，嘉量在右側。它們是丹墀上的重要陳設物。

　　日晷，在中國秦漢時期已廣為應用，它是古代人民使用的一種計時器。太和殿和乾清宮前陳列的為漢白玉製成的赤道日晷，為明代和清初所置。日晷簡單易用，但在使用上受到條件的限制，必須有太陽方可使用。如果遇上多雲無陽光，或陰天下雨和晚上就無法計時了。

　　嘉量，是中國古代的標準容器。古時嘉量是美好、善良、標準的意思。古人把槁谷稱為禾，把大禾稱為嘉禾，又把量禾的工具稱為嘉量。太和殿和乾清宮前的兩個嘉量為銅製鍍金的。貯於單簷歇

山式漢白玉石亭屋之內。漢白玉石底座，上部雕雲氣萬字和海水江崖紋飾，下為須彌基座。這兩個銅製鍍金嘉量上鐫刻了漢、滿兩種文字的銘文，為乾隆御筆。

日晷和嘉量為什麼要陳設在太和殿和乾清宮前的左右側呢？這是因為它們除了各自的用途以外，還是皇權的象徵。太和殿是清代皇帝舉行大典的儀所，乾清宮是清代皇帝召見大臣的地方。在這兩處放置日晷和嘉量象徵著國家統一和強盛。

天安門城樓的設計者是蒯祥嗎

舉世矚目的北京天安門城樓莊嚴雄偉，堪稱中國古建築藝術的精華。其設計者，就是因其高超的建築技藝而被尊為「香山幫」的鼻祖──蒯祥。

蒯祥（西元1398～1481年），蘇州香山人，出生於當地鄉間的一個木匠世家，祖父蒯思明和父親蒯福都是技藝精湛、名聞遐邇的木匠師傅。其父親蒯福在明代初年曾主持金陵（南京）皇宮的木作工程，在當時的建築工匠中頗有聲望。受家庭的薰陶，蒯祥從小就有志於建築工藝，年幼時即承襲祖業，隨父學藝。據傳，蒯祥16歲時便「能主大營繕」，享有「巧匠」美譽。

明永樂十五年（西元1417年），蒯祥隨父應徵到北京參加紫禁城的皇宮建設，因其技藝超群、勤勞肯幹，三年後即被升為工部「營繕所丞」，成為統帥各匠的首領。永樂十九年至二十年（西元1421～1422年），紫禁城裡的奉天、華蓋、謹身三大殿和乾清宮被兩場大火燒為灰燼。正統元年（西元1436年），明英宗登基下詔修復，蒯祥被任命為設計和施工總監，歷時四年，三殿兩宮全部竣工。

此時，蒯祥年屆不惑，20多年的建築生涯已使其建築技藝達

到了爐火純青的程度。史書記載，蒯祥「能目量意營，準確無誤」，「指揮操作，悉中規制」，「凡殿閣樓榭，乃至迴廊曲宇，隨手圖之，無不稱上意」，「自正統以來，凡百營造，祥無不予」。

幾十年中，蒯祥在北京先後設計並主持興建的重大工程有故宮、西苑以及景陵、裕陵等。今天的天安門（明代的承天門），也是由蒯祥設計和主持重建的。蒯祥終年83歲，去世後歸葬故里香山。

明清時的天安門各有什麼作用

天安門，為明清兩代皇城的正門，原名承天門，明永樂十五年（西元1417年）始建，取「承天啟運，受命於天」之意。清順治八年（西元1651年），重修承天門，改名為天安門，含「受命於天」和「安邦治民」的意思。

天安門是明清兩朝歷代帝王「金鳳頒詔」的重地，凡遇國家慶典、新帝即位、皇帝結婚、冊立皇后，都需在金水橋前舉行「頒詔」儀式。文武百官按等級依次排列於金水橋南，面北而跪恭聽。屆時於城樓大殿前正中設立宣詔臺。由禮部尚書在紫禁城太和殿奉接皇帝詔書（聖旨），蓋上御寶，把詔書敬放在雲盤內，捧出太和門，置於抬著的龍亭內，再出午門，登上天安門城樓。然後將詔書恭放宣詔臺上，由宣詔官進行宣讀。宣詔畢，遂將皇帝詔書銜放在一隻木雕金鳳的嘴裡，再用黃絨繩從上繫下，禮部官員托著雲盤在下跪接，然後用龍亭將詔書抬到禮部，經黃紙謄寫，分送各地，布告天下。這種頒發封建帝王聖旨禮儀的全過程，稱之為「金鳳頒詔」。

此外，明清時代實行科舉制度，每逢殿試後的第三天，新考中

的進士們恭立於天安門金水橋南，聽候傳呼他們進太和殿朝拜皇帝的禮儀，名叫「金殿傳臚」。當在太和殿傳臚唱名後，禮部官員捧著皇帝欽定的「黃榜」，帶領金榜題名的新科狀元、榜眼、探花出午門，再將黃榜放龍亭內，在鼓樂儀仗的簇擁下抬出天安門將黃榜張貼於「龍門」──安左門（已拆除）外的「龍棚」裡，公布天下。然後順天府尹給新進士們披紅掛彩，騎馬遊街，以示皇恩浩蕩。

天安門前金水橋有什麼作用

金水橋是天安門古代建築群中的重要組成部分，屬國家一級文物保護單位，為天安門前跨於金水河上的五座石拱橋之總稱。由於午門內的五座單孔石拱橋稱為內金水橋，故天安門前金水橋亦稱為外金水橋。

明清時代，門、橋行走具有森嚴的規制。天安門所設五門中，明清時代中門為皇帝進出專用。皇帝每年冬至往天壇祭天，夏至去地壇祭地，孟春赴先農壇耕耤田，都要出入天安門。此外，皇帝的父母可從中門入宮；皇帝大婚，皇后可從中門進入一次；新科狀元等「金殿傳臚」後，可從中門出宮一回。除此之外，嚴禁任何人進出，否則將治重罪。中門左右的兩座旁門，供宗室王公和三品以上文武百官通行。

天安門前的金水河又稱御河、外金水河。金水橋給人們總的印象是中橋最長，向其兩側逐橋減小。天安門前的金水河上橫跨七座石橋，中橋正對天安門的中門，橋長42米，寬8.55米，叫御路橋，最寬大，雕龍修飾，供皇帝專用。兩旁橋名「王公橋」，各長37.6米，寬5.78米，為宗室王公行走。外側的兩橋稱「品級橋」，各長34.97米，寬4.66米，供三品以上官員通行。以上五橋均為三

孔。另外兩座橋為位於太廟（今勞動人民文化宮）和社稷壇（今中山公園）門前的單孔石橋，叫「公生橋」，為四品以下官員過往及兵弁、工役、太監等使用。那個時代，行走橋及閘的等級一樣森嚴，不得有絲毫觸犯。

現西側公生橋稱中山公園橋，東側公生橋稱勞動人民文化宮橋。金水橋橋面石板多為白石，其縱坡呈正圓弧曲線。中橋橋面為七道石板，中間的一道石板稱為御道，其橫斷面的上邊線為正圓弧曲線。御道的最高中心點，正在故宮南北向的中軸線上。1952年，曾用經緯儀測量過，從正陽門門洞御道中心點至午門門洞御道中心點做一直線，其中正陽門、中華門、國旗旗杆、金水橋、天安門、端門的各中心點均在此直線上。復建的永定門城樓，其中心點即是這一軸線的南端。

天安門三體文字匾額是怎樣製成的

天安門的匾心是由四塊100餘毫米厚的楠木板拼接而成的，今已斷裂。掛匾的左右四個鐵環尚在，只是由於年代較久保管不妥，匾面上的四仗已全部脫落，刀痕字跡與木質斷裂紋渾然一體，不易分辨。但是你若依據筆劃的走向，仍然能隱約地看出滿漢蒙古三體文字，滿文居中，漢文排左，蒙古文列右。

西元1644年，清兵入主中原，定都北京之後，朝廷曾將滿文定為「國語」。每逢在天安門舉行頒詔時，宣詔官亦是「先宣滿文，後宣漢文」（《大清會典事例》）。因此，三體文字中滿文居中書寫，表明清統治的重要地位。隨著清朝在全國的統治地位日趨鞏固，軍事力量日益強大，為了削弱其他民族的勢力，不知何時又將匾上的滿漢蒙古三種文字變成了滿漢兩種文字。天安門匾額就經歷了這次變化。由於變成兩體，字跡相應變大，「天安門」三個字

已變成楷書，「天」字的寬度，由篆書的200毫米增加到380毫米，幾乎放大了一倍，字體蒼勁、渾厚。滿文的書寫亦相應變寬，使匾額顯得更加莊重。

西元1911年，武昌起義的槍聲宣告了清王朝的滅亡。接管故宮外朝的北洋政府，將故宮三大殿往南，包括東西兩翼的文華殿、武英殿、午門、端門、太廟、社稷壇等所有的匾額一律砍掉滿文，只留漢文一體居中書寫（位於南池子大街路東的皇史宬除外，因該處按規定仍屬遜清皇室所管轄）。所以，現在故宮外朝與內廷的匾額是兩種形式，前者是漢文一體，後者是滿漢合璧。

天安門匾額同樣也經歷了這次變更。該匾變成漢文一體之後，一直在天安門上懸掛，直至換上國徽之前。

中南海曾是民國總統府嗎

1912年2月12日，被辛亥革命推翻的清帝宣布退位，3月10日，袁世凱出任民國總統。他將總統府設在中南海。隨後將中南海右側的胡同打通成街道，命名為「府右街」，並將新華門前的一段西長安街命名為「府前街」，這裡的「府」字，即指總統府。舊日屬於西苑內部的金鰲玉橋，即北海大橋，也成了東西往來的捷徑。但袁世凱不願讓過橋的行人望見他在中南海的總統府，遂令人在大橋南側護欄處砌築了一道高牆。此牆至1928年北洋政府倒臺後才被拆除。

天安門城樓是怎樣祕密重建的

具有550多年歷史的天安門城樓，由於兵火戰亂，長期失修，建築結構已嚴重壞損變形，主體已嚴重下沉。新中國成立後雖經多

次維修加固，但未能徹底解決問題。1969年，河北邢臺地區發生了6到7.5級強烈地震，受此影響，天安門城樓損壞變形更甚。1969年年底，國務院決定：徹底拆除天安門城樓，在原址、按原規格和原建築形式重新修建天安門城樓。

天安門城樓結構複雜，工藝難度大。中共中央和國務院組成了由總參、北京衛戍區、北京市革命委員會等有關部門參加的「天安門城樓重建領導小組」。被指定承擔這項任務的是北京第五建築工程公司（現北京建工集團五建公司）。公司選派了一批「根紅苗正」、政治可靠、技術經得起考驗的精兵強將，其中大部分為黨、團員，他們按部隊編制，組成了木工連、瓦工連、彩油連、架子工連和混合連5個施工隊。

天安門城樓長66米、寬37米、高32米，要將這麼大的建築物整個罩起來，難度可想而知。如果用鋼管搭架，需一個月。架子工人用杉篙綁在一起，層層連接，用葦席搭起天棚，除留出送料的迴圈馬道外，整個城樓被包裹得嚴嚴實實，絲毫不露。搭起這個堪稱世界之最的「天棚」，僅用了8天時間，這在當時是絕無僅有的。他們又在中山公園內臨時建起一座鍋爐房，上下水管道直通城樓，葦席四周鋪設了幾層取暖管，所以儘管時在隆冬，棚裡仍然溫暖如春。

為嚴守祕密，不僅北京市市民不知道，就是近在咫尺的中山公園的工作人員也不知被葦席圍起的天安門裡在幹什麼。所有參加重建的人員更要嚴守祕密，不准和任何人說，甚至家人，這是政治任務。

重建天安門城樓工程，自1969年12月15日正式開工，到1970年3月7日竣工，整個工期112天。這項工程僅琉璃瓦就製作了近100種規格，10萬餘件。在底座牆鑲了一層磚，外牆打了50公分水泥。重修的天安門城樓比原來「長高」了87公分，這是因為天安

門多年下沉，根據史料記載，可以說天安門恢復了原始的高度。重建的天安門城樓，完全保留了它原有的外形、尺寸和結構布局，並按9級抗震能力設防。東西卷棚和城臺加高，女兒牆減薄，標語板更換，安裝了電梯，增設了供電燈具、給排水系統、熱力暖氣、電話、電視廣播、新聞攝影等現代化設施。據統計，有中央和全國21個省市的216個部門參與，施工高峰用工達2700多人，整個現場施工速度之快，品質之高，舉世罕見。

之後，懸掛毛主席彩色畫像，將天安門底座兩側的「世界人民大團結萬歲」和「中華人民共和國萬歲」標語牌改為玻璃纖維材料，外包鐵角。此後，一座金碧輝煌雄偉壯麗的天安門便展露在世人面前了。

天安門前的「毛主席像」是由誰繪製的

天安門城樓正中上懸掛著一幅中國人民最敬仰的毛主席的畫像。畫像高6米，寬4.6米，加上像框，總重量達1.5噸，這是在全國、亞洲甚至在東半球，也是最大的手工繪製的肖像。毛主席畫像歷經風雨，畫像有數次更換。人們不禁要問，歷年來繪製毛主席畫像的人是誰？

1949年9月2日，周恩來簽署批示：「閱兵日期在政府成立之日，閱兵地點以天安門前為好。」明確地表明天安門城樓將作為開國典禮的主席臺。天安門城樓的修葺工作迅速展開。國立藝專（解放後與華北大學藝術系合併，改為中央美術學院）實用美術系教師周令釗受領的任務，是為天安門城樓繪製毛主席巨幅畫像，以作開國大典之用。他們以毛主席戴八角帽的照片為摹本，把主席的衣領畫為敞口式樣。但聶榮臻看後指出，主席的衣領敞口式樣不妥，因為開國大典，要嚴肅一點兒。9月底，繪製工作完成了，工人們把

巨像掛上了天安門城樓。這幅主席畫像就是10月1日開國大典時懸掛在天安門城樓的主席畫像。

1950年，北京市人民美術工作室的辛莽應胡喬木邀請來到中南海，接受畫毛主席巨幅畫像的任務。他們選擇了主席一張基本正面、雙眼平視前方的照片。這幅畫像掛出後，反應很好。毛主席的畫像每年都要更換一次。一般是在8月「立秋」前後開始畫，到國慶時換上新的。

1953年後的毛澤東主席畫像，是由中央美術學院的教授、傑出的肖像畫家張振仕所畫。1964年以後的毛澤東畫像，是由北京市美術公司的王國棟畫的。他繪製的畫像以毛澤東半側面、雙眼平視的照片為摹本。他注重對毛澤東眉宇和眼神的表現，力求在描繪主席慈祥和善的同時，表現出他性格中敏銳、機智和洞察一切的層面。王國棟在繪製主席像時，曾遇到不少的難題。因畫像巨大，沒有整塊的畫布，只好用3塊畫布拼接在一起。因接縫不平，畫面上兩道直續上下的棱子十分顯眼，這樣就影響了肖像面容的美感。為解決畫布問題，哈爾濱亞麻廠與天津地毯廠合作鑽研，終於試織出密度不同的幾種寬幅亞麻布。1976年，毛澤東主席逝世，舉國哀悼。王國棟懷著悲痛的心情繪製毛主席像。這是他最後一次畫主席巨幅畫像了。他把顏色調得很淡，把無限哀思凝聚於畫布上。在舉國追悼的日子裡，天安門城樓換上了新華社製作的毛主席巨幅黑白照片，追悼會後仍懸掛王國棟畫的畫像。

1992年年初，王國棟退休，接班人是18歲的葛小光。葛小光在師從王國棟繪製毛主席巨像的過程中，深深地感到只照一兩張照片臨摹，很難體現人物的神貌；要更生動、更準確地把毛主席的偉大形象再現在巨大的畫布上，光靠畫筆下的功夫顯然是不夠的。於是，他便廣泛蒐集資料，先後收集了60多幅有特點的毛主席照片，編成一個小集子，作為畫像時參考。葛小光的畫室在天安門城

樓的西北角，是一座面積為90平方米，高8米多的鐵棚子。為了保證每年「十一」天安門城樓懸掛嶄新的主席畫像，葛小光不畏酷暑嚴寒，如癡如醉地畫著。

明清皇帝祭祀祖先的家廟在哪裡

北京太廟是明清皇帝祭祀祖先的家廟，就是今天天安門東側的勞動人民文化宮。

太廟的建築群共有三重圍牆，均為黃琉璃瓦頂紅牆身。廟內主體建築為前、中、後三大殿，每逢登基、親政、監國、攝政、大婚、上尊號、上徽號、萬壽、冊立、凱旋、獻俘等，皇帝、嬪妃均到此祭祀。

前殿為皇帝舉行大祀之處。明間之上的兩層簷間木匾書滿、漢文豎寫「太廟」，梁柱外包沉香木，其他構件均為金絲楠木建成，地鋪「金磚」，整個大殿建在漢白玉須彌座上。

前殿是供奉皇族祖先牌位的地方。每到年末歲尾大祭的時候，將太廟供奉的帝后神主木牌移到這座殿裡，舉行「祫祭」。其兩廡各有配殿，東供有功的皇族神位，西供功臣神位。中殿也叫「寢宮」，是平日供奉死去皇帝神位的地方，清代從太祖到光緒的神主牌位都在這裡。兩側有配殿儲存祭器。

此外，太廟內還有戟門、神庫、神廚、宰牲亭、井亭、漢白玉石橋等建築。院內還有許多500多年樹齡的古柏。皇帝祭祀太廟時所走之門，並非今長安街上勞動人民文化宮之正門，而是從午門至天安門御道東側的闕左門出入太廟街正門。

宮廷北京

為何說明清皇帝有三宮六院七十二妃

　　在民間傳說中，談到皇帝的家庭生活時，經常說是三宮六院七十二嬪妃，或者說三千粉黛。總之，皇帝妻妾眾多。這些說法自然有一定的道理。皇帝是封建社會中的最高統治者，具有至高無上的權威，這種權威表現在各個方面，對異性隨心所欲地大量占有，就是這種權威的一種表現。為了滿足皇帝無止境的私慾，同時也為了子嗣眾多，便於挑選皇位的繼承者，於是，一套有利於封建統治的后妃制度就逐漸確立和健全起來。

　　明朝的妃號，有賢、淑、敬、惠、順、康、寧、昭等。諸妃中，以皇貴妃位次最高，僅次於皇后，貴妃為第三。宮人名號，有宮人、選侍、才人、淑女等。到了明朝末年，政治更加腐敗，宮廷中的宮女竟多至9000人。

　　以清朝為例，后妃定制為八個等級，據《國朝宮史》載，數額是皇后一名，居中宮，主內治；皇后以下設皇貴妃一人，貴妃二人，妃四人，嬪六人，定數共十四人。有牌位，分居東、西六宮居住。嬪以下還有三級，稱貴人、常在、答應，這三級沒有固定數額。隨皇貴妃等分居十二宮。雖然后妃定數明確，但實際上並未照章行事。康熙、乾隆的妃嬪都大大超過規定，而同治、光緒等又遠沒有那麼多的妃嬪。如康熙帝的后妃至嬪五級中就有三十三個之多。清朝宮女人數比明朝減少，按定制在300人以下，實際上也不止此數。清朝冊封皇后，有三種形式，第一種是皇帝到年齡選立皇后，舉行大婚，迎娶皇后入宮，冊封為皇后。第二種是由皇貴妃、貴妃、妃、嬪晉陞而升為皇后，第三種是追封皇后。妃嬪的冊封與

皇后冊封基本相同，只是不舉行典禮，主要是頒發金冊、金印（封嬪有冊無印）。

明代的「奪門之變」是怎麼回事

明正統十一年（西元1446年）秋，明英宗朱祁鎮御駕親征蒙古瓦剌，土木堡一役大敗被俘。其弟朱祁鈺即位，年號「景泰」，尊英宗為太上皇。兵部尚書于謙率領軍民打退了瓦剌軍的進攻，保住了北京城。大敗而歸的瓦剌軍見明朝已立新君，人質英宗已失去作用，於是便將其送回。景泰元年（西元1450年）八月，回到北京的英宗雖為太上皇，但有名無實，被軟禁於東苑崇質殿。景泰帝下令緊鎖大門嚴加看守，斷絕英宗與外界的一切聯繫。昔日輝煌的御園成了禁錮英宗的牢籠，多年得不到修繕的宮殿已顯破落。景泰三年（西元1452年），景泰帝趁興建大隆福寺（在今隆福大廈所在地）之機，藉口需要木料，砍伐了崇質殿宮院的樹木，以防有人爬樹翻牆，與英宗聯絡。常在樹下乘涼的英宗雖大為不滿，卻也無可奈何。明英宗被幽禁於此8載。

景泰八年（西元1457年）正月，景泰帝病重不起。十六日夜，希望建立奇功，領受重賞的石亨、徐有貞等大臣帶兵闖入東苑，撞開宮門，拉起英宗登車直奔東華門。守門士兵閉門不開，英宗上前說道：「朕乃太上皇帝也。」士兵見此只好打開東華門。黎明時分，文武眾臣在午門外等候上朝。一陣鐘鼓齊鳴，宮門開啟，只見英宗端坐於龍椅之上，徐有貞高喊：「太上皇帝復位。」幾天後，英宗派人勒死了重病中的弟弟景泰帝。此次政變史稱「奪門之變」。

明宮三大案之「梃擊案」是怎麼回事

明萬曆朝，因立太子曾引起朝廷激烈的爭論。萬曆帝長子朱常洛為太后宮女王氏所生，極受冷遇；而寵妃鄭貴妃所生皇三子朱常洵為萬曆帝所鍾愛，鄭氏與萬曆帝「密誓」立常洵為太子。朝臣依據封建王朝太子立嫡，無嫡立長的法綱力爭，但萬曆帝總以各種藉口拖延，直至皇太后施加壓力，始於萬曆二十九年（西元1601年）冊立朱常洛為皇太子，同時也封常洵為福王，藩國洛陽，這就是萬曆朝圍繞確立太子爭論了15年的「爭國本」鬥爭。從萬曆二十九年（西元1601年）至四十二年（西元1614年），又鬥爭了13年，直至福王離開北京赴洛陽就國才真正確立了朱常洛的太子地位。但宮闈的權力之爭仍未停止。

　　萬曆四十三年（西元1615年）五月，宮外男子張差手持木棒闖入大內東華門，一直打到皇太子居住的慈慶宮，後被內監捕獲。對張差梃擊太子宮之事，朝內爭論不一。支持鄭貴妃傾向福王為太子的臣僚，認為是張差瘋癲所為；支持皇太子的大臣，認為是陷害太子的陰謀。經刑部十三司會審，查明張差是京畿一帶白蓮教的一支紅封教的成員，其首領為馬三道、李守才，他們與鄭貴妃宮內的太監龐保、劉成勾結，派張差打入宮內，梃擊太子宮。此案的發生，震驚了宮內和朝野。

　　聯繫萬曆四十一年（西元1613年）曾發生鄭貴妃的內侍與奸人勾結詛咒皇太子的事件，梃擊案牽連到鄭貴妃在所難免。萬曆皇帝極力調解皇太子與鄭貴妃的矛盾，一方面怒責鄭貴妃，一方面迫使皇太子改變態度。此案結局，將張差磔死，馬三道、李守才發遠方戍守，太監龐保、劉成在內廷擊斃，梃擊案掀起的軒然大波暫時平息。然而宮闈爭鬥並未真正結束，在泰昌、天啟年間更為劇烈地展開，「紅丸案」、「移宮案」接踵發生。梃擊案與宮內權力之爭是否有牽連，至今未有定論，成為明宮疑案之一。

明宮三大案之「紅丸案」是怎麼回事

朱常洛自幼不得其父喜愛，13歲才出閣讀書，又長期輟讀，經歷坎坷。即位前的幾十年中，他孤僻、壓抑，遂沉湎酒色，恣情縱慾。

朱常洛即位後，頗具心計的鄭貴妃為保全自己，取悅新帝，從侍女中挑選了八名能彈會唱的美姬進獻給泰昌帝。鄭貴妃又竭力籠絡泰昌帝的寵妃李選侍。沉湎酒色的泰昌帝納八姬後，本已虛弱的身體，不幾日更是「聖容頓減」，「病體由是大劇」。此時，司禮監秉筆、掌管御藥房的原鄭貴妃宮中的內醫崔文升入診帝疾，他本應用培元固本之藥，卻反用去熱通利之藥，使泰昌帝腹瀉不止，委頓不堪。崔文升的進藥引起朝臣的驚詫。輿論認為崔文升進藥是受鄭貴妃指使，欲置皇上於死地。此後，鴻臚寺丞李可灼又自稱有仙丹妙藥可治帝疾，對其藥大臣們多不主張皇帝服用。泰昌帝懼怕死亡，決計服用。初服一丸，四肢和暖，思進飲食，再進一丸，於次日凌晨即亡。此藥為紅色，稱「紅丸」。

大臣們聯想到挺擊案以來的風波，不禁疑竇叢生，這一系列事件豈非正是有目的地陷害皇帝嘛！繼泰昌帝而後新登極的天啟皇帝朱由校迫於輿論壓力，罷免未力阻李可灼進藥的內閣首輔方從哲，將崔文升發配南京，李可灼充軍，此案草草收場。但泰昌帝之死究是何因，始終未解，「紅丸案」成為明宮疑案之一。

明宮三大案之「移宮案」是怎麼回事

明萬曆四十八年（西元1620年）七月至九月一日，萬曆、泰昌兩帝相繼而亡，新帝即位之事關係著國家的命運，成為朝野關注的焦點。

天啟皇帝朱由校由於其父泰昌帝朱常洛不得萬曆皇帝的寵愛，

他自幼也備受冷落，直到萬曆帝臨死前才留下遺囑，冊立其為皇太孫。朱由校的生母王才人雖位尊於泰昌帝寵妃李選侍之上，但因李選侍受寵，她備受李選侍凌辱而致死，臨終前遺言：「我與西李（即李選侍）有仇，負恨難申。」而朱由校從小亦受李選侍的「侮慢凌虐」，終日涕泣，形成了懼怕李選侍的軟弱性格。泰昌帝即位後，朱由校與李選侍一起遷住乾清宮。

一月後，泰昌帝駕崩，朝臣們要求李選侍移出乾清宮，遷居噦鸞宮，遭李選侍拒絕。李選侍又要求先封自己為皇太后，然後令朱由校即位，亦遭大臣們的拒絕，矛盾日漸激化。朱由校御乾清宮登極大典日期迫近。

至九月初五日，李選侍尚未有移宮之意，並傳聞還要繼續延期移出乾清宮。內閣諸大臣站在乾清宮門外，迫促李選侍移出。朱由校的東宮伴讀太監王安在乾清宮內力驅，李選侍萬般無奈，懷抱所生八公主，倉促離開乾清宮，移居仁壽宮內的噦鸞宮。九月初六日，朱由校御奉天門，即皇帝位，改明年為天啟元年。「移宮」數日，噦鸞宮失火，經奮力搶救，才將李選侍母女救出。朱由校令停選侍封號，以慰聖母在天之靈。厚養選侍及皇八妹，以遵皇考之意。至此，「移宮」風波才算暫告結束。它與萬曆朝的「梃擊案」、泰昌朝的「紅丸案」一直是天啟朝爭論的問題，史稱晚明三大疑案。

為何說明武宗是明代最荒唐的皇帝

明武宗朱厚照是明朝第十一位皇帝，年號正德。正德皇帝是明朝乃至整個中國封建社會昏庸透頂的皇帝之一。他重用閹黨劉瑾等「八虎」，寵信強尼、江彬等佞臣，假借微行和戡亂，調戲、強占民女，15歲登基，17歲就建淫樂窩「豹房」，荒淫無度16年，以

致連個子嗣都沒有。武宗一生有一件荒唐事倒是「流芳千古」。武宗曾微服到外一個小酒館，被賣酒女孩李鳳迷住，對其進行調戲並強暴。李父回來後不知他是當今聖上，便叫來官兵擒拿。待弄明白流氓竟是「當今聖上」才慌忙跪倒求饒。武宗命將李鳳帶回京城的「豹房」，並為李父加封晉爵。可憐李鳳剛被護送到居庸關，就從馬上摔下來，死了。至今南口還有李鳳墓。京劇《遊龍戲鳳》就是據此演繹而來。

武宗不僅無所作為，常常出遊玩樂，大臣們請都請不回。有一次，他想偷偷出關遊玩，巡關御史張欽閉關拒命，這才悻悻回宮。正德五年（西元1510年），他自號大慶法王，並命令有關部門鑄造法王官印。正德十二年（西元1517年），韃靼數萬騎兵進攻明朝，明朝付出了巨大的犧牲，終於擊退敵兵。武宗聞信後，還恬不知恥地自封為威武大將軍、太師鎮國公。他一度還想做將軍總兵。正德十四年（西元1519年），他以威武大將軍的名義討伐江西寧王朱宸濠，其實是帶著10多萬人遊玩作樂。皇帝作為神聖的一國之君，竟自封為將軍，這是大損帝王威嚴的事情。

正德十四年（西元1519年）八月，武宗假借平叛，實則率軍到南方遊山玩水。在清江浦一片水塘裡划船玩耍，想不到竟失足落水，並由此身染風寒終至不起（明熹宗朱由校也有這種怪癖，也是划船嬉水受驚而亡）。武宗死後葬於北京昌平金嶺，當地百姓管金嶺叫蓮花山，即「戀花山」，暗喻武宗一輩子拈花惹草。

只當了一個月皇帝的明代皇帝是誰

明朝有一位只坐了一個月寶座的皇帝，他就是明光宗朱常洛。光宗從小就不為父皇神宗朱翊鈞賞識，又幾次險遭鄭貴妃毒手，先是「梃擊案」，後是「紅丸案」，最終做了一個短命皇帝。光宗死

後與他合葬於慶陵的是王氏（天啟帝生母）、劉氏（崇禎帝生母）和郭氏三位皇后。因為光宗登基一個月就「駕崩」，所以來不及選吉壤、卜壽陵。正巧，英宗復辟時被趕下臺的景泰帝改葬京西金山，廢棄160多年的景泰帝壽陵此時被利用起來，在原址建起了慶陵。

明宮中的「貍貓換太子」是怎麼發生的

明憲宗朱見深的前兩個皇子，一早夭（萬氏所生），一被萬氏害死。朱祐樘是朱見深的第三個兒子，其生母是宮女紀氏。朱祐樘降生後，萬氏命太監張敏將嬰兒拋入河中淹死，但張敏暗中保住了朱祐樘的性命。因紀氏無法養活自己的兒子，張敏和廢后吳氏又精心照料，朱祐樘得以存活。六年後，張敏抓住一個機會，把這消息告訴了朱見深，朱見深當即命人把孩子接到宮中，為他取名，並下詔立紀氏為淑妃。數月後，紀氏暴死，張敏自盡。為防皇太子被害，憲宗生母周太后親自照顧朱祐樘，使他免遭萬氏毒手。

明孝宗朱祐樘在位18年，罷黜佞幸，選任賢臣，勤於政事，廣開言路，有效治理了江浙水患，使得明朝在政治、軍事各方面較前輩更為清明，社會秩序也較為穩定，史稱「弘治中興」。但是缺乏對土地兼併行為前後一致的打擊，致人口流散，形成嚴重的社會問題。朱祐樘幼年的坎坷經歷，與流傳甚廣的「貍貓換太子」故事頗有幾分相似。

崇禎皇帝為何自縊在景山上

明朝末代皇帝崇禎朱由檢18歲登基時，明王朝已經搖搖欲墜。崇禎等待機會，果斷出手，剷除了執掌大權的魏忠賢。崇禎兢兢業業，頗有治世的雄心。但他以英明自許，刻薄寡恩，造成群臣

離心離德。崇禎即位初期，重用袁崇煥，有效抗擊了清兵的進攻。但後來，他誤中清太宗皇太極的反間計，殺害了袁崇煥，自毀長城。此時的農民軍也給明王朝造成極大威脅。後李自成大軍兵圍北京，守城太監曹化淳打開廣安門。

崇禎走投無路，吊死於煤山壽皇亭，至死仍認為自己「非亡國之君」，亡國「皆群臣誤朕」。據說當年李自成破城之時，崇禎身邊沒有一個親信大臣，只有太監王承恩與他的主人一同自縊。崇禎死後，被草草埋入田貴妃墓中。後來清廷為他擴建了陵墓。

明代周皇后為何險些賭氣而死

明代的最後一位皇后周氏，是交泰殿的最後一位主人。在這裡，曾經發生一次嚴重的帝、后衝突，周皇后還險些賭氣而死。

衝突的起因，緣於周皇后與崇禎皇帝的寵妃田氏交惡。本來，崇禎皇帝與周皇后的關係一直很和睦，但他同時寵愛田貴妃和袁貴妃。而周皇后對性情溫厚的袁貴妃很是和氣，但對聰慧美豔的田貴妃，就非常矜持。至於田貴妃，也從不主動討好周皇后，兩人關係一直很緊張。

崇禎十二年（西元1639年）元旦，田貴妃到交泰殿向周皇后朝賀，周皇后得知，故意讓她在門外的風雪中等待許久，甚至比她晚來的袁貴妃，卻一來就讓進去了。田貴妃羞恨難平，事後向崇禎皇帝哭訴，崇禎皇帝便來到交泰殿找周皇后理論。周皇后當然為自己辯解，但怒氣衝衝的崇禎皇帝非但聽不進去，還推了皇后一把，然後頭也不回地走出交泰殿。

當時，周皇后被推得撲倒在地，雖未摔傷，事後卻極為憤懣，從此拒絕飲食，甚至想要自殺。而崇禎皇帝回到乾清宮後冷靜下來，對自己的衝動無禮很是後悔，於是就拿出一件貂皮褥子，派宦

官送去給周皇后，又令宦官傳話，問候周皇后起居。周皇后是位善於自制的江南女子，當她坐在交泰殿裡，接過皇帝送來的褥子和問候後，怨憤緩和了許多，也不再絕食。此後帝、后和好如初。幾年後，李自成攻陷北京。周皇后自懸於梁，死在了崇禎皇帝之前。

順治皇帝癡迷佛教

順治帝的母親是蒙古族人，蒙古族普遍信奉喇嘛教，所以受家庭的影響，再加上自己一些特殊的原因，順治帝很早就與和尚結成了很密切的關係。有一個和尚名憨璞性聰，順治帝曾親自到這和尚住的地方海會寺，與之促膝長談，相得甚歡。順治帝回到宮裡以後，又把該和尚召到宮城西側的西苑，即現在中南海裡的萬善殿，繼續論佛談法。

另有一個大和尚叫木陳道忞，順治帝到了那兒，跟他說：我呀，總感覺我的前世好像就是佛家的人，我到你這個寺廟之後，覺得這裡窗明几淨，就不願意回到宮裡。再有一個和尚叫溪森。順治跟溪森一塊談話時，他自稱是溪森的弟子，溪森當然也奉承順治帝，後來，順治帝要溪森為他剃度，溪森苦勸不聽，只好將其頭髮剃去。皇太后得知後，就找了溪森的師傅玉林琇。玉林琇趕到北京，讓徒弟們架起柴火，要將溪森燒死。順治為救溪森一命，只好放棄剃度念頭。

順治皇帝出家之謎

根據歷史材料，順治沒有出家，可舉三點例證。第一，就是順治病重得天花，歷史有記載。第二，翰林院掌院學士王熙死了以後，有一本書叫《王熙自定年譜》，這裡面記載了順治臨終讓他撰寫遺詔的事情。第三，溪森和尚死了之後，他的弟子給他整理一本

書，在書中記載順治死之前，要遵照祖制，實行火浴並要溪森速回京城為他火浴。順治死後，遺體移到了景山壽王殿。四月，溪森趕到北京，在景山壽王殿前舉行法會，將順治皇帝火浴。這是給順治火化的和尚溪森所記，再加上翰林院掌院學士王熙的親自記載，順治病危和面授遺詔之時的情況，以及參考其他文獻和檔案的記載，可以證明順治是病死的，而非出家。

順治皇帝愛妃董鄂妃到底是誰

根據《清史稿‧后妃傳》的記載，順治有兩位元皇后、15位嬪妃，在這些后妃中，他一心寵愛的是董鄂妃。關於董鄂妃其人，也有著兩種說法，給後世留下重重謎團。

第一種說法就是史書裡的說法，說董鄂氏是內大臣鄂碩之女，年18入侍，就是18歲嫁給順治帝，有名有姓。

第二種說法說董鄂妃是董小宛。董小宛是江南的名妓，後嫁給江南名士冒辟疆。崇德四年（西元1639年），這時候順治是兩歲，董小宛16歲，冒辟疆就認識了董小宛。過了兩年，順治4歲，董小宛18歲時，冒辟疆又認識了陳圓圓，就冷落了董小宛。不久，陳圓圓被擄，他又與董小宛和好。董小宛19歲的時候，就正式做了冒辟疆的妾，搬到冒辟疆的家裡。這一年順治才5歲。到順治元年（西元1644年），清軍到了北京，崇禎皇帝在煤山自縊。第二年，清軍占領南京。於是，有一種說法就是，董小宛被擄北上到了王府，被太后要去，後嫁給順治帝。可是此說法在時間上不對，因為這時候董小宛已經死去。

順治十三年（西元1656年），順治娶董鄂妃的時候，順治19歲，董鄂妃18歲，19歲加14歲，那董小宛如活著也33歲了，所以，根據年齡的排比和其他史料的記載，董小宛不是董鄂妃。

為何說康熙是清代最好學的皇帝

康熙的學習從5歲開始，虛歲5歲，週歲才4歲，就到上書房學習。每天他早上入學，晚上很晚才回來，無論是嚴寒酷暑，沒有一天中斷。康熙自己說，早晚讀書年無間日，累得咳血，吐血了，仍然堅持學習。他說，每日老師給指定一段，需念120遍，然後背誦120遍，之後再畫一段新的繼續背。就這樣，康熙把《大學》《中庸》《論語》《孟子》背了下來。這對一個漢族的青少年是不容易的，而對一個剛入關不久的滿族少年更是難能可貴。

康熙皇帝的皇子們是如何讀書的

康熙皇帝的子女，在清帝中算是最多的，共有35子、20女。有學者統計，康熙的皇孫共97人。康熙對子孫的教育特別認真，也特別嚴格，並且制訂了相關的嚴格制度。

康熙對子孫的教育，是透過多種方式進行的。包括言傳、身教，讓子孫參加祭祀、打獵、巡幸、出征等。上學，是康熙教育子孫的基本方式。

康熙確定了皇子皇孫的教育制度。一年之中，休假只有元旦一天和其前兩個半天。康熙定制，皇子皇孫6歲開始在上書房讀書。康熙親自為皇子們選定師傅，起初有張英、熊賜履、李光地、徐元夢、湯斌等一代名儒。皇子老師中的漢人師傅，主要教授儒家經典；滿人師傅稱諳達——內諳達教授滿文和蒙古文，外諳達教授弓箭騎射技藝。《康熙起居注》等書記載康熙二十六年（西元1687年）六月初十日，皇子一天讀書的情況：

寅時（3～5時），皇子在書房讀書，複習前一天的功課，為

師傅到來上課做好準備工作。

卯時（5～7時），滿文師傅達哈塔、漢文師傅湯斌和少詹事耿介，進入無逸齋，向皇太子恭行臣子禮後，侍立在東側；管記載皇太子言行的起居注官德格勒、彭孫遹侍立在西側。皇太子允初伏案誦讀《禮記》中的章節，誦詠不停。

辰時（7～9時），康熙上完早朝，向太皇太后請安之後，來到皇太子讀書的暢春園無逸齋。皇太子率領諸臣到書房外臺階下恭迎。康熙入齋升座，問湯斌曰：「皇太子書背熟否？」湯斌奏道：「很熟。」康熙接過書後，指出一段，皇太子朗朗背誦，一字不錯。

巳時（9～11時），時值初伏，日已近中，驕陽似火。皇太子不搖摺扇，不解衣冠，凝神端坐，伏案寫字。皇太子寫好滿文一章，讓師傅達哈塔傳觀批閱校對。爾後將《禮記》劃定的篇章讀120遍。

午時（11～13時），侍衛給皇太子等進午膳。皇太子命賜諸師傅也吃飯。諸臣叩頭謝恩後，就座吃飯。膳後，皇太子沒有休息，接著正襟危坐，又讀《禮記》120遍。

未時（13～15時），侍衛端進點心。皇太子吃完點心後，侍衛在庭院中張侯———安上箭靶。皇太子步出門外，站在階下，運力挽弓，扣弦射箭。這既是一節體育課，又是一節軍事課。是為教育皇子們「崇文宣武」，治理國家。皇太子射完箭後，回屋入座，開始疏講。

申時（15～17時），康熙又來到無逸齋。皇長子胤禔、皇三子胤祉、皇四子胤禛、皇五子胤祺、（皇六子早殤）、皇七子胤祐、皇八子胤禩，同來侍讀。康熙說：「朕宮中從無不讀書之子。向來皇子讀書情形，外人不知。今特召諸皇子前來講誦。」

酉時（17～19時），侍衛在院中張侯之後，康熙令諸子依次彎射，各皇子成績不等。又命諸位師傅射箭。隨後，康熙親射，連發連中。

天色已暮，諸臣退出。皇太子等在暢春園無逸齋一天的功課完畢。

康熙教育子孫，是他為君之道中的重要內容。康熙的繼承者雍正、乾隆都很傑出。康熙的皇子中，沒有不學無術的庸人，也沒有胡作非為的紈褲。他們都有一定素養和一技之長。這些都同康熙重視皇子皇孫的教育有關。

雍正皇帝即位之謎

康熙五十一年（西元1712年），皇太子狂疾復發被廢黜禁錮後，康熙從此再也不提建儲的事，但諸皇子奪嫡之爭愈加激烈。在這種情況下，康熙病逝，因此出現了很多雍正即位的說法。

雍正嗣位，長期以來在民間有種種傳說。有的說，康熙臨死前曾手書遺詔，傳位「十四子」，而第四皇子串通舅舅隆科多等人，把遺詔中的「十」字改成「于」字，即了皇帝位；也有人說，康熙臨死前並沒有立什麼遺詔，而是隆科多耍了手段，將康熙死前宣召十四子篡改成宣召四子；還有人說，康熙本來就以四子胤禛為繼承人，如此等等，眾說紛紜。

但實際上，據王先謙的《東華錄》記載，康熙六十一年（西元1722年）十月二十一日，玄燁到南苑行圍，十一月初七日身體不適，返回暢春園，十三日病情加劇，命速召皇四子胤禛前來；又召皇三子、皇七子、皇八子、皇九子、皇十子、皇十二子、皇十三子和理藩院尚書隆科多至御榻前囑咐：「皇四子人品貴重，著繼朕登基，即皇帝位。」

皇四子胤禛隨即趕來，不久康熙晏駕，胤禛即位，從記述的情況來看，康熙帝是因病逝世，胤禛是奉遺命即皇帝位。

從歷史文獻的記載中可以發現，胤禛在康熙四十八年（西元1709年）晉封為親王后，在皇子中的地位逐步提高，先後22次參與祭祀活動，次數之多，居眾皇子之冠。而且，康熙還屢次讓他參與政務，賜給他圓明園和獅子園，並常去他的花園內遊玩，這是對他的特殊恩遇。此外，康熙十分喜愛胤禛之子弘曆，稱讚其母是「有福之人」，由此可見，雍正是後來居上的皇太子候選人。

雍正皇帝暴亡之謎

關於雍正皇帝之死，史書記載非常簡單，只是說，前一天，雍正在圓明園行宮病重，第二日下午病危，急召大臣，當晚即死去。據雍正的心腹大臣張廷玉的私人記錄，當時雍正七竅流血，令他「驚駭欲絕」。究竟是什麼原因導致雍正的死亡呢？

民間有一種傳說認為，雍正是被呂四娘刺殺的。傳說呂四娘是呂留良的女兒，有人說是呂留良的孫女。在呂留良案中，她攜母及僕逃出，後潛入宮中，殺掉雍正。

雍正年輕時即好佛崇道。當了皇帝後，他求仙訪道、企求長生，更是為此忙得不亦樂乎。有一份史料上說，雍正死時「七孔流血」。七孔流血是嚴重中毒的反應，雍正長期服用道士所煉之丹，丹藥中汞、鉛、硃砂等含量較高，又都是高溫燒煆而成，熱性很大。十三阿哥允祥去世後，為渴求長生不老，雍正帝加大劑量服用丹藥終致中毒。乾隆帝還未正式登基前，已急急傳諭驅逐宮中道士，可見雍正帝之死確同道士有密切關係。

可以說，雍正帝之死同他多年勤政，累得體力透支有很大關係；也同他心神長期不得安寧、夜不能寢、精神不能貫注、懼怕報

應有很大關係；更同他長期以來不斷服用丹藥、體力大量積毒有關；他晚年為求長生加大劑量服用丹藥更是導致他最終猝死的直接原因。

清代選秀女始於哪個皇帝

歷代皇帝都有自己的后妃來源，清代皇帝與歷代不同，它創立了具有自己特點的「選秀女制度」。

秀女遴選，是清代后妃制度的一個重要特點，清代的秀女挑選，由戶部主持，每三年選閱一次。為保持旗人的純正血統，僅從滿蒙漢八旗女子中擇取，為確保皇帝對「秀女」的充分占有，凡芳齡13歲至17歲未婚旗女必須經過選閱。被選中的在戶部記名為秀女，備為皇帝選擇嬪妃或給皇子、親王指婚，只有落選者方可嫁人。待皇帝到了成婚年齡，對記名秀女再進行複選，從中選擇皇后一人，嬪、妃人數不定。

順治皇帝6歲登基，23歲死去，在位17年。順治十年（西元1653年）十月，他下令選秀女，從上諭頒布後，直到第二年五月，才擇定科爾沁蒙古鎮國公綽爾濟之女，廢后靜妃的侄女博爾濟吉特氏為皇后，並於同年六月舉行大婚，這年順治帝14歲。

儘管順治在前述上諭中沒有使用「選秀女」這一詞，但為解決皇帝配偶，而在滿蒙官民女子中大規模閱選的做法，與後來的所謂「選秀女」活動是完全一致的。實為清代皇帝第一次選秀女。形成定制以後，即每三年在固定的八旗內部選一次秀女。不僅皇帝的后妃要從旗籍女子中挑選，被選中的八旗秀女，有的還可能要配給皇帝的近支宗親。

清代皇帝選秀女有哪些程序

清代皇帝選擇作為后妃的秀女，有嚴密的定制。秀女一般從滿、蒙八旗中遴選。凡年齡在13至16歲，身體健康無殘疾的旗籍女子，都必須參加閱選。嘉慶六年（西元1801年）以前，甚至公主下嫁所生之女也不能例外。秀女年滿13歲稱「及歲」，超過16歲稱「逾歲」。「逾歲」者一般不再參加挑選。如因故未能閱選者，則必須參加下屆閱選，否則雖至20餘歲亦不能出嫁，違者將受懲處。凡應選的旗女，在未閱選前私自與他人結婚者，也將由該旗都統參查治罪。即使的確殘疾不堪備選者，亦須各旗層層具結，呈報本旗都統，然後由都統諮行戶部上奏皇帝，才能免選。乾隆六年（西元1741年）時，兩廣總督瑪爾泰的女兒，年已過17歲，但從未入選秀女，瑪爾泰為此曾專摺奏請為女與閩浙總督德沛之子恆志完婚，結果遭到皇帝的斥責。

選中記名的秀女，在記名期內（一般為5年）不許私相聘嫁，違者上至都統、副都統、參領、佐領，下至旗長及本人父母，都要受到一定的處分。選中留牌子的秀女久不複選，而記名期已過，那麼，這樣的女子只得終身不嫁了。

選秀女由戶部主辦。屆時，由戶部行文八旗各都統衙門、直隸各省駐防八旗及外任旗員，將適齡備選女子呈報備案。每屆入選日期，均由戶部奏准，然後通知各旗，具備清冊，準備入選。

選秀女時，秀女們都在神武門下車，按順序排列，由太監引入順貞門，讓帝后們選看。選看地點各朝不盡相同。同治年間，慈安和慈禧兩位皇太后曾在「靜怡軒」選看秀女。而光緒皇帝的后妃，則是在西宮體元殿選看的。

入選秀女，凡獲得皇帝封號者，至死不得出宮另嫁。被選定為皇后的秀女，還必須透過大婚禮，從大清門、午門入宮，至坤寧宮

完婚。

清代皇帝是如何用膳的

皇帝吃飯，有專門名詞，有好幾種叫法，或叫「傳膳」，或叫「進膳」，或叫「用膳」，就是迴避說「吃飯」。

為了侍候皇帝吃飯，宮廷專科門設立了一個機構，叫做「御膳房」，直接由內務府管理，設管理事務大臣若干人，都是由皇帝特別欽派的。管理大臣下再設尚膳正、尚膳副、尚膳、主事、委署主事、筆帖式等官職，具體負責皇帝吃飯的事宜。

皇帝吃飯，並沒有固定的地點，多半在他們經常居住和活動的地方。皇帝吃飯，按清代的生活習慣，分早、晚兩頓正餐。早餐一般在卯正一刻（上午6點以後），但有時推遲到辰正（上午8點以後）。晚餐在午正一刻（上午12點以後），或推遲到末正（下午2點以後）。兩頓正餐之外，還有酒膳和各種小吃，一般在下午或晚上，沒有固定的時間，由皇帝隨意命進。

每到吃飯的時候，皇帝命御前侍衛開始傳膳。負責用膳的大小官員，立即命令有關的大大小小太監在用膳的場所布置膳桌，將預備好的飯菜迅速從御膳房抬來，按照傳膳的規定布菜。因為皇帝總是害怕有人謀害，就是對他的近臣侍衛以及管理用膳的機構也不放心，所以飯菜來了，他並不馬上吃，而是先看看每道菜盤上放的一塊小銀牌變不變色，據說只要飯菜中下有毒藥，銀牌就能反映出來。看了銀牌之後，他仍不放心，還要叫隨侍的太監先把每樣飯菜嚐上一點，叫「嚐膳」。

此外，凡是遇到值班奏事的日子，照例文武臣僚各自於皇帝吃飯的時候進呈牌子，要求皇帝引見和奏事。宗室王公用紅頭牌子；文職副都御史以上，武職副都統以上，用綠頭牌子；外官來京者文

職按察使以上，武職副都統、總兵以上，用一般牌子。皇帝看過這些牌子之後，再決定是否引見和准奏。因為這些牌子是在皇帝吃飯時進呈的，所以也叫「膳牌」。

皇帝御膳的原料來源有何講究

御膳房煮飯做菜用的水，是從北京西郊玉泉山專門運來的泉水，據說這裡的水「最輕清」。吃的米是黃、白、紫三色老米。京西玉泉山、豐澤園和湯泉等地，有專人培植這種稻米，此外，還有全國各地進貢的上色好米，稱之為「貢米」。羊肉取之於宮中慶豐司。膳房不用牛肉，只用牛奶，也由慶豐司供應。其他雞、鴨、魚、豬肉及時鮮蔬菜，都是在市場上購買的。各種山珍海味、奇瓜異果以及各地方著名乾菜等，則由全國各地呈貢而來。這些都是事先儲存準備好了的。

皇帝的御膳都能吃完嗎

一餐膳食幾十種，皇帝一人吃得完嗎？當然不能。按照清代制度的規定，皇帝和后妃以及宮內人役都有一定的份例。在皇帝的份例中，僅膳食一項，每日用白銀50兩，不管皇帝用膳與否，用多少，飯菜都是按照每日膳單呈送的。皇帝每次用膳畢，往往將吃不完甚至動也不曾動過的飯菜賜予他的臣下。宮內的妃嬪、皇子、公主及御前、內務府、軍機處、南書房入值大臣等，經常得到皇帝的賞賜。

野史中的乾隆身世之謎

清朝末年，社會上普遍流行這樣一個傳說：「浙江海寧陳家有

個兒子當了清朝的皇帝。」這一傳說，上自官僚縉紳，下迄婦孺百姓，幾乎是人盡皆知。有的說這位皇帝是指康熙帝玄燁，更多的人則說是指乾隆皇帝弘曆。在一些私家所寫的稗官野史中，也記載了這一傳說。

《清朝野史大觀》卷一「高宗之與海寧陳氏」一文述及：雍正帝胤禛當皇子時，與海寧陳氏相善，兩家時有往來酬酢。這一年恰巧兩家都生孩子，月、日、時辰皆同。胤禛命人抱來看看，等孩子被送回時，陳家發現已經易男為女，大驚失色，但是不敢追究，更不敢聲張。沒有多久，康熙帝去世，胤禛即帝位，即擢拔陳氏一門數人至顯要地位。

這一傳說當然是荒誕的。雍正帝有10個皇子、6個公主。乾隆帝是其第四子。揆諸情理，根本沒有必要把別姓的孩子換來當自己的孩子繼承皇位。這是最有力的例證。其次，以清代皇帝與海寧陳氏的關係來說，純是君臣之誼。乾隆二十二年（西元1757年），陳世倌以大學士退休，到皇宮去辭行，乾隆帝賜銀5000兩，命他在家坐食俸祿，頤養晚年，並賜給御製詩表示尊重老臣之意。在封建社會，這是非常榮耀的事，由此建立起來的君臣關係似乎比其他人更親睦。

雍正初年，大舉修建浙江海塘。乾隆帝即位後，非常重視這項工程，6次南巡，有4次親到海寧踏勘。既然到海寧，總要有個合適的住所。陳氏是康、雍、乾三朝宰輔，其家園是海寧名勝，亭臺樓榭，花木扶疏，自然是接駕駐蹕的理想之處。這個園子本名「隅園」，乾隆帝為之改名「安瀾園」。「安瀾」是水波不興之意，由這一命名也可以看出，乾隆帝臨視海寧，是為了巡視海塘工程，而不是為了其他目的。可見乾隆帝是海寧陳氏之子這個傳說是編造的！

乾隆寵妃香妃真有其人嗎

　　民間傳說，清乾隆年間，有一位反清的回部酋長的妻子，長得異常美麗，而且遍體散發出一種異香，被人稱作香妃。專家認為，香妃其實是乾隆的「容妃」。

　　1979年10月，在清東陵容妃墓中出土了一批殘碎物品，其中最有價值的資料有棺木上描金的阿拉伯文字，譯成漢文即「以真主的名義」；花白頭髮，紮有辮繩的長辮子；帶有少數民族文字的八寶花綾等。有專家由此認定，容妃和卓氏就是傳說中的那位香妃。

　　史書記載，容妃深得皇帝寵愛。在乾隆的后妃中，只有容妃是回族人。她在宮中被允許穿著原本民族的服裝。宮內還專為她設有回族廚師。據學者考證：容妃（西元1734～1788年），霍卓氏，又作和卓氏，生於雍正十二年（西元1734年）九月十五日，比乾隆小23歲。容妃進宮時間說法不一：一說是在乾隆二十五年（西元1760年）春入宮，年27歲。初為貴人，乾隆二十七年（西元1762年）冊封為容嬪，年29歲。每年例銀300兩（相當於知縣的5倍）。她的哥哥也被封為輔國公。乾隆三十年（西元1765年）南巡，容嬪隨駕，到過揚州、蘇州、江寧（南京）、杭州。乾隆特意按回部習俗，賞她羊肚片、燉羊肉等食物。乾隆三十三年（西元1768年），冊封為容妃。乾隆三十六年（西元1771年）春，容妃隨皇太后、乾隆東巡，遊覽泰山、祭拜孔廟，路上受賞回回餑餑等食品。乾隆四十三年（西元1778年），容妃隨乾隆到盛京，在塞外中秋之夜，受賞「奶子月餅」。到達木蘭圍場，乾隆獵獲野豬和麅子，賞眾妃野豬肉，而賞容妃麅子肉。乾隆為容妃安排了回族廚師，為她做回族清真飯菜如羊肉餛飩等。

　　乾隆帝還曾為容妃修建寶月樓。清朝在乾隆以前，沒有回族妃嬪的先例。容妃以回部女子至清宮，乾隆不把她安置在後宮，特營建西苑寶月樓，作為金屋藏嬌之所。當時，八旗以外的所有百姓都

住外城。唯獨回子營近在咫尺，依靠九重。乾隆五十三年（西元1788年）四月十九日，容妃因病去世，年55歲，葬清東陵。

清代嬪妃的休閒生活是怎樣的

追求長壽、祈祥求瑞，是每一個深居禁宮大內妃嬪的良好願望。然而由於久居深宮，寂寞孤獨，加之平素缺少身體鍛鍊，她們多數弱不禁風，有的甚至久病纏身。她們長年以丸藥為伍，湯劑相伴。清宮的御藥房珍藏有大量的妃嬪用藥底方及藥材藥具，它們為後人瞭解清代后妃們療疾養生提供了詳實的佐證。這些宮廷藥方中，還有安胎、補腎、理氣、活血、健脾等內容的藥方，但是它們並未公開過。

幽居深宮大內的妃嬪們的休閒生活是無奈的，妃嬪們只能對鏡貼黃、調脂弄粉，或穿針引線、細繡荷包，或手揉核桃、養神入定，或圍聚一桌、博弈打牌，或手持菸袋、噴雲吐霧，或丹青繪事、怡情自樂，聊以打發寂寞漫長的時光。

嘉慶帝紫禁城遇刺案是怎樣發生的

嘉慶八年（西元1803年）閏二月二十日，當嘉慶皇帝從外回宮，在順貞門門口準備換轎的時候，突然從神武門內西廂跑出一人，手持小刀，準備將皇帝刺傷。在場眾侍衛、護軍章京、護軍校、護軍等一時竟都驚惶失措、目瞪口呆，後才有一御前大臣迎前攔擋，侍衛們才緩過勁來蜂擁而上，慌忙將他擒拿，其中兩名還被傷。

事後該人供稱，他名叫陳德，是個到處打工的貧民，因被生計所迫，想一死了之，但又不肯悄悄死去，就想出這個「驚駕」的死

法，企圖驚駕之後，死於亂刀之下。以前做幫工時，陳德曾經進宮送過瓷器，此番趁東華門侍衛疏忽，便混進了宮中，轉到神武門，事先並未引起他人懷疑。陳德是民間祕密宗教「天理教」的成員。不過，陳德想痛快地死卻沒能辦到，在反覆審訊之後，被施以「凌遲」的重刑。嘉慶皇帝雖倖免於難，但他目睹一場御前血戰，恐其至死難忘，當時宮廷門禁疏漏可見一斑。

道光皇帝為何會踢死長子

道光皇帝的長子奕緯，生於嘉慶十三年（西元1808年），其母是當時在擷芳殿服侍旻寧的宮女納喇氏。

後來納喇氏被收為旻寧的側室福晉。道光皇帝即位後，晉陞為和嬪、和妃。道光五年（西元1825年），17歲的大阿哥奕緯，奉命到擷芳殿居住。遷住之前，道光皇帝還命欽天監為他擇定入住的吉日。住在擷芳殿中的奕緯，每天都要到上書房讀書。但是這位皇長子缺乏讀書的天賦，又不肯用功，加上授業師傅缺乏耐心和良好的教學方法，使得師生關係很是緊張。道光十一年（西元1831年）四月的一天，這位師傅勸奕緯好好唸書，將來好當皇帝。奕緯聞言，便道：「我要做了皇帝，就先殺你。」事後師傅將此話轉奏道光皇帝，道光皇帝不禁大怒，命人把大阿哥叫來。結果當奕緯剛要跪下請安時，怒火中燒的道光皇帝飛起一腳，正中他的下身。這一腳踢得過重，奕緯被抬回擷芳殿，沒過幾天就死了。

道光的兩皇子是如何爭奪皇位的

道光皇帝有9個兒子，大阿哥奕緯，二阿哥奕綱，三阿哥奕繼，四阿哥奕詝（即咸豐），五阿哥叫奕誴，六阿哥叫奕訢，七阿哥叫奕譞，八阿哥叫奕詥，九阿哥叫奕譓。到了道光二十六年（西

元1846年），道光皇帝65歲，年紀也老了，身體又不好，便考慮祕密立儲的問題。這個時候，大阿哥、二阿哥、三阿哥都死了，四阿哥就是奕詝，年齡最長，五阿哥奕誴過繼出去了，過繼給醇親王。六阿哥就是奕訢。奕詝這一年是16歲，奕訢比他小1歲，七阿哥奕譞7歲，八阿哥奕詥3歲，九阿哥奕譓2歲。所以，可以考慮皇太子的實際上只有兩個兒子，就是奕詝和奕訢。

事情又有一點特殊，奕詝的母親很受道光皇帝的寵愛，但是她死得比較早。奕詝母親死時奕詝才10歲，由靜貴妃也就是奕訢的母親來照顧他，所以奕詝視靜貴妃如同生母，視奕訢如同胞弟，奕詝和奕訢關係都很好，這就更增加了道光選擇皇儲的困難。

據清史專家閻崇年先生介紹，當時奕詝和奕訢因為只差一歲，都在上書房讀書，奕詝小時候騎馬的時候摔了，把腿摔折了，雖然腿治好了，但是落了一個殘疾，所以是個瘸子，奕詝還得過天花，臉上有麻子，功課又不如奕訢好。而奕訢功課比較好，騎射刀槍功夫都好，能文能武。這樣道光帝難以選擇，便有意在南苑騎射上做一試探。奕詝的老師杜受田，奕訢的老師卓秉恬，都分別給自己的弟子出了主意。因為奕訢的騎射功夫、刀法槍法都很好，所以，奕訢就按照老師的指示發揮他自己所長，射到的鹿和其他東西很多。而奕詝卻按照老師的教導，既不上馬，也不射獵，見道光帝的時候兩手空空，什麼都沒有，道光帝很納悶，便問他怎麼一無所獲。他便跪倒地上說，父皇教導我，要仁愛，現在是春天了，母的牲畜正是懷孕的時候，我要把它射死了，連它的沒有出生的幼畜也射死了，這是不仁，我不忍心這麼做，所以一箭也沒有射。

由於老師教導奕詝「藏拙示仁」，又「藏拙示孝」，在「仁」和「孝」這兩個字上表現得比較突出，所以道光帝就選擇奕詝也就是咸豐做了皇太子。

同治皇帝是死於梅毒嗎

清同治十三年十二月初五（西元1875年1月12日），北京氣候嚴寒，紫禁城內瀰漫著一片悲哀的氣氛，因為年僅19歲，親政未及3載的同治皇帝突然死去了。同治帝究竟死於何病？一直是個疑團。長期以來，流行著不同的說法。

一說是死於淫瘡，即花柳病。《清朝野史大觀》卷一《清宮遺聞》和蔡東藩的《清史演義》都持這種說法。

一說是死於癰，俗稱毒瘡。李慈銘在《越縵堂日記》中曾有記載。癰又名癰疽，發病原因與癤子相同，一般多由葡萄狀球菌侵入毛囊汗腺的周圍所引起，唯範圍較大，恰如多數癤子驟生於一處，多生於項背及臀部，小者如栗子，大者如手掌，瘡口甚多，疼痛異常。此症在初起時，須速就醫診治，遲則易陷於危險。

一說是死於天花，翁同龢就持這種說法。他在日記中曾有記載。翁同龢是弘德殿行走，同治帝授讀師傅，從同治帝發病到去世，曾多次奉命前往探視，他說的「天花三日」、「花極稠密」，都是親眼所見，其記載當然可靠。無獨有偶，就在同治帝病死的當月二十九日，大公主（慈安太后所生之女）也因天花「薨死」了。可見當時宮內流行天花確有其事。

除了上述3種說法外，還有一種說法，即同治帝死於西太后之手。從西太后一生專制殘暴、兇狠毒辣以及後來光緒帝一生不幸的遭遇來看，這一說法似乎有一定道理，但只是附會臆想，並無事實根據。同治帝究竟死於何病，尚待人們作進一步考證。

光緒皇帝的大婚儀式是如何舉行的

光緒帝是清代舉辦大婚的最後一個皇帝。光緒帝的大婚典禮在

光緒十五年（西元1889年）正月二十七日舉行，時年19歲。

大婚典禮的儀式和禮節極為隆重繁瑣。皇后選定後，要舉行一系列的典禮：十一月初二日行納彩禮；十二月初四日行大征禮；正月二十六日祭告天地、太廟，二十七日行冊立、迎奉禮，同日行合巹禮；二月初二日行朝見禮，初四日行慶賀禮，初五日行筵宴禮，初八日行祈福禮——至此大婚禮成，整個大婚吉期，自正月二十日起至二月初九日止，共20天。大婚典禮的籌備工作，早在一年半以前就著手進行，並設立了專門機構——大婚禮儀處，專司大婚典禮一切應辦事宜。

這次大婚，共花費銀550萬兩。其中，各種「外辦」耗費，共為105萬餘兩；而由「內辦」的帝、后應用冠服、朝珠、鈿釵、金銀珠寶玉器，嬪妃所用器物，皇后妝奩，以及後嬪鋪宮應用的金銀器皿等，共為銀400萬兩以上。

紫禁城的護城河內為何種蓮藕

紫禁城牆外，是寬寬的護城河。護城河水的源頭是京西玉泉，玉泉水經過頤和園、運河、西直門的高梁河流到市中心的後海。然後從地安門的步梁橋下引出一支水流，經過景山西門的地道，進入護城河。

護城河自康熙十六年（西元1677年）開始，常年栽種蓮藕，農曆七月的時光，荷花盛開在玉帶般的河面上，為肅穆的紫禁城增加了一道婉約的景緻。但皇帝准許在護城河栽種荷花並不是為了觀賞。清代皇帝厲行節儉，緊縮宮中用度，宮廷生活開支僅及明代宮廷開支的十分之一二。所以護城河每年收穫的蓮藕，除供應宮廷膳食外，還將剩餘的拿到街市去賣，所得銀兩明記在帳，用於購買零星物品。嘉慶年間，為了增加收入，皇帝還准許將護城河的荷花地

租出去，每年收取125兩9錢1分5的租銀。

皇帝去世後的后妃是怎樣安置的

在紫禁城內的隆宗門外，坐落著一組以慈寧宮為主體的建築群。有人把它稱做紫禁城中的寡婦院。因為這裡原主人便是先皇的后、嬪、妃們。她們當中主要是透過選秀女而入宮的。明清兩代皇帝雖不像唐代「後宮佳麗三千」，但人數並不算少。皇后、皇貴妃、嬪、妃、貴人、常在、答應等，她們都住在乾清宮兩側的東西六宮。一旦皇帝駕崩，按祖制她們都要搬到慈寧宮居住。慈寧宮在給皇太后上徽號、冊立后妃以及元旦、冬至、皇太后萬壽節時，都要舉行盛大的慶祝活動，這時，遺孀們濟濟一堂，飲酒作樂。慈寧宮建築群中的佛堂很多，這些太后、太嬪、太妃們在百無聊賴的守寡期間，焚香禮佛，試圖從那虛無縹緲的佛界中尋求精神安慰和寄託。

鐵帽子王的制度是怎樣形成的

清代共有世襲罔替的王爵十二家，俗稱鐵帽子王。清代的王爺共有240多位，分為十四等，即和碩親王、世子、多羅郡王、長子、固山貝子、多羅貝勒、奉恩鎮國公、奉恩輔國公、不入八分鎮國公、不入八分輔國公、鎮國將軍、輔國將軍、奉國將軍、奉恩將軍。

清代封爵方式有兩種，一種因軍功受封叫軍功封，一種以皇帝直系子孫受封叫恩封。

以軍功封者無論王、貝勒均世襲，永不降封。以恩封者一般則每一代降封一等承爵。親王降至鎮國公，郡王降至輔國公，貝勒降

至不入八分鎮國公，貝子降至不入八分輔國公，鎮國公降至輔國將軍，輔國公降至輔國將軍，以後則世襲罔替不再遞降。

鐵帽子王其中八家以軍功封爵。他們是禮親王、鄭親王、睿親王、豫親王、肅親王、莊親王、克勤郡王、順承郡王；另有恩封世襲罔替王爵四家：怡親王、恭親王、醇親王、慶親王。

清朝時唯一的漢族公主是誰

清初，曾有一位名叫孔四貞的漢族公主。孔四貞的父親孔有德原是明朝鎮守遼陽的一名參將，降清後封為定南王，鎮守廣西，駐軍桂林。順治九年（西元1652年），張獻忠起義，打敗孔家軍，孔有德手刃愛妾，閉門自焚。其全家被張獻忠的大西軍所殺，只有女兒孔四貞被其部下國安救出。孝莊皇后將其接入宮中撫養，順治十一年（西元1654年），孔有德靈柩自廣西經北京運往東京（遼陽），經孔四貞要求，順治帝同意將其安葬在北京，並視孔四貞為和碩格格，後與其父的部將孫龍之子孫延齡完婚。

康熙十二年（西元1673年），三藩叛亂，經孔四貞的規勸，孫延齡表示降清，吳三桂得知消息後暗殺了孫延齡，孔四貞落入吳三桂手中，直到掃平三藩之後才得以回京。當孔四貞舉家遷往廣西時，清政府乘勢將她的名分由和碩格格降為郡主，並明確規定「下不為例」，於是孔四貞成了清王朝200餘年中唯一的漢族公主。

光緒皇帝是怎麼死的

1908年（光緒三十四年）11月24日，光緒帝突然「駕崩」。次日，慈禧太后亦病故。關於光緒之死，稗官野史和民間傳說頗多。

一說西太后自知病危，派人送藥把光緒帝毒死；一說是袁世凱見慈禧一病難起，怕老佛爺歸天後自己處境岌岌可危，遂賄賂內宦害死光緒；一說太監李蓮英得悉光緒日記中載有西太后死後將誅袁世凱和他的消息，與慈禧合謀將毒藥投入光緒食物之中致使光緒身亡；也有說光緒病重時未得到及時救治而死。如此等等，不一而足。

近些年來，有人依據中國第一歷史檔案館所藏的光緒帝診病記錄——脈案，結合當時的歷史背景和現代中醫學理論，認為光緒帝被毒斃的說法，證據不足。光緒之死，乃虛癆之病日久，最終五臟六腑無處不病，陽散陰涸，陰陽離決。其直接死亡之原因，可能是心肺功能的慢性衰竭，合併急性感染所致。

也有人認為，光緒一生中經過外侮內憂，心情始終不佳。尤其是戊戌變法失敗，他在政治上遭受重大變故，其病情開始加重，出現多種病症，氣血雙虧，身體每況愈下。從28歲（光緒二十四年）起病勢逐漸加劇，至光緒三十三年（西元1907年）已臥床不起，行動艱難，其病情已入膏肓，心肝腑臟皆損，陰陽俱衰。結果只活了38歲。

皇帝是怎樣乘轎子的

歷朝宮廷的規模都比較大，皇帝即使在宮裡也都須乘轎，因而皇帝的隨侍太監中還有專門為其抬轎子的，清代稱「尚乘轎」，設八品侍監首領太監2名，太監32名。

皇帝的轎子都用明黃色緞子製成，這也是皇帝的專用顏色，包括后妃在內的其他任何人都不許妄用。抬轎子的太監一般都相貌周正，身體強健而且個頭大致相當，以保持轎子行走的平穩。每當皇帝出行，轎子前後都隨侍許多太監，有的負責護衛，有的挑著盛放

了茶水、點心的圓籠,有的則執傘執爐,力求做到皇帝所用一應俱全,隨叫隨有。御轎前六七十米處還派有太監,一邊走,一邊發出「咘、咘」的聲音,稱「打吃」。宮裡的人只要聽到這種聲音,凡在屋裡的都要立即停止說笑,凡是在外邊的都要趕緊躲避,實在躲避不及,則要面向牆壁而立,以免「驚駕」。

清代太醫院設在哪裡

據《清史稿‧職官志》記述,清代太醫院的院長為正五品院使,副院長為正六品左、右院判,下轄正七品御醫13人,正八品至正九品吏目26人,從九品醫士20人,皆可統稱太醫。另有無品級的醫生30人,負責抄寫藥方病歷和製藥。太醫院除了為皇家服務,也負責考場值班、軍營出診及為王公大臣治病。

清代的太醫院原設在天安門前的禮部東邊、東交民巷路北。西元1900年八國聯軍入侵北京,次年簽訂的《辛丑合約》將使館區擴大為禮部至崇文門內大街,規定「中國人民概不准在界內居住」。擴大後的使館區內原有中國衙署、民居都被霸占,太醫院原址成了俄國兵營,被迫搬至白文壽太醫在東安門大街的住宅臨時安身。

西元1904年,太醫院新址在地安門東側建成,共有東、中、西三個院落。今地安門東大街111號明珠聚龍宮餐廳即原東院大門所在地,太醫院辦公大堂今已不存,後面的民居是昔日的藥房。西院(117號)仍保留著頗為氣派的「金柱大門」,院內也建滿了民居。中院(113號)是當年太醫院的「先醫廟」,供奉醫祖三皇「伏羲、神農、黃帝」的景惠殿保存尚完整,雖然歇山起脊的殿頂沒有使用黃琉璃瓦,但橫梁上的「金龍合璽」彩繪和前廊裡的貴金「正龍天花」都標誌著這是一處皇家規格的殿堂。

慈禧太后是怎樣上廁所的

從慈禧太后上廁所的繁瑣之舉，我們完全可以領略清代皇室生活的豪奢。當太后說要傳官房時，幾個宮女就去分頭準備，一個去叫管官房的太監，一個去拿鋪墊，一個去拿手紙。太后官房是用檀香木做成的，外表雕成一隻大壁虎，壁虎的四條腿就是官房的四條腿，壁虎的鼓肚是官房盆屜，尾巴是後把手，下頜是前把手，嘴微微張開，手紙就放在其中，壁虎的脊背正中有蓋子，打開後就可以坐在上面「出恭」了。官房裡放有乾松香木細末。太監要用繡雲龍黃布套裹著的官房頂在頭上送到太后的寢宮門外，請安以後，打開黃布套，取出官房，由宮女捧著送進淨房（淨房一般設在臥室床的右側，明面上裝一扇或兩扇小門，裡面是不足一米寬的死夾道，專門為便溺用）裡，宮女把油布鋪在淨房地上，把官房放在油布上，再把手紙放進壁虎嘴裡；太后完事後，由宮女將官房捧出去，交給太監，太監仍然用布套包好，舉到頭上頂出去，清除完髒物後，擦洗乾淨，放入新的乾松香木細末，等下一次使用。

明清兩代太監的數量有多少

說起太監，人們就會想到魏忠賢、李蓮英這些奸佞人物，他們至今仍臭名遠揚。其實太監本身也是不幸的，是封建時代的犧牲品。

明清兩代，太監的數量及影響，不亞於漢唐。尤其明朝，內監達1萬人，另有9000名宮女——紫禁城相當於一座小城鎮的人口了。清朝汲取前明的教訓，對宦官的勢力加以壓制，再沒有哪位太監執掌過兵權，基本上不讓太監干預政治。嘉慶以前，太監的人數還多一點，以後逐漸減少，大致保持在2000人左右（包括圓明

園、昇平署等處的）。到了晚清，宮內及週邊各處的太監加起來也只有1500多人。太監少了，活卻沒少，每年入宮擔任雜役的「蘇拉」有近萬人次。這倒是明智的，反正太監也幹不了太多的粗活，不過就是看看門、打打更、做做飯、打掃打掃環境。

明朝皇帝重用太監。永樂年間設立的皇家特務機構東廠，就交由宦官掌管。成化十三年（西元1477年），又增設規模更大的西廠，由大太監汪直直接控制。人們說的「明朝三大害」，即指廠、衛（錦衣衛）與宦官。

1924年，末代皇帝溥儀被驅逐出紫禁城。樹倒猢猻散，太監們也流入民間，各找各的出路。從此，太監在中國消失了。

明代的大太監權力有多大

武宗正德初年，宦官劉瑾居然控制了朝政，利用東西廠監控文武大臣，京城一片白色恐怖。若干年後，東西廠交到了魏忠賢手中，其權力之大有過之而無不及。魏忠賢本是個廚師，因為會給熹宗做飯，討得了歡心。後來又跟熹宗的奶媽客氏相勾結，青雲直上，權勢日熾，居然敢以「九千歲」自居。

魏的權力大到什麼程度？從下面的例子可見一斑。僅天啟三年（西元1623年），他就矯傳聖旨先後害死了選侍趙氏、張裕妃、馮貴人等數位嬪妃，甚至對張皇后也暗下過毒手。他甚至將元代建造的香山碧雲寺選為墳址，大興土木。明亡以後，有大臣驚歎於這位前朝太監生壙的建築規模，向康熙帝反映：「臣過香山碧雲寺，見魏忠賢所營墳墓：碑石崢嶸、隧道深邃。翁仲簪朝冠而環列，羊虎接駝馬以森羅。製作規模，彷彿陵寢。」豪華程度居然能與帝王陵抗衡，可見魏忠賢獨攬大權時的赫赫地位。只是魏忠賢再無福躺進自掘的華麗墳墓裡。下一位皇帝（崇禎）上臺，立即將其逐出朝

廷，他在流放的途中上吊自殺。死後仍被五馬分屍，並梟首示眾。給自己預留了尊貴的陵園的人，居然連一具完整的屍體都無法保全。

清末的大太監都有誰

清末的大太監有安德海和李蓮英。

安德海雖受慈禧寵愛，權傾一時，可惜不得善終。他倚仗太后撐腰，竟敢得罪恭親王。恭親王密令山東巡撫丁寶楨以「違制出宮」的罪名，將巡行到其轄區內的「安公公」就地正法——先斬後奏，令慈禧太后也無可奈何。他的繼任，「太后掌案」李蓮英就學聰明了，在慈禧太后和光緒皇帝間耍兩面派，左右逢源，一直做到了大總管。他本是梳頭房太監，因為會給慈禧設計髮型而受青睞，最後成了紫禁城的大管家。按道理，太監的最高官階是四品「宮殿監督領侍」，李蓮英卻被破格提拔為二品大總管——算是破了先帝們的規矩，可見他受慈禧太后之器重。

遊在北京

北京的「九壇」有哪些

九壇指的是天壇、地壇、祈穀壇、朝日壇、夕月壇、太歲壇、先農壇、先蠶壇和社稷壇諸壇，這些都是明清帝王進行各種祭祀活動的地方。

建於明永樂十八年（西元1420年）的社稷壇，是明代遷都北京所建的第一壇。社稷是封建時代國家的象徵與代名詞。明清兩朝歷代皇帝於每年春秋第二個月的第一個戊日，要來這裡（今中山公園）祭祀社神與稷神。明初，皇帝一起祭祀天地、日月、星辰、雲雨、風雷諸神。到了明嘉靖九年（西元1530年），對諸神分郊祭祀，才在天地壇（今祈年殿，又名祈穀壇）的南端建起圜丘壇，成為名副其實的「天壇」，又有祭天臺之稱，於每年冬至日供皇帝祭天之用。天壇內的祈年殿即祈谷壇（原天地壇），成為每年農曆正月十五日皇帝祈祀五穀豐登之處。地壇建在安定門外，是明清皇帝每年夏至日祭祀土地神的場所。在朝陽門外建有朝日壇，用於春分日祭日。阜成門外所建夕月壇，為秋分日祭月。位於永定門內西側的先農壇，是祭祀神農氏之地，皇帝於春季第二個月的亥日吉時，來此祭祀。太歲壇在先農壇東北側，因太歲是值歲之神，皇帝於每年春、冬兩季需擇吉日來此祭祀，以求歲歲吉祥、國泰民安。先蠶壇位於北海公園東北隅，每年春季第二個月的己日，皇后要來此躬行桑禮，以示對農副業生產的關懷與重視。

您知道社稷壇在哪裡嗎

社稷壇位於北京城內西城區天安門西側，西長安街北側。占地

約24公頃。明永樂十九年（西元1421年）建於元萬壽興國寺舊址。是明、清兩朝祭祀土神和五穀之神的地方。歷代多有重修、擴建。1914年闢為中央公園，1928年為紀念孫中山改稱中山公園。壇南北略長，有內外兩道壇牆，主要建築集中於內壇牆中。社稷壇，由漢白玉砌成兩層正方形平臺，壇中鋪五色土，中黃、東青、南赤、西白、北黑，象徵五行，面積256平方米。壇四周圍牆，每面有漢白玉欞星門。壇北側的拜殿是一座高大雄偉的木構建築，黃琉璃瓦廡殿頂、和璽彩畫，是明、清兩代皇帝祭祀時行禮之所。1928年，更名為中山堂。

北京的「八廟」有哪些

八廟，是指太廟、奉先殿、傳心殿、壽皇殿、雍和宮、堂子、文廟和歷代帝王廟。

太廟，在今勞動人民文化宮內，明永樂十八年（西元1420年）興建，是明清兩代封建帝王供奉祖先的場所，即皇帝家廟。奉先殿，在故宮內，殿內原安有神龕，以祭祀皇帝的先祖。傳心殿，位於故宮文華殿東側，原為供奉帝王、先師牌位的地方。壽皇殿，在景山公園內北側，是供奉清代帝后、祖先神像之處。雍和宮，原為清雍正皇帝胤禛即位前的府邸，乾隆皇帝出生於此，後改為喇嘛教的廟宇。該廟建築豪華，文物極豐，為北京著名的旅遊勝地之一。文廟，又稱孔廟，在雍和宮西側的國子監街內（成賢街），建於元大德十年（西元1306年），是元、明、清三代祭祀孔子的地方。歷代帝王廟，坐落於阜內大街，明嘉靖十年（西元1531年）興建，主要祭祀中國歷代的164位皇帝和79位名臣。

北京西山為何多名勝

在歷史上，北京的西山泛指西山八大處的翠微山、平坡山、盧師山三山，及所延之香山、玉泉山、萬壽山、百望山等，是臨京都最近的山地。「西山」位於都門乾位吉地，上風上水，古蹟薈萃，人傑物華，文化悠久。800年前的「燕京八景」中的居庸疊翠、西山晴雪、玉泉垂虹均在西山上。元朝時期的「宛平八景」中的退谷水源、山軒御筆、竹墅清秋、西湖蓮徑等位於西山。清代名冠九州的「三山五園」：圓明園、暢春園、清漪園、靜宜園、靜明園等，均為「借得西山秀，添來景物新」的一代皇家園林。西山是京城文化的發源地，在沒有北京城之前，西山已形成了它獨特的文化體系，西山有歷史悠久的皇家園林，加上得天獨厚的山水條件，古往今來一直是文人騷客、達官貴人的吟詠之所，憩息之地，歸葬之域，誕生畫家的風水寶地，也是佛教的文化中心。正因為如此，西山成為北京的旅遊勝地。

您知道頤和園的名字有什麼含義嗎

頤和園是中國現存規模最大，保存最完整的皇家園林。頤和園的前身乃為北京「三山五園」中的清漪園，後在英法聯軍火燒圓明園時同遭嚴重破壞，光緒十四年（西元1888年），慈禧太后修復此園，改為「頤和園」。

從《現代漢語詞典》裡可以得知，「頤」的意思是「保養」，而「和」字的源起是上古時期的一種能吹奏的樂器，吹奏出來的聲音非常和諧。由此，「和」代表「和諧」之意，以後「和」字又衍生出「包容」、「和平」和「安定」、「太平」等含義。「頤和」就是保養和諧之意。

頤和園規模宏大，總面積達294公頃，主要由萬壽山和昆明湖兩部分組成，其中水面占四分之三。慈禧大力修復此園的目的乃是

為了避暑和頤養天年，她獨獨看中了這塊具有「萬壽」名稱的寶地。從光緒二十九年（西元1903年）起，慈禧大部分時間在這裡度過，由於慈禧常需在這裡接見臣僚，處理朝政，為此在園的前部專門建置了一個宮殿區和生活居住區，所以頤和園是一個兼具「宮」、「苑」雙重功能的大型皇家園林。

您知道頤和園裡「臥巨龜」在哪裡嗎

遊覽頤和園，導遊會給遊客介紹碧波上的南湖島說：「你們看這島呈圓形，像個巨大的龜殼，再看那十七孔橋，像龜伸長的脖子，還有最東邊的亭子，真像那巨大的烏龜頭。」廓如亭（八方亭）位於十七孔橋東端，是中國現存最大的一座亭子。八角重檐，氣勢雄渾，在園中起重要景點作用。廓如亭、十七孔橋和南湖島連接在一起，形似一隻烏龜的頭、頸和身軀三部分，據說這是用烏龜造型來象徵長壽之意。

登高遠眺，縱覽頤和園全貌便會發現，呈現在眼前的南湖島確實像一隻「巨龜」，寓意明顯。據頤和園建築的設計者樣式雷——第十代後人雷章寶介紹，這「巨龜」確是為體現「福祿壽」之壽而建的，非常奇特，突顯了賀慈禧太后60大壽的特徵。當年修建頤和園的雷思起父子為了取悅「老佛爺」，也為按皇帝的旨意，為在這古典園林建制中體現「福祿壽」的寓意，在這湖中建成這一組龜的景觀。

慈禧遊湖時是怎樣用荷燈點綴的

慈禧重修頤和園後，昆明湖備有大小龍舟數艘，專供慈禧遊湖消夏。每次乘船至昆明湖時，她先到南湖島上的龍王廟拈香拜佛，以求龍王保佑她水上遊玩平安。尤其是夜遊昆明湖，根據季節的不

同，在湖中放置大量的荷燈，並用荷燈組成不同的圖案，長廊和沿湖岸一線的石欄杆上都要掛上各種花燈。千萬盞燈籠上下輝映，人在湖中巡遊，觀賞園中夜景，長廊似飛龍展姿，湖面像龍宮放彩，確實十分有趣。

萬壽山為何又叫「甕山」

萬壽山的命名，是在250多年以前，乾隆為他母親「孝聖」皇太后祝壽時決定的。萬壽山原名甕山，因相傳有一老人在山麓曾挖出一個石甕，所以取名甕山。

到了明朝嘉靖年間，古甕遺失了，但甕山這個名字卻一直流傳下來。明弘治七年（西元1494年），皇帝的乳娘助聖夫人羅氏曾在甕山之陽，背山面水，修建了一座規模不小的圓靜寺，其舊址即今日頤和園內排雲殿所在的地方。清乾隆十六年（西元1751年），正值「乾隆盛世」，這一年正好是乾隆的母親鈕祜祿氏「孝聖」皇太后60歲生日，乾隆為了表示他一片孝心，於這一年將甕山改為萬壽山。

十七孔橋上的獅子有多少

北京曾有一句歇後語：蘆溝橋的石獅——數不清。說是蘆溝橋上石獅最多，怎樣數也數不清數目。其實，石獅最多之橋不是蘆溝橋，而是頤和園的十七孔橋。1980年代初，經文物工作人員仔細測定，查明蘆溝橋橋上石獅為498隻，但1989年一個雷雨之夜，一條石欄杆（連石獅子）被雷擊毀，現實存石獅497隻。而據頤和園管理處於1972年清點十七孔橋上的石獅子，數量共544隻。

十七孔橋為何有17孔

清乾隆年間建造的十七孔橋是頤和園內最大的石橋，長150米，飛跨於東堤和南湖島之間，狀如長虹臥波。其造型兼有北京蘆溝橋、蘇州寶帶橋的特點，橋上石雕有神態各異的獅子，兩橋頭還有石雕異獸，形似麒麟，十分威猛。為何橋洞要建成17孔呢？因為橋正中的大孔，從橋兩端數來正好是「九」數。而「九」稱為極陽數，是過去封建帝王最喜歡的吉利數字，所以將橋建成17孔。

頤和園裡的銅牛在哪裡

玉泉山的昆明湖水是皇家園林的重要水源區，也是皇城用水水源。當時，玉泉山流過昆明湖後，再經高粱河入西直門水關，最後引入皇宮。進皇宮的水道還設有過濾裝置。昆明湖在乾隆年間修建清漪園時還沒有現在這麼大水面，只是一個叫甕山泊的小湖。在五行所鎮之物中，玉泉山昆明湖的水因其特殊地位而成了京城北方的鎮物。在今頤和園昆明湖東堤岸的那頭鎮水銅牛記錄下了這一切。清乾隆二十年（西元1755年），這座銅牛為鎮壓京城水患而鑄成。銅牛長1.75米，高0.4米，寬0.84米，橫臥在刻有海浪紋的青白石座上。銅牛鑄造得栩栩如生，兩耳豎立，目光炯炯，好似回首驚顧，又似沉思而若有所聞。銅牛以神態生動、形象逼真而反映出了中國當時鑄銅工藝的精湛水準。

銅牛隔水在望什麼呢？原來昆明湖水的西岸有一依據古代神話「牛郎織女」而樹立的《耕織圖碑》。人們傳說「織女下凡後在宮中織染局，而織染局在萬壽山之西」，正是「鎮水銅牛鑄東岸，養蠶茅舍列西涯」。銅牛背上，有篆文鑄就的《金牛銘》：夏禹治河，鐵牛傳頌。義重安瀾，後人景從。制寓剛戊，象取厚坤。蛟龍遠避，詎數黿鼉。瀠此昆明，潴流萬頃。金寫神牛，用鎮悠永。巴

邱淮水，共貫同條。人稱漢武，我慕唐堯。瑞應之符，逮於西海。
敬茲降祥，乾隆乙亥。

頤和園內的蘇州街有何特點

頤和園蘇州街（也叫買賣街），位於頤和園北宮門內，也可由
佛香閣背後下山經「松堂」進入。這裡是當年乾隆皇帝及其母后、
妃子們遊玩的臨水商市。在清乾隆時（西元1736～1795年）仿江
南水鄉構築，帝后常泛舟遊逛，店夥均由太監充任。設有60多處
鋪面，街中酒樓、茶館、當鋪、錢莊、藥店、染房、印書局、官服
店、織布所、評彈廳、糕點鋪、小吃店等，一應俱全。頤和園的蘇
州街突出了商業文化的特點，體現了中國傳統文化豐富多彩的內
容。像頤和園蘇州街這種建築布局完整，鋪面種類繁多，具有典型
東方色彩的水街，不僅在中國是唯一的，在世界上也是獨一無二
的。

頤和園長廊畫都有哪些內容

頤和園長廊始建於乾隆十五年（西元1750年）、重建於光緒
年間（19世紀末），呈東西走向。它東起邀月門，西至石丈亭，
全長728米，共273間，中間建有象徵春、夏、秋、冬的「留
佳」、「寄瀾」、「秋水」、「清遙」四座八角沖簷的亭子，沿途
穿花透樹，看山賞水，景隨步移，美不勝收。長廊是頤和園中匠心
獨運的一大手筆，除了它的長度和它所具有的建築功能聞名於世以
外，長廊最吸引人之處還在於它是一座名副其實的彩畫長廊。長廊
上的梁枋之間，布滿了色彩鮮明的彩畫。人們在長廊中漫遊欣賞的
時候，就彷彿是走入了一座別緻的精妙畫廊。根據建築形式不同，
畫師們在長廊四周的梁枋等處，分別繪製了大小不同、內容廣泛、

形式多樣的1.4萬多幅彩畫。這些彩畫大體上可分為人物、山水、花鳥、建築風景四大類，其中最引人入勝的是307幅內容、色調各異的彩繪人物故事畫。這些人物故事彩繪所繪製的內容包括古典文學名著、歷史人物傳奇、神話傳說、戲曲故事等，但彩繪之上卻沒有任何文字說明。人們只有根據畫上人物的容貌神情、穿戴打扮、動作造型和場景設置等來猜測故事的內容。這就給人們提供了無限的遐想空間和觀賞樂趣。

長廊彩繪就像一個個中國歷史和文化的小視窗，從中人們可以瞭解到中國的許多傳奇典故和文化內涵。在這些彩繪所描述的故事中，時間跨度從中國的三皇五帝到最後一個封建王朝（傳說中遠古和上古時代至20世紀初），綿延數千年之久，其歷史之長、範圍之廣、內容之豐富，為當今世界少有。

北海公園裡雕有「鷸蚌相爭」畫碑在哪裡

在北海公園內西北角，「小西天極樂世界」方殿以南，有一座平面呈正方形的大石碑，該碑體積龐大，通身布滿繁複而精美的浮雕。在刻著海水波紋的底座上，雕有出沒於浪濤之間的魚龍海獸蝦蟹，最為奇特的，是在洶湧起伏的海浪上，還雕有「鷸蚌相爭」的畫面。只見那蚌殼微張，緊緊夾著鷸的頭，而鷸則撲動雙翅，似在奮力爭脫，十分生動有趣。

「鷸蚌相爭，漁翁得利」的典故，出自《戰國策·燕策二·趙且伐燕》。趙國將要征伐燕國，說客蘇代為使趙王明白，趙燕兩國相爭，會讓秦國有機可乘的道理，就給趙王講了一個寓言。蘇代說，這次臣到趙國來，經過易水時，看到有個蚌正張開殼晒太陽，一隻鷸（長嘴長腿的涉禽）去啄蚌的肉，蚌合住殼，夾住了鷸的嘴。鷸說：「今日不下雨，明日不下雨，蚌就乾死了！」蚌說：

「今日不放開，明日不放開，鷸就憋死了！」兩者互不相讓時，被漁翁一起捉去。在北京眾多的清代碑刻中，雕有「鷸蚌相爭」畫面的，這是唯一的特例。

北京最早的皇家園林是北海嗎？

最早的北海只是一處普通的水域，金代開始挖湖堆山，建成瓊華島，又從汴梁（今開封）移來艮嶽花石堆疊假山，北海便初具規模。元代繼續擴建瓊華島，改稱「萬壽山」，並以此為中心建造大都城，這裡就成了皇城中的禁苑。所以有「先有北海後有北京」的說法，因此說北海是北京最早的皇家園林。

北海位元於今北京城的中心地區，與中南海一橋之隔，總面積1063畝（約70.87公頃），其中水面占一半以上，是中國現存歷史最悠久、最完整的皇家園林。它以富麗多彩的文物古蹟、風格獨特的造園藝術、優美秀麗的湖光山色而馳名中外，每年到這裡參觀的遊客達1000萬人次。

北海的建設源於一個古老的神話：據說，浩瀚的東海上有三座仙山，叫做蓬萊、瀛洲、方丈，山上住著長生不死的神仙。歷代皇帝都喜歡仿效「一池三山」的形式來建造皇家宮苑。北海採取的正是這種形式，即北海象徵「太液池」，「瓊華島」是蓬萊，原在水中的「團城」和「犀山臺」則象徵瀛洲和方丈。園中有「呂公洞」、「仙人庵」、「銅仙承露盤」等許多求仙的遺蹟。

北海白塔信炮和五虎竿有什麼用途

清順治八年（西元1651年），在瓊華島上建造了白塔，故山又名白塔山。瓊華島山坡的南麓以永安寺為主體，有山門、鐘鼓

樓、法輪殿、正覺殿、普安殿、善因殿等。所有殿宇均為歇山頂，並覆蓋了黃、綠、藍等各色琉璃瓦，從山頂俯瞰下去，色彩斑斕、蔚為壯觀。清朝統治者為防止內亂和外禍，利用北海居高臨下的地勢，在山上安放信炮，樹立五虎竿，即旗旛，一遇緊急情況，白天升旗，夜晚懸燈，指揮全城八旗軍馬應付急變。

北海九龍壁和五龍亭為何著名

北海北岸西天梵境西面的九龍壁，是北海最著名的琉璃建築。這座九龍壁是明萬曆皇帝生母李豔妃所造。她篤信喇嘛教，在北海建大西天經廠，專門從事譯經、印經。為了鎮住火神，預防經廠失火，就在經廠門前築起了這座有蟠龍和海水的影壁。影壁高6.65米，厚1.42米，長25.52米。全用彩色琉璃磚砌成，兩面各有九條彩色蟠龍。除此之外，壁的正脊、垂脊、筒瓦、隴垂等處，及多彩斗拱下面也有許多條龍，總共大大小小有635條龍。類似北海九龍壁這樣最高級的五色琉璃九龍壁，另外還有兩座，一座在北京故宮，一座在山西大同。

北岸的五龍亭也是明代建築，五亭之間有S形石橋相連，蜿蜒如遊龍，原是帝王釣魚、觀焰火的地方。

北海團城的寶物有哪些

北海南門西邊的團城，是一處別緻的建築。四周用磚砌成圓形城牆，牆頂砌成城堞垛口，只有兩座門。主殿承光殿，原來也是圓形的，乾隆時改建成一座平面十字形的方形大殿。清帝外出郊遊，便來這裡換衣，用茶點。殿旁的一棵油松傳為金元時所植，被乾隆封為遮蔭侯。另有白皮松和探海松，也是幾百年的古樹，被封為白袍將軍和探海侯。團城的珍貴文物有兩件最著名，一件是承光殿內

的白玉佛，高約1.5米，身上鑲嵌寶石，相傳是一個叫明寬的和尚從緬甸帶回來的。另一件是瀆山大玉海，黑玉製的酒甕，是供忽必烈飲宴貯酒用的，重約3500公斤，是中國現存最大的傳世玉器。

北海內有忽必烈的御用湯池嗎？

說到御湯池，自然會想到陝西臨潼驪山西繡峰下著名的華清池。其實，北海就有一處忽必烈的御湯池。按《輟耕錄》記載，蒙元中統三年（西元1262年）開始修繕瓊華島。西元1266年，忽必烈在重修廣寒殿的同時，又修建了仁智殿、介福殿、延和殿、荷葉殿、玉虹亭、金露亭、瀛洲亭、方壺亭以及馬童室、牧人室和溫石浴室等建築，還在山後修葺了水系。

「溫石浴室」，就是元代皇帝后妃的御用湯池。溫石浴室在瓊華島西坡的山腰處。從承光左門進入北海，跨過堆雲積翠橋，沿著瓊華島西路而行，經玉帶橋就到達了四面鎖窗的閱古樓前。從閱古樓二層東側中間的小門走出，沿著山道向上攀登，便可以看到閱古樓的後面有一個長方形水池，這就是溫石浴室的遺蹟。所謂溫石浴，就是古代的「桑拿浴」。古代韃靼人給鵝卵石塊加溫後，在熱石塊上澆水，形成水蒸氣，薰蒸身體，以達到洗浴的目的，當時叫溫石浴。

據《金鼇退食筆記》中記載：在瓊華島山左邊數十步，柳蔭之中有浴室，前面有一個小殿。由殿後面左右入口而進是九間用玻璃建造的宮殿，極為透明，宮殿與石窟洞穴相連，道路曲折甚至會使人迷路。中間的屋中設有一個仰頭的盤龍，龍嘴吞吐出的水柱上懸浮著一個圓球，吐出的都是溫水。九間宮殿中的水都是相通的，流動不止，還有香霧從龍口中不斷吐出。

北京最古老的天文臺在哪裡？

　　北京古觀象臺，位於北京市建國門高架橋西南角，始建於明朝正統四至七年（約西元1439～1442年），是世界上最古老的天文臺之一。它以建築完整、儀器精美、歷史悠久和在東西方文化交流中的獨特地位而聞名於世。

　　北京古觀象臺在明朝時被稱為「觀星臺」，臺上陳設有簡儀、渾儀和渾象等大型天文儀器，臺下陳設有圭表和漏壺。清代時觀星臺改稱「觀象臺」，清代康熙和乾隆年間，天文臺上先後增設了八件銅製的大型天文儀器，均採用歐洲天文學度量制和儀器結構。辛亥革命後改為中央觀星臺。

　　從明朝正統年間，到1929年止，北京古觀象臺連續從事天文觀測近500年，在世界上現存的古觀象臺中，保持著連續觀測最久的歷史記錄，而且，它還以建築完整和儀器配套齊全而在國際上盛名。清代製造的八件大型銅製天文儀器體型巨大，造型美觀，雕刻精湛。除了造型、花飾、工藝等方面具有中國的傳統特色外，在刻度、表和結構方面還反映了西歐文藝復興時代以後大型天文儀器的進展和成就，成為東西方文化交流的歷史見證。它們不僅是實用的天文觀測工具，還是舉世無雙的歷史文物珍品。

　　現在北京古觀象臺已經改建為北京古代天文儀器陳列館，隸屬於北京天文臺，繼續在科學和科普領域發揮著作用。

中南海的歷史何其悠久

　　中南海，位於北京城內西城區西長安街北側。占地100公頃（其中水面約50公頃）。是中海、南海的統稱，也稱西苑，又與北海合稱太液池。它是舉世聞名的皇家園林。明代，正式分為北、中、南三海。三海以兩座橋梁為分界線，北海與中海之間是金鰲玉

橋，中海與南海之間是蜈蚣橋。

到了清代，統治者又對三海大加拓建，現存建築就多屬清代遺物，清王朝每年都要在這裡舉行許多盛大的活動。如農曆七月十五日的盂蘭盆會，入夜時分，荷花彩燈數千盞浮於水上，流光萬點、隨波飄蕩，蔚為奇觀，真可謂火樹銀花不夜天。此外，中秋節前三天，集上三旗大臣侍衛在紫光閣前校射，皇帝也要持弓搭箭，親自下場施射；每科殿試武進士，皇帝也要親臨紫光閣檢視騎射。紫光閣在中海之西北，明時曰平臺，為明武宗登臺觀射之地。臺高數丈，其後改建紫光閣。清依其舊。曾懸歷代功臣像於內，於農曆正月十九日，清帝在此設功臣宴，大宴群臣。入冬湖水封凍時節，則命八旗禁旅在池中習冰戲，練技藝，分棚擲彩球，互相追逐比試矯捷，並設旌門懸靶演習射箭按等行賞。乾隆甚至親乘冰床遊湖。滿族人世代居住在冰封雪飄的北方，驍勇剽悍，入關後依然不忘祖習，習武嬉戲。可是到了晚清，統治者怠惰腐敗，儘管設有「冰鞋處」，在中南海表演滑冰，但卻早已失去練武的本意，完全是為統治者觀賞取樂。

民國初年，中南海依然是國家的政治中心，是袁世凱、黎元洪、曹錕的總統府，張作霖的大元帥府；北洋軍閥政府的國務院、攝政內閣都曾設置在這裡。北伐戰爭以後，中南海一度被闢為公園，任人遊覽。國民黨時期，何應欽的「北平軍分會」、李宗仁的「北平行轅」也曾設在中南海裡。

景山五亭是怎樣分布的？

景山，位於北京故城城垣的南北中軸線的中心點上。明朝永樂年間修建紫禁城時，根據青龍、白虎、朱雀、玄武四個星宿的說法，因北是玄武的位置，必須有山，就把挖紫禁城筒子河和太液池

南海的泥土堆集在此，成為大內的「鎮山」，取名為萬歲山，清順治十二年（西元1655年）改稱景山。

景山由五座山峰組成，高43米。清乾隆十五年（西元1750年）在山頂建五個亭：中峰的叫「萬春」，東側的名「周賞」，西側的叫「富覽」，外兩側的兩個亭子東為「觀妙」、西為「輯芳」。位於中間的主亭萬春亭，是景山的標誌性建築。五個亭子的琉璃瓦頂在陽光照耀下金碧輝煌，四周有古松翠柏環抱，豁然壯觀。

萬春亭位於景山正中最高峰，是北京舊時城垣中軸線的中心點和全城的最高點。黃琉璃筒瓦頂，綠琉璃筒瓦剪邊，四角攢尖式三層簷。頭層簷重昂七彩斗拱，二層簷和三層簷重昂五彩斗拱。兩槽柱子，外層每面六根，共二十根；原供佛像一尊，帶蓮座背光，高約三米。蓮座下面為木須彌座，再下為石須彌座，束腰，雕七珍八寶。佛像被八國聯軍毀壞，現僅存石座了。

明清是怎樣在天壇祭天的

天壇，位於北京城區的東南部，是明、清兩代皇帝祭天、祈穀的聖地，建於明朝永樂十八年（西元1420年），距今已有500多年的歷史。明代初年，祭天地都在這裡舉行，名為天地壇。西元1530年，在北京北郊另建方澤壇，實行天地分祭，從此這裡專門用於祭天，成為名副其實的天壇。

天壇占地面積273公頃，相當於故宮面積的近4倍。整個建築布局呈「回」字形，分為內外壇兩部分，各有壇牆相圍。天壇的主要建築集中在內壇中軸線的南北兩端，南有圜丘壇，北有祈年殿。南北兩壇之間由一條長360米，寬28米，高2米多的「丹陛橋」相連接，組成了一個完整、壯觀的建築群體。

圜丘壇是皇帝冬至日祭天的地方，故又稱祭天臺、拜天臺、祭臺等。皇穹宇在圜丘壇以北，是存放圜丘祭祀神牌的處所。正殿及東西配廡共圍於圓牆之內，由於內牆面平整，聲音可沿內弧傳遞，故俗稱回音壁。

作為祭天的場所，天壇有別於任何其他皇家建築，其造型充分顯示了「天」的內涵。圜丘為祭天而建，壇面砌九重石板，符合上天共有九重的傳說。

為何天壇處處都是「九」

九，在中國古代是個位數中最高的數，又稱天數。九象徵著極高、極廣、極大、極深、極冷等。《易經》說，九有吉祥、極高之意。於是，封建王朝最高統治者的殿宇樓閣及所有建築的尺度數字，基本上以九為計。如故宮「三大殿」高度都是九丈九尺。正陽門城樓，也是九丈九尺。頤和園的排雲殿，同樣是九丈九尺高。故宮內各宮殿及大小城門上金黃色的門釘，都是橫9排，豎9排，共計81個。天壇最高一層直徑是九丈九尺，祈年殿高是九丈九尺。就連回音壁近側的一棵柏樹也沒離開九，稱「九龍柏」。

圜丘壇共三層，其中第一層徑為九丈，以全一九之數；第二層徑為15丈，以全三五之數；第三層徑為21丈，以全三七之數。一、三、五、七、九都是《周易》所推重的奇數、陽數。天壇圜丘三層之和，為9+15+21=45，45＝9×5。這九乘五，成為「九五之尊」。

天壇祈年殿的作用是什麼，為何其柱子被稱為「四季柱」

祈年殿最早叫大祀殿，是明永樂十八年（西元1420年）興建

的。它的形狀為圓形尖頂，三重屋簷建築，上層為藍色琉璃瓦，中層為黃色，下層為綠色，象徵天、人、地三位一體。到了清代乾隆年間，又把三重瓦的顏色，統一改為純青琉璃瓦，並改名為祈年殿。

每年農曆正月第一個辛日，皇帝都要率文武百官在這裡舉行祭天大典，祈求老天爺庇佑一年風調雨順、五穀豐登。祈年殿平面直徑為26米，全部圓形建築，有天為圓、人望圓滿的意思。殿中以圓柱結構築成，在兩個同心圓中，各分布12根楠木大柱，表示一年12個月，每天12個時辰；中央為4根龍井柱，代表一年春、夏、秋、冬四季；全部28根柱子代表天上28星宿。

天壇的回音壁為什麼能回音

天壇有一個美妙絕倫之處，就是奇妙的回聲。站在圜丘壇的中心叫一聲，你會聽到從地層深處傳來的明亮而深沉的迴響，這聲音彷彿來自地心，又似乎來自天空，所以人們為它取了一個充滿神祕色彩的名字：天心石。

在皇穹宇的四周有一道厚約0.9米的圍牆，你站在一端貼著牆小聲說話，站在另一端的人只要耳貼牆面就能聽得異常清晰，並且還有身歷聲效果，這就是「回音壁」。

之所以產生如此奇異的效果，是因為建築時精確計算了圓周率以及牆體本身堅固光滑所致。一般人認為離牆體越近聽聲音越清楚，所以常常貼在牆上，其實這是誤會。回音壁「回音」的原理是圓形牆面連續反射聲波，所以說話時要和牆有一定的距離。距牆兩尺到一米並不會有太大影響，而直接貼在牆上的效果反倒不好。管理人員說，在回音壁的牆上「題字留念」是最可怕的。回音壁的神奇效果，很大程度上依賴於光滑的牆面，一旦牆面遭到嚴重破壞，

回音壁就不存在了。

圓明園建於何時，三園是怎樣布局的

圓明園為「三山五園」（香山靜宜園、玉泉山靜明園、萬壽山清漪園、暢春園、圓明園）之一，始建於康熙四十八年（西元1709年），原為康熙皇帝賜給皇四子雍親王胤禛（即後來的雍正皇帝）的花園。雍正即位之後，擴建了圓明園。乾隆十二年（西元1747年），又在圓明園東側的水磨村（此村原有用水力推動的磨坊）地段，增建了長春園。長春園之得名，緣於乾隆即位前，曾由其父雍正皇帝賜居於圓明園中的「長春仙館」。長春園內，建有一組由西洋傳教士郎世寧、蔣友仁等設計的法國楓丹白露式宮殿，俗稱為「西洋樓」。乾隆三十七年（西元1772年），又在長春園以南增建了綺春園，形成了彼此相連，共有100餘景的「圓明三園」。圓明園歷經康熙、雍正、乾隆、嘉慶、道光、咸豐六代，共151年，集中了舉國人力、物力、財力和智慧興修，集中了中華五千年各族優秀文化遺產於一處。1860年10月18日，英法聯軍一把罪惡的大火，燒燬了全部「三山五園」。「圓明三園」中的100餘景，均化為殘山剩水，只餘下巨石零落的「長春園西洋樓」遺蹟。

香山為何又稱「靜宜園」

靜宜園，位於北京城西北海淀區香山，為「三山五園」之一，是清代著名皇家園林。遼代宣宗葬此稱永安陵，金大定二十六年（西元1186年）三月建香山寺。乾隆十年（西元1745年），乾隆皇帝在「舊行宮之基」增建28景，翌年竣工，改名「靜宜園」。包括內垣、外垣、別垣三部分，占地約153公頃。內垣接近山麓，為園內主要建築薈萃之地，各種類型的建築物如宮殿、梵剎、廳

堂、軒榭、園林庭院等，都能依山就勢，成為天然風景的點綴。外垣占地最廣，是靜宜園的高山區，建築物很少，以山林景觀為主調；這裡地勢開闊而高峻，可對園內外的景色一覽無遺。外垣的「西山晴雪」，為著名的燕京八景之一。別垣內有見心齋和昭廟兩處較大的建築群。

園中之園見心齋，始建於明代嘉靖年間（西元1522～1566年），庭院內以曲廊環抱半圓形水池，池西有三開間的軒榭，即見心齋。齋後山石嶙峋，廳堂依山而建，松柏交翠，環境幽雅。昭廟是一所大型佛寺，全名「宗鏡大昭之廟」，乾隆四十五年（西元1780年）為紀念班禪六世來京朝觀而修建的，兼有漢族和藏族的建築風格。廟後矗立著一座造型秀美、色彩華麗的七層琉璃磚塔。

靜宜園，是清代的一座以山地為基址而建成的行宮御苑。香山丘壑起伏，林木繁茂，為北京西山山系的一部分。主峰香爐峰，俗稱「鬼見愁」，海拔557米，南、北側嶺的山勢自西向東延伸遞減成環抱之勢，景界開闊，可以俯瞰東面的廣大平原。園內山石泉水、奇松古樹所構成的自然景觀，美不勝收。春夏之際，林木蓊鬱，群芳怒放，泉流潺潺；秋高氣爽之時，滿山紅葉，層林盡染，尤為引人入勝。園內的大小建築群共50餘處，經乾隆皇帝命名題署的有「二十八景」。

香山健銳雲梯營是清代的特種兵部隊營房嗎

乾隆十三年（西元1748年），清高宗命大學士傅恆為將，派東北三省及京兵5000、陝甘兩省漢兵15000、雲貴4000、兩湖4000、西安2000、四川1000，10多路人馬再討大金川，此次傅恆略施小計，先破小金川，再密令大將岳鍾琪宣諭招降，在恩威並施下，大金川莎羅奔頂經立誓，願意遵依六事。當傅恆率兵得勝回

來後，這些昔日從京城防八旗中選派的戰士並沒有回到原來在京城內的營房裡，而是全部留在了香山腳下新建的八個旗營營房中，這些得勝之兵從城中接出了家屬開始了新的生活。

乾隆十四年（西元1749年），以這些得勝之兵於香山設立一營「特種兵」，專門訓練官兵爬雲梯、攻城池的技藝戰法，名為健銳雲梯營。健銳雲梯營的官兵都是此前征剿大小金川戰役中的精銳之旅，驍勇善戰。當時有八旗官兵千餘名，分為左右兩翼，左翼有鑲黃、正白、鑲白、正藍四旗，右翼有正黃、正紅、鑲藍、鑲紅四旗。營房就散布在香山東麓。這就是今香山公園前為什麼有團城、閱武樓和有鑲黃北營、鑲黃西營、正白旗、鑲白旗、正藍旗、正黃旗、正紅旗、鑲紅旗、鑲藍旗等村莊與地名的緣故。

明十三陵在何處

明朝陵墓主要分布在南京和北京。明太祖朱元璋建都南京，他和他的下一任皇帝建文帝均葬在南京。朱棣稱帝後遷都北京，此後的十三代帝王及其后妃均葬於北京北部的天壽山，依次為：長、獻、景、裕、茂、泰、康、永、昭、定、慶、德、思13個陵。

明十三陵坐落在北京市昌平區天壽山南麓，方圓40平方公里的小盆地上。距北京城區50公里。明十三陵是明代13個皇帝陵寢的總稱。陵區的東、西、北三面環山，中間為盆地。13個陵寢中，建築最為雄偉的是長陵，結構最為精美的是永陵，規模最小的是思陵。陵區南北長達7公里的中軸線上，建有宏闊壯觀的神路。

十三陵中已對遊人開放的是長陵、定陵、昭陵，近年來又重修了永陵。其他陵寢將陸續加以修葺。十三陵每個陵寢前都有與陵同名的村落，居住著當年守陵人的後代。

明十三陵長陵是誰的陵

長陵是明代北京陵區的第一個陵墓，埋葬著明成祖朱棣。長陵位於天壽山中峰之下，其規模宏大，建築雄偉，也是十三陵之首。天壽山原名黃土山，在被定為朱棣的陵址後，改名為天壽山。傳說，天壽山長陵陵址，是朱棣和他的軍師姚廣孝一起踏勘選定的。因認為北面的黃泉寺大不吉利，遂下旨拆了寺廟，附近村子改黃金寺村，黃金寺村的名字卻始終沒有叫響，黃泉寺村沿用至今。歷史上長陵屢遭焚燒。

據當地百姓傳說，長陵是座空墳，陵內僅葬有朱棣生前用過的一條丈二花槍。朱棣在一次與北方遊牧民族會戰時，中了敵人奸計，被封洞中。部下救之不及，只搶回朱棣用的一條花槍，後來就把這條槍葬入長陵，權作了結。

您知道明十三陵定陵的傳說嗎

定陵是明神宗萬曆帝朱翊鈞的陵墓。據說有一日，定陵村北的石碑忽然放光，碑上有個月亮形的東西，把定陵村四周照耀得夜如白晝。後來，村裡來了個老叫花子，受到窮人的接濟。幾天後，老人換了身乾淨衣服又來到村裡，在街上擺攤，上面放著幾樣東西：筷子、紅棗、梨和火燒。老人口裡喊道：「筷，棗，梨，大火燒。筷，棗，梨，大火燒。」也不理會別人的問話。此後碑上的「月亮」更亮了。村民將兩者聯繫起來，明白老人是告訴大家「快早離，說話就要大火燒了」。於是窮人們紛紛離去，村裡只剩下幾戶財主不信傳言，按兵不動。後來，大火果然燒起，定陵和定陵村被焚燒殆盡。窮苦百姓幾乎全部脫險，而留下的財主們則統統葬身火海。後來，這一帶的百姓們說，那老人是魯班爺。為解救百姓，施法讓石碑放光，又裝叫花子試探人心，最後提醒大夥及早逃生。新

中國成立後，國家發掘了定陵。後逢動亂，萬曆屍骨被毀，有書《風雪定陵》記其事。定陵出土文物的複製品在長陵享殿展出，發掘陵墓的過程被拍成電影放映。

為何西山還有一座明代皇帝陵

大家都知道中國有一種世界聞名的工藝品景泰藍，這種工藝品因何而得名呢？原來，是因為這種特種工藝發明於明代的景泰年間。但是，既然有景泰年號，為什麼在北京的明十三陵中沒有景泰陵呢？

原來，景泰陵就在北京西郊玉泉山北麓的金山口，通往香山的公路邊，深藏在一片蒼鬱的密林中。現在，在它外側的一片樓房是軍隊幹部休養所，穿過幹部休養所樓群，一座皇陵赫然聳立，這便是明朝第七代皇帝英宗朱祁鎮之弟朱祁鈺的陵寢———景泰陵。

明正統十四年（西元1449年）的「土木之變」後，明英宗被俘，瓦剌軍也先率軍長驅直入，直逼京師，舉國震動。以兵部侍郎于謙為代表的主戰派，主張同敵人決一雌雄，得到了朝野愛國志士的支持。抗戰派取得了勝利，他們首先擁立英宗之弟朱祁鈺為監國，同年九月即皇位，國號景泰。

第二年已失去價值的英宗被瓦剌軍放回。英宗回歸不久，又開始了宮廷內部的爭奪。他對其弟即位心懷不滿，時刻想奪回失去的皇位，同石亨及宦官曹吉祥等相互勾結將于謙殺害，並於西元1457年正月趁景泰帝病重之機，奪回了皇位，改元天順，史稱「奪門之變」。

英宗復辟後，朱祁鈺被廢，不久死去，英宗不承認他的皇帝身份，以親王禮葬於京西金山口，而這裡本是明代親王和妃嬪的墓園，先後葬有王、公主、妃、嬪等100多人。英宗朱祁鎮死後，憲

宗朱見深即位，為于謙平了反，追復了景泰年號，並將原誠王墓擴建為皇陵。建有享殿、神庫、神廚、宰牲廳、內宮房等。明嘉靖時，又改建了陵體，並將綠琉璃瓦換成黃色，使之符合帝陵的規制，只是整個陵寢的規模要小得多了。

現今，陵前有黃瓦歇山頂碑亭，亭內有碑，為乾隆己丑年（三十四年，西元1769年）立。碑南面刻乾隆皇帝題《明景帝陵文》，北面刻「大明恭儉康定景皇帝之陵」。碑亭後面建有黃瓦硬山頂祾恩殿三間，其後為寶城。清末，這座皇陵已殘破不堪。

思陵村為何叫「悼陵監」

思陵，是明朝末代皇帝崇禎朱由檢的陵墓。思陵裡最早埋葬的是崇禎的寵妃田氏，崇禎死後，被草草埋入田貴妃墓。後來清廷為收買人心為他擴建陵墓。因此，崇禎的思陵在十三陵中規模最小。崇禎墓前，有太監王承恩的墓地，據說當年李自成破城之時，崇禎身邊沒有一個親信大臣，只有太監王承恩與他的主人一同自縊。在思陵村中，若問思陵，當地人可能會不知所云，他們更熟悉「悼陵監」這個名字。傳說安葬崇禎時，發現他的頭顱被人砍下，便給他鑄了個金頭隨葬。金子引來了貪心的盜賊，終於陵戶發現思陵被盜，金頭失蹤。最後不了了之，陵戶們為記住教訓，將原來的思陵村改稱「盜陵監」，意思是對盜賊要時刻提防，嚴加監看。日子久了，「盜陵監」被叫白了，就逐漸變成了「悼陵監」。思陵還有一個怪誕的現象，就是陵園內的松樹沒有其他園中的樹木那麼舒展挺拔，大多當空枯死或折斷，可見草木尚知亡國之辱。

崇禎皇帝的自縊樹在哪裡

關於崇禎皇帝自縊的確切地點，各種歷史文獻中的記載不同，

但絕大多數認為明崇禎皇帝確實是在景山自縊，只是具體位置其說不一。有的說是在松樹下，有的說是在壽皇亭，還有的說是在巾帽局、紅閣、靈壽亭、壽寧宮、壽皇殿等。現在景山公園的崇禎皇帝自縊樹，是清政府為了安撫人心，人為設置的一處歷史景觀，清朝初年設定為「罪槐」。從1930年「明思宗殉國處」的照片上可以明顯地看出，當時的「罪槐」是指磚牆圍住的一株裸露根莖的老樹椿，樹椿上長出的枝杈，這株槐樹在1960年代中期死亡。當時北京市園林局將情況上報「北京市革委會」，「革委會」主任吳德將報告轉給江青，1971年，經周恩來總理同意、「北京市革委會」批准，市園林局下令將「罪槐」伐除。

在「文革」之中，景山閉園7年。在1978年景山重新開園後，為了便於遊客參觀明崇禎皇帝自縊處，1981年，公園管理處派人在景山南坡找到一株碗口粗的小槐樹，移栽過去，以彌補失去的歷史景觀。1996年，公園管理處開始在崇禎皇帝自縊樹上面的山坡上種植苔草，並從東城區建國門內北順城街7號的門前移植來了現在的這株古槐，這棵槐樹有150多年的樹齡，雖然離300多年樹齡還相差甚遠，但就外觀上來看，總比過去那株碗口粗小樹感覺更可信一些。

袁崇煥墓在哪裡

崇禎三年（西元1630年），袁崇煥被磔刑（分裂肢體）處死於西市。行刑時不僅無人哭送，而且遭到痛罵。磔刑照例應剮3600刀，皮肉寸斷。市民們不明真相，視之為通敵賣國的「漢奸」，爭相掏腰包買其肉而食之，以解心頭之恨，據《明季北略》記載：「將銀一錢買肉一塊，如手指大，啖之，食時必罵一聲，須臾，崇煥肉悉賣盡。」

袁崇煥死後，眾叛親離，無人收屍。多虧他手下的一位余姓親兵，堅信自己的主人絕非壞人，趁天黑將其殘屍（實際上只剩一副骨架子）從西四牌樓背回自家的院落，葬於北京崇文門東花市斜街，並世代守墓。至今守墓人已傳至十七世余幼芝女士。

現祠堂和墓仍存，俗稱余家館。墳丘高約2米，墓前立有清道光十一年（西元1831年）湖南巡撫吳榮光題寫的「明袁大將軍之墓」石碑及石供桌。

中國唯一現存的古代大學和皇帝講學的辟雍在哪裡

國子監位於北京安定門內國子監街（原名成賢街），是中國元、明、清三代國家管理教育的最高行政機構和國家設立的最高學府，建於元朝大德十年（西元1306年）。辟雍是國子監的中心建築，是北京「六大宮殿」之一。辟雍古制曰「天子之學」。國子監辟雍建於清乾隆四十九年（西元1784年），是中國現存唯一的古代「學堂」，是皇帝臨雍講學的場所。其建築風格獨特，為重檐黃琉璃瓦攢尖頂的方形殿宇。外圓內方，環以圓池碧水，四座石橋能達辟雍四門。構成「辟雍泮水」之制，以喻天圓地方，傳流教化之意。殿內為穹隆彩繪天花頂，設置龍椅、龍屏等皇家器具。

辟雍是皇帝講學的地方，自清代康熙以後，每一位皇帝臨位，照例要到國子監辟雍講學一次，稱「臨雍」，以示朝廷對高等教育的重視。講課的講堂為圜水圍繞，因而又稱「辟雍泮水」。在辟雍的左右兩側各有房屋33間，合稱六堂，是貢生、監生們的教室。於辟雍之北，為彝倫堂，是監內的藏書之所及教師們的辦公區。

孔廟「除奸柏」除的是誰

孔廟位於北京城內東城區國子監街。始建於元大德六年（西元1302年），大德十年建成（西元1306年）。歷代多次重修，為元、明、清三代祭孔建築，又名「先師廟」。廟坐北朝南，大門稱先師門，仍保持元代風格。前有琉璃壁及下馬碑，進門東西有碑亭、神廚、神庫等，並立有元、明、清三代進士題名碑118方，題刻歷代進士5萬多名。進大成門至第二進院，正殿名大成殿，為孔廟主體建築，殿內供奉孔子及「四配」、「十二哲」。孔廟內古柏很多，唯大成殿院內西側有一株600餘年樹齡的古柏，名「除奸柏」，亦名「觸奸柏」。傳說，明代奸相嚴嵩一次代嘉靖皇帝祭孔時，行至樹下，樹枝掀掉了他頭上的帽子，人們認為是柏樹有靈，有意懲奸。

北京的長城有幾處

長城，位於中國北部。明長城，東起山海關，西到嘉峪關，全長約6700公里，通稱萬里長城。

萬里長城北京段位於密雲、懷柔、平谷、延慶、昌平、門頭溝境內，自北京城東北繞至西北，綿延629公里。其中，北京八達嶺長城建築得特別堅固，保存也最完好，是觀賞長城的最好地方。此外，還有居庸關長城、金山嶺長城、慕田峪長城、司馬臺長城、古北口長城等。

慕田峪長城，位於懷柔區境內，距城區70公里。始建於明初，永樂二年（西元1404年）正式建關並曾在此駐防。地勢山巒重疊，長城依山就勢，建築在山脊和谷口，兩側均有垛口，城樓多建在外側陡峭崖邊，易守難攻，敵樓密集，並出現了三座敵樓相併列、三道長城匯於一樓（「禿尾巴邊」）和長城修築在奇險的山巒之巔（「鷹飛倒仰」）等奇觀，是明長城的精華部分之一。美國前

總統柯林頓訪華時，遊覽的就是慕田峪長城。

金山嶺長城，位於河北省灤平縣境內，南鄰北京密雲縣。因其築在霧靈山與古北口之間的大小金山嶺上，故名。明朝初年徐達督修此段長城，隆慶元年（西元1567年）明朝戚繼光繼續督修，興建眾多敵樓和戰臺，修築品質最高，成為長城構築最複雜、樓臺最密集的一段，被譽為「第二八達嶺」。

八達嶺北門鎖鑰的含義是什麼

傳說，明末李自成率起義大軍征戰到八達嶺，由於關城易守難攻，起義大軍受阻於長城之外，數日不進，李自成不由得心急如焚。這時探馬來報，說前方還有八道險關。李自成聽罷長歎一聲：「這裡的八道嶺實在是難以越過，看來強攻是不行！」於是命令起義大軍改道而去，後來這裡被稱為「八道嶺」，時間一長就被諧音成「八達嶺」。

八達嶺長城築有東西兩座關城，東為「居庸外鎮」城門，西為「北門鎖鑰」城門。「居庸外鎮」一詞，是指此處為居庸關的前哨陣地。「北門鎖鑰」一詞，據說典出宋朝的宰相寇準。宋遼雙方議和後，寇準就不在朝中任職，而來到大名府做鎮守。遼國使臣路過大名府見寇準在此，便詫異發問：宰相大人怎能來此？有何貴幹呢？寇準嚴肅地對遼臣說：「朝中無事，北門鎖鑰，非準不可。」後來，人們便把北方的邊防重鎮，稱之為「北門鎖鑰」了。

李自成是從哪裡突破長城防線入京的

1644年正月，李自成在西安建立大順政權。二月，率軍東渡黃河，進攻太原。隨後，兵分南、北兩路進發。李自成率北路主力

軍沿長城攻殺。三月，攻陷大同直抵居庸關。南路農民軍以優勢兵力攻破固關，之後就一路暢通無阻。十七日，兩路農民軍會合於京郊。崇禎帝以禁衛軍分守九門。李自成一面用武力威脅，一面命投降太監入城勸崇禎禪讓帝位。崇禎帝故意拖延和談時間，等待援兵。李自成識破其詭計，下令發起猛攻，農民軍於西直門、阜成門和德勝門三處架雲梯強行登城。黃昏，太監曹化淳打開彰義門迎降，農民軍湧入京城。十九日晨，崇禎帝聞外城已落入農民軍手中，萬念俱灰，自縊於煤山。農民軍占領京師，明亡。

「公主墳」安葬的是哪位公主

公主墳，位於復興門外大街街心花園的蒼松翠柏之中。公主墳的傳說有幾個版本，其中之一相傳乾隆第一次微服私訪，借宿在一個村莊的普通人家裡。乾隆很喜歡這家的小姑娘，就在沒有表明身份的情況下認了乾女兒。後來，小姑娘和爹爹迫於生計到京城找「乾爹」，才發現是皇上。父女倆相繼離世後，乾隆傳旨，按公主的葬禮，把姑娘葬在了如今的復興門外大街一帶。從那以後，人們都管這座墳叫公主墳。

據史料記載，該墳埋葬的並非真正的公主，而是順治皇帝母親的義女——孔四貞。她被稱為公主，並予厚葬，是有其歷史原因的。孔四貞的父親叫孔有德，漢族，遼陽人，為明朝將領，天啟五年（西元1625年），清太宗興兵伐明。孔有德看到明朝沒落腐敗，於是投降了清廷。他隨清兵入關後，率兵馳騁疆場，足跡遍布大江南北，取南京，攻江陰，征戰貴州、廣西，竭力效忠清王朝，立下了赫赫戰功。順治九年（西元1652年）孔有德率部南征柳州，與大西軍李定國交戰失敗，最後於桂林和他兩位夫人一起自殺身亡。父母陣亡後，年幼的孔四貞回到北京。順治皇帝的母親孝莊太后將此功臣之女認定為自己的義女，把她留在宮中撫養，並封她

為和碩公主。孔四貞長大後嫁給內務大臣孫延齡為妻。後來，清王朝特賜孔四貞繼承其父「定南王」的王位，並令孫延齡同其妻往廣西節制軍務。孫到廣西後投靠吳三桂背叛清廷。孔四貞毅然率兵進行討伐。孔四貞智勇雙全，很快就平息了雲南的叛亂，為清王朝的安定局勢立下了一大功勞。孔四貞逝世後，清廷以隆重的葬禮相待，將她埋葬於此，並稱之為「公主墳」。

「八王墳」安葬的是哪位王爺

八王墳，在今東四環路四惠橋西南側的通惠河北岸，因曾有清朝號稱「八王」的英親王阿濟格墓地而得名。阿濟格，是清太祖努爾哈赤的第十二子，他與十四子多爾袞、十五子多鐸是努爾哈赤第四任太妃阿巴亥所生的同母兄弟，在王爺中排第八。阿濟格驍勇善戰，在清軍入關前，參與過寧遠之戰、錦州之戰，圍攻明朝北京的廣渠門大戰等多次重大戰役，受封為武英郡王。

阿濟格的八王墳原本規模宏大，但民國期間他的後人將地面建築拆賣，墓穴多次被盜。見過八王墳地宮的人回憶說，地宮大門後面有兩道彎槽，內有兩個石球。大門關閉時，石球順著彎槽滾至門後，大門就無法推開了。1965年，八王墳所在地曾被改名為建光東里，但1977年又恢復為八王墳。現在的八王墳地區早已不再是荒郊野外，八王墳舊址也已被樓房覆蓋，「八王墳」一詞僅僅是存在於公車站牌上的一個站名了。

北京恭王府在哪裡

恭王府，坐落於北京什剎海旁柳蔭街，是北京王公府邸中保存最完整的清代王府。

恭親王奕訢是中國近代史上的著名人物。西元1860年（咸豐十年），英法聯軍攻進北京，咸豐帝逃往熱河（今河北承德），奕訢受命為全權大臣，與聯軍談判。西元1861年（咸豐十一年），他與慈禧聯手，發動「辛酉政變」，控制了政權，並被授以議政王、軍機大臣等職，負責總理各國事務衙門。後因主張「借洋兵助剿」太平軍，支持興辦洋務，成為朝廷洋務派首領，西元1865年（同治四年）被慈禧免職，西元1898年（光緒二十四年）病逝。

　　恭親王奕訢受賜府第後，曾調集能工巧匠，重建王府及花園。恭王府融江南園林藝術與北京建築格局為一體，匯西洋建築與中國古典建築為一園，為京城百餘座王府之冠。

　　恭王府由府邸和花園兩部分組成。府邸占地近4萬平方米，分中、東、西三路，由多重院落貫穿。據史料記載，因乾隆年間的權臣和珅初建時，「僭移逾制」，「極盡豪華，府內殿堂仿紫禁城寧壽宮而建」，「園寓點綴與圓明園蓬島瓊臺無異」，有的殿堂全部為楠木構築。這使得王府富麗堂皇，氣派非凡。南北廳堂排列為五進，東西又分三組院落。中軸線有正殿銀安殿（現已頹圮）、後殿嘉樂堂；東路由三進四合院組成；西路的主體建築為錫晉齋，內有雕飾精美的楠木碧紗櫥、檻窗等，工藝精湛，「仿紫禁城寧壽宮而建」即指錫晉齋。府邸院落後部由東西長160米的後罩樓環抱，東名瞻霽樓，西稱寶約樓。整個府邸廊廡周接，殿堂宏大。

　　王府花園名為「萃錦園」，占地2.7萬平方米，園內曲廊亭榭，山石嶙峋，池塘花木，景緻變幻萬千。花園中路正門為西洋式石雕花拱券門，門內左右為青石假山，迎面有一太湖石，上刻「獨樂峰」，為園中第一景。經「蝠池」，有「安善堂」正廳，東西配房名為「明道堂」、「棣華軒」。正廳後，有一龕形假山，康熙帝御筆「福」字碑嵌於山石中，山上有「邀月廳」，山後為「蝠廳」。因其建築形制特殊，如蝙蝠之兩翼，故此而名。花園東路進

垂花門即為「沁秋亭」，亦為「流杯亭」。大戲樓為三卷勾連搭全封閉的建築結構。樓內南面為戲臺，上懸「賞心樂事」匾額，四壁彩繪藤蘿與紫花，廳內宮燈高懸，裝飾富麗而典雅。芭蕉、荷花、翠竹將東路諸景巧妙地連為一體，形成了曲徑通幽的意境。西路經龍王廟、狐仙廟入榆關，站在妙香亭觀水中湖心亭，藍天、清水、綠樹，一幅江南園林景色。

由於恭王府及花園建築富麗堂皇，風景幽深秀麗，與曹雪芹名著《紅樓夢》中所記榮國府和大觀園相似，因此一向被傳稱此即是賈寶玉住所。亦有人認為是恭親王根據《紅樓夢》所描述的大觀園仿造的。如今，經全面修繕後的王府花園，已對中國內外賓客開放。

歷代帝王廟建於何年

歷代帝王廟，位於北京城內西城區阜成門大街131號，占地2萬平方米。明嘉靖十年（西元1531）始建於元保安寺舊址，迄今已470多年。

歷代帝王廟殿宇恢弘、院落寬敞，正中的景德崇聖殿面闊九間，進深五間，蘊涵帝王「九五之尊」之意，是封建時代宮廷建築的最高等級，與故宮三大殿之首的太和殿為同一規制。廟內正殿崇君，配殿祀臣。歷代帝王廟的最大一次更張，是在清雍正年間。雍正二年（西元1724年），雍正皇帝親詣廟行禮；雍正七年（西元1729年），重新修繕了歷代帝王廟，增祀了各朝各代的帝王牌位。

歷代帝王廟正殿景德崇聖殿，居中一龕供太昊伏羲氏、炎帝神農氏、黃帝軒轅氏牌位，左右各分列三龕，供奉三代以迄秦皇漢武、唐宗宋祖之後的帝王，只設牌位，不立塑像，牌位均向南。景

德崇聖殿東西兩廡配饗歷代名臣，大都是千百年來中國人視之為忠臣良將、民族英雄的人物，其中有今天人們仍很熟悉的周公、張良、蕭何、諸葛亮、趙雲、曹彬、范仲淹、司馬光、岳飛、文天祥、于謙等。

為何說八里橋見證了北京的一段歷史

永通橋因距通州西門八里，而後俗稱八里橋。橋下通惠河，為700多年前元朝所開。八里橋既有趙州橋的奇巧，又有蘆溝橋的雄偉，還有姑蘇楓橋的秀麗。舊時的橋南橋北，綠柳垂楊，雜花生樹，群鳥亂飛，乃是京東的一大名橋。每值晴夜，憑欄觀水，細波之中，月影或如玉盤，或似銀鉤。倘有客舫貨舟通過，木槳把玉盤擊碎，水紋將銀鉤折斷，煞是好看。

元、明直到清朝中葉，皇家糧船從通惠河進京，直刺蒼穹的高高桅檣掛滿了風帆，就像風送朵朵白雲。相傳，皇上站在北京城樓上，遠眺通惠河上千帆來歸，龍心大悅。後來，河上架橋，船到八里橋下，桅比橋高，只得回轉皇船埠和張家灣，換上沒有桅帆的平船。通惠河失去了桅檣如林、白帆如雲的景色，龍顏大怒，限令七天之內，他要看到桅林帆雲的盛景，不然就以欺君之罪，將皇船上的老少船伕砍頭，掛在八里橋的玉石欄杆上示眾。船伕們眼看身家性命不保，一個個心急如焚。這時，正是三伏天氣，船上吃軋餎餎。一個巧手船娘，軋著餎餎床子，一起一落便軋出一鍋。有個聰明伶俐的船伕，見景生情，恍然大悟，就仿照餎餎的樣式，把固定不動的桅檣，改成能上能下，升降自如。於是，船到八里橋，便放倒了桅檣落下了帆；穿過橋孔，魚貫而出，再豎直起桅檣張滿了帆，又是桅檣林立，白雲朵朵。

第二次鴉片戰爭時，清兵與英法侵略軍在這裡發生了一場血

戰。八里橋距北京約10公里，是京津咽喉之地。咸豐十年（西元1860年）八月初七日凌晨，英法侵略軍以6000人的兵力，在猛烈的炮火掩護下，大兵直撲八里橋，僧格林沁部奮起還擊，以血肉之軀和擁有洋槍洋炮的入侵者展開決戰。戰至當晚，八里橋終於失守，僧格林沁退守橋南咸戶莊。一場石破天驚的血戰，3萬將士全部殉國，用熱血譜寫了一曲彪炳青史的壯歌。

光緒二十六年（西元1900年），義和團將士抗擊帝國主義侵略者，與八國聯軍之役，也曾在這裡進行。

北京釣魚臺有多少

北京的釣魚臺國賓館可謂世界聞名，真正在這裡垂釣的是金章宗完顏璟。這裡人稱「釣魚古臺」，隱居在此的文人王郁（飛伯）詩雲：「金主鑾輿幾度來，釣臺高欲比金臺。可憐臺下王飛伯，不及鰷魚得奮腮。」明時，這裡是太監和皇戚的別墅。清乾隆曾在此建望海樓，並親題了「釣魚臺」三字，浚理成湖（今玉淵潭），建成行宮。末代皇帝溥儀曾把這裡賜給他的老師陳寶琛居住。1959年，這裡改建成釣魚臺國賓館。

此外，北京還有兩處叫做釣魚臺的地方：房山縣的釣魚臺「在縣西北十數里，石梯坡西、青龍背東」。此處背山而面溪，境極幽勝。明代馮賢辭官後引退山中，在此垂釣，並著有《釣魚集》。據說，他活了130歲。另一處釣魚臺在懷柔縣內，「在縣西三里，俗稱共工遊息處」。此處山水殊勝，澗水流至此處而平闊丈餘，彷彿江南水鄉，園墅樸素，山水環匝。清代，這裡曾是康熙大臣佟國維的別墅。

為何說毛澤東主席在香山雙清別墅指揮了「渡江戰役」

雙清別墅，位於今香山飯店左上方的山坳之中，這是一座依山建築的小庭院，院內高坡上有兩股清泉從石縫中湧出注入池中，因泉旁石壁刻有乾隆皇帝所題「雙清」二字而得名。池內植荷、養魚；池畔建有涼亭、假山，整座別墅清幽安謐，是避暑、納涼的絕好所在。

1917年，熊希齡創辦香山慈幼院，於此處修建了一座別墅，名「雙清別墅」。1949年3月25日，黨中央從河北平山縣西柏坡遷來香山，毛澤東同志住在雙清別墅，至11月才移居中南海，曾在這裡指揮了「渡江戰役」。他在這裡撰寫了《南京政府向何處去》等重要文章和簽發了中國人民解放軍向全國進軍的命令。4月23日南京解放，毛主席欣然命筆，寫下了《人民解放軍占領南京》這一光輝詩篇。同時，毛澤東和周恩來等，曾在此多次召開中央重要會議，指揮解放戰爭和籌備新中國成立。因此，雙清別墅還是一座具有革命歷史意義的建築。

北京宗教

為何說北京是廟宇最多的城市

散布在京城的佛寺、道觀、清真寺、教堂，以各自的方式存在著，為信徒們滌清心靈，為這座古老的城市默默祈福……這些廟宇年代久遠，風景宜人，不僅是香客信徒的信仰所在，也是旅遊行程的必選內容。

北京的寺廟甲於全國，北京的寺廟究竟有多少？據老北京人說：北京有多少條胡同，就有多少座廟。清朝中期以後，戰亂不斷，許多寺廟被毀。1958年，北京文物局統計，尚有2700多座。據北京市檔案館編輯的《北京寺廟歷史資料》一書，整理了1928年、1936年、1947年市政府組織的三次寺廟登記，其中1928年登記寺廟1631處，1936年1037處，1947年728處。內容包括寺廟的廟名、坐落地點、建立年代、廟產情況、法物情況，並在書後編有索引，以便讀者查找。該書反映出北京的寺廟數量之多，在全國堪稱首屈一指。

各種各樣的寺廟遍布北京的大街小巷，至今還有不少地名仍以廟名代之。如白塔寺東街、紅廟胡同、三廟大院等。有的地區，一條街前後即建有幾十座寺廟。例如西四北大街、新街口至西直門一帶，就有廣化寺、萬壽寺、彌陀庵、天仙廟、藥王廟等20多座。

「廟裡有井、井裡有廟」的寺廟在哪裡

北京的大型廟宇宏偉壯麗，如東嶽廟、白雲觀、白塔寺等。一些小型廟宇，也有其獨特之處，甚至堪稱為奇觀。在龐大的東嶽廟

內，有「廟裡有井、井裡有廟」之說，即有一座小廟是建在大廟的一眼井裡的。那眼井位於東嶽廟北花園的石影壁前面，直徑約1米，井口為石頭邊，井壁用磚砌成。在靠近井幫之處，凹進一個長、寬均不足一尺的小洞，洞內建有一座龍王廟。它坐北朝南，青磚雕刻，雖是北京最小的廟，但卻很有點名氣。東嶽廟一帶多為苦水井，而此井裡的水卻很甜。

「橋上有廟、廟裡有橋」的寺廟在哪裡

和「廟裡有井、井裡有廟」相提並論的另一處是「橋上有廟、廟裡有橋」的東安門橋，也叫皇恩橋。過去所有的新選太監入宮時，都要從此橋經過，之後才是做皇家活、吃皇家飯、感皇上之恩，故稱為皇恩橋。此橋的獨特之處在於橋上還有一座廟，裡面供的是真武大帝。更為奇異的是，就在這座廟裡，又建起一座小橋，形成了一處獨特景觀。於是，「橋上有廟、廟裡有橋」說法便一直流傳下來。

清代北京藏傳佛教廟宇為何多

清朝統治者是滿族，信奉薩滿教，隨著定都北京，把一些民風民俗也帶進京來。清一入關，便在御河橋東路南建堂子，立桿祭天。順治九年（西元1652年），西藏的達賴五世來到北京，順治帝以厚禮相待，在德勝門外為接待他而建了西黃寺。蒙古族信奉喇嘛教，雍正帝即位後，將其原先居住的雍王府改為雍和宮，乾隆九年（西元1744年），乾隆帝又將其改為北京城內最大的喇嘛廟。乾隆四十五年（西元1780年），班禪六世來京，並在此病逝，乾隆帝命在他住過的西黃寺建清淨化城塔以示紀念。

為何說「先有潭柘寺，後有北京城」

人稱「先有潭柘寺，後有北京城」。潭柘寺是北京地區最早的廟宇之一，坐落在京西門頭溝區潭柘山寶珠峰前，離城40多公里。因寺後有龍潭，山間有柘樹而得名。那裡四面環山，九峰擁立，形成了一個小小的山窩平原。小平原上古樹參天，佛塔林立，在一片鬱鬱蔥蔥當中，掩映著寺院紅牆。歷史悠久的潭柘古剎，在這秀麗的山林中度過了千餘年。

相傳潭柘寺所在之處原是一個深潭，內有海眼，潭中有龍居之。華嚴大師（唐武則天時名僧，住幽州城北，全城都能聽見他誦《華嚴經》的聲音，稱他為潭柘寺第一代祖師）來此講經，潭中之龍亦聽經，有所感悟，願舍潭為寺。一夜龍飛走，龍潭成平地，水中湧出兩個鴟吻，後來置其於大雄寶殿主脊之上。

實際上潭柘寺始建於晉，名嘉福寺。唐代叫龍泉寺，金代叫大萬壽寺，明代又復叫嘉福寺，清康熙三十一年（西元1692年），改名岫雲寺。潭柘寺之名，雖是俗稱，卻名傳遐邇。現存建築為明清遺物。這裡，古樹參天，佛塔林立，寺院面積121公頃。寺內泉水終年潺潺，山門外南山坡上的上下塔院共留存有75座僧塔。

龍潭在行宮東院門外約1公里的北山上。沿途有海蟾石，高七丈餘，遊人可在此歇腳，飽覽山中美景。據記載，原來山坡上有「柘樹千章」。後來只剩廟前幾株，最後也枯死了。近年來又補植新苗，以滿足遊人之興。此樹周身是寶，根莖能祛風利濕，活血舒筋，能治療風濕性關節炎。柘皮能補腎涼血，藥名叫「柘木白皮」，還傳說柘皮能治婦女不孕症。莖葉能治癤子，果實能清熱、涼血、活絡。柘木可做美觀傢俱。

寺中還有一名為猗玕亭的流杯亭，在方丈院東側、竹地之北。亭內地面為一巨石，地面水槽呈龍虎形花紋圖案。在此飲酒可體會

曲水流觴之樂。

山門外有一座三間四柱木牌坊，額曰「香林淨土」、「翠嶂丹泉」。過牌樓即石橋，橋後為山門。門額「敕建岫雲禪寺」為康熙皇帝手書，門殿內塑有「哼哈」二將。

為何潭柘寺與歷朝皇家關係密切

千百年以來，潭柘寺一直以其悠久的歷史、雄偉的建築、優美的風景、神奇的傳說而受到歷代統治者的青睞。從金代熙宗皇帝之後，各個朝代都有皇帝到潭柘寺來進香禮佛，遊山玩水，並且撥出款項，整修和擴建寺院。王公大臣、后妃公主們也紛紛捐出己資，大加布施，民間的善男信女與潭柘寺結有善緣的更是成千上萬，他們長年向潭柘寺布施、齋僧，並且自發地組織了數十個民間香會，集資購買土地田產，捐獻給寺院，成為潭柘寺維持日常巨大開支的重要經濟來源之一。到了清代，潭柘寺在寺院規模、土地財產、宗教地位、政治影響等方面都達到了鼎盛時代，特別是康熙皇帝把潭柘寺定為「敕建」，使其成為了北京地區規模最大的一座皇家寺院。

潭柘寺中的銅鍋為何著名

潭柘寺中的銅鍋很著名，一口在天王殿前，和尚們用之炒菜。此鍋原在東跨院北房西次間。現在那裡還有一口較大的鍋，一次煮粥能放米10石，16個小時粥才熟。由於鍋大底厚，文火慢熬，故而熬的粥既黏又香。這兩口都有「漏砂不漏米」之說。鍋底有「容砂器」，隨著熬粥時的不斷攪動，砂石沉入鍋底的凹陷處。

潭柘寺中的古樹為何名揚京城

潭柘寺中的大雄寶殿後為齋堂院。齋堂是和尚們吃飯的地方。堂後院中有四棵引人注目的大樹：兩株娑羅樹和兩株銀杏樹。娑羅樹被圍以石欄，稱為佛樹，已有數百年樹齡。兩株高大的銀杏樹東為帝王樹，西為配王樹。樹名是乾隆所題。據說清代每一帝王登基，樹根都生一新枝，後與主幹合攏。宣統登基時，生一幼弱之枝。銀杏樹為雌雄分株。此院中兩株全是雄株，不生果。東側行宮院內兩棵，又均為雌株。

潭柘寺中的石魚有何特別之處

龍王殿殿前廊上有一石魚，長1.7米，重150公斤。看似銅，實是石，擊之可發五音。傳說是南海龍宮之寶，龍王送給了玉帝。後來人間大旱，玉帝賜給潭柘寺消災。一夜大風雨時，石魚從天而降，摔在院中。當時輪廓已不清，經僧人雕修後，才成此樣。傳說，石魚身上13個部位代表13省，哪個省有旱情，敲擊該省部位便可降雨。除上述建築外，西路還有文殊殿、大悲壇、寫經室等。

潭柘寺中有忽必烈女兒的「拜磚」嗎

寺中確有公主拜磚一塊。忽必烈的女兒妙嚴公主，原是一員戰將，後出家，每日來此膜拜，十分虔誠，久之，把磚磨透，留下拜磚遺蹟。萬曆二十年（西元1592年），孝定太后將拜磚傳入宮中觀賞，後送回寺內並厚賜。

大覺寺古寺蘭香為何知名

古寺蘭香，鼠李寄柏，碧韻清池，靈泉泉水，松柏抱塔，說的都是位於北京西郊陽臺山大覺寺的知名景觀。大覺寺建於遼咸雍四年（西元1068年），初名清水院，後稱靈泉寺。明宣德三年（西元1428年）重修，改為大覺寺。總面積為6000多平方米，被稱為「西山三百寺中之巨剎」。

大覺寺是京西著名古剎，歷史悠久，古蹟眾多。殿內供奉的佛像，造型優美，形象生動，其中的玉蘭和銀杏堪稱京華之最。大覺寺是北京市重點文物保護單位，近年經過整修，已成為京郊一處新的遊覽勝地。

寺院坐西朝東，體現了契丹人尊日東向的習俗。殿宇依山而建，自東向西由天王殿、大雄寶殿、無量壽殿、大悲壇等四進院落組成。此外還有四宜堂、憩雲軒、領要亭、龍王堂等建築。整座寺院布局完整，雄偉壯觀。大覺寺是北京地區佛像比較豐富的寺院之一，供奉著佛、菩薩、羅漢、諸天等眾多佛像。大覺寺裡有八大景：山門口的鼠李寄柏、功德池裡的石刻水獸、四宜堂和北玉蘭院裡的明清兩代的玉蘭、無量壽佛殿前的千年銀杏、環繞全寺的兩道泉水、龍潭東側的遼代古碑、北玉蘭院裡的碧韻清石和位於寺院最高處的迦陵佛塔。迦陵佛塔為清代住持僧迦陵的舍利塔，其狀猶如北海公園裡的白塔，塔旁松柏參天，風景秀麗。

春暖花開之時，到千年古剎享受蘭花幽香是北京人的踏青首選。到大覺寺賞玉蘭的風俗由來已久。院內有乾隆年間高僧迦陵禪師從四川移來的玉蘭樹，花繁瓣大，色潔香濃，樹齡300年上下，堪為京城玉蘭之最。據說，清代雍正、乾隆二帝和慈禧太后，近現代胡適、季羨林、冰心等人，都有每年春天到大覺寺觀賞這株玉蘭樹的習慣。

繁華鬧市中的廣濟寺為何地位重要

廣濟寺，又稱「弘慈廣濟寺」，坐落在北京市阜成門內的西四，是佛教著名古剎之一，中國佛教協會設於此。1983年，廣濟寺被國務院確定為佛教重點寺院。

廣濟寺初名西劉村寺，創建於宋朝末年。明代天順（西元1457—1464年）初年，山西僧人普慧、圓洪等法師雲遊至此，在這裡募集資金，於廢址上重建寺廟。在當時掌管皇帝冠服的尚衣監廖屏的資助下，僅用了兩年時間就營造了一座莊嚴佛剎。廖屏還將此事奏聞憲宗皇帝，請賜寺名，憲宗於成化二年（西元1466年）下詔命名為「弘慈廣濟寺」。這以後，廣濟寺僧人不斷進行修復工作，到成化二十年（西元1484年）才算全部完工，次第建成山門、天王殿、大雄寶殿、大士殿、伽藍殿、祖師殿、鐘鼓樓、齋堂、禪堂、方丈室、僧舍等，巍峨壯觀，富麗輝煌。

清朝初年，恆明法師將廣濟寺改為律宗道場，在此設立戒壇，開壇傳戒。1931年，廣濟寺不慎失火，主要殿堂焚燒殆盡。1935年，住持現明法師在吳佩孚等人的資助下，按明朝格局進行重修，建築規模比以前更為壯觀。

中華人民共和國成立後，1952年由人民政府撥款進行了全面維修。1959年，中國佛教協會在北京成立，會址設在廣濟寺。

您瞭解北京最大的喇嘛廟雍和宮嗎

出國子監東口，就會看見一座典雅古樸的寺廟建築，這就是北京地區規模最大、保存最完好的喇嘛教黃教寺院雍和宮。

雍和宮初建於清康熙三十三年（西元1694年），曾是雍正繼位前的府邸。雍正繼承皇位後，將其中一半改為佛教寺院，一半作

為皇帝行宮。但行宮後來遭火焚燬。雍正三年（西元1725年），把上院改為「行宮」，賜名「雍和」。雍正去世後，為在殿內停放他的靈柩，將中路殿堂原有的綠色琉璃瓦改為黃色。又因乾隆帝誕生於此，雍和宮出了兩位皇帝，成了「龍潛福地」，所以殿宇為黃瓦紅牆，與紫禁城皇宮一樣規格。乾隆九年（西元1744年），雍和宮改為喇嘛廟。可以說，雍和宮是全國「規格」最高的一座佛教寺院，成為清政府管理全國喇嘛教事務的中心。

這座建築具有漢、滿、蒙古、藏民族特色，是全國罕見的重要名勝古蹟之一。雍和宮南北長近400米，占地約66平方米，具有將漢、滿、蒙古、藏等多種建築藝術融為一體的獨特藝術風格。寺院殿宇宏偉，樓閣巍峨，既有宮殿金碧輝煌的建築，又有古剎莊嚴肅穆的氣氛。整個寺廟坐北朝南，分為東、中、西三路。

中路位於南北中軸線上，有七進院落、五層殿堂，由南往北，依次為牌樓院、昭泰門、天王殿、雍和宮殿、永佑殿、法輪殿、萬福閣等建築。整個建築布局院落從南向北漸次縮小。而殿宇則依次升高。形成「正殿高大而重院深藏」的格局，巍峨壯觀。佇立雍和宮南院，可見一座巨大影壁、三座高大牌樓和一對石獅。過牌樓，有方磚砌成的綠蔭甬道，俗名輦道。往北便是雍和宮大門昭泰門，門內兩側是鐘鼓樓，外部迴廊，富麗莊嚴，別處罕見。鼓樓旁，有一口重8噸的昔日熬臘八粥的大銅鍋，十分引人注目。往北，有八角碑亭。站在八角碑亭旁，便見懸掛著乾隆帝題匾「雍和門」的天王殿。殿前的青銅獅子，造型生動。殿內正中金漆雕龍寶座上，坐著笑容可掬、袒胸露腹的彌勒佛。大殿兩側，東西相對而立的是泥金彩塑四大天王。天王腳踏鬼怪，表明天王鎮壓邪魔、慈護天下的職責和功德。彌勒佛後面，是腳踩浮雲、戴盔披甲的護法神將韋馱。出天王殿，院中依次有銅鼎、御碑亭、銅須彌山、嘛呢桿和主殿雍和宮。主殿原名銀安殿，是當初雍親王接見文武官員的場所，改建喇嘛廟後，相當於一般寺院的大雄寶殿。

雍和宮內紫檀木雕刻的羅漢山、白檀木雕刻的彌勒大佛、金絲楠木雕刻的旃檀佛龕，被譽為雍和宮內的木雕「三絕」。雍和宮作為漢藏文化的瑰寶，已被國務院列為全國重點文物保護單位。

雍和宮的「打鬼」與宗教有何關係

「打鬼」是北京民間俗稱，在西藏、青海、內蒙古等地舊時則稱為「跳布踏」或「跳布扎」，其意為有節奏的舞蹈。每年農曆正月末，雍和宮的喇嘛們要在廟內「打鬼」。

清代的北京，喇嘛廟內的「跳布扎」儀式，是康熙年間由西藏傳至北京的黃寺，爾後雍和宮也舉行「跳布扎」活動。北京人把「跳布扎」俗稱為「打鬼」。皇宮每年也舉行「跳布扎」的宗教儀式，其日期則選在臘月中的二十八、二十九兩日，活動地點是在宮內的中正殿。

「跳布扎」的舞蹈形式可分為三種，即「供養舞」、「奠基舞」、「打鬼之舞」。其中「打鬼之舞」最引人注目。「打鬼之舞」與今日藏傳佛教寺院「打鬼」活動中最後繞寺之舉極為相似。

20世紀，「打鬼」活動曾經中斷了很長時間。當時雍和宮的最後一次「打鬼」，是在1957年。自1980年代，雍和宮正式對外開放後，這項北京地區傳統的民俗活動在中斷了近30餘年後再次恢復。一般參加「打鬼」儀式的喇嘛僧侶甚多，舞蹈作法的喇嘛共有83人，擊樂打鼓的樂師有20多人。喇嘛們表示，舉行這一宗教法事的目的，除了宗教上的緣由外，還有為中國人民和世界人民「祈禱和平，祈禱幸福」的含義。

西黃寺與達賴、班禪有何關係

西黃寺，位於北京安定門外黃寺大街，與東黃寺並稱黃寺或雙黃寺。西黃寺均以黃琉璃瓦覆蓋，紅牆蒼松，佛塔嵯峨，氣勢非凡。1983年，西黃寺被國務院列為漢族地區佛教全國重點寺院。

西黃寺初名達賴廟，是清王朝為西藏宗教領袖達賴五世修建的。順治九年（西元1652年），西藏政治和宗教領袖達賴五世阿旺羅桑嘉措應順治皇帝的邀請，親率3000多人來北京朝覲。為了接待這位喇嘛教領袖人物，清政府修建了西黃寺。

1652年12月16日，順治皇帝在南苑隆重接見了達賴五世，接受達賴五世進貢的馬匹和珍寶。第二天，達賴五世坐著順治皇帝特賜的金頂黃轎，奉旨移居西黃寺。從此，西黃寺成為達賴五世在北京的駐錫之地，達賴五世多次在此講經布道，舉行法會。

乾隆四十五年（1780年），乾隆皇帝為迎接班禪六世，在避暑山莊修建了班禪行宮須彌福壽之廟。1780年7月22日，班禪六世到避暑山莊依清曠殿晉見乾隆皇帝，獻上金佛像、法器等，祝賀乾隆皇帝70壽誕，氣氛友好熱烈。農曆九月初二日，班禪六世抵京，駐錫在西黃寺。班禪六世在此講經弘法，王公大臣紛紛前來朝參，善男信女川流不息，前往西黃寺頂禮膜拜。12月2日，六世班禪因病在西黃寺圓寂，震驚朝野。乾隆皇帝輟朝一天，命北京所有佛寺誦經49天，為班禪超度。乾隆四十七年（1782年），乾隆為了紀念六世班禪，在西黃寺裡建造了六世班禪衣冠塔，稱清淨化城塔，並親自撰寫了漢、滿、蒙古、藏四體碑文的《清淨化城塔記》。

現西黃寺建築面積900多平方米，共有殿堂房屋59間。整座寺廟坐北向南，進門有殿3間，院內有鐘、鼓樓各一座，第二進有正殿5間，殿前有東西碑亭兩座。東碑記述班禪六世入京的功績和建造清淨化城塔的意義，正面為漢文，背面為藏、滿兩種文字。西碑有乾隆題詩。

1983年，國務院將西黃寺列為漢族地區全國重點佛教寺院。1987年9月，十世班禪額爾德尼·確吉堅贊親手創建的中國藏語系高級佛學院在西黃寺成立。西黃寺這一清朝時期達賴、班禪的駐錫之地，正在成為培養藏傳佛教高級僧侶、佛學研究人才和對外學術交流人才的搖籃。

您知道北京市唯一的一座尼眾寺院嗎

通教寺坐落在北京市東城區東直門內的針線胡同19號，是北京市今日唯一的一座尼眾寺院。

該寺由明代太監所建，重修於清代，原是一座只有幾間殿堂的小廟。清末民初，殿堂殘破，佛像毀壞，只剩下一位老年比丘尼（尼姑）住寺。1942年，有兩位福建籍比丘尼開慧和勝雨住北京廣慈寺，在淨蓮寺法界學苑學戒聽經，她們決定重建通教寺。她們不畏辛勞，募集資金重修了寺廟。建成後通教寺改作「十方叢林」，寺規嚴整，道風純正。為了培養僧才，還創辦了「八敬學苑」，使這座名不見經傳的小庵成為海內外四眾弟子所推崇的尼眾叢林。

新中國成立後，通教寺一直嚴守佛制寺規，尼眾們過著如法如律的宗教生活。「文革」期間，經像法物被毀，尼僧離散。1978年以後，人民政府貫徹落實宗教信仰自由政策，重修了通教寺，將「文革」時離寺的比丘尼召回，恢復了被迫停止多年的宗教活動。1983年，通教寺被定為全國重點寺院。如今的通教寺，又重現昔日的盛況。

西山八大處是有八座古剎嗎

西山八大處，位於北京城西石景山區盧師山、翠微山和平坡山中，是八座寺廟的總稱，分別建於隋、唐、明、清時期，西元1900年遭八國聯軍破壞，1949年後經重修開闢為八大處公園。

八寺依次如下：

長安寺，舊名翠微寺、善應寺，始建於明弘治十七年（西元1504年），現存兩進院，昔日以奇花名樹著稱，院中兩株白皮龍爪松，高大挺拔，傳為元代種植。

靈光寺，又名龍泉寺，始建於唐代，明成化十四年（西元1478年）重修後改今名，寺中1964年建的八角十三層密簷式佛牙舍利塔里，供奉著原供於該寺之遼招仙塔中的佛牙（釋迦牟尼牙齒）舍利。

三山庵，俗稱麻家庵，清代建築法式，觀景眺望之佳處。

大悲寺，原名隱寂寺，元代創建，康熙五十年（西元1711年）改今名，三進院，前殿中的十八羅漢塑像非常精美。

龍王堂，又名龍泉庵，清康熙十一年（西元1672年）建，寺後有清泉甘冽，稱甜水泉。

香界寺，原名平坡寺，為八大處主寺，始建於唐代，歷代多次重修，殿五進，氣勢宏偉壯觀，為歷代帝王巡幸駐蹕之所。

寶珠洞，為最高的一處，雄踞於平坡山頂，殿前「眺遠亭」，可賞遠近山景。

證果寺，始建於隋代，是八寺中歷史最久的一處，多次易名，明天順年間改今名，寺前有池名青龍潭，寺後有石名祕魔崖。

釋迦牟尼佛牙舍利安放在北京何處

佛教史籍記載，佛祖釋迦牟尼圓寂火化後留下兩顆佛牙舍利，一顆傳到錫蘭（今斯里蘭卡），一顆傳到當時的烏萇國（今巴基斯坦境內），後由該國傳到于闐（今中國新疆和田一帶）。

西元5世紀中，南朝高僧法獻西遊于闐，從而把佛牙帶回南齊首都，即現在南京。隋代統一，佛牙被送到長安。後五代時期，中原兵亂，佛牙輾轉傳到當時北方遼代的燕京，即現在北京。咸雍七年（西元1071年）八月，將佛牙舍利安置靈光寺「招仙塔」。這就是佛牙舍利來到北京的來源。

八國聯軍入侵中國時，令百年古剎靈光寺和招仙塔變為一片廢墟。光緒二十六年（西元1900年），寺僧清理時於殘破塔基中發現了一個精緻的石匣，匣內有一刻有「釋迦牟尼佛靈牙舍利，天會七年（西元963年）四月廿三日記，善慧書」字樣的沉香木盒，裡面珍藏著佛牙舍利。據明朝《補續高僧傳》記載，善慧是北漢名僧。佛牙舍利從咸雍七年（1071年）入塔到此時出現，在招仙塔中供奉了830年。

1955年和1961年，應緬甸和斯里蘭卡佛教界請求，這顆佛牙舍利被中國佛教界護送出國，接受兩國信徒朝拜。1957年，由中國佛教界發起，依照佛教傳統在原塔址西北重建新塔，永久供奉佛牙舍利，得到了政府和有關部門大力支持。1958年至1964年，一座莊嚴雄偉的佛牙舍利塔在西山靈光寺落成，並修建了山門殿和東、北兩配殿，形成一個以佛牙塔為中心的佛教寺廟建築群。1964年6月25日，中國佛教協會舉行了新佛牙塔落成開光典禮，佛陀的靈牙從此供奉在此塔的第二層內。

西山靈光寺，1983年被國務院確定為佛教全國重點寺院，現由中國佛教協會派僧人管理。

北京石刻佛經最多的寺廟在哪裡

雲居寺，位於北京市西南房山區境內，距市中心70公里。雲居寺建於隋末唐初，經過歷代修葺，形成五大院落六進殿宇。寺院坐東朝西，建築規模非常宏偉，由雲居寺石經山藏經洞和唐、遼塔群構成，兩側有配殿和帝王行宮、僧房，並有南、北兩塔對峙。

雲居寺是佛教經籍薈萃之地，寺內珍藏的石經、紙經、木刻佛經號稱三絕。石經始刻於隋大業年間（西元605—617年），僧人靜琬等為維護正法，刻經於石。刻經事業歷經隋、唐、遼、金、元、明六個朝代，綿延1039年，篆刻佛經1122部3572卷14278塊。像這樣大規模刊刻，歷史這樣長久，確是世界文化史上罕見的壯舉，不愧為「北京的敦煌」、世界之最。雲居寺於1999年9月9日9分9秒，將10082塊遼、金石經全部回藏到恆溫、恆濕、密閉、充氮氣的地宮中。為了便於遊客參觀石經，地宮內部設有9個觀察視窗，可以直接觀察到10082塊遼、金石經的壯觀景象。

紙經現藏2.2萬多卷，為明代刻印本和手抄本，數量之多是中國內各大名寺所罕見。木經始刻於清朝雍正十一年（西元1733年）至乾隆三年（西元1738年），現存7.7萬多塊，堪稱中國木刻佛經之最。

您瞭解保持明代建築風格的寺廟建築智化寺嗎

東距二環路僅200米的祿米倉胡同內，有一處不起眼的紅牆黑瓦寺院，寺院低於路面將近一米，門臉不大，看似和尋常小廟並無二致，但是山門上「敕賜智化寺」幾個大字卻彰顯出它非同一般的價值。

智化寺，始建於明正統九年（西元1444年），原為司禮監太監王振的家廟。後由明英宗賜名為「報恩智化禪寺」。智化寺共有

5進院落：第一進院內有智化門、鐘鼓樓等；第二進院內有智化殿及東西配殿等；第三進院內有如來殿（萬佛閣）等；第四進院內有大悲堂（後殿）等；第五進院內有萬法堂等；又有西跨院為方丈院，在大悲堂西側，東跨院是後廟。如來殿（萬佛閣）中央藻井於1930年代初為寺僧盜賣，現存美國納爾遜博物館。

智化寺所存「京音樂」是宮廷古樂嗎

智化寺所存「京音樂」確為宮廷古樂。王振於明英宗正統十一年（西元1446年）將宮廷音樂移入家廟智化寺，在該寺師徒相承，並一直嚴格保持古樂風貌。「京音樂」是中國現存最古老的音樂之一，迄今已有560多年的歷史。北京將其申報了首批國家級非物質文化遺產，現已入選「首批國家級非物質文化遺產名錄」。

「京音樂」的特點是以吹管樂器為主奏樂器，輔以雲鑼、鼓、磬等打擊樂器，曲調古樸典雅、悠揚深沉，樂曲結構編排嚴謹但又富於變化，並且採用中國的傳統記譜法──工尺譜來記譜。更為難得的是，智化寺「京音樂」有著保守、嚴格的傳承訓練方式。透過口傳心授的方式，藝僧們先學樂譜，後學樂器，7年後方可出師，至今已傳至27代傳人，從未斷線。它是中國唯一按代傳襲的樂種。

智化寺的明代大鼓有何獨特之處

智化寺在對館藏文物進行整理時曾意外發現，一直擺放在館內如來殿一角的明代大鼓鼓身上現出了八條金龍紋飾。這面明代大鼓高1.45米，鼓面直徑1.07米，周長4.3米，鼓皮分別繪有一組「二龍戲珠」圖案。像這樣的大型鼓在中國非敕賜寺院中是極為少見的，在北京地區更是鳳毛麟角。當工作人員除去多年的積塵之後，

又驚喜地發現，大鼓周身用「瀝粉貼金」的手法，繪製了一圈金龍。圖案以「二龍戲珠」內容為單位，上下前後共4組，金龍騰躍盤繞，英姿勃發，金色的龍鱗層次分明；中間的寶珠帶有火焰紋飾，整個圖案豐滿立體，具有活力。「蠟粉貼金」的裝飾技法，在北京法海寺壁畫和智化寺佛像衣紋上均有大量採用，可見此鼓的裝飾具有十分明顯的時代特徵和很高的歷史價值、藝術價值和學術價值。

「萬松老人塔」與佛教禪宗有何關係

西城區西四丁字街路西磚塔胡同東口的萬松老人塔，為磚砌九級密簷式，外形輪廓流暢柔和，玲瓏別緻。

萬松老人塔，是元代名臣耶律楚材的師父萬松行秀的墓塔。在金、元時期，萬松行秀禪師在京西仰山棲隱寺等廟剎出任住持。元初，中書令耶律楚材奉其為師。南宋淳祐元年（西元1241年），萬松老人圓寂後，時人建塔以示紀念。

萬松行秀是佛教禪宗「曹洞宗」的大師，同時他對儒家經典也很精通。耶律楚材跟著他學佛3年，十分刻苦，無論嚴寒酷暑都從不間斷。萬松行秀給耶律楚材授法名「湛然居士」，用「以儒治國，以佛治心」對他進行教導，對耶律楚材的影響很大。「曹洞宗」傳入日本後，也有很大影響，他們中經常有人來北京參拜萬松老人塔。萬松行秀在中日人民的友誼和文化交流中，至今仍起著積極的作用。

萬松老人塔能存到今天，還和葉恭綽等人有關。葉恭綽在民國時期曾任交通總長。解放後任政協常委、中央文史館副館長、北京畫院院長。西元1927年，京兆尹李垣因圖利亂賣官產旗產，其中有一些是北京的著名古蹟。

李垣為賣官產旗產還專門成立了京兆全區旗產官產清理處，並決定出賣萬松老人塔謀利。當時的交通總長葉恭綽等人為保護萬松老人塔不受破壞，經多次交涉，李垣同意把萬松老人塔留給葉恭綽、鄧守瑕等人，但僅允許留出萬松老人塔四周的一小塊地方。為保護萬松老人塔，葉恭綽、鄧守瑕、齊之彪、關賡麟、朱道炎、趙潤秋等人組成萬松精舍。萬松老人塔當時由一家羊肉店占用，塔院內到處是羊糞等物。為使羊肉店遷出，萬松精舍還出資津貼該羊肉店。然後萬松精舍出資修建圍牆，新建門樓，門樓上石額書「元萬松老人塔」。

萬松老人塔是北京城的一個早期標誌。它表現了金元時密簷式塔的風格，也是北京城區僅存的一座磚塔。

中國最古老的金剛寶座塔位於何處

中央一大塔，四隅各有一小塔，這種獨特的建築形式，人們稱之為金剛寶座塔。現存的金剛寶座塔均為明代後所建，全國僅有10餘座。其中最大和最精美的都在北京，數量也居於首位。

與紫禁城同齡的真覺寺塔，在西直門外的白石橋。明朝的永樂皇帝，不僅為自己建造了聞名遐邇的紫禁城，還為來自印度的僧人班迪達，修建了一座中國最古老的金剛寶座塔。明朝永樂初年，印度高僧班迪達，不遠千里來到北京。為弘揚佛法，向永樂皇帝進貢五尊金佛和金剛寶座塔的圖式。佛教深奧的哲理，感動了皇帝，為顯示大國風範，永樂帝賜僧人金印，封為大國師，並在京西建造真覺寺供他居住。寺因佛生，塔隨寺建，僧人們便根據金剛寶座塔的圖樣，在真覺寺內建塔。數十年後，明成化九年（西元1473年），塔終於建成。真覺寺因此俗稱五塔寺。

塔座南北各闢有門，內有石梯，盤旋而上可到頂部。塔上除五

塔外，還有琉璃磚仿木罩亭，與五塔錯落有致，交相輝映。寶座和塔身上除刻有1561尊小佛像外，還有獅子、象、馬、孔雀和金翼鳥等佛教題材的刻像。有趣的是，中央大塔上，刻有與人足大小相同的佛足一對，象徵「佛跡遍天下」。據說，這是北京地區僅有的一處佛足。今天，真覺寺已闢為北京石刻藝術博物館。

中國規模最大的一座金剛寶座塔在哪裡

北京的香山，山水清幽，林木蒼翠，自古就是避暑勝地。依山勢而築的碧雲寺，從山門到寺頂，共有六層院落，層層殿宇雄偉壯麗。它始建於元代，原名碧雲庵，明正德十一年（西元1516年），一位姓于的大太監在寺後建了墓穴，並重修寺院，改為今名。到了清代，綺麗壯觀的碧雲寺吸引了皇帝和后妃，乾隆十三年（西元1748年），對這裡進行了大規模的修建，並在寺後明代墓穴位置，增建了金剛寶座塔。塔位於全寺的最高點，模擬覺寺塔形狀。塔高34.7米，是中國金剛寶座塔中規模最大的一個，其突出的特點是，中央大塔又是一座小金剛寶座塔，成為重層的金剛寶座塔形式。塔身全部用漢白玉建成，塔下有一高臺，沿石梯可從正面盤旋而上達臺頂，塔身就建在這高臺正中。遊人可從寶座南面的石門而入，到達塔頂。整個塔身，布滿大小佛像、天王力士、龍鳳獅象和雲紋等浮雕。金剛寶座塔的四周，種植有一株株蒼勁挺拔的古松，在翠綠的映襯下，更增添了塔的魅力。站在塔上近觀，可覽碧雲寺全景；極目遠眺，玉泉山、萬壽山和北京城，猶如一幅朦朧的山水畫；再回首西山，更是處處美景，風光無限。

「鐵壁銀山」景觀在北京何處

銀山，位於北京昌平區下莊鄉海子村西南，峰巒高聳，山脈由

墨褐色的花崗岩石構成，山崖陡峭石壁千仞，猶如巨大的鐵影壁，故有鐵壁之稱。冬日，瑞雪紛飛，冰雪層積，銀裝素裹，色白如銀，故被稱之為「鐵壁銀山」，也為古代「昌平八景」之首。

銀山以寺多塔眾而馳名。唐初，這裡就建有佛岩寺，有佛殿僧舍70餘間，為古幽州最大的寺院之一，也是高僧闡揚佛教的寶地。遼代於山前建有寶岩寺。金天會三年（西元1125年），該寺被改建為大延聖寺。明正統十三年（西元1448年）重建，欽賜寺名「法華禪寺」。為京郊名剎，寺內有僧瘞骨塔7座。其中，金代密簷式磚塔五座，元代喇嘛塔兩座。周圍山麓上也建造了許多形制各異的僧塔。

現在寺院已成遺址，但寺內7塔及周圍的部分古塔仍保存較好，景區內還保留有說法臺、古佛岩、朝陽洞等古蹟。

唐代的高僧鄧隱峰與「鐵壁銀山」有何關係

《帝京景物略》中說，唐朝中葉時（憲宗元和年間，西元806—820年），著名高僧鄧隱峰曾來銀山的佛岩寺講經說法，當年講經的地方今天仍叫做「說法臺」。作為禪宗大師，佛教文獻關於鄧隱峰的故事很多，如《佛教奇人譚》中說：有一位「飛錫禪師」，本名叫鄧隱峰，為什麼稱他為「飛錫禪師」呢？據說，有一次他看到兩國的軍隊打仗，弄得民不聊生，便勸雙方放下干戈，不要再爭戰，可是刀兵無情，誰肯聽一個出家人的話！不得已，鄧隱峰禪師就把錫杖往空中一拋，自己也隨之在天空中飛舞。鏖戰激烈的兵士看到半空中有個和尚飛來飛去，都嘖嘖稱奇。不覺停手看他飛舞，看得發愣了，竟忘了爭戰打仗。

此外，佛教文獻中還有其倒立而化的故事。故事說：隱峰，俗姓鄧，福建人。初參馬祖道一，後拜石頭希遷為師，又折回馬祖道

一處契悟。一天，鄧隱峰推土車時，恰逢馬祖伸腳坐在路上。鄧隱峰就對馬祖說：「請把腳收起來。」馬祖說：「已展不收。」鄧隱峰也不讓，就說：「已進不退。」說完就推著車子從馬祖腳上輾了過去。被輾傷了腳的馬祖回法堂後，提著板斧對僧眾說：「剛才輾傷老僧腳的人，給我出來。」鄧隱峰於是就走到大師跟前，伸長脖子，馬大師卻放下了斧頭。鄧隱峰圓寂之前，他對僧眾說：「各方禪師圓寂時，有坐著的，有躺著的，這我都見過，有沒有站著去世的呢？」其中一人回答：「也有。」鄧隱峰說：「有沒有倒立著去世的呢？」眾僧都異口同聲地回答：「沒見過。」於是，鄧隱峰就倒立而亡。

據說，鄧隱峰死後就葬於銀山。銀山塔林中現存的「轉腰塔」就是眾僧為紀念他而建的。「轉腰塔」就位於原來的說法臺山，為石塔，高丈餘。此後，在銀山建寺之風盛行，特別是遼金時期，這裡的寺院達百餘座，著名的大延聖寺就是這個時期建成的。寺廟依山而建，殿宇巍峨，雄偉壯麗，因此，各地法師高僧等紛至遝來，雲集於此。當時北方最負盛名的高僧，如佛覺、晦堂等五位大禪師都在此講授佛法。因此，銀山名聲大噪，與南方鎮江著名的金山寺齊名，故有「南金北銀」之說。

明代妙覺禪寺的「金剛石上塔」有何故事

海淀區鳳凰嶺自然風景區的古村落車耳營村西北，深山幽谷中，有一座金代古剎黃普院遺址。

在金章宗時，為「西山八大水院」之一「聖水院」；到明代正統二年（西元1437年），改建為「明照洞瑞雲庵」。庵坐北朝南，背依崇山，傍臨深谷。山門是用大塊花崗石砌築而成。庵後為明照洞，借助天然石洞開鑿而成。洞內復有小洞，小洞之內又復鑿

小井。庵內其他建築已圮。相傳，明代有一位皇姑隱居並葬於此地，故又稱皇姑墳。山門右側，平地聳出一塊天然巨石，名曰金剛石。石高約15米，向旁傾斜，懸於深谷之上，壁陡峭不可攀。石上建有一座高僅為2米的六角7層密簷式玲瓏磚塔，塔基各角飾有磚雕獸頭。金剛石上塔，堪稱一處奇觀。

這座玲瓏小塔，造型精美，建築奇特，人稱「金剛石上塔」。磚石結構的須彌座，斑駁陸離；陡壁和塔身上，荊棘叢生，真是一處絕妙的自然與人文融為一體的景觀，石與塔相得益彰，契合天成。此塔修建於明代，1924年秋，傳說國民黨文人懷疑金剛塔下壓有「鎮物」，派人搭架爬上去拆毀，但未見任何寶物，後又怕後人恥笑，便照原樣重新仿建。照此說來，今天的石上塔，便是1925年春新建的了。如今，金剛石上塔已成為鳳凰嶺風景區的標誌。

玉泉山北面山峰上的妙高寺

玉泉山位於北京城西北，海拔僅百餘米，山上流泉密布，泉水質輕味甘，清澈如玉，故名玉泉。泉水經昆明湖、長河流入北京城，是元大都城、明清北京城的重要水源。誰能想到，在玉泉山北面的小山峰上，有一座建於清乾隆年間的妙高寺。

寺內大殿內額「江天如是」，寺前有座石牌坊，額「靈鷲支峰」，寺後便是妙高塔。它是北京的第四座金剛寶座塔。塔由磚石砌築而成，塔座為方形，上分建五塔，中心一塔特別高大，為喇嘛塔形式。四角小塔較小，形狀圓而瘦長，如四棵銀針，直刺青天，整個塔上，沒有花紋裝飾，顯得簡潔明快，風格奇特。現在玉泉山頂為軍隊所用，但每當我們途經此處時，都能看到玉泉山那蔥鬱的山峰，以及高聳入雲的玉峰塔和藏式妙高塔，特別是塔影倒映昆明

湖中，令人神往。

法源寺為何被稱為北京城內歷史最悠久的寺廟

唐朝貞觀年間，唐太宗李世民親自出征高麗。但是這次規模浩大的出征，卻以失敗的結局告終。為悼念此次征戰中陣亡的將士，遂於貞觀十九年（西元645年）下詔，在幽州城東南隅興修一座寺廟，歷經51年，於武后萬歲通天元年（西元696年）建成，並賜名「憫忠寺」。位於今北京市宣武區法源寺前街。安史之亂時，曾更名為「順天寺」。唐中和二年（西元882年），憫忠寺被火燒燬，後又重新修建。五代時，曾一度被改為「尼庵」。

遼代是憫忠寺最興盛的時期，遼帝、后隔幾天就親自來到憫忠寺，身披袈裟，建起道場，廣施恩濟。史書記載，法事的場面宏大，僧人的數量上千。外國的使臣來燕京，皇帝會安排他們參觀憫忠寺，兩國關係不錯的，還可以在寺裡下榻。宋欽宗被虜北來，就被拘留在寺裡；金代時，曾把這裡作為策試女真進士的考場。

明正統二年（西元1437年），又對此寺進行修葺，並改名為「崇福寺」。清雍正十二年（西元1734年）改建，稱「法源寺」。法源寺是北京現存歷史最悠久的名剎之一。大雄寶殿殿前矗立著明、清時代的石碑六座，其中清雍正十二年（西元1734年）刻的《法源寺碑》，是法源寺的一篇廟史。殿內梁上，懸掛著清朝乾隆皇帝題寫的「法海真源」匾額。殿中供奉著明代塑造的釋迦牟尼佛和文殊、普賢菩薩像。大殿兩旁，排列著清代木雕十八羅漢像。

憫忠臺最初叫觀音閣，也叫憫忠閣，建於唐中和年間（西元881～884年）。原閣7間3層，後在地震中毀掉了。現在的憫忠臺，是在憫忠閣的基礎上重建的。裡面陳列著法源寺歷代所藏碑刻

和經幢。毗盧殿內供奉著一尊明代鑄造的銅五方佛。殿前還有一個巨大的石缽，又叫玉海。觀音殿內的橫梁上，懸掛著清朝康熙皇帝為當年法源寺住持授璽和尚寫的「存誠」匾額。藏經樓，亦名紫檀千佛殿，是法源寺中軸線上的最後一座大殿，上下兩層。樓前有一株樹齡數百年的銀杏樹和兩棵乾隆年間種植的西府海棠。樓內陳列著紫光檀千佛和許多珍貴的佛教文物。

近兩年，李敖的一本《北京法源寺》更為法源寺引來了不知多少海外遊客。

1965年，中國佛學院成立，總部設在北京法源寺。1979年，法源寺定為北京市重點文物保護單位。1980年，法源寺成立中國佛教圖書文物館。

中國最大的戒臺是在戒臺寺內嗎

戒臺是僧人受戒的壇臺，也叫戒壇。戒臺寺歷史悠久，始建於隋代開皇年間（西元581～600年），至今已有1400多年的歷史，原名慧聚寺，明朝英宗皇帝賜名為萬壽禪寺。寺廟規模宏大，殿宇巍峨，風景秀麗，坐落在北京門頭溝區境內馬鞍山麓。

遼代咸雍年間（西元1065～1074年）有一名叫法均的高僧，到這裡開壇傳戒，建立了戒壇。它以擁有全國最大的佛寺戒壇而久負盛名，同泉州的開元寺戒壇、杭州的昭慶寺戒壇，被稱為「全國三大戒壇」。戒臺寺在規模上又居三大戒壇之首，被譽為「天下第一壇」。因可以傳授佛門最高戒律菩薩戒，而成為中國佛教的最高學府。戒臺寺坐西朝東，依山而建，占地4.4公頃，其主要建築有：山門殿、天王殿、大雄寶殿、千佛閣、九仙殿、戒壇殿等。大雄寶殿是寺廟的正殿，其匾額上的「蓮界香林」四字為乾隆御筆。

戒壇在西北院，壇基為精美的漢白玉石雕。整個戒壇分三層，

高約3米。上層有蓮花寶座，上塑釋迦牟尼坐像。壇周還有113個戒神像，出自第四代「泥人張」張銘先生及弟子之手，是難得的藝術珍品。在殿堂內，陳設一把明代雕花沉香木椅，是當年傳戒時三師七證的座位。

千佛閣北側，是著名的牡丹院，仿照江南園林修築。院內遍是丁香、牡丹。1755年夏天，乾隆皇帝帶領后妃曾在此避暑。清恭親王奕訢也曾在這裡居住過。

報國寺與明朝周太后有何關係

明朝周太后在歷史上的功績，是為明代保護了後來成為孝宗皇帝的朱祐樘，即明孝宗。相傳，明代周太后有一弟弟名周吉祥，又名周雲端，年少時好外出遊玩，後去大覺寺剃度為僧。他常返京城，寄宿於現廣安門內報國寺。周太后在做貴妃時，曾夢見吉祥在報國寺中，馬上將他召來，勸其還俗，同享富貴，吉祥不從又返寺中。於是周太后以祝壽為名，在報國寺旁修建了大慈仁寺，以吉祥為開山第一代住持，又讓他擔任僧錄司左善世（僧錄司設於洪武年間，是明代管理宗教事務的最高機構）。吉祥死後葬在大覺寺西南的山坡上，現路邊的塔即其靈塔。

白雲觀為何成為道家「天下第一叢林」

坐落於北京西便門外的白雲觀，是道教全真第一叢林，也是龍門派祖庭。唐代天長觀是它的前身。元初丘長春真人（即丘處機）自大雪山東歸，西元1224年至燕京，賜居於此，當時觀名太極宮。西元1227年，元太祖成吉思汗諭旨改稱長春宮。丘長春是全真道祖師王重陽的七大弟子之一，又是龍門派的創始人。他羽化後，弟子尹志平等在長春宮東側下院建處順堂，埋藏他的遺蛻。後

來，長春宮原殿宇日漸衰圮，重修工程改以處順堂為中心展開，明初名為白雲觀。因此，白雲觀承襲了原天長觀、太極宮、長春宮的地位和聲譽。

白雲觀的後花園也很有特色。後園原名後圃，有戒臺、角樓和雲集山房等建築，院中有太湖石疊的假山，山下有一洞，額題「小有洞天」。雲集山房，古樹森森，甚是幽靜。每逢陰雨，白雲漫漫，樓閣亭臺籠罩在雲霧之中，若隱若現，如同傳說中的蓬萊仙境，因此有「小蓬萊」之稱。1957年，中國道教協會在白雲觀成立。

「鐵打的白雲觀」之說從何而來

從西元1160年至西元1341年止，在這180多年當中，白雲觀卻經歷了幾番修了毀、毀了修的遭遇，其中一個重要的原因就是無情的大火曾使它三度焚燬殆盡。後來，明朝英宗皇帝對白雲觀進行修建，歷時之久，工程之大，耗資之巨，都是空前的。修建完工之後，英宗皇帝擔憂白雲觀再次毀於火災，便想出了一個辦法，就以鐵代木製作了一塊大鐵匾。寓意是白雲觀堅固持久，像鐵鑄的一般，從此以後便有了「鐵打的白雲觀」之讚譽了。如今，白雲觀山門上懸掛的「敕建白雲觀」的巨幅匾額，就是當年明英宗皇帝所賜之物。這塊鐵匾長3米，寬1米，厚0.1米，約重175公斤。

雍正皇帝為何與白雲觀的羅道士關係密切

白雲觀曾有一位與雍正皇帝關係密切的羅道士，他原籍江西人，清康熙年間來京，到白雲觀掛單常住。後被雍正帝敕封為「恬淡守一真人」。雍正五年（西元1727年），羽化於此，雍正帝敕封並建塔。據說，遺體藏於塔中。原來塔前建有享殿，謂之「羅公

前殿」，內供羅真人像。現白雲觀東路齋堂東北角即是塔院，內築羅公塔一座，其造型為八角三級，磚石結構，雕花細膩，莊重古樸。據民間傳說，由羅真人研究、創造的剃頭（梳辮）工具和按摩術傳入宮中，博得了雍正帝的讚賞，封羅真人製造的理髮工具為「半朝鑾駕、小執事」，所以被舊時的理髮匠尊奉為祖師爺。

大高玄殿是皇家道觀嗎

大高玄殿位於景山前街，與紫禁城西北角樓隔河相望，為明清御用道觀，是全國重點文物保護單位。始建於明嘉靖二十年（西元1541年），供奉三清神像。嘉靖二十六年（西元1547年）毀於火。明萬曆二十八年（西元1600年）重修。清康熙朝，因避諱聖祖玄燁之「玄」字，改稱大高元殿，後又改稱大高殿。清雍正、乾隆、嘉慶三朝曾經修繕。

大高玄殿為主體建築，道觀也因此得名。殿坐北朝南，面積約1.3萬平方米。大高玄門前原有旗杆（現僅存石座），後有鐘鼓樓。大殿面闊7間，黃瓦重檐廡殿頂，象徵皇家的尊貴威嚴。殿前有月臺和御路，丹墀石上雕刻有道家慣用的雲鶴圖案。殿後為九天應元雷壇殿。最後是一座象徵天圓地方的兩層樓閣式建築，其上方為「乾元閣」，圓頂藍瓦代表天；其下為「坤貞宇」，方頂黃瓦代表地。樓中的木雕是北京古代建築中的經典之作。

京城素有「大高玄殿牌樓──無依無靠」這一古諺，殿前原有東、西、南三座牌樓，上書「孔綏皇佐」、「弘佑天民」等匾文，清雍正八年（西元1730年）和乾隆十一年（西元1746年）重修，1937年復修，於1952年因道路擴建拆除。近年復建的為南牌樓，由北京文物設計所張紀平先生根據歷史資料設計。據北京城建園林古建公司技術人員介紹，在復建過程中，施工人員多方考證、

調查，選用了中國傳統建築材料，使淹沒已久的歷史景觀重現故宮後街筒子河邊。

北京的天主教教堂有哪些

天主教也稱「公教」、「舊教」。16世紀時，天主教傳入中國，因為其信徒把所崇奉的神稱為「天主」，所以中國人便稱之為天主教，或者音譯為「加特利教」。

教堂亦稱「禮拜堂」，是舉行宗教儀式的建築物。北京的天主堂多為西方傳教士所建，因此，北京的天主教堂與西方教堂很相似，主要以羅馬式、哥德式建築為主。按照中國人「坐北朝南為尊」的原則，北京的教堂一般是坐北朝南（西方為坐西朝東）。由於天主教信奉的是聖母瑪利亞，所以在北京的天主教堂中都建有「聖母山」或「聖母亭」。東交民巷堂則是既建有「聖母山」又建有「聖母亭」。

北京原有天主教堂幾十座，但隨著時間的流逝和戰爭、火災、人為的原因，大多數教堂已經不復存在或淪為居民住宅及倉庫等。北京目前仍有宗教活動的天主教堂尚有17座，其中8座分布在城區，9座分布在郊區。教堂由於是教友過宗教生活的場所，是純宗教場所，不像寺廟道觀那樣任人隨意參觀。所以教堂往往給人一種神祕的感覺，其中最著名的教堂有四座：宣武門的南堂、西安門內西什庫的北堂、王府井大街的東堂、西直門內大街的西堂。

北京的袖珍天主教堂在哪裡

東交民巷堂是西方傳教士在北京建造的最後一座天主教堂，位於東交民巷東街，始建於光緒二十七年（西元1901年），也是保

存最完好的一座教堂，從建成到現在，從未遭過任何破壞。此堂雖小，但小巧玲瓏，綜合了北京東西南北四堂的優點，堪稱袖珍教堂。東交民巷堂又稱聖米厄爾天主堂。聖米厄爾是天神的之意，是教會的保護神，專門射殺魔鬼，保衛教會。東交民巷堂和四大教堂相比，規模要小得多，但此堂的建築風格卻非常考究，教堂坐北朝南，清水磚牆。教堂從外到內都是典型的哥德式建築，堂東西兩側牆上，鑲嵌著彩色花玻璃。教堂前的院子有聖母山、聖母亭。

北京唯一的一個坐東朝西的教堂在哪裡

東堂位於繁華的王府井大街，始建於順治十二年（西元1655年），原是順治皇帝賜給兩位外國神父的宅院，兩位神父便在空地上建起一座教堂，但規模不大。這也是北京第二座教堂，後來由於地震和戰亂多次被毀。光緒三十年（西元1904年），法國和愛爾蘭兩國一起又用「庚子賠款」再次重建，即現在的東堂。由於地理位置的特殊原因，東堂坐東朝西，東堂也是北京唯一的一個坐東朝西的教堂。整個教堂為羅馬式建築，比南堂和北堂更精緻雄偉。一高兩低的穹窿形圓頂更是奠定了它濃厚的風格。2000年為配合王府井大街改造工程，政府撥款1.3億元將教堂內外整修一新。拆除了院牆，擴建了廣場，改建了聖若瑟紀念亭。如今，東堂已經成為王府井大街風格獨特的一個景觀，每年都吸引著無數來自五湖四海的朋友前來參觀留念。

北京的第一座天主教堂在哪裡

南堂是在明萬曆三十三年（西元1605年），由天主教耶穌會傳教士、義大利人利瑪竇建造的，是北京第一座天主教堂，位於宣武門。清順治七年（西元1650年），德意志人湯若望重建。乾隆

四十年（西元1775年）毀於大火。後又重建，光緒二十六年（西元1900年）庚子事件中再次被毀。現存建築為光緒三十年（西元1904年）新建。整個建築為哥德式拱券形建築，正面磚雕花紋精美，門窗俱鑲彩色玻璃，建築面積約1300平方米。南堂現在為北京天主教愛國會所在地。

西什庫教堂是易地重建的嗎

北堂最早位於中南海，紫光閣的西邊，羊房夾道（即養蜂夾道）以南名叫蠶池口的地方，因此北堂最早俗稱「蠶池口教堂」。

光緒十三年（西元1887年），由於清政府擴建三海，將其拆除，後清政府撥銀45萬兩，於西安門內西什庫易地而建。光緒十三年（1887年），新堂建成，大堂面積約2200平方米，高16.5米，鐘樓塔尖高約31米，堂前有月臺，三面有漢白玉石欄杆，堂前東西各建有碑亭，亭內分別為光緒十四年（西元1888年）天主教遷建諭旨碑和滿漢天主堂碑。北堂為典型的哥德式建築。大堂平面呈十字架形狀，光緒二十六年（1900年）整修時加高了一層，成為今天所見之莊嚴秀麗的北堂。

北京的第一座東正教堂在哪裡

東正教在北京設堂是在康熙二十四年（西元1685年）。清政府在雅克薩城自衛反擊戰中俘虜了沙俄入侵者，因押來北京的59人中有一名司祭，康熙皇帝將他們駐地東直門內胡家園胡同的一座關帝廟撥作臨時祈禱所，這即為北京人所稱的「羅剎廟」或俄羅斯「北館」。康熙二十八年（西元1689年）後，沙俄教區將其命名為「聖尼古拉」教堂（又稱「聖索菲亞」教堂，後改為「聖母安息」教堂），是北京第一座東正教堂。

北京最大的清真寺是牛街禮拜寺嗎

牛街禮拜寺是北京規模最大、歷史最悠久的清真寺之一，位於北京市宣武區牛街北口。據《北京牛街崗上禮拜寺志》記載，該寺始建於北宋至道二年（西元996年），由阿拉伯篩海（篩海，阿拉伯語譯音，是對年高有德的宗教學者的稱呼）納蘇魯丁創建。明宣德二年（西元1427年）擴建，明正統七年（西元1442年）整修。明成化十年（西元1474年），奉敕賜名「禮拜寺」。清康熙三十五年（西元1696年），又按明朝風格對該寺進行了修復和擴建，逐漸形成了今日規模。新中國成立後，1955年、1979年、1996年，人民政府曾三次對該寺進行全面修葺。它在中國傳統的宮殿式建築形式上帶有濃厚的阿拉伯裝飾風格，形成了中國式伊斯蘭教建築的獨特形式。全寺建築布局對稱嚴謹，構思精巧，磚木結構凝重肅穆，泥金彩畫富麗堂皇，1988年，被列為全國重點文物保護單位。

法海寺中精美的明代壁畫有何特點

法海寺是全國重點文物保護單位。位於北京城西石景山區模式口翠微山麓。始建於明正統四年（西元1439年），正統八年（西元1443年）建成。原寺院規模宏大，明、清多次重修。今僅存大雄寶殿、鐘鼓樓、山門等建築。大雄寶殿面闊五間，高大雄偉，內供三世佛，兩側列十八羅漢。佛像座龕背後有三幅壁畫，中為水月觀音，左為普賢菩薩，右為文殊菩薩，周圍繪善財童子、韋陀、供養人等。北牆門左右壁畫內容為天帝、天后、天龍八部、鬼眾和侍女等組成的帝釋梵天護法禮佛圖。

大殿兩側壁上繪有如來、菩薩、飛天等，並配以牡丹、月季、

菩提、芭蕉等。法海寺壁畫人物形象惟妙惟肖，佛祖慈祥端莊，帝后雍容華貴，武士威風凜凜，線條流暢，衣紋飄逸，色彩鮮豔，歷數百年而不變，為古代壁畫藝術中不可多得的精品。

明代古剎白衣觀音庵位於何處

觀音菩薩是佛教裡悲深願大，最注重現世救度，而且在中國歷史上影響深遠的一位大菩薩。在東城區方家胡同裡有座古剎白衣庵，雖始建於明代，但至今建築還保持原貌，規模之大實為可貴。院內古柏參天，原有四層殿宇及三個跨院。山門三間，前殿三間，有前出廊和璽彩畫；正殿五間，面闊15.3米，東配殿三間後帶抱廈，西配殿三間；後殿三間面闊11米。各殿均為硬山筒瓦頂。庵內供奉觀音像及九尊娘娘像。山門上方橫向石刻凸雕「古剎白衣庵」五個大字如今清晰可見，石雕保存尚好。院內前殿右前方僅存的一棵古柏，雖被殘垣斷壁雜物擁堵，仍枝葉參天，依然蔥綠可觀。如今古剎白衣庵，已成民居。山門已被改造，前殿、正殿尚存，後殿被拆除，各殿彩畫，因風雨陽光侵蝕年久剝落衰敗，背陰面受陽光照射較少，部分圖案和色彩仍清晰可見。但神像及七方刻石已是尋無蹤影。新中國成立後，該庵還保持佛事活動，有尼僧10餘人。「文革」開始後佛像被毀，尼僧四散。殿堂均成為居民住房，僅留下老尼李靜住東配殿一室。可幸的是，今天該庵全部建築還保持原貌。

中國現存最早最大的藏式佛塔是哪一座

妙應寺始建於至元九年（西元1272年），初名大聖壽萬安寺，位於北京西城區阜成門內大街路北。該寺規制宏麗，於至元二十五年（西元1288年）竣工。寺內佛像、窗、壁都以黃金裝飾，

元世祖忽必烈及太子真金的遺像也在寺內神御殿供奉祭祀。因寺內有通體塗以白堊的塔，俗稱白塔寺。妙應寺白塔是元大都保存至今的重要標誌，是中國現存最早最大的一座藏式佛塔，也是中尼兩國人民的友誼和文化交流的歷史見證。白塔為藏式佛塔，磚石結構，由尼泊爾人阿尼哥設計建造。阿尼哥擅長鑄造佛像，初隨本國匠人去西藏監造黃金塔，後隨帝師八思巴入元大都。他除了造大聖壽萬安寺白塔外，還造了五臺山大塔院白塔。妙應寺白塔用磚砌成，外抹白灰，總高約51米。塔的外觀由塔基、塔身、相輪、傘蓋、寶瓶等組成。塔基平面呈正方四邊再外凸的形狀，由上下兩層須彌座相疊而成，塔基上有一圈碩大的蓮瓣承托著向下略收的塔身，再上為十三重相輪，稱「十三天」，象徵佛教十三重天界。塔頂以傘蓋和寶瓶作結束，傘蓋四周綴以流蘇與風鐸。

北京最大的臥佛在何處

聞名中外的北京臥佛寺，位於海淀區香山風景區東部，北京植物園北部壽安山南麓，是北京市重點文物保護單位。臥佛寺始建於唐貞觀年間（西元627—649年），原名兜率寺，又名壽安寺。由於唐代寺內就有檀木雕成的臥佛，元代至治元年（西元1321年），又在寺內鑄造了一尊臥佛銅像，因此，一般人都把這座寺院叫做「臥佛寺」。以後歷代有廢有建，寺名也隨朝代變易有所更改。清雍正十二年（西元1734年），重修後改名為十方普覺寺。

在臥佛寺中軸線上依次布置有四層殿，主要建築有山門殿、天王殿、三世佛殿、臥佛殿。臥佛殿是北京西郊臥佛寺的主要建築。走進臥佛寺，穿過琉璃牌坊、山門殿、天王殿、三世佛殿，便是臥佛殿。殿內是銅鑄釋迦牟尼臥像，身長5.3米，重54噸。

銅佛作睡臥式，頭西、面南、側身躺在一座榻上，左手平放在

腿上，右手彎曲托住頭部。據說，這是釋迦牟尼的紀念像。在銅佛周圍，環立著12尊小佛像，是他的12個弟子。他們的面部表情沉重悲哀，構成一幅釋迦牟尼涅槃於娑羅樹下，向12個弟子囑咐後事的情景。這組佛像，鑄造精緻，體態自然，充分顯示了中國工匠的聰明和智慧，是一件極珍貴的歷史文物。殿的正面牆上掛一塊「得大自在」的橫匾，意思是得到人生真義也就得到最大自由。殿門上方亦有橫匾，書有「性月恆明」，意為佛性如月亮，明亮光輝永照。

良鄉昊天塔是北京唯一的樓閣式佛塔嗎

良鄉古城東北端，有一座土石岡，稱為燎石岡。此岡因土紅如血，「石赤色如燎，可以取火」而得名。

岡上有一座塔巍然聳立，插入雲霄，為五級八角形磚塔，名曰昊天塔，因地處良鄉，當地人稱為良鄉塔。但目前所保存的良鄉塔為遼代遺物。塔的平面呈八角形，高36米，為5級樓閣式塔，是北京地區唯一的一座樓閣式磚塔。

良鄉塔為灰色，挺拔高聳，造型優美，外觀完全仿木結構形制，古樸蒼勁。塔內為空心結構，架梯可以出入，並有樓梯旋轉而上，直至塔頂。登塔可北望京師，南眺涿縣，山川秀色，盡收眼底，令人心曠神怡。塔因年久失修，1970年代時，良鄉塔塔身已向東傾斜。1983年，市文物局撥款12萬元對塔進行了修葺。現在，良鄉塔經過重修，煥然一新，已開闢為昊天公園。良鄉塔已成為良鄉的重要標誌，1979年，被列為北京市文物保護單位。

北京人為何多信仰觀音菩薩

觀音的形象和傳說，在民間已流傳了千年。過去北京人到寺院拜佛，敬拜最多的也是觀音菩薩。人們認為觀音大慈大悲，神通無邊，普渡眾生。千手觀音更是佛法巨大，尤其受到人們所信仰。人們信仰觀音，認為觀音能讓天下太平，風調雨順，更能預測風雲，救人免難。在北京的民俗中，信仰觀音的形式多種多樣。主要有以下幾形式。

　　一是敬拜觀音。或到寺院裡上香拜佛，或在家裡設香案，供奉觀音，燒香禮佛。其中到寺院上香禮佛的人最多，在北京的許多寺廟院裡都建有觀音殿、觀音閣，裡面都供奉著觀音菩薩。在北京一些人的家裡，也多供奉著一張千手觀音像，只見那觀音立於蓮花寶座之上，頭梳髮髻，身披袈裟，戴佛冠，赤雙足。面帶慈祥，端莊而靜雅。千手表示遍護眾生，千眼則表示遍觀世間。

　　二是吃素禮佛。佛教戒殺生，所以舊京時信仰觀音的人多有吃素的習俗。吃素禮佛的人分為兩種，一種是信佛以後再也不吃葷了，一種是短時吃素，據傳觀音的生日為農曆二月十九日，有些人便從二月初一開始吃素，直到二月十九日為止，俗稱「觀音素」。

　　三是發願還願。就是在觀音像前發出一種誓願，行跪拜禮，然後讀發願文，包括求子、求財、求功名、求長壽、消災、解難、祛病等內容。如果所祈之事靈驗，就要還願，或禮拜菩薩，或做其他法事等。

　　四是誦觀音經。就是誦唸與觀音菩薩有關的經典經咒，包括《觀世音經》《大悲咒》等。每天至少誦唸一遍，有的人甚至一天誦唸幾十遍。誦唸得越多，表示越誠懇，與佛的距離越近。

　　五是放生。觀音慈悲因而戒殺生，舊京時許多信仰觀音的人，有放生的習俗，所放的牲靈包括爬蟲類、魚類、鳥類等，以魚、龜、鳥最多。其目的是以慈悲為懷，積善成德，以後必有後福。

時至今日，這些習俗依然存在，只是人們信仰觀音的方式更加人文化了，充滿了更多的愛心與慈善之情。

京城也有黃大仙廟嗎

香港特別行政區有一座著名的黃大仙廟，很多遊客都去遊覽過，其實在北京德勝門城牆西側二道垛口處有一在1930年代名盛京師的小廟——大仙爺廟，供奉赤松子，是一所道教的道場。大仙爺就是人們所稱的黃大仙。

黃大仙是晉代道士，原名叫黃初平，是道教著名的道士，浙江金華人。據傳，黃大仙是由一個牧羊人得到神明指點而成仙，並學會了如何治療各種疾病的，所以人們相信求黃大仙會甚為靈驗，有求必應。加上他身為掌管財運的神靈，所以更受人們歡迎。舊時北京的黃大仙廟終年香火鼎盛，每日求籤問占的善信很多，各地慕名而來的遊客也有不少，真的可謂客似雲來。淪陷時期，一年四季進香者甚多。每年農曆四月，京西妙峰山進香，大仙爺廟前松林閘即為頭道茶棚，謂之「走會」。

現在的浙江金華北山建有赤松觀，規模宏偉，為江南道觀之冠。舊時東南地區普遍信仰黃大仙，隨著華僑的外出謀生，黃大仙信仰逐漸傳至海外。現今，以香港特別行政區的黃大仙廟尤為著名，終年進香朝拜者甚眾。

老北京的五顯財神廟是怎麼回事

廣安門外六里橋西南有財神廟，又名五顯財神廟，人們俗呼其為五哥廟。在老北京時代，有大年初二到五顯財神廟燒香借金元寶的風俗。據老人們說，這座小廟供奉著五位財神。每年正月初二開

廟前，夜裡就有許多人等候在廣安門門洞裡等著天亮開城門，好趕快到財神廟裡去燒頭柱香，借回金元寶來。過去北京城裡有許多財神廟，但大多香火一般，唯獨這座五顯財神廟被老百姓尊信不疑。每年農曆正月初二及九月十五日至十七日，皆有廟會，以正月初二為盛，進香祈禱吉星高照、求福發財者甚多。不少人進香歸途時，還要買些蝙蝠和「福」字的絨花插在帽子或頭髮上，說是「帶福還家」。

　　相傳五顯財神是五個結拜的兄弟，他們是曹顯聰、劉顯明、李顯德、葛顯真、張顯正。他們生前廣有錢財，經常賙濟窮苦人，夜裡還給貧困交加的人送金元寶，所以，他們去世後，被明英宗於天順二年（西元1458年）封為五顯財神。財神廟每年開廟一天，這一天，燒香的多，做買賣的也多，都想求財神保佑自己能發財。1950年代後期，廟會停辦。1987年，因興建西南三環路與京石公路相交處的六里橋高架橋，該廟被拆除，僅存古樹二株。

住宿北京

您知道胡同的由來嗎

北京胡同的由來有多種說法。能讓人們廣為接受的說法是：胡同始於元大都，歷明、清、民國，以至今日，構成了古都北京的一大地方特色。

從史籍中看，光是對「胡同」這個詞的寫法從元朝到清朝就有：衖通、火弄、火衖、火術、胡洞、衚衕、衚衕等。已故的北京史研究會會員曹爾駉先生1981年在《北京胡同叢談》一文中曾道：「胡同」這個名稱最早見於元曲。元雜劇《沙門島張生煮海》中，張羽問梅香：「你家住哪裡？」梅香說：「我家住磚塔兒胡同。」曹先生曾設想胡同是由「浩特」的音轉，因「浩特」最早是居民聚落之意，後來發展為城鎮。

北京的四合院是怎樣構成的，有什麼講究

四合院是中國傳統住宅建築中的一種典型形式，至少已有2000年的歷史。北京的四合院既是北京住宅建築的基本形式，也可以作為中國北方住宅建築的代表。

四合院是由正房（北房）為主體，與之相對應的南房為從屬，東、西廂房為附屬，以牆垣將上述四面房屋聯成一體的院落。四合院除上述四面房及牆垣外，還配有大門、內外影壁、屏門、垂花門、遊廊、抄手遊廊、十字甬路、左右耳房、後罩房、天井等。這些建築都是按照四合院固有的規律、方向、尺寸大小有機地配置而成。

外影壁位於隔街對面，進門後的迎面之牆為內影壁。其建造工藝極為別緻生動，雕刻特別精緻。較為標準的四合院必有垂花門，垂花門外為前院或稱外院，主體建築為臨街的倒座房。一般用於會客、書房、帳房、門房、傭人住房，近世或有將其中一間改為車庫者。進垂花門內始為正式院落。正房北屋為主人長輩所居，東西廂房為子孫所居，女兒多住後院的罩房。大的四合院有抄手迴廊連接四面的房屋，雨雪季節，炎熱夏日，倍顯迴廊的重要性。

四合院內多種石榴樹、月季、丁香樹、葡萄、棗樹等花草樹木。但四合院內不宜種桑樹和槐樹。桑音如喪；槐有鬼字，均不吉利。

王公府邸一般由多座四合院組成。建築依據院落的中軸線向後延伸，增加院落。於是，形成了多座四合院的建築群。一般為三進，也有五進的。有的四合院由於前後街巷胡同所限，不能向後發展，只好向左鄰右舍的橫向發展，這樣一來，就形成了多路的四合院。王公府邸的四合院多建有花園，有的還建有戲樓、馬廄。

路北的四合院大門為什麼開在東南方

在等級森嚴的封建社會，住宅及其大門直接代表著主人的品第等級和社會地位，所謂「門第相當」、「門當戶對」，就是這個意思。因此，人們對大門的形制和等級是非常重視的。北京四合院住宅的大門，從建築形式上可分為兩類，一類是由一間或若干間房屋構成的屋宇式大門，另一類是在院牆合攏處建造的牆垣式大門。設屋宇式大門的住宅，一般是有官階地位或經濟實力的社會中上層階級；設牆垣式大門的住宅，則多為社會下層普通百姓居住。

四合院的大門除王公府邸外，一般的四合院大門都開在東南方，這與中國傳統的易經堪輿（俗話說的風水）文化有著密切關

係。易經八卦中說：大門開設在宅基地的左上方為主人出入吉祥平安的青龍門。所以，即使是坐南朝北的四合院，大門也開在宅基地的左上方，即：西北隅。常見的大門有廣亮大門、如意門、道士帽門和牆垣門。

影壁的作用是什麼

外影壁多為避邪鎮惡及裝飾之用。內影壁除起著裝飾的效果外，更重要的是起著隔離遮擋、隔音的作用，使四合院內部居住的空間舒適寧靜而不為門外的噪音所干擾。同時還起著他人無法從大門外直接看到院內的作用，既安全又增加院落的深邃幽靜隱蔽之感。

您知道「大門不出，二門不邁」這句常用語的來歷嗎

大門說的就是街門，而二門說的是四合院裡的垂花門。垂花門實際上就像一座起脊的小屋，將四合院分為前後兩部分，垂花門內設有屏門，平時不開，猶如一道屏障，使人們不能一下看到後院內的情況，起著半封閉的作用。進後院須走其兩側。

垂花門是前後院的分界線和唯一出入通道。來客時僕人將客人引到南房內，而後院則非請勿入，老北京和官宦人家均知此禮節。住四合院裡的家屬（內眷）平時也遵守家規而不出此門。這條規定就連自家的多年男僕都必須嚴格執行。這也是描述舊時女性「大門不出，二門不邁」這句常用語的來歷。

四合院中為何要有抄手遊廊

如果將四合院中的正房比喻成一位老人，那麼，東西廂房和交會垂花門兩側的迴廊就像老人的雙手，所以，這種迴廊叫抄手遊廊。

抄手遊廊起著遮擋驕陽和躲避雨雪的作用，同時抄手遊廊還起著保護門窗和裝飾院落建築的作用。抄手遊廊的廊子上邊裝飾有油漆彩畫，下面帶有坐欄。

坐在抄手遊廊靠欄上，細看自己院中風景，真是別有洞天。看著眼前的古建，花草樹木，花圃中的絲瓜，扁豆葡萄藤蔓類的植物伸展著柔嫩的枝條，使人們感到四合院在繁華都市中的寧靜。人們在這裡春能賞花，夏能納涼，秋可嚐鮮果，真可謂春華秋實，使人在心中得到說不出的那種滿足。

您瞭解老北京的門墩嗎

老北京人有首傳統的兒歌：「小小子，坐門墩，哭著喊著要媳婦……」說的就是在門墩上唱的兒歌。

四合院的大門每年不知道要開關多少次。為了讓大門的使用壽命長久，人們在門下部的門軸處設有門墩，亦叫門枕，外邊露出狀如鼓的石雕稱為門鼓，統稱為門墩或抱鼓石。門墩除了保護門軸外，還起著裝飾作用。

一般門墩都刻有精美的吉祥圖案。這些門墩借助人物、草木、動物、工具、寓言、幾何圖案，表達了四合院的建築者們希望長壽、富貴、驅魔、夫妻美滿、家族興旺的美好心願。如雙獅戲水、豹腳紋、榮華富貴、八卦圖、太極圖、松竹梅歲寒三友等。更多的刻的是石獅子，為什麼要刻石獅子呢，因為獅子是百獸之王。如九世同居：「獅」和「世」諧音，雕九隻獅子的圖案是「九世同居」，表示闔家團聚、同堂和睦的祝願。獅子繡球：「獅」與

「事」、「嗣」諧音，雙獅並行表示「事事如意」，獅佩綬帶表示「好事不斷」，雌獅伴幼獅是預祝「子嗣昌盛」，獅子咬住繡球則是將有喜事上門的吉兆。

除了獅子以外，還有白猿偷桃、連年有餘、化魚為龍等：

白猿偷桃：桃為長壽的象徵，傳說西王母因為吃了仙桃而不死。門墩上雕「白猿偷桃」，其來歷是這樣的，傳說雲蒙山中白猿之母患病想吃桃子。白猿十分孝敬母親，偷偷去仙桃園中摘桃。不料被看守桃園的仙人孫真人捉住。白猿為了治母親的病哀求孫真人，孫真人被他的一片孝心所感動，放走白猿。白猿之母病癒，讓白猿將一部兵書贈送給孫真人。從此，「白猿偷桃」就成了祝願老年人長壽萬年的象徵。這個傳說在民間廣為流傳，民間鼓詞裡也有同一題目的曲詞。

連年有餘：「魚」和「余」、富裕的「裕」諧音，象徵吉祥富裕、美好。雕「蓮」和「魚」的圖案象徵著「連年有餘」。

化魚為龍：雕鯉魚躍於兩山之間的流水之中，表示鯉魚跳龍門，象徵著仕途高昇。

老北京門聯主要有什麼內容

北京的民居住宅門聯較常見的是「忠厚傳家久，詩書繼世長」、「物華天寶，人傑地靈」。這些都是一般書香門第和有錢有勢人家所刻寫的門聯。這些宅第的主人將大門門面用油漆塗成兩條紅聯，北京人稱之為門心，再用黑漆寫上上述聯句，有的房主甚至將聯句刻在門心上。而舊時滿族官員家庭多書「天恩春浩蕩，文治日光華」的統一聯句。天恩二字大概就是皇帝專給在旗人家的專有俸祿吧。至於文治，卻不相符。如乾隆皇帝用了十全武功，平準噶爾、定回部、掃金川、降緬甸、鎮安南而統一中華，奠定了今日中

華之疆土。

在北京的門聯中凡自作、自選的門聯多為誇耀家世。辛亥革命後，北京的門聯也反映出了時代進步的氣息，賦予了門聯的新思想和新內容。「文革」初始，北京民居門聯一概被塗抹美飾一番，取代的門聯多為「四海翻騰雲水怒，五洲震盪風雷激」、「金猴奮起千鈞棒，玉宇澄清萬里埃」、「春風楊柳萬千條，六億神州盡舜堯」等毛主席詩句。

舊時門聯的字體以楷書的顏、柳、歐、趙體居多，間以魏碑與隸書，多不用行草。門聯字體之所以用楷書是因為楷書莊重，字體和內容最能反映出房宅主人的性格、心情和內心思想狀態。門聯多無落款與迎首，更無書寫人之印章，這就是門聯與其他聯的不同之處。而在「文革」這個特殊的歷史階段，草書門聯卻得以盛行。

上下馬石何處尋

因為馬、驢、騾是舊時在京城內代步的主要工具之一，加之清代滿蒙等民族多有騎馬狩獵的祖習，如清代宮廷及滿洲京旗多有養馬之所，所以舊時北京的府第和大四合院、大會館的大門前都在左右置上下馬石。

上下馬石多為漢白玉或大青石。石分兩級，第一級高約1尺3吋，第二級高約2尺1吋，寬1尺8吋，住宅門前有否上下馬石也是宅第等級的一個劃分標準。西城區成方街西口一大宅院前曾有上下馬石一對；宣武區儲庫營中段路北，原四川會館前也有上下馬石一對，但由於時間太長和街道地面的不斷增高，這對上下馬石已被泥土埋進去了4吋之多。

四合院的拴馬樁與倒座房有什麼連帶關係

與上下馬石結為姐妹的交通輔助工具叫拴馬樁。有人誤認為拴馬樁只是立在門前的一石樁或木樁，用以拴馬。其實不然，拴馬樁與四合院的倒座房有著密切的聯繫，拴馬樁多設在四合院臨街的倒座房的外牆上。距地面高約4尺。樁子即為兩房屋之間的柱子，砌牆時，先留出一段空柱，再砌上用漢白玉雕刻成的石圈。石圈內即為房柱，柱上有鐵環，鐵環直徑為兩寸，由小拇指粗的盤條做成。而石圈高約6吋，洞寬約4.5吋，進深約3吋。

現存拴馬樁的地方有：東城區花梗胡同東口路北、西城區學院胡同路北、西城區太平胡同路北、飛龍橋胡同6號。

老北京的住房禁忌有哪些

北京人把活人住的院子稱為陽宅，寓意代表活力和生命力。把已去世的人存放地點——墳地，稱為陰宅。陰宅一般都種有松樹、柏樹，象徵著死人的意念永存。

與墳地陰宅相反，老北京人從不將松柏樹種進四合院。至於清香爽口的梨，其樹也會被拒種之於前院、後院。為什麼呢，大概是桑與喪，梨與離諧音罷了，北京俗語「桑松柏梨槐，不進府王宅」就是這個道理。此外四合院的建築要對稱，正房要三間、五間或七間。忌諱院子裡的地面比胡同、大街的地面低。

北京的大雜院是怎麼形成的

「大雜院」一詞源於清末民初，其間有一個相當長的過渡階段。

「大雜院」顧名思義，首先是大，其次是雜。大指的是地域，

雜便是指居住者的組成了。而院子多指獨門獨戶的四合院、三合院，甚至是王府。所居院落從單一血統、一個家族、一個家庭逐漸演變成了多血統、多家族、多家庭的雜居。一句話，大雜院是多戶集居的院落。造成整齊的四合院成為大雜院的根本原因是社會發生了根本變化。從大清順治入關以來，北京一直實行滿漢分城居住的政策。滿族人住內城，漢族人住外城，其住宅多為獨門獨戶，自守一寓。這種居住政策一直持續260多年。

1911年，辛亥革命風起雲湧，京郊人口大量湧入京城，造成北京城內房屋奇缺，而這時，失去俸祿的旗人正處在日落西山的境地。貧苦的旗兵正在死亡線上掙扎。旗人家庭為了生活，不得不將自己的房屋出租他人，以收點房租錢。有的不得不將全部房產抵押出去，就這樣，一所好端端的四合院從最早住一個家庭逐漸發展到了兩家，三家，四家……這些家庭家族疏遠，關係複雜。這些家庭生活在一起，五行八作，聚集在一起，儼然是一個小社會。

新中國成立以後，北京市人口急劇膨脹，人口的增長，居民求生存的慾望，終於使北京古老的四合院在北京的地圖上逐漸消失。而群居的大雜院就像雨後的雜草一樣，亂哄哄地拱出了地面。

北京房產的主人為什麼又稱房東

房東一詞產生在清末民初，距今僅有不足百年的歷史，是隨著旗人出租房屋而產生的。1911年，辛亥革命後失去俸祿的旗人為了生存，不得不將自己的房屋出租給他人，以收取房租錢。他們先租出自己不願意住的東南房，再租西房，最後連耳房都租出去了，只留下北房自己住。有的房主將前院、後院劃出給他人。這樣，就產生了「房東」與「房客」這兩個名詞。東，即為主人、僱主。電影《白毛女》中楊白勞就有「怕叫東家看見了」的唱詞。此外，還

有財東、店東、股東等名詞。

北京的胡同有多少

老北京常說：「大胡同三千六，小胡同賽牛毛。」意思是說北京的胡同多得數不清。據文獻記載，在明代就多達幾千多條，其中內城有900多條，外城300多條。清代發展到1800多條，民國時有1900多條。據新中國成立初期統計，北京城區胡同共有4100多條。新中國成立後，經過幾次普查，1991年北京城區胡同共有3067條。但近年來，北京舊城區的拆遷改造工程使得這一數目逐漸在減少。

北京的胡同，就像北京的標牌，也是北京人生活的標誌。生活在胡同裡的各色人群、五行八作、規矩門道、家長短的「文化」都是從胡同裡漾出來的。

為保護古都風貌，維護傳統特色，北京城區劃定了20餘條胡同為歷史文化保護區，像南鑼鼓巷、西四北一條至八條等就被定為四合院平房保護區。胡同的形成和發展，在其名稱上也留下了歷史變遷的痕跡，並反映出社會風情。

北京胡同的名稱趣聞有哪些

高博胡同、高誼胡同、高義胡同，原來都叫狗尾巴胡同；時刻亮胡同，原來叫屎殼郎胡同；禮士胡同，原來叫驢市胡同；垂則胡同，原來叫追賊胡同、內宮監胡同；吉兆胡同，原來叫雞罩胡同；智義伯胡同，原來叫豬尾巴胡同；高臥胡同，原來叫狗窩胡同；庫藏胡同，原來叫褲襠胡同；臥牛胡同，原來叫蝸牛胡同；未英胡同，原來叫餵鷹胡同；集雅士胡同，原來叫雞鴨市胡同；梅竹胡

同，原來叫母豬胡同；奮章胡同，原來叫糞廠胡同。

此外，「文化大革命」時期，紅衛兵大搞破四舊時大改北京內城內外街道、胡同的名稱。將紅、革、反、衛等最為時髦的字用在被改動的街名上。如王府井大街改為人民路，西四北大街改為紅雲路，西單北大街改為延安路，西單南大街改為紅旗路，西單北大街改為紅日路，東單北大街改為瑞金路，東單南大街改為紅霞路，東西長安街改為東方紅路。緊接著什麼永紅、向東、代代花、紅衛胡同名如雨後春筍，到處都是。這種以政治口號違背人民習慣，強制改變街道名稱的行徑，雖然百姓十分氣憤，但又敢怒不敢言。「文革」結束後，絕大多數街名又恢復了原來的名字。

蔣養房胡同的來歷

蔣養房又稱漿家房，即明之浣衣局，為二十四衙門之一。在西城區新街口北大街路東，現改名新街口東大街。明代，凡宮人年老及有罪退廢者，發此局居住，內宮監例有供給米鹽，待其自斃，以防洩露大內之事。明天啟七年（西元1627年），奉聖夫人客氏被笞死於此。

清誠親王新府在蔣養房，即貝子弘景府。此府於嘉慶年間賜給四女莊靜公主，當地人稱為四公主府，府在胡同路北。新中國成立後建的積水潭醫院在此胡同。

錢糧胡同是怎樣得名的

錢糧胡同明朝時叫錢堂胡同，是造幣所在地。清朝入關後，管財政的機構叫戶部。戶部設有寶泉局，寶泉局下有四個廠：東廠在東四四條，西廠在北鑼鼓巷千佛寺街，北廠在北新橋三條，南廠在

錢糧胡同。因為南廠鑄的錢，主要是用於發放薪餉的，清朝時薪餉官稱俸銀，俗稱錢糧，此胡同因此得名。清戶部尚書、文淵閣大學士耆英住錢糧胡同舊12號，今19、21號。近代民主革命家章太炎，曾被袁世凱禁錮於此胡同。

您知道方家胡同嗎

方家胡同呈東西走向，南臨交道口北三條，北靠國子監街，東口接雍和宮大街，西口近安定門內大街。明朝時屬崇教坊，傳說明代萬曆年間尚書方逢時曾居住在此巷。方逢時才略明練，處置邊事悉協機宜，政績甚盛。因其第所在此巷，後人稱此巷為方家胡同。清朝時屬鑲黃旗，沿稱方家胡同。「文革」時期曾一度改稱紅日北路七條，「文革」後恢復原稱。

清朝時，胡同東口設南學並駐有神機營所屬內火器營馬廠。《嘯亭續錄》載：「循郡王府在方家胡同」，循郡王府即乾隆皇帝第三子永璋府，永璋死後被追封為循郡王。清朝末年辦的北京第一所圖書館——京師圖書館亦曾在此胡同內。這裡曾有大量藏書和各種新的書報雜誌，現已改為民房。胡同內41號，是建於明代的白衣觀音庵。當年，老舍先生任校長的京師公立第十七高等小學校（即現方家胡同小學）即在這裡。

總布胡同有眾多的名人故居

總布胡同，明代稱之為總鋪胡同，在東城區建國門與南小街之間。今派生出東、西、北三條總布胡同。西、東總布胡同9號曾分別住過李濟深、李宗仁，39號是費正清故居；北總布胡同24號、26號是梁思成、林徽因夫婦的故居，60號是保善堂藥鋪舊址。

東總布胡同32號是馬寅初的舊居。53號是一個坐北朝南的舊宅院，民國年間為北平鐵路局局長陳覺生宅，新中國成立後，為中國作家協會所在地，1982年公布為東城區區級文物保護單位。

府學胡同與順天府學

　　府學胡同，在交道口南，東西走向，因胡同西端路北有順天府學而得名。胡同口原有木牌坊，額書「育賢」，今已不存。胡同內有眾多的文物古蹟。

　　順天府學，位於府學胡同65號。始建於元末，為報恩寺。明洪武初為大興縣學。永樂元年（西元1403年）改成順天府學。西為學宮，東為文天祥丞相祠。儀門內大堂3間，名明倫堂，東北為魁星閣，堂後有崇聖祠，閣後有敬一亭，亭後為尊經閣，閣西為教授署，崇聖祠西為訓導署。大門東為文昌祠，西為欞星門，現存大成殿等建築物。順天府學是北京市市級文物保護單位。

國子監古街還有哪些文物

　　國子監在安定門內。街內除國子監外，還有孔廟、四座國子監牌坊、文武官員至此下馬碑、韓文公祠、火神廟、竈（灶）君廟等。

　　國子監街東西向，形成於元朝初年，明時稱「國子監孔廟」，清時稱成賢街。民國以後稱國子監。1965年稱國子監街。「文革」時稱紅日北路九條。國子監街保存著較好的舊京街巷的風貌，因孔廟和國子監在此而得名，1984年定為北京市市級文物保護單位。國子監街是北京僅存有牌樓的街道，街上有四座牌樓，東西街口各1座，額題「成賢街」，國子監附近左右各一座，額題「國子

監」。國子監街上還有祀唐代大文學家韓愈的韓文公祠、始建於明代的火神廟、祀竈王爺的竈君廟。國子監建於元朝大德十年（西元1306年），是中國元、明、清三代國家管理教育的最高行政機構和國家設立的最高學府，是全國重點文物保護單位。孔廟始建於元大德六年（西元1302年），是元、明、清三代皇帝祭祀孔子的地方，內有進士碑林，共有石碑198座，上刻有元、明、清三代進士5萬餘人的姓名，袁崇煥、曾國藩等人的名字均在其上，是全國重點文物保護單位。

您知道什錦花園的來歷嗎

什錦花園，曾名石景花園、十景花園，清末始稱什錦花園。新中國成立後，什錦花園後面加上了胡同二字。前述諸名皆源於明代成國公的適景園，為京師著名私家園林。此園在今胡同東端北側，園的最早主人為朱能，他因輔佐明成祖朱棣有功被封為成國公，歷代世襲，到崇禎年間他的後代朱純臣還總管京營。李東陽、袁宏道等人都曾受邀遊適景園，並寫詩讚美。李東陽曾寫詩讚美園內古槐曰：「東平王家足喬木，中有老槐寒逾綠。拔地能穿十丈雲，盤空卻蔭三重屋。」清朝屬正白旗，乾隆時稱石景花園，宣統時稱什錦花園，清末荒廢。1965年，整頓地名時改稱什錦花園胡同。

什錦花園胡同全長607米，寬7米，門牌1~57，4~38號。北洋軍閥吳佩孚住過適景園舊址。1939年12月4日，吳佩孚為保全民族氣節，不願投敵事偽，被日本人拔牙後難以進食，死於什錦花園胡同14號家中。清朝禮部尚書傅良曾住此胡同21號，現43號是民國時宏仁堂老藥鋪舊址。

李善蘭（西元1811—1882年）寓所在什錦花園內，他是中國近代科學的先驅者、數學巨擘，曾任總理各國事務衙門章京、三品

卿銜戶部正郎，1882年2月19日在此逝世。

程硯秋1935年9月住在什錦花園胡同6號，該宅第為三進院落，程硯秋租住在後花園。6號為旗人鄧氏的宅院。花園東北部建有三面遊廊環繞的長方形院落，房屋均建於石基之上。程硯秋在此接待過作曲家亞歷山大·齊爾品、喬治·羅赫貝格和法國文學家冉斯基夫人的造訪。1938年冬搬到西四報子胡同。

祿米倉胡同是古代的糧庫嗎

祿米倉，是明代戶部所屬京倉之一，因貯存官軍祿米而得名。清代沿之，民國廢。祿米倉在清康熙年間將米倉和太平倉合併，乾隆年間增井五眼，是京官領取俸米的地方。清初有30廒，康熙二十二年（西元1683年）增至57廒，光緒末年減為43廒。該倉圍牆及倉廒均由大城磚砌成。每廒5間，面闊約為23米，進深17米左右，高約7米，房頂為合瓦，頂開氣窗，兩山為懸山五花山牆，倉內原有明代歷任倉場監督題名碑。1911年，後改為陸軍被服廠。在祿米倉胡同發生過的最重大的歷史事件，是袁世凱安排的「祿米倉兵變」，以之為留在北京就任大總統的藉口。北平淪陷時期，倉址被北平日本第一高等女學校占用。現在倉場圍牆大部存在，牆內一部分倉房被作為廠房的倉庫。現在院內還存有兩座倉廒，為北京市市級重點保護文物。祿米倉在東城區祿米倉胡同71、73號。

皇城邊上的南、北長街

南、北長街位於紫禁城之西，西華門外。北稱北長街，南稱南長街。清代，南、北長街南端被皇城堵死，不能通行。1915年，開闢新街，始能達西長安街。就在闢新街時，在街口修建了一座高大的拱門，在門額上題鐫了「南長街」三個大字，這就是我們今天

看到的南長街南口的大門。南長街中段路東有真武廟，又名玉缽庵，以庵內玉缽得名。乾隆十年（西元1745年）玉缽移置團城承光殿。

民國年間，河北省主席楚溪春先生有宅在南長街路東，其鄰為西湖飯店。北長街北段路東有福佑寺，由於宏麗的大牌坊匾額是「澤流九有」四字，民間遂訛傳為雨神廟，現為北京市第三批文物保護單位。昭顯廟，在北長街路西，祭雷神、雲神，現為北京市第三批文物保護單位。興隆寺，在北長街路西，眷養出宮太監的「養老義會」在興隆寺，太監在宮內全靠當奴隸過生活，身無一技之長，一旦不能作牛馬時，便被趕出宮門，多是走投無路，無以為生。因此，在年富力強時，就給自己晚年退身之所作準備。有的把積蓄的錢買地，認寺廟裡的住持為師父，把地捐給寺廟，或自己捐錢建寺，出宮後便到寺廟裡安身。養老義會便是這些太監自己組織的小團體，用作互相幫助的機構。

現代詩人柳亞子家在北長街，著名史學家、教授、北京市副市長吳晗也住在北長街。1945年後，北平行轅主任李宗仁私邸在北長街。中國人民外交學會會長、政協全國委員會常委張奚若也住在北長街。

末代皇后婉容的舊居是在帽兒胡同嗎

末代皇后婉容的舊居在帽兒胡同35、37號，1984年被列為北京市文物保護單位。這座舊宅院是婉容的曾祖父郭布羅長順所建，院落並不顯赫。婉容被冊封為皇后以後，婉容之父郭布羅榮源即被授予內務府大臣一職，並被封為承恩公，因此舊宅院升格為承恩公府。婉容婚前與其父榮源、母親恆馨及兄弟就住在這座院子裡。西路正房即為婉容閨房。婉容大婚時，就是從這裡經地安門進宮的。

據說，當時京城許多人都出來看熱鬧，後門橋兩側的酒樓都被人站滿了。

寶鈔胡同的那王府是哪位王爺的府第

寶鈔胡同的那王府，是最後一位世襲蒙古喀爾喀賽音諾顏旗札薩克和碩親王那彥圖王爺的府第。那彥圖的祖先叫策棱，是赫赫有名的常勝將軍。策棱將軍一生轉戰邊疆，康熙、雍正、乾隆三朝平定西北疆，因而屢獲破格封賞，得到「超勇」稱號。

那王府建築面積規模很大，從國旺胡同中間一直到胡同東口，包括北邊的國祥胡同一部分。新中國成立後，那王府一部分歸北京市人民銀行，一部分為鼓樓中學、第七幼稚園等單位。1984年被列為北京市市級文物保護單位。

您知道中關村的來歷嗎

「中關村」一名源於明末清初的中公墳、中公莊、中官墳、中官莊等原始地名。但是，無論怎麼解釋，都離不開明代的宮中的太監。中公就是宮中的太監，太監在民間俗稱老公，含有貶義。中官則為宮中的宦官。舊時中公墳、中官墳就是一片太監的墳地，故稱中公墳、中官墳。以後，看墳的墳戶日益增多，逐漸形成了村莊，始有中公莊、中官莊等名。清末，中公莊、中官莊演變為中關村，直至今日，新中國成立後，中國科學院自動化研究所在這裡。八大學院中的鋼鐵、地質、航空、礦業、石油、郵電、醫學、政法，均在中關村附近。今天，中關村成為了中國科學院研究基地，是世界聞名的科學城。

北京的王府知多少

北京現存的清代王府約有70座。

王府的產權是屬於朝廷的，因為王府都是皇上視其祖上及其本人的功績和家世源流而欽賜的，一經皇上賜宅，工部即開始著手興建王府。若已獲得欽賜的皇子或王爺因過失貶黜，王府將被朝廷收回，另作其他新封王爺的府第邸舍。北京現存的清代王府興建年代可分三個時期。一為昔日從龍入關，平定中原的帝子龍孫。他們世襲罔替，共有八家。他們為大清國的建立立下了顯赫戰功，故享有極高的待遇，不但自己封得王位，而且隔一代也不降爵，官帽子戴定了，人稱「鐵帽子王」。二為康雍乾盛世時期的王府，康熙有35子，乾隆有16子，王府自然就會多一些。三為晚清時期的王府。

今天，當我們再尋這些昔日王府時，這些王府多雖舊貌俱在，卻已另做他用。如：學校、機關、醫院、倉庫、宿舍、工廠等，有的王府則全部被改建和破壞，僅存砸不爛、搬不動的碑碣和漢白玉的裝飾物了。在北京市各界人士的呼籲下，王府的修復和利用正在得到有關部門的重視。現已有10多座王府被列為國家級、市級、區級文物保護單位而得到修復和利用，使其在史地研究、古代建築、現代旅遊中發揮應有的作用。其中，以雍正帝登極前府邸雍和宮，前海西街恭王府花園最為引人注目，而醇親王府與恭王府前院因相繼成為宋慶齡故居和郭沫若故居，而得到海內外遊人和學者的青睞。

北京的公主府知多少

和碩和嘉公主府，在東城區沙灘後街路北。和碩和嘉公主，為清高宗乾隆第四女，下嫁大學士、一等忠勇公傅恆之子福康安。清

末，和碩和嘉公主府被闢為京師大學堂，第一位總管為孫家鼐，這是北京大學的前身。民國期間，為北京大學使用，第一任管學大臣為張百熙。今為人民教育出版社和高等教育出版社。

莊靜固倫公主府遺址，為今積水潭醫院所在地。昔日清感宮有詩：

德勝門內蔣養房，莊靜當年有賜莊。

一樣恩波通太液，漢陽公主汝陽王。

壽莊固倫公主府，在西直門內，今為某建築工程公司。公主為清宣宗第九女。

和敬公主府，在東城區張自忠路，是清高宗第三女和敬公主下嫁後的賜第。

固倫和孝公主府，在西城區前海西街。公主為清高宗第十女，下嫁豐紳殷德，為寵臣和珅之兒媳。嘉慶沒收和珅家產時，欽命留資財以養公主。和珅府仍留一部分為固倫和孝公主使用。

北京市文化局與儀親王府

儀親王府在西長安街路北，府右街南口西側是始王永璇的府邸。永璇，為乾隆帝第八子，為淑嘉皇貴妃所生，與履端親王永城、成哲親王永瑆為同母兄弟，清乾隆四十四年（西元1779年）封儀郡王，清嘉慶四年（西元1799年）晉儀慎親王，清道光十二年（西元1832年）卒，由其長子綿志襲儀順郡王。後逐代降爵，至第五代毓岐於清光緒二十八年（西元1902年）襲奉恩鎮國公。王府於乾隆四十四年（西元1779年）在靖南王耿仲明府邸的基礎上改建而成，耿仲明之孫耿精忠因「三藩之亂」，於清康熙二十年（西元1682年）被處死，宅邸被查收，賜給永璇。較大的建築群

為府右街西南的一處梯形院落，南部寬，北部窄，東部隨灰廠街（府右街）走勢為一條斜線，西至荷包巷。府門在東南角，從府門至後罩樓共五進院落。永璇按王府規制改建時將荷包巷以西擴進府內，修建庭園。原有房屋253間，院宇宏大深邃，林亭尤美。光緒三十二年（西元1906年），清政府遷儀親王後人鎮國公毓岐宅於西直門內大街路北，在此處改建郵傳部和鑾輿衛。民國後曾改為交通部、財政部，後又成為北平廣播電臺和冀北電力公司所在地。1949年後，曾為北京市人民政府所用。現能源部招待所、北京市文化局等處為儀親王府舊址。王府全貌已不可見，僅存東部二進四合院、一段府邸隔牆和閣樓。

宋慶齡故居原是清王府

宋慶齡故居是醇親王府的西部花園，占地25畝（約1.67公頃）。是清光緒十四年（西元1888年）賜給道光帝第七子、醇親王奕譞（光緒帝之父）的新府邸。因原醇親王府（南府，在今西城區太平湖東里）為光緒出生地，依清制升為宮殿，故賜新府，又稱北府。王府坐北朝南，布局廣闊，可分為兩大部分，西部是王府花園（即現在的宋慶齡故居），東部是王府本身。

東部分為東、中、西三路。中路是其主體建築，自南而北，街門5間。進入外院後有二門，此門才是王府正門，面闊5間。此後為正殿銀安殿，面闊5間，東西有配樓各5間。正殿後是一組自成院落的屋宇，自3間過廳入，正面是正房5間及其配房，按規制此處應屬後寢。最後為後罩樓，面闊9間，各種慶典時在此舉行儀式。後寢成為供奉神、佛和遠祖的神殿。東路建築主要是家祠和佛堂及一些從屬建築。東牆外院落為王府馬號。西路有兩組院落並列，是醇親王府的活動中心。主要建築為寶翰堂，即大書房。其後的院落，正廳名九思堂，是太妃居處，再後名思謙堂，是王妃住

所。另有兒輩讀書的小書房任真堂及其他從屬建築。南府位於西城區太平湖東里，原為榮親王府。府坐北朝南，分中路和東、西路及花園。現中路府門3間，兩側有八字影壁，內有東西二門至東西院。中路新建禮堂一座，尚保存二進四合院。東路院落保存較好，西路古建築群大都拆除。

由於年久失修，北京解放時王府已破爛不堪。新中國成立後，政府早擬為宋慶齡同志在北京修一座住宅。但她以國事百廢待興，一再謝絕。後來，周總理受黨和政府的委託，主持把醇親王府的西部花園修葺一新，才成為今天這樣一個古樸秀麗的庭院。宋慶齡故居內建築有：人工湖、前廳、濠梁樂趣、後廳、暢襟齋、聽鸝軒，土山頂上有一扇形亭。

宋慶齡故居是全國重點文物保護單位。

清代的鄭親王府

鄭親王府，在西城區大木倉胡同，原為明成祖軍師姚廣孝府第。鄭親王府主為清太祖同母弟舒爾哈齊的第六子濟爾哈朗，是清初八大鐵帽子王之一。王府創建於清軍進關之初。清代王公大臣的宅第營建，均有定制，如基址過高或多蓋房屋皆屬逾制。鄭親王濟爾哈朗就因建府殿基逾制，又擅用銅獅、龜、鶴，於順治四年（西元1647年）遭彈劾後被罷官罰款。府邸建成後，歷代襲王有所修繕或擴建。民國後，先是將王府抵押給西什庫教堂，1925年租給中國大學。1950年代，為教育部所在。

鄭王府坐北朝南，原布局自東向西分三部分，東部前軀突出，是王府主要殿宇所在；中、西部概因隨街勢退縮，中為另一院落和西部花園範圍。該處最為著名的是它的花園，園名「惠園」，是京師王邸花園中的最佳者。

現存建築，只東部殘留，有街門，面闊3間；正門面闊5間，前出踏步之間，浮雕丹陛猶存；正殿面闊5間，臺階間亦存丹陛；並存東配樓面闊5間，西配樓只剩靠北面闊3間；最後為正寢，面闊5間。中國大學使用時改名逸仙堂，今尚沿用。原有後罩樓和一些附屬建築被拆除。鄭王府今為國家教育部址，西部花園今為二龍路中學。鄭王府為北京市重點文物保護單位。

禮親王府

禮親王府，位於西城區西安門黃城根南街路西，南起大醬房胡同，北至頒賞胡同，占地約30公頃。在清代所建的諸多王府中，最大的就要數禮親王府和豫親王府。老北京就有「禮王的房，豫王的牆」之諺。可見禮王府的房之多。

禮親王始王為代善，是清太祖努爾哈赤第二子。代善自幼即隨父征戰，在攻克撫順、遼陽、瀋陽等重大戰役中建立了卓越的功勳，曾被賜號「古英巴圖魯」，清順治帝入關後不久，代善在京病死，終年66歲。順治皇帝賜銀萬兩，建碑紀功，康熙皇帝追諡曰「烈」。

禮親王府大殿門下部雕有雲龍，工藝為明代手法。規模雄偉，占地寬廣，重門疊戶、院落深邃是禮親王府的一大特點。王府分三路，中路有正門、二道門、銀安殿、穿堂門、神殿、後罩樓等。王府的西部是花園，亭臺樓閣錯落有致，設計得十分巧妙。東部是王爺和其家人休息的房間。嘉慶十二年（西元1807年），禮親王府失火，後經嘉慶皇帝賜銀萬兩，由當時的禮親王昭槤主持，大體按照原樣重修。

禮親王家族在大清可謂極其顯赫，清初八大鐵帽子王中就有三支來自禮親王家族。在後來世襲的禮親王中有幾個禮親王很有名

氣，如第四代禮親王傑書就是清朝名將，曾任奉命大將軍，在征討耿精忠和防範噶爾丹的戰役中都屢建戰功！第九代禮親王昭槤愛好文史，留心掌故，著有《嘯亭雜錄》《嘯亭續錄》。兩部著作記錄了許多清朝的政治、軍事、文化、典章制度等文獻資料，流傳至今，對後人研究清史具有重要的史料價值。清末禮親王世鐸先後擔任內大臣、軍機大臣、軍機處領班等職務，處理軍國大事，被贈與親王雙俸。世鐸之子末代禮親王誠厚，愛養長蟲、刺蝟等，人們稱其為「瘋王爺」。禮王共傳十三代，從崇德元年（西元1636年）至清帝遜位後三年（1914年），共278年，堪稱「清代第一王」！

1927年，禮親王的後人將王府前半部租給華北大學。一直延續到新中國成立，華北大學為國家接管華北地區的機關、企業單位培訓了大批幹部。華北大學在完成了歷史使命後改為內務部（後改民政部）辦公用地。現在中路建築大多保存，仍具舊日規模，其餘多經改建，名目已非。但仍屬於保存較好的王府之一，1984年為北京市文物保護單位。

大軍閥張作霖與順承郡王府

順承郡王府，是清初八大鐵帽子王之一。府在西城區太平橋路西，始王為勒克德渾，是清太祖的曾孫。入關後，破馬士英、何騰蛟，攻湖南、廣西，戰功赫赫。府自始王起經歷10世15代，歷代均為郡王（雍正年晉親王）而沿襲居住此府中，這在10多家王府中是不多見的，在大清史上也唯此一家。該府雖面積不大，但布局嚴謹。中路正門、正東西配樓、後樓、後殿、後寢、後罩房俱全。東西兩路為花園和附屬院落。民國年間為奉系軍閥張作霖住宅，對外號稱大元帥府。今前部為全國政協禮堂，後半部部分建築尚存，今移至朝陽公園。

協和醫院是豫親王府所在地嗎

豫親王府又稱信郡王府，府址在東單三條，占地廣大，約2萬平方米。始王為多鐸，是清太祖第十五子，因入關後破李自成、敗史可法、克南京而封豫親王，是清初八大鐵帽子王之一。豫親王府始建於清初，府門坐北朝南。舊時府邸甚大，遠勝今日規模。昔日東單三條胡同因豫親王府所阻，東西兩向不能直行，須繞府後，可見該府占地之廣。

1916年，最後一代豫親王 端鎮將府售予美國石油大王洛克斐勒，後在府址上改建六大教會合辦的協和醫院及其附屬醫院。此次改建，舊時王府建築多被拆除。而此時，為了交通方便，東單三條胡同也從府之前部東西打通。打通後的東單三條胡同將豫親王府分為南北兩院。日軍侵華時，為日軍陸軍醫院。抗日戰爭勝利後，為中國共產黨、中國國民黨及美國方面共同組成的軍事協調執行部。1947年，協和醫院學生部復課。1948年，附屬醫院復診。

十年動亂時期，協和醫院改稱反帝醫院和首都醫院，現該府除1950年代後期少量地方被建築而占用外，其餘地域多無變化。現為中國協和醫科大學和協和醫院。偌大王府，歷經300餘年，給我們只留下了一對石獅。獅形抬首匍匐而坐，這與我們常見的蹲立石獅大不相同。在北京諸王府中，豫親王府的石獅當屬奇特。

北京市人民政府現址是原來的肅親王府所在地嗎

北京市人民政府的北部大半邊是清代的肅親王府，府邸在東城區正義路路東，又稱顯親王府。順治年間建，歷代襲王俱以此為邸。肅親王是清初八大鐵帽子王之一。始王叫豪格，是清太宗第一子，太宗崇德元年（西元1636年）以功晉封肅親王，因太宗死

後，曾和多爾袞爭皇位，當多爾袞得勢後，備受迫害，順治五年（西元1648年）將豪格削爵囚禁，害死於獄中，順治皇帝親政後，復肅王爵，追諡「武」。此後，豪格子孫均以顯親王襲封，至乾隆四十三年（西元1778年）恢復肅親王封號世襲，共經歷九世十主。其中是肅親王六人，顯親王三人。先肅後顯一人。府有大門、大殿、左右配樓、後樓、後寢、抱廈、後罩樓等建築。西面是花園。其建築建制極高，在善耆為府主時，光緒二十七年（西元1901年）淪為日本使館，只存垣牆。

北京唯一現存完好的清代大學士府

北京唯一現存完好的清代大學士府是耆英府。耆英是清太祖努爾哈赤二弟莫爾哈奇第九子輔國公祜世塔後裔。

耆英歷任兵部侍郎，理藩院、禮部、工部、吏部、戶部尚書，八旗都統，步軍統領（又稱九門提督）。有「歷五部之權衡，掌九門之管鑰」的盛譽。放外任處江湖之遠，曾任熱河都統、盛京、廣州、杭州將軍，兩江、兩廣總督等封疆大吏。最後官至文淵閣大學士。其父祿康為嘉慶朝之東閣大學士，父子兩代相承，入閣拜相，開創了清宗室先河，光榮至極。父子拜相在中國封建社會的歷史上也是罕見的。其在京府第經多年經營，應是氣派輝煌，超乎尋常。據崇彝著《道咸以來朝野雜記》載：「大學士耆英，住東四北錢糧胡同。」

從錢糧胡同東口西行，至胡同中央偏西，坐北朝南三個大門就是原來的耆英府，新中國成立前為錢糧胡同12號。現在是19號和21號。原來的東院、中院合為19號，西院為21號。耆府衰敗後，清光緒年間兵部侍郎文志，駐藏大臣文海都曾在這裡住過。同時在此院住的還有鐵良的親戚費莫氏等。另據史料記載，清朝末年當過

師爺，做過買賣，民國時期從事律師職業的金源，曾是這裡民國期間的住戶。新中國成立後，這裡曾是北京工業學院校舍，學院搬出後，淪為居民院落。

耆英府是座有三套院的大宅子，中院、東院和西院都是6重四合院，每重院都有間數不等的東西廂房，四周環以迴廊，兩旁設有側門通向後院。中院第四重是上房，為拾級而上建於高臺的抱廈房，它是府內最高大的建築，現場考察可見其磨磚對縫，寬廣敞亮，彩繪和諧，雕花精工。現為三戶人家分割而居，各占三楹。翁文恭在同治十年（西元1871年）一月二十二日的日記中記述道：「往錢糧胡同看屋，屋為故相耆錢（介）春園亭，甚完整，樹石不堪疏秀，上房九楹最好。」如今人們從正門進去，因被牆而隔，只能看到前四重院，最後二重院，要從錢糧胡同北側的育群胡同甲20號進去才能看到，在此大院中居住的部分人家從屋中也可以穿堂而過。錢糧胡同現已被政府規劃為張自忠路南保護區，期望經過整治改造後，能把這具有時代特徵的相府豪宅保存下來，作為旅遊的寶貴資源。

討袁名將蔡鍔將軍曾住棉花胡同

在西元1911年辛亥革命取得勝利後，蔡鍔將軍任雲南都督，1913年被袁世凱調入京城，寓居在今西城區護國寺附近的棉花胡同66號院。這是一座普通的四合院落，由前後兩個四合院落組成。在這兩個四合院落之間與後庭院的四周，有鑲嵌著各式花草圖案的雕花抄手遊廊，紅漆圓柱，極為好看。後庭院正中，有一棵高大的槐樹，雖是老幹舊枝，但仍年年萌發新芽，歲歲花香誘人。與大門外左右那兩棵老槐樹內外相對。

1915年5月，竊國大盜袁世凱為了當上皇帝，接受了日本提出

的二十一條，事實使蔡鍔將軍看透了袁世凱的野心，遂下定決心，返回雲南，組建滇軍，對竊國大盜袁世凱進行討伐。蔡鍔將軍為了避人耳目，遂同袁世凱的心腹楊度、梁士詒等人頻繁交往，並常常一起出入酒館和妓院集中的地方——宣南八大胡同。後經將軍李鴻祥介紹，結識了名揚京城的俠妓小鳳仙。妓女小鳳仙在政治上明辨是非，愛恨分明，敢作敢為，抱負非凡。而蔡鍔將軍把小鳳仙也看做是自己的患難知己。

1915年11月17日，蔡鍔將軍身著一身便裝，帶著小鳳仙到西便門外遊玩，然後一人到了前門車站與梁啟超派來的人接頭，當夜到了天津。19日，蔡鍔將軍乘日本山東丸號運煤船到日本，後經上海，南下香港，轉河內，祕密直返雲南。12月底，蔡鍔將軍在雲南揭竿而起，發動了一場轟轟烈烈的討袁護國戰爭。縱觀蔡鍔將軍虎口脫險，俠妓小鳳仙可謂立了頭功。蔡鍔將軍曾給知己俠妓小鳳仙題聯：

不信美人終薄命，古來俠女出風塵。

從聯中，我們見到蔡鍔將軍對俠妓小鳳仙的尊重。而當蔡鍔將軍喉疾加重，赴日本就醫而去世時，小鳳仙親書輓聯，悼念知音：

不幸周郎竟短命，早知李靖是英雄。

聯中小鳳仙將自己比做三國東吳名將周瑜的夫人——小喬。下聯則把自己比做唐代與李靖私奔的俠女紅拂女。可見俠妓小鳳仙非同一般女子。其文含蓄，其顏嬌媚，其志宏長。

北京舊時的會館是怎麼形成的

在明清兩朝，北京是全國的政治、文化、商業中心，它集中了全國各地來京的達官顯宦、富商巨賈、江湖藝人、手工業者，這些

人一到北京，就迫切盼望能夠有一個憑鄉誼關係，互相照顧的住所。此外，在三年一次的會試或逢皇帝特頒恩科考試後，一經貢院出榜，榜上有名的，依然留在北京，再參加殿試，分出甲別、名次。沒有考中進士的，有錢的舉子一來一往可以乘車船馬轎回原籍，等三年之後再於科場之中爭鰲折桂，而無錢和路途遠的舉子只好留京寄宿，刻苦攻讀，以便三年後再次應考。

這些舉子在京舉目無親，除受京都各小客店的高價剝削外，還要受社會之惡氣。這種舉人落魄的情景引起了已經考中進士、身為朝中官員同鄉的同情。於是這些人就邀集同鄉中的官宦、鉅賈、士紳和享有名望的人士合力集資，在北京城裡購置地產，修建房屋，以招待來京應試的同鄉舉子。於是，北京就出現了同今天招待所類似的同鄉舉子留宿的會館。據1949年11月民政局統計，全北京市會館登記數為391處。

為何說前門外的八大胡同是古代青樓聚集之地

儘管北京是個文明的古都，儘管是首善之區，但舊時的北京仍然有著許多陰暗，甚至是醜陋、可惡的現象存在。聚集在前門外八大胡同中的妓院，就是黑暗舊社會的產物。北京市人民政府早在1949年11月21日便採取強有力的措施將其取締。

舊時北京的妓院多聚集在今宣武區陝西巷、韓家潭一帶，北京老人稱之為八大胡同。哪八大胡同，眾說不一，多為陝西巷、韓家潭、紗帽胡同、石頭胡同、胭脂胡同、王廣福斜街、皮褲營、外廊營等。後人編有順口溜：

陝西百順石頭城，韓家潭內伴歌笙。

王廣斜街胭脂粉，甘井濕井外廊營。

其中甘井、濕井、百順，均為胡同名，都在八大胡同地界內。外廊營分大、小外廊營。此外，還有王皮胡同等。青樓妓院建築多為多進小三合院、小四合院，也有兩層中式磚木結構樓房。青樓妓院是舊時侮辱女性的場所，新中國成立後，首先取締了賣娼，封閉了妓院。1950年代，在北京曾上映過電影《千年冰河開了凍》《百萬姊妹站起來》等，內容為舊時妓女被解救出火海後的喜悅心情。

北京為什麼牌樓多

牌樓是北京古城街道的獨特景觀。北京的牌樓多為街道、重要建築的裝飾物。北京現存明清時期的牌樓有65座，其中琉璃磚牌樓6座、木牌樓42座、石牌樓17座。北京牌樓是古都風貌的一個特徵，是北京古城街道的獨特景觀。北京的牌樓起自元代，明、清都有發展。元大都的街道都是按坊建制，明清沿用。坊為居住的基本單位，基本是一個方塊區域，為便於管理，一坊建一牌坊，坊是街道的標誌。

舊時北京著名的牌樓有東四牌樓、西四牌樓、東單牌樓、西單牌樓、前門大街五牌樓、東長安街牌樓、西長安街牌樓、東交民巷牌樓、西交民巷牌樓、帝王廟牌樓、景山前街大高玄殿牌樓等。這些牌樓多在1950年代因妨礙交通而被拆除。東四牌樓、西四牌樓、東單牌樓、西單牌樓因牌樓而成了地名。東四牌樓、西四牌樓原各有四座牌樓，拆除牌樓後就簡稱「東四」、「西四」了。東單牌樓、西單牌樓原來只有一座牌樓，拆除牌樓後就簡稱「東單」、「西單」了。

北京牌樓有多種形式，按建材分有木、琉璃磚、石等結構，按建築造型分有衝天式（柱出頭）、柱不出頭式。衝天式牌樓的間柱

高出明樓的樓頂，此類牌樓多建於街道；柱不出頭式牌樓的柱子不高出明樓的牌面，此類牌樓多建於建築前。牌樓按結構類型分有一間二柱一樓、一間二柱二樓、三間四柱三樓、三間四柱七樓、三間四柱九樓、五間六柱五樓、五間六柱十一樓等（間，指柱與柱之間的通道；樓，是指飛簷起脊的頂部），按建築地點分有街巷道路牌樓、廟宇衙署牌樓、陵墓祠堂牌樓、橋梁津渡牌樓、風景園林牌樓等。

清代的刑場是在菜市口嗎

清代殺人的法場，設於今宣武區菜市口附近。慈禧太后發動宮廷政變奪得政權，實行首次垂簾聽政時，受咸豐皇帝遺詔的八位贊襄政務大臣中的肅順，就是在此被殺頭的。戊戌變法失敗後，慈禧將譚嗣同、劉光第等志士同仁殺害於此。據馬芷庠編寫的《北平旅行指南》記載，每逢秋後朝審，在京處決犯人眾多之時，由東向西排列，劊子手執刀由東向西順序斬決。所用鬼頭刀五柄、凌遲分屍刀十柄，現存於國家博物館。舊時，犯人被押出宣武門（順承門），過斷頭（魂）橋，經迷市，送往菜市口法場，就不可能有生還的希望了。犯人被殺後，屍體被人運走，血跡即被黃土墊蓋上，爾後便有人在此賣菜，菜市生意興隆，故菜市口由此而得名。

象來街與大象有關係嗎

象來街位於宣武門西側一里許，原來這裡是明清時代飼養大象的地方。明清兩朝，東南亞一些國家曾帶大象來華，進貢皇帝，以示友好。明弘治八年（西元1495年），在宣武門內西南城根設立象房和演象所，馴養大象。古代將大象視為太平吉祥的象徵，寓萬象更新之意。每當太和殿舉行盛典，象群被牽到皇宮，有駕車的、

馱寶的、站班的，各有分工。平時大臣上朝，大象站立排列於午門前御道左右，蔚為壯觀。清朝沿用明朝役使大象的制度與習俗不變，但至清代後期，馴養大象的經費被層層剋扣，大象境遇不斷惡化，從而被逐漸病餓而死，僅留下象來街這一名稱。

您知道王府井名稱的由來嗎

王府井大街緊接東長安街，是北京最繁華的商業街之一。為何叫王府井呢？因據《燕京訪古錄》所載，此處建王府最早始於隋唐時代，「隋朝燕王府，北平王羅藝之帥府」就在這裡，至今仍有帥府園之稱。羅藝是《隋唐演義》小說中羅成的父親，唐高宗封羅藝為燕王，總管幽州，在此建有燕王府。至明代，隨著紫禁城的興建，不少達官貴人在此修建王府，加之街旁西側有一口遠近聞名的優質甜水井，所以據《明成祖實錄》載，這裡被稱十王府、王府街及王府井大街。在這條街的大街小巷中，至今仍有帥府、阮府、空府、霞公府遺址可尋。到了清代，此處依然是親王、郡王的聚居之地。如隋唐時期的帥府，成了清太祖第十五子多鐸的豫王府。在今麥當勞東北側，是光緒皇帝的老師、戶部尚書翁同龢的狀元府。在百貨大樓西邊，便是清太宗第十子韜塞鎮國將軍的輔國公府。所以王府井名稱的由來，是與歷代權貴在此興建眾多王府密切相關的。

北京的名人故居有哪些

北京的名人故居，主要集中在東城、西城和宣武三個城區。這是因為當年北京的城圈不大，出了現在的二環路就算是城外了。

此外，老北京城的宅子有「東富西貴」、「北貧南賤」之分，東西城的房子院落普遍比南城北城好。而清朝時期，漢人不能在內城定居，城南成了進京趕考的舉子和文人墨客居住的場所，老北京

的會館絕大多數都集中在宣武區。民國以來，當年住在豪宅大院的王爺和官宦的後代，紛紛賣房租房，以維持生計，所以，他們住過的宅子，成了名人或買或租的住所。北京的名人故居主要分三類：一類是中國當代革命史上名人住過的宅院。另一類是近代和當代的文化名人居住過，有的在此去世的房子。第三類是歷史上有名的人的宅子。這個名兒就複雜點了，名人有好名也有壞名，但總歸說他是名人，如李蓮英、段祺瑞、張作霖等，用現在的「中性」詞兒說，這些人都屬「歷史人物」，或者說是「歷史名人」。如李蓮英雖然是形象並不好的太監，可是他在中國近代史上的作用卻不能小視，所以他的名字婦孺皆知。

目前，北京的名人故居，被列入國家重點文物保護單位的有兩處：宋慶齡故居、郭沫若故居。被列為北京市文物保護單位的有11處：魯迅故居、毛澤東故居、李大釗故居、孫中山先生逝世紀念地、朱彝尊故居（順德會館）、康有為故居、梅蘭芳故居、程硯秋故居、齊白石故居、老舍故居、茅盾故居。

北京的韓國人聚居區在哪裡

自1992年中國與韓國建交以來，越來越多的韓國人選擇在中國居住、生活和工作。據韓國有關部門和駐華韓人會初步統計顯示，目前在華生活、工作的韓國人大約50萬人，其中北京約有10萬人。

隨著韓國人在華生活和工作的人數增加，在一些韓國商人或學生比較集中的地區形成了「韓國城」，如北京望京，根據北京朝陽公安分局人口管理處提供的數位，望京地區現在至少生活著近5萬名韓國人，占該地區外籍人口總數的80%，占了所有望京地區居民的近1/3。目前，望京地區韓國人聚居最多的南湖派出所已經聘用

了5名朝鮮族社區協管員。從20世紀末到今天（2006年）的幾年時間裡，韓國人幾乎把望京變成了「韓國」。區域內的大街小巷很容易發現韓國人的身影。有些新建案社區如寶星國際、大西洋新城、望京新城都有相當比例的韓籍屋主。隨著望京新城的建成，漸具規模，陸續有住在朝陽區花家地的韓國人搬遷過去。口碑相傳，望京在韓國人心目中的知名度越來越高，甚至很多在首爾沒有來過北京的韓國人都知道，望京是北京韓國人聚集區。望京的韓國人多以家庭方式入住，他們不但在這裡生活，也在這裡學習、工作。韓國人還帶來一系列的新鮮事物和文化習俗：韓式料理店、服裝店、跆拳道館、棋館、銷售韓國商品的韓國城、定期號召聚會的韓國人機構、為韓國人提供房屋租賃服務的仲介公司、提供家庭式旅館的商業組織、5種左右定期出版的全韓文刊物......韓國文化滲透進這裡的樓宇、街巷，空氣中飄出的都是濃濃的泡菜香。

此外，大學集中的海淀區五道口也是韓國人聚居的地區，猜想在2萬人左右。許多學生家長為了照顧上學的孩子，在大學附近買房租房，自然在這裡形成了韓國人聚居區。文化相近也是許多韓國人選擇在北京生活的重要原因。

飲食北京

八大菜系中為何沒有京菜

中國菜餚素有八大菜系之說。其中並無北京菜。究其原因，主要在於北京菜品種複雜多元，相容並蓄八方風味，名菜眾多，其中以山東菜為主，但難於歸類。全國各地的風味菜，多年來在北京匯集、融合、發展，形成獨特的京菜。過去北京有皇家、王公貴族、達官貴人、鉅賈大賈、文人雅士和上層少數民族，由於社會交往、禮儀、節令及日常餐飲的需要，各色餐廳應運而生，宮廷、官府、大宅門內，都僱有廚師。這些廚師來自四面八方，充分施展廚藝，發揮了中華飲食文化和烹飪技藝。

宮廷菜，是指清朝皇宮中御膳房的菜點，也吸收了明朝宮廷菜的許多菜點，尤其康熙、乾隆兩個皇帝多次下江南，對南方膳食非常欣賞，因此清宮菜點中，已經吸收了全國各地許多風味菜。如北京烤鴨，就是宮廷菜中一種，風味獨特，名揚四海。又如涮羊肉是滿、蒙古等遊牧民族喜愛的菜餚，外國人稱之為「蒙古火鍋」，也是宮廷御膳的一種。其他的，如官府菜是北京菜的特色之一。過去北京官府多，府中多講求美食，並各有千秋，至今流傳的潘魚、宮保肉丁、李鴻章雜燴、組庵魚翅、左公雞、宋嫂魚羹、北京白肉等，都出自官府。京菜融合八方風味，因此烹調手法極其豐富，諸如烤涮爆炒、炸烙煎、扒溜燒燎、蒸煮氽燴、煨燜熬、燜醃燻、滷拌熗泡，以及烘焙拔絲等。

「北京菜」都有哪些特點

算起來，「北京菜」的提法少說也有上百年歷史了。但由於北

京獨特的歷史背景、政治地位和經濟基礎，使得京菜早已躍出了地方菜的侷限，而成為集全國名菜之精華。它遠不像全國其他菜系那樣單純。

正如京劇不是北京地方劇的道理一樣，廣承中華各民族菜系之精髓的京菜，亦因綜合水準高和適應性強的特色，日益成為中國古老的八大菜系之外的又一獨特食文化分支。

京菜在結構上的分層現象十分突出。其最底層是小吃，分為清真和漢民兩支，以前者為主。這些小吃多為大眾化的吃食，其製作雖也講究，但用料畢竟簡單便宜。其中，清真一派受江南食風影響，擅製糯米糖食，肉類只用牛、羊，以燒、醬為主；漢民一派則幾乎一律的麵類主食，多加鹽，肉類愛用豬下水，滷煮為主。

小吃上一層是民間家常菜。這類菜餚經濟實惠，味美可口，多由清代因坐吃皇糧而變得遊手好閒的八旗子弟利用他們過剩的精力和才智思索出來的，菜式則下至炸醬麵、疙瘩湯，上至扒肘子、蔥爆羊肉，形式多樣，口味不一。

再上一層是名店菜。京味餐廳源流不一，風格差異極大，因其久居於京而成為京菜組成部分。如砂鍋居的白肉菜系本是滿洲風味，全聚德烤鴨來自山東，東來順、鴻賓樓、烤肉季等則為自成體系的回族風味。這幾類京味名店菜基本是源流不一、互不沾邊。

名店菜再往上數則是官府菜，以譚家菜和厲家菜為主，是一些頗講究飲食的南方漢族官僚或滿洲貴族由府邸家廚的手藝發展而來的，菜品選料精、製作細，風味獨特。

京菜的最上一層，是「寶塔尖」宮廷菜。它們是中華民族飲食文化登峰造極的產物，其用料上乘，多山珍海味，糅合滿漢，既有白煮燒烤，又可煎炒烹炸，技術較為全面，經代代御廚不斷完善，品種繁多，味道的複合性與層次感強，極為精緻鮮美。

北京有哪些地區是餐飲聚居區

近兩年，在北京城區改造的基礎上，出現了一條條「美食商業街」，成為京城餐飲業的一個新亮點。主要有亞運村、簋街、阜成路美食街、霄雲路、萊太美食街、蘇州街、平安大街、方莊美食街、前門大街、廣安門美食街、SOHO現代城美食街、和平門琉璃廠美食街等。

亞運村的餐飲業在京城北部最發達，其中以慧忠路和大屯路的餐廳尤為眾多。一到晚上，這裡的生意尤其火爆。不但一些中低檔酒樓需要排號等座，就連一些高檔酒樓也是門庭若市。這一地段餐飲業的特點，從高檔燕翅鮑魚到通俗平民的東北菜，各個層次的店都有。比較有名的店有東海漁港酒樓、譚魚頭、彝家肴、釜山屯狗肉館、辣婆婆、東北虎餐廳、眉州東坡酒樓、大自然酒樓等。

東直門簋街是北京最早火起來的食街，也是當年那些「夜貓子」們深夜饕餮的地方。簋街上的老食客都記得一盤麻小（指麻辣小龍蝦）歡歌到凌晨的盛景。一些簋街上的老食客都這麼形容當年簋街最興盛時的情景：「人人皆啖小龍蝦，夜夜歡歌到凌晨。」的確，來簋街的食客，多半是衝著「麻小」來的。

阜成路美食街東起西三環航太橋，西至西四環定慧橋，全長大約3公里，雲集了杭州菜、淮陽菜、湘菜、鄂菜、川菜等各地風味的知名餐飲企業數十家。海淀區政府把阜成路餐飲街定位為「精品美食街」，並給以其大力支持，如今這裡已成為以品牌餐飲經營為主，多種休閒娛樂項目為輔的街區。

小餐廳聚集地霄雲路位於三環的三元東橋和四環霄雲橋之間，馬路兩旁辦公樓林立，京信大廈、現代盛世大廈、鵬潤大廈、大通大廈、國航大廈，還有京潤水上花園別墅等高檔公寓，如此商務要

地、繁華之所，當然是餐廳林立，各種檔次和各種口味的都有，以異國風味居多。在霄雲路上，出名的餐廳有很多家，但規模都不太大，而且以情調著稱。比如在年輕都市白領們口中盛傳的鹿港小鎮、泰國風味的檸檬葉子、經營浪漫法餐的浮士德等。

從燕莎橋向東亮馬橋路第一個路口左拐，女人街斜對面的七彩北路，行至此，站在「女人街」的牌子底下抬眼望去，便見對面一排排房子組成的封閉式的食街，再從旁邊的小街進入，眼前便豁然開朗，偌大的一個院子內竟然藏著許多家餐廳、酒樓，儼然一處美食大院。這就是萊太美食街。食客每走一步都會被新一輪驚喜所衝擊。萊太美食街的定位是白領與時尚人士，消費普遍偏高，另外24小時營業的店偏少，不能滿足夜貓子們的食慾。

蘇州街是中關村地區的一條蘊藏無限潛力的食街，餐廳的價位和裝修都是中檔以上的。有幾家店都是占用的樂府花園的房子，古色古香。如樂家怡園租的是樂府花園的一個偏房套院。主營粵菜和湘菜，海鮮和湘菜小炒都做得很地道。另一家就是白家大宅門了，這家店環境好，占了樂府花園最好的部分，走進宅院別有洞天，亭臺軒榭、小橋流水，價位較高，經營著高檔的宮廷筵席。

改造後的平安大街的商業並沒有想像中的火爆，但是從東四十條橋往西一路直行過去，路兩旁的飯館也是一家挨著一家，倒也是熱鬧非凡。由於很多酒樓都是建造在原先的一些王府、宅院的舊址上，因此，平安大街上的餐飲也帶著些許歷史的韻味。格格府就是其中的一家，由於是清朝時慈禧太后賜予榮壽固倫公主用於完婚之府邸，因此具有濃厚的歷史色彩和文化底蘊，主營各種宮廷燉品，很有特色。而靠近平安里的北平樓則是一家經營老北京風味的酒樓，想吃爆肚、豆汁、炸醬麵，來這裡倒是全都能吃全了。

方莊社區是北京較早的新社區，方莊美食街也是北京較早的新型食街。設施比較完備，街面寬闊，店面規模也不小。菜系特別全

面多樣，中餐、西餐都有。品牌店林立。

　　前門大街上匯集著京城的許多家老字號飯店，代表著京城的食文化。這裡的百年老店有全聚德烤鴨店、都一處燒賣、開封第一樓灌湯包子、老正興飯莊、壹條龍飯莊等，全都是百年以上的老字號，而且口味也是相當正宗。

　　廣安門美食街西起六里橋，東至虎坊橋，這一地段是隨著南城改造而興起的一條美食商業街。歷數這條街上的眾多店家，不難發現這條美食街以麻辣風味為主。靠近牛街附近的一些清真餐廳也是人氣紅火。另外，一些南城的老字號也在這條街上非常容易見到。

　　SOHO現代城美食街的夜晚燈紅酒綠、氤氳出紐約和巴黎相融合的氣氛。把民族風味作成新古典的時尚，折射出這樣一句話——越是民族的就越是世界的。

　　和平門琉璃廠美食街應該是北京特色最鮮明的一條食街，現在遍布京城的「三千里烤肉」就發源於此。

　　什剎海的著名餐廳有哪些

　　什剎海是北京最有名的水邊美食世界了，眾多的文化遺蹟使這裡文化積澱深厚。它性情恬靜、安詳，現在的後海美食，都有某種人文色彩。如最早的荷風軒就是一家門面很小但裝飾古樸的小店，但這家店在不少文人墨客眼裡卻有不小的影響。

　　在荷風軒對面，什剎海東岸邊有一座兩層樓的簡樸食肆，老闆是圓明園畫家。這裡的名字起得也很文氣——漢倉。漢倉的風味是客家菜，在此之前，北京人很少能吃到很特殊的客家菜。漢倉的鹽焗蝦、紙包鱸魚等都很有特點。

　　在後海南岸，孔乙己酒家也頗有文氣，紹興的黃酒以及精美小

巧的紹興小菜，江南藍布和水鄉環境都很能吸引有品質的食客。

在銀錠橋一帶，由於酒吧區的出現，這裡成為後海的中心。但就在一片喧鬧之中，有一家清真小店爆肚張卻彷彿置身世外。這家小店很是狹小簡陋，只有7張半桌子，但它卻有一塊中華老字號的銅匾，現在的老闆沿襲了父親的工作，帶著幾個夥計不慌不忙、井然有序地打理著生意。

除了什剎海、後海之外，還有一個更僻靜的西海。在不為人所知的西海有一座很有人氣的食府——西海魚生。西海魚生吸引人的地方是環境和菜品，這也是食客最看重的。西海魚生沿水而建，既可以臨湖，又可以在船上設席。在包房中有日式的榻榻米，在日式房間吃中國菜，這種感覺挺新鮮的。西海魚生提供的是廣式生魚和杭州家常菜。

北京最著名的烤鴨到哪裡吃

北京烤鴨有「天下第一美味之稱」。吃烤鴨的最佳去處當是北京前門外、和平門、王府井的「全聚德烤鴨店」。到1999年7月，這家店已有135年歷史了。如果從烤鴨的鼻祖楊仁全經營鴨子算起，那又要上推30年。全聚德烤鴨的製作方法是掛爐烤制。首先要用獨家擁有的佐料塗於生鴨之上，然後是掌握火候，火欠則生，火過則黑；烤好的鴨子要色呈棗紅，鮮艷油亮，皮脆肉嫩，這樣才是上品。烤完的鴨子被訓練有素的刀切手切成薄薄的片狀，每一片上面既要有瘦又要有肥還要有皮；然後擺在桌面之上，旁邊是麵餅、蔥絲、麵醬等簡單而味美的配料。將醬塗於餅上，再放上鴨片和蔥絲，用手捲成筒狀，便可食用。

北京城中善製烤鴨的另一個大店，是位於崇文門外的便宜坊。便宜坊開業比全聚德還早9年。全聚德以掛爐烤鴨聞名，便宜坊以

燜爐烤鴨著稱。掛爐與燜爐的區別在於，掛爐使用明火，燃料為果木，以棗木為佳；燜爐使用暗火，燃料是秫稭、板條等軟質材料。儘管兩者的風味大異其趣，但都在一個「烤」字上下工夫，因此都被叫做北京烤鴨。

吃北京烤鴨有哪些講究

北京烤鴨作為名揚世界的美食，歷代美食家已吃出了許多講究來，似乎非如此吃食，則不能體現出正宗風味。這些講究歸納起來，主要有四個：

講究季節，吃烤鴨必須在合適的季節裡，季節不好則影響口味。品味者主張在冬、春、秋三季吃烤鴨其味最佳。原因是冬春二季的北京鴨，肉質肥嫩；秋天天高氣爽，溫度和濕度都特別適宜製作烤鴨，而此時的鴨子也比較肥壯。夏季氣候炎熱，空氣濕度較大，此時的北京鴨肉少膘薄，品質較差，烤製後的鴨皮容易發艮（即不鬆脆），所以口味相對較差。

講究片法，因為片得好，不僅菜餚造型更佳，而且口味更美。烤鴨烤製成後，要在鴨脯凹塌前及時片下皮肉裝盤供食，此時的鴨肉吃在嘴裡酥香味美。片鴨的方法也有講究，一是趁熱先片下鴨皮吃，酥脆香美；然後再片鴨肉吃。二是片片有皮帶肉，薄而不碎。一隻2公斤重的鴨子，能片出100餘片鴨肉片，而且大小均勻如丁香葉，口感則酥香鮮嫩，獨具風味。

講究佐料，吃烤鴨的佐料有三種類型，它們各具不同風味，適應不同賓客的口味喜好。一種是甜麵醬加蔥絲，再配黃瓜條或青蘿蔔條等，以清口解膩；一種是蒜泥加醬油，也可配黃瓜條或青蘿蔔條等，蒜泥口感清香又帶一絲辣意，也可解油膩，它是早年很受歡迎的一種佐料；還有一種是以白糖為佐料的甜食法，較受不喜蔥蒜

的顧客偏愛，尤受青年女性的歡迎。第一種佐料方式現在是最為常用的，其中所用甜麵醬講究用北京「六必居」出產的，不然口味就不能算做正宗。

講究佐食，常用的吃烤鴨的佐食有兩種，一為荷葉餅；一為空心芝麻燒餅。荷葉餅可一揭兩片，每片抹上甜麵醬再放蔥絲、黃瓜條（或青蘿蔔條）、烤鴨片，或者抹上蒜泥加醬油、黃瓜條（或青蘿蔔條），再夾上烤鴨片捲起來吃。早年，全聚德烤鴨店還常年備有一種配以大麥米和紅小豆熬製的小米粥。這種小米粥色澤美觀，滑潤爽口，吃完烤鴨後再喝上一小碗這種特製的小米粥，一定會給你帶來無比的舒暢感。

北京的宮廷菜餐廳有哪些

宮廷菜是北京菜系中的一大支柱，體現了北京800年為都的歷史特點，有著十足的貴族血統，過去不是一般百姓所能吃到的。今日，宮廷菜早已流入民間，雖然嚴格地保留著貴族風範，普通人卻能一睹它的芳容了。北京城中的宮廷菜很多，最為著名的是北海公園瓊島北側的仿膳飯莊和頤和園內的聽鸝館餐廳。

北海公園內的仿膳飯莊成立70多年了，廳堂古色古香，餐具是寫有「萬壽無疆」字樣的細瓷器，服務員身著清宮服飾。雍容華貴、重禮儀、講排場的皇家氣氛在身邊繚繞。如是滿漢全席，則最多時的菜餚達到了134道熱菜和48個冷葷，分六次才能吃完這一舉世無雙的盛宴。除了滿漢全席之外，仿膳飯莊也有其他的宮廷菜餚。

聽鸝館在風景秀麗的頤和園內，原是慈禧太后聽戲曲的地方。頤和園是清朝帝王的夏宮，所以聽鸝館的菜餚不僅有著宮廷風格，而且有著獨具特色的夏宮風格。聽鸝館也以全魚宴著名。偌大的昆

明湖為餐廳提供了活魚資源。廚師們可以用魚做出50多種風味不同的食品，冷、熱、湯類樣樣俱全。

王府中的一日五餐是怎樣的

王府中日常食饌分為一日五餐：早點、早飯（即午飯）、晚飯、中午點、晚點（中夜宵），比我們老百姓每天多吃兩頓飯。

溥儀的親叔叔、末代鍾郡王載濤在清廷末期頗受重用，當過禁衛軍訓練大臣，主持過軍諮府，相當於現在的總參謀長之職。我們不妨選取清末載濤閒居在家的某一天，且看末代皇叔的日常飲食生活。

載濤大約7點左右起床，從不睡懶覺。起床後洗漱已畢，在庭院中打一趟陳式太極拳，打拳過後還要舞一回劍。練罷更衣，之後吃早點，載濤吃飯的地點設在外書房。雖是早點，品種很豐富，多是從街市上買來的，只有餛飩、湯麵是府裡自己做的。桌上擺著馬蹄燒餅、油炸果子、炸糖果子、螺絲轉、粳米粥、肉餡等和冰糖脂油餡的小包子（俗稱「水晶包」，也有的店舖做水晶包，用豬肉皮丁做餡，口感尤佳）。

王府的早飯就是我們民間所說的晌飯。主食不是米飯就是麵食，總之要和當日的晚飯岔開。米飯用六個七寸盤、八個「中碗」、兩大碗湯菜等佐之。麵食包括煮餑餑（即餃子）、單餅（即家常餅）、麵條、薄餅等。每餐均有冷葷小菜，如小肚、清醬肉什麼的，作為下酒之物，還有大米、小米、秫米等粥食以供飯後飲用。載濤喜歡吃白煮肉及肉湯燙飯，到了冬季就常吃羊肉涮鍋子，這些都是遺留在載濤這位滿族貴族身上的關外俗尚。

載濤的中午點，定在下午4點鐘，即載濤午睡起來之後，吃的是一些帶有點零食性質的東西。比如麵茶、茶湯、豆汁、大麥米

粥、燙麵蒸餃、燻魚火燒、饊子、薄脆、糖麻花之類；夏令天則吃用香油、精醋拌過的軋餄餎、扒糕、涼粉，都是涼食。如果下午有客來訪，載濤便留客在府中一起用中午點，王府稱做「吃餑餑」。這種小型便酌，一般是兩乾兩蜜四冷葷，一大碗冰糖蓮子，四盤餑餑菜：炒榛子醬、炒木樨肉、雞絲燴豌豆、燴三鮮等。酒為黃酒，餑餑是黃糕、提褶包子和吊爐燒餅。飯後喝粥。

晚飯與晌飯如出一轍。載濤的夜宵，大約在晚上11點左右開飯。這是一天之中的第五頓飯，也是臨睡前的加餐，所以隨意性較大，墊補墊補而已。夜宵一般有餛飩、元宵、水爆羊肚、糖三角、花捲，就著預儲在冰桶裡的冷葷下肚。有時候夜裡王府門口有叫賣墩餑餑的，載濤便差人去買些回來，和府裡準備的夜宵一起吃。

夜宵吃完後，家僕會端上一盞剛剛沏得的香片小葉，載濤略飲，有事修本，無事安歇。

老北京的涮羊肉有何特點

冬季北京街頭的餐廳，大多在街面處寫著三個大字「涮羊肉」。「涮羊肉」又稱「羊肉火鍋」，是北京最著名的風味佳餚，它已有千百年的歷史。據傳，「涮羊肉」始於中國東北和內蒙古少數民族地區。17世紀，清代宮廷冬季膳單上，就有關於羊肉火鍋的記載。在民間，每到秋冬季節，人們普遍喜食「涮羊肉」。咸豐四年（西元1854年），前門外肉市的正陽樓開業，是漢民館出售「涮羊肉」的首創者，其切肉者切出的羊肉片，「片薄如紙，無一不完整」，使這一美饌更加受人歡迎。到了民國初年，北京東來順羊肉館不惜重金把正陽樓切肉師傅聘請過來，專營「涮羊肉」，從羊肉的選擇到切肉的技術，從調味品的配製到涮肉工具的使用，都煞費苦心地進行了研究和改進，因而名聲大振，贏得了「涮肉何處

好，東來順最佳」的美譽。羊肉又嫩又香，湯燙味美，與各種調味品、主食同食，使這一風味更臻完美。

火鍋是北京普通市民家中必備的生活炊具，這一點正是北京區別於其他城市的一大特色。涮羊肉的吃法，也充滿十足的平民味道。原料無外乎羊肉片、芝麻醬、韭菜花、滷蝦油、醬豆腐、凍豆腐、細粉絲、白菜等。待火鍋燒開，圍坐在一起的客人用筷子將肉片放入沸湯之中，一涮即熟，再蘸佐料，即可食用。涮羊肉四季皆宜，但以冬天最佳。窗外大雪紛紛，一片寒冷景象；室內卻熱氣騰騰，幾個好友邊吃邊聊，又是一派火熱的景象。

滿族的飲食有哪些特點

滿族烹調以燒、烤見長，尤喜食豬肉。豬肉多用白水煮，謂之「白煮肉」。設大宴時多用烤全豬。滿族人忌吃狗肉，不戴狗皮帽子，凡是用狗皮做的東西都是禁止使用的。據說，狗救過滿族始祖的命，所以滿族人對狗有特殊的感情。

滿式糕點獨具風味。滿族人過去喜吃小米、黃米乾飯與黃米餑餑（豆包）。逢年過節吃餃子，農曆除夕必須吃手扒肉，滿族具有獨特風味的「薩其馬」至今仍是廣大人民愛吃的點心。「薩其馬」是滿語，漢語叫「金絲糕」，香酥可口，油而不膩，是滿族人民喜愛的傳統糕點。

滿族人過去以玉米、稗子、高粱米、小米、蕎麥為主食，現在以小麥、大米為主食。滿族人一日三餐，習慣早晚吃乾飯或稀飯，晌午吃用黃米或高粱米等做成的餅、糕、饅頭、餑餑、水糰子之類。做乾飯多用小米、高粱、玉米，副食有各種蔬菜。

滿族人喜歡吃黏食，餑餑是滿族人祭祀中必備祭品。因為它便於攜帶並且經餓。八旗兵打仗，用它做軍糧。它至今仍是滿族人待

客的最好主食。餑餑因季節不同做法有別，春做豆麵餑餑，夏做蘇葉餑餑，秋冬做黏糕餑餑。豆麵餑餑，是將大黃米或小黃米用水浸泡磨麵（粉）蒸成，同時將黃豆炒熟磨麵，餑餑蘸豆麵，呈金黃色，又黏又香。蘇葉餑餑，是將黏高粱米用水浸泡磨麵，將小豆煮爛成豆沙，包入蘇葉中蒸成。蘇葉為農家所種，味清香。黏糕餑餑，也是將大黃米、小黃米用水浸泡磨麵蒸成，內可夾小豆沙，食用時蘸糖或油煎。

滿族人習慣養豬，每年春節殺的年豬，把一部分肥肉醃在罈子裡，以備一年的吃用。其餘的用來改善生活，款待來客。最習慣吃的是白肉、血腸、豬肉、酸菜麵條。吃飯時，把做好的菜連鍋端上，將飯桌中間可自動開合的圓板拿下，鍋放在桌上，桌下放一火盆，對準鍋底加熱。有的人家備有寬沿大火盆，將菜鍋置在支起來的鐵架上。火苗徐徐升起，菜鍋嘟嘟作響，眾人盤膝圍坐，從鍋中直接夾菜，面前放一醬碟（放在火盆沿上）用來調味。

逢節慶日，滿族人都吃餃子，陰曆除夕年飯必吃手扒肉。

老北京的糕點有哪些

老北京人吃糕點講究應時當令，因此餑餑鋪均標榜「本齋專做應時滿漢糕點」。

春末夏初，玫瑰花盛開之際有玫瑰細餅，藤蘿花盛開時有藤蘿細餅；端午，在桃酥點心上刻蛇、蜈蚣、蠍子、蜘蛛和蟾蜍圖案，稱五毒餅；夏天炎熱，即用具有消暑功能的綠豆磨麵，做成什錦細餡的綠豆糟糕；中秋則賣「自來紅、自來白」月餅，輔以提漿月餅、翻毛月餅、廣東月餅；九月重陽，賣棗、栗餡的糙、細花糕和金錢花糕，以應登高之典；十月則賣玉米麵蜂糕和芙蓉糕；年禧，有成坨的白蜜碎供……舊時，每個糕點鋪都各有風味獨特的糕點，

如安定門「月亮門」的蜜供，酥脆不黏牙，有桂花香味；「致美齋」的月餅皮薄餡精，火候適中，譽滿京城；地安門外「桂英齋」、「慶蘭齋」都是清末開業的老字號，其糕點歷為北京各大王府宅門所稱道。

夏天北京百姓的荷葉粥風味如何

夏日，荷葉粥是北京最有趣的獨特的消暑食物。說到荷葉，老北京人的眼前會立刻呈現出什剎海夏季那滿湖飄香、隨風輕擺的荷花，那隨波蕩漾在水面上的綠油油的荷葉，及荷葉芯兒上的圓滾滾、晶晶亮，隨葉滾動的點點滴露。而隨著夏季的到來，荷花的盛開，北京老百姓的飯桌上就又出現了這種獨特的美食——荷葉粥。

熬粥要用好米，等米熬得開了花，粥湯滑膩黏稠，就可以把事先準備好的一張荷葉，折去葉根的硬筋，蓋在粥上。一會兒，熱氣騰騰的一鍋白粥，就變成了淺淺的綠色，荷葉的清香隨之溢出。然後撤火端鍋，加蓋燜好。粥的溫度降下來了，綠汁便從荷葉頂上溢出來，浸到粥裡，荷香氣味盡在米粒之中，米粒晶瑩剔透，清淡的荷葉粥就好了。

荷葉粥端上桌就會飄著淡淡的清香。配著淺淺的綠色、微微的甘甜的荷葉粥，喝一口，清涼甘甜，滿口溢香，那特有的香醇滋味，只要吃了一次，便不會忘記。

北京京味小吃都有哪些

一位在海外生活了很長時間的北京作家寫道：「北京最使人懷念的是什麼？想喝豆汁兒，吃扒糕；還有驢打滾兒，從大鼓肚銅壺

衝出的茶湯和煙薰火燎的炸灌腸。」這些都是北京的小吃，可見北京人對小吃是異常傾心的了。北京的民間小吃當推豆汁為第一。這種食品，以綠豆為原料，顏色不鮮，味道甜酸，據《燕京風俗錄》載，豆汁最早為遼國民間食品，北京人喝它已喝了上千年。難得有一種食品能夠流傳如此長的時間。

驢打滾又稱豆麵糕，是北京小吃中的古老品種之一，以黃豆麵為其主要原料之一，故稱豆麵糕。但為什麼又稱「驢打滾」呢？似乎是一種形象比喻，制得後放在黃豆麵中滾一下，如郊野真驢打滾，揚起灰塵似的，故而得名。如今，很多人只知雅號俗稱，不知其正名了。現各家小吃店一年四季都有供應，但大多數已不用黃米麵，改用江米麵了，因外滾黃豆麵，其顏色仍為黃色，是群眾非常喜愛的一種小吃。

滿族人從東北帶到北京的小吃首推豆粥。豆粥的原料是赤豆，煮得稀爛後再加入紅糖和桂花。粥呈深褐色，味道以甜香為主。

其他的北京小吃還有春餅、豌豆黃、豆腐腦、杏仁茶、艾窩窩、八寶蓮子粥、炒肝、爆肚、炒疙瘩、炸醬麵、麻醬麵、打滷麵、白水羊頭、蜜麻花、焦圈、半焦果子、北京烤鴨和填鴨、薑汁排叉、醬羊頭、燒賣與湯包、小窩頭、茶湯、麵茶、鹹甜酥燒餅、豆餡燒餅、油條、油餅、開口笑、炸糕、炸回頭、牛舌餅、肉末燒餅、年糕、切糕、涼粉、酸梅湯、煎灌腸、褡褳火燒，夠豐富的吧！一定會使你大飽口福的。

北京的著名小吃店都有哪些

小腸陳，是北京滷煮店中資格最老、最有名氣的一家，店主陳玉田已經80多歲了。他們在西羅園還有一家又寬敞、又漂亮的分店。

爆肚滿，已有100多年歷史，如今位於菜市口的爆肚滿老店仍有滿家的子孫滿運超親自經營著，他們在貴友大廈對面還有一家分店。爆肚馮與爆肚滿同是百年老店，爆肚有12種獨家風味，店面在前門門框胡同。

位於天橋的李記茶湯，其茶湯綿軟細膩，香氣奪人，他們的茶湯有十幾個品種，在天橋西口還有一家分店，到那兒嚐嚐，肯定不會讓你失望。

餛飩侯，位於東華門。這裡的湯特講究，用雞湯、骨頭湯熬製，又鮮又濃。餛飩餡，有蝦肉、蟹肉、鮮肉之分，又便宜又實惠。

天興居，位於前門鮮魚口內，其炒肝腸肥不膩，吃蒜不見蒜，是京城一絕，再配上燒餅或包子，味道更是鮮美。

錦芳的麵茶是地道的清真小吃，用糜子麵熬製，澆上芝麻醬、芝麻花椒鹽，稠濃香滑，美味可口。會喝麵茶的人，不用勺、筷，轉著碗沿一直喝到底兒，不亂糊、不燙嘴，別具一格。

俊王焦圈在廣安門大街糖房胡同內，其焦圈脆極了，不留神掉在地上，會摔得粉碎。

除了這些特色名店外，北京城內的傳統風味小吃店還有很多，像菜市口的南來順小吃店、西城區護國寺小吃店、隆福寺的隆福小吃店、大柵欄口的麗都餐廳一層、龍潭北里的紅湖小吃店、北新橋的陽春小吃店、豁口的新城小吃店，都經營著蜜三刀、糖耳朵、馬蹄酥、塔糕、豆腐腦等幾十種北京風味小吃。您如果去仿膳品嚐宮廷菜點，也能嚐到正宗的北京小吃。

哪裡能吃到老北京傳統特色菜點和炸醬麵

據不完全統計，目前在北京的8萬多家餐飲企業中，有五六百家經營炸醬麵、北京小吃、京味家常菜等老北京傳統特色菜點的餐廳。

壇根院食坊是一家京味文化館子，位於地壇東門外的售票處北側。小路上的人力車免費把您載入「壇根院食坊」。這裡，可謂是京派餐廳的代表。不小的院落裡，紅燈高掛，高簷敞窗。屋門口的老爺子，著棉布大褂抱拳相迎，立時讓您不得不讚歎老北京人好客真誠的那股熱情勁兒。豌豆黃、驢打滾、艾窩窩、麻豆腐、豆汁、焦圈、菜糰子，王致和的臭豆腐就窩頭，老北京的家常吃食俱全。這裡每晚7：30都有京劇、雜耍、相聲等曲藝表演，來這裡主要是看個熱鬧，體驗一下熱鬧的京味文化。

一碗居的店夥計都是清一色的小夥子，客人一進門時，一片的「幾位，裡面請……」，初來的人能嚇一跳。這裡的吆喝聲很正宗，服務員喜歡把字發音拖得很長，有板有眼，嗓門也大，一個人的聲音能響徹整個飯館。吃的當然也是老北京的名吃，小吃到熱食、涼菜、甜點，應有盡有。這裡著名的菜包括「小柴雞」、「海帶燉肉」和「三不黏」等。一碗居有些店門口還有迎客的 九官鳥，它們能說「你好」之類的簡單詞語，惹得經過的食客們興致大增，不由得都要和它們聊上幾句。一碗居的老北京炸醬麵，炸醬麵菜碼種類齊：心裡美（紅心蘿蔔）絲、綠豆芽、芹菜丁、青豆……其亞運村店位於安慧里四區五號樓（亞運村郵局附近），方莊店則位於豐臺區方莊蒲豐路22號。

餛飩侯飯館的餛飩為什麼會名揚京城

「餛飩侯」從開張起，主營的品種就是餛飩和芝麻燒餅。其餛飩的特點是皮薄、餡細、湯好、佐料全。

「餛飩侯」的餛飩皮有薄如紙一說，把皮放在報紙上，能看到報紙上面的字。餡細，指的是多少菜配多少肉餡都有比例，肉講究用前臀尖，7分瘦3分肥，打出的餡非常均勻。一碗餛飩，10個皮為一兩，包一兩餡，加在一起為2兩，基本上不差分毫。「餛飩侯」的餛飩均為手工現場製作。做餛飩也叫推餛飩，這裡的師傅手之敏捷讓人歎為觀止，平均1分鐘能推100多個餛飩。

　　「餛飩侯」的湯是一絕，煮餛飩的湯是用豬的大棒骨，花6個小時左右時間熬成的。湯口兒講究味濃不油膩，由於棒骨湯含有鈣質，許多老人之所以好這口兒，也是衝著這個來的。「餛飩侯」的佐料講究一個「全」字，有紫菜、香菜、冬菜、蝦皮、蛋皮等。1950年代，「餛飩侯」就已名噪京城。那時，因店面離著吉祥戲院和北京「人藝」較近，一些著名演員演出散場後，常到「餛飩侯」喝碗餛飩吃兩燒餅當夜宵。您別看餛飩不起眼，它經常在大席面上露臉。當年，周總理宴請外賓，把「餛飩侯」的師傅請去過幾次。「餛飩侯」的7位創始人之一陳清安的侄子陳寶增（如今已60多歲），幾年前寫過一篇回憶文章《我為總理做餛飩》，詳細講了這些情況。

砂鍋居白肉館

　　砂鍋居白肉館，坐落在缸瓦市（今西四南大街）路東，開業於清乾隆初年，原名「和順居」，由於該店煮肉使用的是個特製的大砂鍋。故此，人們都叫它為「砂鍋居」。

　　清代，祭神、祭祖時，用「全豬」做祭品。據說，砂鍋居的白片肉就是來自清代的「祭神肉」。當年，砂鍋居的創業者，用個直徑有三尺長短的大砂鍋煮「祭神肉」。因為用砂鍋煮肉，可保持肉的原味。而且，普通百姓哪裡能夠吃上清宮「祭神肉」呢？可以吃

上這種肉，是一生的吉利。所以，當時砂鍋居白煮肉，天天做多少，就能賣多少。但是，當時砂鍋居人手很少，只是掌櫃的帶了個十五六歲的小徒弟幹活、賣白煮肉，每天只能殺一口豬，夜裡煮，早晨開門就賣，不到正午就賣完了，就摘下招牌。因此，過去北京人將不按時赴約，另一方過時不候，就說成「砂鍋居的幌子，過時不候」，成為北京常說的俏皮話。

褡褳火燒的歷史（與鍋貼相似但不同）

褡褳火燒不僅歷史悠久，而且風味獨特，故一直是北京人愛吃的小吃之一。之所以被稱為褡褳火燒，是因其製作成形後，酷似舊時人們腰帶上繫的裝錢或小物件的雙頭口袋──「褡褳」，故得此名。按老北京的理兒，吃褡褳火燒時要配用雞血和豆腐條製成的酸辣湯，鮮香酸辣，餘味無窮。

說起褡褳火燒的歷史，那還得追溯到清代光緒年間。光緒二年（西元1876年），從順義來京的姚春宣夫婦在北京東安市場擺了一個做火燒的小食攤。姚氏夫婦做的火燒與眾不同，他們用手工將豬肉切肥剁瘦成米粒狀，加進薑蔥末，用清水打餡攪拌至黏稠。然後用溫水和成軟麵，擀成薄皮，裡面裝上拌好的餡，折成長條形，放在餅鐺裡用油煎。火燒煎得顏色金黃，咬一口外焦裡嫩，味道鮮美可口。自此，小攤的生意越做越火。姚氏夫婦索性開起一家名叫瑞明樓的小店，專門經營褡褳火燒。後來，當時瑞明樓店裡的兩個夥計羅虎祥、郝家瑞把這門手藝接了起來，二人合夥在前門門框胡同，取倆人名字中的各一個字，開起了祥瑞飯館，很快名噪京城，成為家喻戶曉的京城名小吃。

以前褡褳火燒主要就是豬肉大蔥一種餡，現在已發展到用海參、蝦肉、肥瘦豬肉為餡的三鮮餡；用豬肉與野菜、芹菜、西葫蘆

及牛肉大蔥等多種餡了。外焦裡嫩的褡褳火燒香氣撲鼻。北京最為著名的褡褳火燒，應當屬位於北京前門外大街門框胡同裡的瑞賓樓飯莊了。為了保證褡褳火燒的正宗風味，瑞賓樓飯莊還為褡褳火燒註冊了商標，這也是北京小吃中第一家註冊商標的品種。1997年，褡褳火燒被評為「北京名食」。同年，在由原中國內貿部和中國烹飪學會在杭州舉辦的「中華名小吃」認定會上榮獲「中華名小吃」的殊榮。1998年，經中國國內貿易局審定授予瑞賓樓「中華老字號」名匾額。

宮廷菜滿漢全席

滿漢全席始於清代中葉，是中國一種具有濃郁民族色彩的巨型筵宴。既有宮廷肴饌之特色，又有地方風味之精華，菜點精美，禮儀講究，形成了引人注目的獨特風格。

滿漢全席，原是官場中舉辦宴會時滿人和漢人合作的一種全席。筵席的場面、規模、等級、陪宴人員的職位、供應筵席用的烹飪原料及果、酒的品種和數量等，都有嚴格的規定。官府中舉辦滿漢全席時，首先要奏樂，鳴炮，行禮恭迎賓客入座。客人入座後由侍者上進門點心。進門點心有甜、鹹兩種，並有乾、稀之別。進門點心之後是三道茶，如清茶、香茶、炒米茶，然後才正式入席。滿漢全席上菜，有冷菜、頭菜、炒菜、飯菜、甜菜、點心和水果等，一般起碼108種，一般分三天吃完。

滿漢全席取材廣泛，用料精細，山珍海味無所不包。烹飪技藝精湛，富有地方特色。突出滿族菜點特殊風味，善於燒烤、火鍋、涮鍋，又顯示漢族烹調特色，扒、炸、炒、溜、燒等皆備，菜品口味也極豐富。選用山八珍、海八珍、禽八珍、草八珍等名貴材料，採用滿人燒烤與漢人燉燜煮炸等技法，可謂匯滿漢南北口味之精

粹，豐富多彩，蔚為大觀。

仿膳飯莊有哪些風味飲食

仿膳飯莊，位於北海公園內，是以經營宮廷風味菜點而馳名中外的老字號飯莊，至今已有70多年的歷史。

1925年，北海公園正式開放。原在清宮御膳房當差的趙仁齋和他兒子趙炳南，邀請原御膳房的廚工孫紹然、王玉山、趙承壽等人，在北海公園北岸開設茶社，取名「仿膳」，意為仿照御膳房的製作方法烹製菜點，經營的品種主要是清宮糕點小吃及風味菜餚。1955年，仿膳茶社由私營改國營。1956年，仿膳茶社更名為「仿膳飯莊」。1959年，仿膳飯莊由北岸遷至瓊島漪瀾堂、道寧齋等一組乾隆年間興建的古建築群中。這裡背山面水，遊廊懷抱，景色十分秀美。在此用餐，別有一番情趣。「文革」期間，北海公園停止開放，仿膳飯店也停止對外營業。

仿膳飯莊由三個庭院組成。共有大小餐廳15間，餐位500個。餐廳內裝飾均以龍鳳為主題，飾以大型彩繪宮燈、配以明黃色的臺布、餐巾、椅套，餐具採用標有「萬壽無疆」字樣的仿清宮瓷器或銀器，陳設古樸典雅，宮廷特色濃郁。

仿膳飯莊經營的宮廷菜餚約800餘種，其中鳳尾魚翅、金蟾玉鮑、一品官燕、油攢大蝦、宮門獻魚、溜雞脯等最有特色；名點有豌豆黃、芸豆卷、小窩頭、肉末燒餅等。仿膳最著名的菜餚當屬「滿漢全席」。滿漢全席選用山八珍、海八珍、禽八珍、草八珍等名貴材料，採用滿人燒烤與漢人燉爛煮炸等技法，可謂匯滿漢南北口味之精粹，豐富多彩，蔚為大觀。

在哪裡能吃到《紅樓夢》中的紅樓菜系

來今雨軒的有名菜品就是紅樓菜，這裡的紅樓菜已經有20多年的歷史了。吃紅樓菜其實吃的就是一種文化的氛圍，這裡的每一道紅樓菜都可以在《紅樓夢》中找到出處，簡單的一道火腿燉肘子出自《紅樓夢》的第十六回，籠蒸螃蟹出自《紅樓夢》的第三十八回。這裡的紅樓菜的整體風味是蘇州、南京一帶的口味，吃起來清淡可口、甜而不膩。

茄鯗是這裡最有名的一道菜，出自《紅樓夢》的第四十一回，是鳳姐給劉姥姥介紹的茄子的做法。這道菜在《紅樓夢》中是道涼菜，在來今雨軒則變成了一道熱菜。這道菜有雞肉丁、香菌、新筍、五香豆腐乾，還有各色乾果，比如瓜子仁、杏仁、核桃仁、榛子仁等，吃起來甜而不膩。裡面還加了些酒糟，有一絲清香的糟味。而主角茄鯗藏在菜底下，從口感上一點兒也吃不出茄子的味道。

除了紅樓菜，這裡還有很多可口的家常小點，價格也很便宜。

喝豆汁為什麼要就著焦圈

北京小吃中的焦圈，男女老少都愛吃，酥脆油香的味兒，真叫人吃不夠。北京人吃燒餅，常愛夾焦圈，喝豆汁也必吃焦圈。焦圈是一種古老食品，製作比較麻煩，一般吃食店不願製作，故有一段時間常斷檔。說到炸焦圈，北京人都知道一個「焦圈俊王」，原是「南來順」員工，已故去。他的技藝一般人不能與之相比，炸出的焦圈個個棕黃，大小一般，特別是具有香、酥、脆的特點，放在桌上，稍碰即碎，絕無硬艮的感覺。焦圈可貯存十天半月，質不變，脆如初，酥脆不皮，是千百年來人們喜愛的食品。

您知道老北京「金糕」的來歷嗎

提起金糕，許多人都很熟悉，無論大人孩子也都很喜歡吃。那它為什麼叫「金糕」呢？

100多年以前，在北京有兩家最出名的山楂糕店，一家是泰興號，另一家是富川齋。這兩家山楂糕店做的山楂糕都很好吃。店主人又都姓張，所以人們便叫他們的店為「山楂糕張」。兩家雖然齊名，但做出的山楂糕卻大不相同，各有各的特色。泰興號山楂糕張做山楂糕時需加白礬，做出的山楂糕色如胭脂，光澤可愛，十分好吃，但不能貯存過夏。富川齋在大興縣，他家的山楂糕是用祖傳祕方做成的，製作時不加白礬，做出的山楂糕與眾不同，一般的山楂糕是胭紅色，唯獨他家製作的山楂糕色澤金黃，不但味道比泰興號的好，而且還能長期貯存，就是在三伏天也能吃到他家上一年秋天製作的山楂糕。

一年夏天，慈禧想吃山楂糕，偏偏宮裡宮外都弄不到。正在市上少見的時候，富川齋的山楂糕上市了。宮人如獲至寶，立刻買了一大塊。只是這種糕的顏色不如泰興號的好看，不知能否討得慈禧的歡心。不料，慈禧吃後大為讚賞。她不但喜歡這種山楂糕的味道，更喜歡這種為皇家所專用的金黃顏色。於是就專門讓富川齋不斷為她送貨。自此以後，這家山楂糕店就經常派人抬著皇宮特製的精美食盒為慈禧送山楂糕。

一天，富川齋的店主又帶著抬食盒的夥計來皇宮送貨。一個經常管接貨的太監頭目一見，便大聲吆喝：「金糕來了！」沒想到他隨口叫出的「金糕」之名傳到慈禧耳中之後，竟得到她的欣賞。自此以後，宮裡人便叫這種山楂糕為「金糕」了。

北京的爆肚兒為什麼有名

爆肚是北京風味小吃中的名吃，最早在清乾隆年間就有記載，多為回族同胞經營。

羊爆肚的吃法在過去很講究，要按羊肚部位選了加工成肚板、肚葫蘆、肚散丹、肚蘑菇、肚仁等，隨顧客的選擇。爆熟的時間也因部位不同而不一樣。近年來由於受到歡迎，而且鮮肚貨難以保證，像以前分部位供應已經沒有了。爆肚除要新鮮以外，功夫在爆上，爆的時間要恰到好處，爆肚又脆又鮮，吃爆肚的人要是會喝酒，總要喝二兩，再吃兩個剛出爐的燒餅，特別是老北京有「要吃秋，有爆肚」的說法，很講究在立秋的時候吃爆肚。梅蘭芳、馬連良、小蘑菇、小白玉霜、李萬春等梨園名角就很喜食爆肚。北京歷史上比較有名的有天橋的爆肚石，東安市場的爆肚王、後門（地安門）的爆肚張，其他還有爆肚楊、爆肚馮、爆肚滿等。現在以爆肚王、位於牛街輸入胡同的爆肚滿、崇文門外東花市大街的爆肚宛等最出名。

慈禧太后愛吃的灌腸是什麼食品

灌腸是北京人愛吃的小吃，也是一種大眾街頭小吃。灌腸在明朝開始流傳。老北京街頭常有挑擔小販經營此食品。有記載：「粉灌豬腸要炸焦，鏟鐺筷碟一肩挑，特殊風味兒童買，穿過斜陽巷幾條。」灌腸分兩種：一種為大灌腸，用豬肥腸洗淨，以優質麵粉、紅麴水、丁香、荳蔻等10多種原料和調料配製成糊，灌入腸內，煮熟後切小片塊，用豬油煎焦，澆上鹽水蒜汁，口味香脆鹹辣。另一種叫小灌腸，用澱粉加紅麴水和豆腐渣調成稠糊，蒸熟後切小片塊，用豬油煎焦，澆鹽水蒜汁食用。灌腸外焦裡嫩，用竹籤紮著吃，頗顯特色。

您知道天福號醬肘子的趣聞故事嗎

天福號製作的醬肘子，有別具一格的獨特風味，特別受人歡迎。

遠在清代乾隆三年（西元1738年）的時候，一個姓劉的山東人，來到北京，在西單牌樓旁邊擺了個肉攤。有一天，老劉的兒子看鍋，他看著看著竟睡著了。當他醒來一看，肉已爛鍋中，只剩點稠汁，快要黏鍋了。起出鍋來，肉已軟爛如泥。重新另做，已來不及了，又怕第二天沒有賣的，又心疼本錢，沒法子，只好把煮好的醬肘花放涼以後，繃在盤裡（肘子放在盤裡，塗以原汁，把肘子繃緊）。恰巧，這一天，有一位刑部的大官，來這裡買醬肘子。回家一嚐，覺得肉皮油亮，紅中透紫，肥肉不膩，瘦肉不柴。不論是皮是肉，都那麼熟爛香嫩，不鹹不淡，味道絕佳。第二天，他又特意到天福號來，指名買這種醬肘花，並百般讚揚。自此，天福號就改用了這種煮法，由於火候到家，味道絕美，名聲大振，還有人給題了「味壓江南」四個字。傳來傳去，天福號醬肘子之名，傳到宮中。慈禧太后也聽說了，買回去一嚐，果然與眾不同，別具風味。便告訴御膳房，讓天福號按日送入宮中。從此以後，天福號就以醬肘子聞名了。

北京的烤肉館有哪些

京城的烤肉，相傳是1644年清兵入關後由滿族傳入北京的。幾百年來，吃烤肉也就有了股北京人的「爺氣」。當年，烤肉季店堂裡面，設有鐵炙子，下面燒著松塔松柴。吃烤肉的時候，食客們都圍著爐子站著，然後一隻腳踏在長板凳上。一隻手托佐料碗，碗內盛著醬油、醋、薑末兒、料酒、滷蝦油、蔥絲、香菜葉混成的調料。另一隻手拿著長稈兒竹筷，將切成薄片的羊肉，蘸飽調料，放

於火炙子上翻烤。等到肉烤熟了，就著糖蒜、黃瓜條、熱牛舌餅吃。特別是寒冬臘月，大碗喝酒，大口吃肉，吃得大汗淋漓，渾身通泰。

京城餐飲有「南宛北季」的說法，講的就是京城烤肉兩大老字號，「南宛」說的是當年宣武門內以烤牛肉見長的烤肉宛，「北季」講的就是什剎海邊以烤羊肉見長的烤肉季。如今，烤肉宛挪了好幾次地方，而烤肉季一直沒離開什剎海。最早烤肉季是什剎海荷花市場的一家烤肉攤，攤主名叫季德彩，是北京通州人。起初，烤肉攤的名字叫潞泉居，由於店主姓季，經營烤羊肉，所以食客們俗稱「烤肉季」。季家烤肉技術獨特，味道鮮美，食客絡繹不絕。

什剎海一直是京城文人墨客聚集的地方，烤肉季出名了，自然少不了各界名流登門品嚐。當年，大書法家溥心畬題寫了「烤肉季」的招牌和「蓮池別墅」的橫幅，老舍先生也為飯莊書寫過匾額。可惜這些牌匾在「文革」中都遺失了，現在烤肉季懸掛的牌匾，是末代皇帝溥儀胞弟溥傑於1988年題寫的。

北京豆汁為何有那樣大的魔力

提起北京的豆汁，真是赫赫有名。老北京，幾乎人人嗜飲豆汁。此外，只要在北京常住幾年的人，也會對豆汁產生好感。豆汁是一種飲料，喜歡喝它的人，視同珍味，不喜歡喝它的人，嗅一嗅都避之不及。實際上，豆汁雖不是什麼珍饈美味，但在一飲之後，它有一股微酸回甘的鮮味，和吃橄欖一樣，頗為誘人。作為飲料，它又與粥、泡飯起同樣的效用，可以果腹，而且酸中帶鮮，又有甘味。豆汁是粉房做綠豆糰粉的副產物。北京各處街道大部有粉房。制糰粉時把綠豆磨成漿，加一定量的白玉米粉，放置大桶內沉澱。沉澱到一定時間，大桶內的粉漿上層是清水，傾出倒掉。中層是灰

綠色的薄漿，就是生豆汁。底層才是潔白的澱粉，是做糰粉的原料。鹹菜不過是蘿蔔絲、芥菜疙瘩絲，配上芹菜、碎辣椒等醃成的，毫不足奇，但它的辣味極重，與酸豆汁很合宜。買一個燒餅，喝一碗豆汁，佐以辣鹹菜，亦是其樂無窮。舊時北京最有名的豆汁，要屬琉璃廠廠甸擺攤的張家豆汁。大約在清末民初出現，已有兩三代的傳人了，攤主張進忠。他家豆汁所以出名，除了燒煮得法，主要在於選料極精，專用前門外四眼井一家出名的粉房的豆汁。就連辣鹹菜的配製，也很考究，於是聞名全京城。如果一個人頭一次嚐試豆汁的滋味，一般不會立即產生好感，可是一嚐再嚐之後，常被它那特有的回甘之味所征服，慢慢地就被豆汁「俘虜」了。

王致和的臭豆腐最初是怎麼做出來的

北京的老字號非常多，若提起王致和的臭豆腐，更是無人不知，無人不曉。一個「臭」字名揚萬里，傳遍了全中國。

相傳，清朝康熙八年（西元1669年），由安徽來京趕考的王致和金榜落第，閒居在會館中，欲返歸故里，卻交通不便，盤纏皆無；欲在京攻讀，準備再次應試，又距下科試期甚遠。無奈，只得在京暫謀生計。王致和的家庭原非富有，其父在家鄉開設豆腐坊，王致和幼年曾學過做豆腐，於是便在安徽會館附近租賃了幾間房，購置了一些簡單的用具，每天磨上幾升豆子的豆腐，沿街叫賣。時值夏季，有時賣剩下的豆腐很快發霉，無法食用，但又不甘心廢棄。他苦思對策，就將這些豆腐切成小塊，稍加晾晒，尋得一口小缸，用鹽醃了起來。之後歇伏停業，一心攻讀，漸漸地便把此事忘了。秋風送爽，王致和又想重操舊業，再做豆腐來賣。驀地想起那缸醃製的豆腐，趕忙打開缸蓋，一股臭氣撲鼻而來，取出來一看，豆腐已呈青灰色，用口嚐試，覺得臭味之餘卻蘊藏著一股濃郁的香

氣，雖非美味佳餚，卻也耐人尋味，送給鄰里品嚐，都稱讚不已。王致和屢試不中，只得棄學經商，按過去試做的方法加工起臭豆腐來。此物價格低廉，可以佐餐下飯，適合收入低的勞工們食用，所以漸漸打開銷路，生意日漸興隆。清朝末葉，王致和的臭豆腐傳入宮廷。傳說，慈禧太后在秋末冬初也喜歡吃它，還將其列為御膳小菜，但嫌其名稱不雅，按其青色方正的特點，取名「青方」。

北京的「都一處」燒賣

「都一處」地處前門大街鮮魚口路南，為一間門面小樓，樓上暗黑處放著把披著黃緞子的太師椅，傳說是當年乾隆皇帝來這吃燒賣時坐過的。

「都一處」這個名字的由來，一種說法是皇帝吃完燒賣後讚美道：「都這一處好！」還有一個說法，乾隆便裝出巡，到這吃了燒賣，忘了帶錢，回去後託人帶來張題字「都一處」。對於傳說的真偽且不去考證了，只說那燒賣味美可口，確實是值得大書特書，記上一筆的。「都一處」的燒賣有蟹肉和三鮮兩種。供應蟹肉的季節在九十月裡，所謂「十團九臍」，正是菊黃蟹肥之時，「都一處」便開始賣蟹肉燒賣了。薄薄的皮，兜著猩紅的蟹黃和鮮肉，活像個小石榴，不但味美而且色澤也佳。三鮮燒賣是由雞蛋、鮮肉、蝦仁三者拌餡製成，雜以蘑菇、竹筍、海參的丁塊，味道當然鮮美，而且有一股清香味，吃起來不膩。

北京的老茶莊有哪些

永安茶莊創建於1935年，因店主經營有方，又是茶葉的行家，對茶葉的色、香、味，以及茶道都有研究，經營突出自己的特色，素以茶香茗馨、色重味長、條縮緊結而馳名。永安茶莊所售自

製拼配的茶葉馥鬱芳香，獨具特色，擁有大批老顧客，生意非常興隆，在京城享有盛譽。永安茶莊主要經營福建、安徽、浙江等地烏龍、龍井、毛尖、茉莉茗眉、紅、綠、花茶等200多種茶葉，還有全國各地的茶中珍品，如盧山雲霧茶、黃山毛峰茶、雲南普洱茶、碧螺春茶、西湖龍井、君山銀針、武夷岩茶等。各類茶葉品種齊全，高、中、低檔一應俱全。現代著名愛國詩人、書法家于右任先生所書「永安茶莊」匾額懸掛在廳內，給茶莊增色添彩。

吳裕泰茶莊原名吳裕泰茶棧，始建於清朝光緒十三年（西元1887年），創辦人是吳錫清。當時吳氏家資殷富，在北京已開設多家茶莊，為集中進儲茶葉，吳裕泰茶棧便應運而生。新中國成立後公私合營時，吳裕泰茶棧改為「吳裕泰茶莊」。馮亦武老先生題寫了第一塊黑底綠字的「吳裕泰茶莊」的橫式牌匾。茶莊經營堅持「三自」方針，即：茉莉花茶「自採、自窨、自拼」。茶坯從安徽、浙江等地自採，再運至福建花鄉自窨，最後運回北京自拼。吳裕泰茶莊自拼的幾十種不同檔次的茉莉花茶，不但品質上乘，而且貨真價實，贏得了廣大消費者的歡迎。

位於前門大柵欄內的張一元茶莊由安徽歙縣定潭村人張文卿於清朝光緒三十四年（西元1908年）所建。定名「張一元」，取「一元復始，萬象更新」之意。同等級的茶葉，張一元茶莊比別的字號茶莊賣得便宜。張一元茶莊還經常派人到一些茶店瞭解售價，掌握商品行情，並且買回別人銷售的茶葉，與自家同級茶葉比較，以便使自家的茶葉品質優於同行。現在的張一元既有龍井、碧螺春、君山銀針等名茶，又有深受京城及北方人喜歡的各種檔次的花茶、緊壓茶、紅茶、保健茶等；同時還相繼推出張一元包裝系列禮品茶。

北京人為什麼愛吃麵

北方人以麵食為主，如饅頭、花捲、包子、餃子、餛飩、烙餅、麵條。但北京人一提到「面（麵）」，乃指的是麵條。麵條寓意「長壽」，俗語「人生有三面」，即「洗三麵」、「長壽麵」、「接三麵」。嬰兒降生後三日有洗三儀式，吃洗三麵祝願嬰兒「長命百歲」；過生日時照例吃「長壽麵」，謂之「挑壽」，寓意「福壽綿長」。人死三日的初祭謂之「接三」，以「接三麵」招待來賓表示對死者的悼念之情悠悠不斷。

日常生活中，北京人更喜歡吃麵，而且還形成了固定的套路。城內居民一般只吃抻麵（拉麵）和手工切麵。抻麵是將和好的白麵在麵案上用擀麵杖擀成大片，右手用刀切條，左手往左邊推滾，以便滾上乾麵，免於黏連，最後攢成一把，雙手拎起抻長，截去兩頭連接處，馬上放入沸水鍋內；切面是將和好的白麵擀成薄片，灑上乾麵疊而切之，成為絲狀。此外還有做寬形「板條」的。煮好後各有不同的「澆頭兒」，並據此分為以下幾種：

炸醬麵常見的是豬肉丁炸醬。是以半肥瘦豬肉丁加蔥、薑、蒜等在油鍋炸炒，加黃稀醬，蓋上鍋蓋小火咕嘟10分鐘。這時，肉丁被黃醬咕嘟透了，肉皮紅亮，香味四溢。更講究的則有裡脊丁炸醬、三鮮（蝦仁、裡脊、玉蘭片）炸醬等，還有木樨（雞蛋）炸醬、炸豆腐丁醬、燒茄子丁醬等素品，油而不膩。老北京人吃炸醬麵，冷天講究吃熱的，謂之「鍋兒挑」（完全不過水），熱天吃過水麵，但湯要滗盡。根據季節佐以各種時鮮小菜，謂之「全麵碼兒」。初春，用掐頭去尾的豆芽菜（稱掐菜）、只有兩片葉的小水蘿蔔纓，並澆上上一年剩下的臘八醋。春深，在醬裡放上鮮花椒蕊兒，稱花椒醬，麵碼兒則是青蒜、香椿芽、掐菜、青豆嘴、小水蘿蔔纓和絲（條）。初夏，則以新蒜、焯過的鮮豌豆、黃瓜絲、扁豆絲、韭菜段等為麵碼兒。

麻醬麵即芝麻醬麵，是老北京人夏天的便飯。麵條煮好從鍋裡

撈出放入冷水中泡涼，澆上芝麻醬（放鹽，以水調好）、花椒油（用香油炸好的花椒油趁熱放入醬油內）、米醋，再放上醃胡蘿蔔絲、青蒜、小水蘿蔔絲、掐菜、香椿芽等。吃起來有如扒糕、涼粉的風味。

滷麵俗稱「打滷麵」。民間辦紅、白喜事，如果用「炒菜麵」招待親友，一律用打滷麵。打滷通常是以煮豬肉的湯或以羊肉煸鍋，放香味。也有不勾芡的，湯內加鹿角菜，成為清湯的澆汁，稱「汆兒滷」。

王府井小吃街有哪些京味小吃

一提起小吃街，王府井小吃街和東華門小吃街當然不容錯過。一到夜幕降臨的時候，東華門整條街上大紅燈籠高高掛起，攢動的人頭徘徊在一檔檔的小吃店前。這裡有中國各地的著名風味小吃，爆肚、冰糖葫蘆、滷煮火燒、羊肉串、過橋米線、油炸臭豆腐、狗不理包子……甭說中國遊客，就連外國人也會豎起大拇指。甭管平時多挑食的主兒，在這裡也能找著自己「好」的那口兒。王府井小吃街，幾乎是每個遊客到王府井的必遊之地之一。走進王府井大街，不多遠就能看到「王府井小吃街」那高高的門牌。王府井小吃街是全日營業的。

仿膳飯莊所做的小窩頭是怎麼來的

一般窩頭都為玉米麵所制，但這裡所說的小窩頭不是這種，而是另一種原料製成的清代宮廷御膳小吃。傳說八國聯軍侵占北京時，慈禧在倉皇出逃的路上餓了，走到一個叫貫世里的地方，有人給了她一個窩頭吃。她在饑不擇食時吃了這個窩頭，覺得十分好吃。回到北京後，仍念念不忘，便讓御膳房給她蒸窩頭。廚師們深

知她吃慣山珍海味，怎能吃得了貧窮人家的玉米麵粗糧製成的窩頭？於是絞盡腦汁，用玉米粉加黃豆麵、白糖，製成形狀極小、一口能吃一個的小窩頭。加白糖和鹼麵是為了蒸出的窩頭鬆軟有甜味，慈禧果然愛吃，於是小窩頭就成了宮廷御膳，後來傳入民間。現在到哪兒能吃到正宗的小窩頭呢？北海公園內的仿膳飯莊所做的小窩頭最有名。

北京的炒肝是怎麼製成的

炒肝是北京特色風味小吃。具有湯汁油亮醬紅，肝香腸肥，味濃不膩，稀而不澥的特色。北京天興居製作的炒肝，1997年12月被中國烹飪協會授予首屆全國中華名小吃稱號。其製作方法是：將豬腸子洗淨，盤成若干捆，用繩紮好後，將腸從一處剪斷，放在涼水鍋中，旺火煮至筷子能紮透時，將腸撈入涼水中。洗去腸表皮的油，切成小段。豬肝洗淨，切成菱形片。熟豬油倒入鍋內，用旺火燒熱放入八角，再依次放入黃醬、薑末兒、醬油及蒜泥，炒成稀糊狀成熟蒜泥。將豬骨湯燒熱，放入豬腸，將沸時，撇去浮油，放入豬肝及醬油和熟蒜泥、生蒜泥、精鹽攪勻。湯沸後，立即用澱粉勾芡，再煮沸，撒上味精攪勻即成。

北京人為何立春時要吃春餅

北京人立春要吃春餅，春餅俗稱薄餅，除立春日外，北京人平時也吃，不過繁簡不同而已。在立春日吃春餅，還要配上酥盤，或酥盒子。這項風俗，由來已久，春餅可以自做，也可以向市面上的餅鋪訂製。每斤餅的張數，以「盒」為單位。每盒一揭為二張，相當於五寸圓盤大小。餅很薄，用它捲菜吃，故稱薄餅。配春餅吃的菜很多，習慣上有炒菠菜、炒韭菜、粉絲、綠豆芽和炒雞蛋。此

外，根據條件適當增減筍絲、醬肉絲。因菜很多，所以說起春餅的滋味是很令人懷念的。菜雖豐富，但全是日常家用，絕無魚蝦厚味。如果要用酥盤，就比較考究了。酥盤或酥盒是北京醬肉店的特產，用一錫製大圓盤，中分隔成九格，當中一個圓格，周圍八方格，分置各種醬味，如醬肘、燻雞、驢肉、燻肉、燒鴨、小肚之類。一律切絲以便捲餅。薄餅的得味在於炒雞蛋，別樣菜可缺一二樣，炒蛋絕不可少。捲薄餅有技巧，每樣菜都要放一點，捲出來的餅要求直挺整齊，吃到最後也不會鬆散或滴出汁水。

北京人的早點都吃些什麼

餛飩、油餅、油條、開口笑、炸糕、豆腐腦兒等是北京傳統早點小吃品種。

油條，是北京最常見的小吃，老北京人叫油炸鬼即源於此。與油條相似的品種就是油餅。其製法與口味皆與油條相似，只是外形擀成餅狀。

開口笑，是北京小吃中的油炸小吃品種，因油炸後上端裂開而得名。與麻糰相似，而又有所不同。

炸糕，是北京人愛吃的麵食之一，也常做早點。炸糕分奶油炸糕、黃米麵炸糕、江米麵炸糕和燙麵炸糕。

豆腐腦，也是北京的傳統風味小吃。豆腐腦色白軟嫩，鮮香可口。滷的味道堪稱一絕，其滷不洩，腦嫩而不散，清香撲鼻。

北京人的早點稀的有豆漿、粥、麵條或餛飩，豆漿又分淡的、鹹的和甜的。老北京的粥是真正的貨真價實，就拿粳米粥來說，要用文火熬熟，潔白、軟爛、黏稠，可以放糖或就著鹹菜絲吃，香噴噴的。粥又分季節，包括紅豆粥、綠豆粥、芸豆粥、雜豆粥等。

北京的著名西餐廳有哪些

北京聚集著眾多老牌西餐廳和特殊風格的西餐店。京城老牌西餐廳仍領風騷，吸引著大批老顧客。成立於1945年的北京大地西餐廳，主營俄式大餐，價格定位在中低檔。新僑飯店西餐廳是最早、最著名的酒店西餐廳之一。北京最純正的西餐廳是馬克沁餐廳，毗鄰馬克沁餐廳的便是與之相繼開業的美尼姆斯餐廳。它是專為中國大眾設立的。這裡雖不如馬克沁豪華、昂貴，但仍能品嚐法式佳餚，成為大眾品嚐西餐的好去處。莫斯科餐廳是新中國成立後北京的第一家西餐廳，世界上最早的星期五餐廳也在北京開了許多店。

近年一些風格迥異的西餐廳紛紛亮相京城，如莫勞龍璽西餐廳，以經營法餐和比利時餐為主，餐廳帶有濃郁的家庭文化色彩。巴西烤肉餐廳，主營各種巴西烤肉，總經理塞里奧是巴西人。吉薩是一位義大利女士開的義式餐廳，開業後在京城也頗有影響，客人以外國人為主。百萬莊園西餐廳是百萬莊園集團旗下的連鎖西餐企業，現在北京有11家店，基本的消費群體是20~35歲年輕人，定位是大眾化消費，價格便宜，經營品種是世界各地美食。另外還有紫金閣、硬石、酷堡、地平線、浮士德等頗具特色和影響的西餐廳。隨著北京的發展、國際化步伐加快、2008奧運會臨近，北京的西餐廳會有更快的發展。

馬克沁餐廳是西餐廳嗎

1983年，在北京的繁華地帶，崇文門路口西南角，悄然出現了炫耀著巴黎式的奢華和驕傲的馬克沁餐廳。

北京馬克沁餐廳的內部裝飾幾乎完全仿照了巴黎馬克沁餐廳，

透過不大卻暗藏凝重的門面，可以隱隱看到內部絕對精緻高雅的情調。幾何狀桃花木貼板，牆壁上的鎏金籐條圖案，別緻的楓栗樹葉狀的吊燈和壁燈，似乎望不到盡頭的水晶玻璃牆，臨摹自羅浮宮的富有傳奇色彩的古典壁畫，絢麗的彩畫天花板，繽紛的繪圖玻璃窗，帶著濃濃的法國浪漫風格的深褐色的傢俱，營造出一種懷舊的寧靜，使人彷彿置身於19世紀的法國宮廷。

到馬克沁，可以感受到濃郁的法國文化和法式餐飲的精華。馬克沁的開胃菜和湯類都非常精緻，開胃菜式主要有鵝肝醬、李子兔肉、橙汁大蝦沙拉、燻鮭魚、香菇烤蝸牛和魚子醬等，而湯類則有奶油龜湯、法國洋蔥湯、奶油蘆筍湯、奶油蘑菇湯。至於肉類、甜點和蔬菜，馬克沁都是極有特色的。

莫斯科餐廳是新中國成立後北京的第一家西餐廳嗎？

莫斯科餐廳是新中國成立後北京的第一家西餐廳，建成於1954年。北京人親密地稱之為「老莫」。提起「老莫」，北京40歲以上人的心中依然會蕩起浪漫的漣漪。這裡曾經是中國最神聖的紅色西餐廳，是北京最高雅的餐廳之一，它的巨大和奢華足以震撼當時的北京。這座俄式建築的富麗和豪華即使在今天仍然令人震撼。據說，其設計者為原蘇聯中央設計院，建築材料十分貴重，甚至使用了大量黃金。餐廳看起來更像是一座小型宮殿，恢弘的穹頂有兩三層樓高，各種華美的雕塑和裝飾，充滿了絢麗的色彩。餐廳主理俄式大餐，高大的房屋，藍色的天棚點綴著白雪花的、雕花的立柱，俄式風格的高背椅，綠色大理石的圍牆和木地板等設施，彷彿是在宮殿裡就餐。發亮的刀、勺、叉取代了國人習慣用的木製筷子，用銀製的杯套放置的玻璃杯中棕色的咖啡又取代了常見的淡黃色的茶水，大底、細棍、大口的高腳杯又代替了酒盅。

2000年，莫斯科餐廳花鉅資對餐廳進行了重新擴建和裝修，裝修後的餐廳在保持原有華貴高雅、氣勢恢弘建築風格和濃郁俄羅斯情調的基礎上，融合了現代時尚，充分體現出高貴、典雅和浪漫的氣息。現在，莫斯科餐廳是北京的特級餐廳，以經營俄式大菜為主，提供俄羅斯、烏克蘭、高加索等具有前蘇聯各民族特色的傳統菜餚；同時兼營英、法、德、義式西餐。在烹調方法上，莫斯科餐廳擅長東歐的煎、炸、烤、燜、煮、燴等，重視菜餚的調味作用，善於保持原湯原味，加工製作精細，味道多樣；菜品講究色澤，價格適中，並具有清香、酸甜、醇厚、軟滑、濃郁不膩之特點。俄式大菜、法式大菜以及美式大菜等西餐知名菜系，「老莫」都有所涉及，提供的開胃酒、雞尾酒以及伏特加、啤酒品種很多；紅菜湯、奶油蟹肉湯味道純正，口味也很厚重。現在，莫斯科餐廳的每人平均消費一般是100多元人民幣。由於餐廳溫暖、濃厚的懷舊氣氛，來此用餐的客人多是家庭成員和朋友，而少有商務往來。很多人的父輩或者他們自己，都與俄羅斯文化具有某種聯繫，餐廳中悠揚的背景音樂往往是人們所熟悉的旋律，如《小路》《莫斯科郊外的晚上》等。

北京的餃子

「初一餃子，初二麵」是北京的老規矩。清代富察敦崇寫的《燕京歲時記》中記敘京師大年初一的風俗云：「是日，無論貧富貴賤，皆以白麵做餃食之，謂之煮餑餑——富貴之家，暗以金銀小錁等藏之餑餑中，以求順利。家人食得者，則終歲大吉。」這個風俗一直延續下來。每至除夕，一家人歡聚一室，和麵、擀皮、做餡、包餃子，說說笑笑，煞是熱鬧，大年初一的第一餐則一定是餃子。

餃子在北方是極普通的食品，用水煮的叫「水餃」，上蒸籠的

叫「蒸餃」，用油煎的叫「鍋貼」；而滿族則稱水煮者為煮餑餑，它既是主食，又可作下酒菜，真是方便不過的食品。

不僅大年初一，北京人平時也愛吃餃子，北京俗諺云：「好吃莫過餃子。」可見北京人對餃子的喜愛程度了。包餃子的菜餡隨市場季節，有時白菜，有時韭菜，有時茴香，有時大蔥。只有「鴻興樓」與眾不同。

「鴻興樓」是以經營餃子為主的飯莊，當年開在菜市口，由於餃子花色多，做得好，售價公道，因之顧客雲集。這裡的餃子全以手工製作，做工十分精細。一般餃子館一兩麵只捏幾個餃子，鴻興樓一兩麵可捏20多個，餃子有肉餡的、有素餡的、有甜的、有鹹的，還有雜色什錦的。

薑汁排叉是什麼樣的食品

薑汁排叉，從其名就可知道，它原料中有鮮薑，因食用時有明顯的鮮薑味而得名。它呈淺黃色，有酥、甜、香的特點。南城「南來順」的薑汁排叉，1997年被評為「北京名小吃」，同年又獲「中華名小吃」稱號。據《天橋小吃》作者張次溪先生說：「舊天橋有專門賣小炸食的店家，如面炸不盈寸的麻花排叉，用草紙包裝，加上紅商標，是過年送禮的蒲包，又是小孩的玩物。」對這種小炸食前人還有詩稱讚說：「全憑手藝製將來，具體面微哄小孩。錦匣蒲包裝飾好，玲瓏巧小見奇才。」過去天橋賣這類小炸食的還要吆喝：「買一包，饒一包，江西臘來，辣秦椒。大爺吃了會撂跤，撂私跤，撂官跤，跛子跛腳大箍腰。大麻花，碎排叉，十樣錦的花，一大一包的炸排叉。」

羊頭肉及醬羊頭

北京羊頭肉，為京市一絕，切得其薄如紙，撒以椒鹽屑麵，用以咀嚼滲酒，為無上妙品。羊頭肉包括「臉子」、「信子」（即舌頭舌根）、「天花板」（羊上膛）、「通天梯」（羊巧舌，正名壓舌）、羊眼睛、羊蹄、羊筋，以羊臉子味最深遠。賣羊頭肉的，向為擔竹篾大筐。深秋初冬，深巷傳來「羊頭肉咧」的聲音，也足以為之銷魂蕩魄。白羊頭肉又叫白水羊頭，是北京小吃中的精品。白羊頭肉色澤潔白，清脆利口，醇香濃郁，脆嫩清鮮，風味別具。走街串巷的小販通常是在秋冬晚間出攤，專為殷實人家下酒和吃宵夜之用。過去北京經營白羊頭肉的餐廳很多，最為出名的是前門外廊房二條推車擺攤的馬玉昆，家傳六代，他製作的白羊頭肉，清脆利口，講究夏天用冰鎮，冬天帶冰凌，越涼越好吃，他也被人稱為「羊頭馬」。虎坊橋李慶枝經營的李記白羊頭肉也很有名氣。

　　《燕京小食品雜詠》提供了其製作方法，選用內蒙古產的兩三歲的山羊頭，放在涼水中浸泡兩小時，將羊頭洗淨，用刀從頭皮正中至鼻骨處劃一長口。鍋內涼水用旺火燒沸，將羊頭放入鍋中，煮一個多小時至七成熟時，趁熱拆下顱骨將鹽放入炒鍋中，用微火焙乾，研成粉末，與花椒粉、砂仁粉、丁香粉一起拌成椒鹽。將泡好的熟羊頭肉瀝淨水，切成薄片，按不同的部位盛入盤內，撒上椒鹽即成。

　　醬羊頭亦產於德勝門外（北京伊斯蘭教信眾，以牛街及德勝門、阜成門為最多），發明人為董四巴，所製醬羊頭，滋味深厚，尤以其中「核桃肉」最為風趣。董設攤於德勝門內果子市北義興酒缸（今改北益興）門首，日久顧客頗多，且有願為之批售的，遂漸成了醬羊頭作坊，除自售外，尚大批製作發售。北京製作醬羊頭的，只此一家。

　　麵茶與油茶有何特點

油茶是北京小吃中的滋補佳品，製作方法是：用麵粉放入鍋內炒到顏色發黃，麻仁也炒至焦黃，另加桂花和牛骨髓油，拌搓均勻，然後將搓得均勻的麵茶放在碗內，加上白糖，用開水沖成糨糊狀即可。油茶味道甜美，可作為早餐或午點，很受百姓喜愛。麵茶在北京小吃中，一般在下午售賣。有詩說：「午夢初醒熱麵茶，乾薑麻醬總須加。」喝麵茶很講究吃法，吃時不用筷、勺等餐具，而是一手端碗沿著碗邊轉圈喝，非老北京人恐怕是無此吃法的。

肉末燒餅怎樣吃

肉末燒餅，是北京小吃中的宮廷小吃品種。肉末燒餅與一般燒餅的做法不一樣。它是將發麵和好後對上一點鹼水，加一些白糖揉勻，揪成小坯子，將坯子用手掌在案板上壓成圓片，拿在一隻手上，另用2克左右的麵球，沾上一點香油，放在圓片中央，把小麵球包進去，然後按成5公分厚的扁圓形餅，餅上刷上糖水，黏上芝麻仁，芝麻仁面朝上，放入特製的餅鐺上，用炭火烙熟。吃的時候，掰開燒餅取出小麵球，使燒餅中間有一個空，用來夾炒肉末。

肉末的製法是將豬肉切成末，青豆洗淨切成末，蔥、薑分別切成末。鍋內放油，燒熱後下肉末，將肉末炒至無水分時投入蔥、薑末，炒後加入青豆末，攪炒幾下，倒入醬油，炒到汁盡時出鍋裝盤，即可夾到燒餅中。據說，這種吃法是清朝的慈禧太后想出來的。北海公園內的仿膳飯莊，每天都供應這種燒餅，中外賓客品嚐後都讚不絕口。

為何正月初一吃年糕

年糕，是北京春節的傳統小吃。據說早在遼代，北京的正月初一，就有家家必吃年糕的習俗。年糕有黃、白兩色，象徵金銀，並

有「年年高」的吉祥如意的寓意。所以前人有詩稱年糕：「年糕寓意稍雲深，白色如銀黃色金。年歲盼高時時利，虔誠默祝望財臨。」北京小吃中的年糕，是用黃米或江米麵加各種輔料蒸製而成。年糕品種很多，有棗年糕、豆年糕、年糕坨等。年糕不僅是清真回民小吃，也是滿族跳神的祭品。

娛樂北京

北京的夜生活怎麼過

一項調查反映，北京午夜休閒方式比較單一，大部分人是在以酒水消費為主的地點娛樂，如泡吧（泡酒吧）、蹦迪（跳舞）或唱卡拉OK。而他們經常光顧的休閒區依次是：三里屯、長安街、亞運村、使館街、亮馬河、五道口等酒吧、啤酒屋、歌舞廳等娛樂場所聚集的地區。

如果想體驗一下具有北京傳統特色的夜生活，北京人十有八九會推薦前門的老舍茶館。客人主要都是些外地的和外國的遊人。他們都是衝著傳統的京味文化來的。

近年來，「簋街」的人氣漸漸旺了起來。它在夜生活一族裡有著很高的知名度和親和力。究其原因，很可能是因為它的平民氣息。小店是這裡的主要商家，人們到這裡不會有到高檔飯店的冷漠和拘束感。

在北京，最具國際知名度的夜生活場所仍數三里屯酒吧一條街。泡酒吧的都是清一色的年輕人，老外們的身影更是隨處可見，在這裡人們可以各取所需。

您知道京劇是怎樣形成的嗎

京劇（平劇、國劇）的前身是安徽的徽劇。清乾隆五十五年（西元1790年）起，原在南方演出的三慶、四喜、春臺、和春四大徽劇戲班相繼進入北京演出，它們吸收了漢調、秦腔、崑曲的部分劇碼、曲調和表演方法，使徽劇與這些劇種逐漸融合，演變成一

種新的聲腔，更為悅耳動聽，稱為「京調」。民國以後，上海梨園全部為京班所掌握，於是正式稱京皮黃為「京戲」。「京戲」一名，實創自上海，而後流傳至北京。

京劇的正式形成大約是道光二十年（西元1840年）以後的事，這時京劇的各種唱腔版式已初步具備，京劇的語言特點已經形成，在角色的行業方面已出現了新的變化，已擁有一批具有京劇特點的劇碼，京劇第一代演員也已經出現：余勝三、張二奎、程長庚被稱為老生「三鼎甲」，此外還有老生演員兼京劇劇作家盧勝奎。

京劇的傳統劇碼

京劇的傳統劇碼約有1000多個，常演的約有三四百個以上，其中除來自徽戲、漢戲、崑曲與秦腔者外，也有相當數量是京劇藝人和民間作家陸續編寫出來的。京劇較擅長於表現歷史題材的政治和軍事鬥爭，故事大多取自歷史演義和小說話本。既有整本的大戲，也有大量的摺子戲，此外還有一些連臺本戲。中華人民共和國建立後，又創作了一批京劇現代戲，如《紅燈記》《蘆蕩火種》《智取威虎山》《杜鵑山》《黛諾》等，受到廣大觀眾的歡迎。

京劇的優秀演員有哪些

京劇形成以來，湧現出大量的優秀演員，他們對京劇的唱腔、表演，以及劇碼和人物造型等方面的革新、發展做出了貢獻，形成了許多影響很大的流派。

京劇的突出特點，在於表演藝術的高度發達。京劇自形成後，發展十分迅速，進入1850年代，日漸成熟，演出愈益頻繁，優秀演員大量湧現，名角制開始形成，整個京劇舞臺呈現出一派興盛景

象。辛亥革命後，北京的劇壇一度被老生余叔岩、旦角梅蘭芳、武生楊小樓所主宰，時稱「三大賢」。他們都各成一派，藝術風格流傳到後世。如老生程長庚、余三勝、張二奎、譚鑫培、汪桂芬、孫菊仙、汪笑儂、劉鴻聲、王鴻壽、余叔岩、高慶奎、言菊朋、周信芳、馬連良、楊寶森、譚富英、唐韻笙、李少春等；小生徐小香、程繼先、薑妙香、葉盛蘭等；武生俞菊笙、黃月山、李春來、楊小樓、蓋叫天、尚和玉、厲慧良等；旦角梅巧玲、余紫雲、田桂鳳、陳德霖、王瑤卿、梅蘭芳、程硯秋、荀慧生、尚小雲、歐陽予倩、馮子和、小翠花、張君秋等，老旦龔雲甫、李多奎等；淨角穆鳳山、黃潤甫、何桂山、裘桂仙、金少山、裘盛戎等；丑角劉趕三、楊鳴玉（原為昆丑，加入京班演出）、王長林、肖長華等。此外還有著名琴師孫佑臣、梅雨田、徐蘭沅、王少卿、楊寶忠等；著名鼓師杭子和、白登雲、王燮元等。

京劇的四大鬚生與四大名旦都有誰

1920年代，京劇出現了「四大鬚生」、「四大名旦」。他們都具有獨特的藝術風格，各成一派，代有傳人。前「四大鬚生」為余叔岩、高慶奎、馬連良、言菊朋。至40年代，出現了後「四大鬚生」：馬連良、譚富英、楊寶森、奚嘯伯。「四大名旦」為梅蘭芳、尚小雲、程豔秋（後更名程硯秋）、荀慧生。40年代以後，又出現了後「四小名旦」：李世芳、張君秋、毛世來、宋德珠。

京劇的行業有幾種

京劇的行業分生、旦、淨、丑四大類。但在初期，京劇的行業分為生、旦、淨、末、丑五大類，後來多為老生行領班，也兼演末行的戲，自然生行和末行合併，逐漸取消了末行。

生行，是扮演男性角色的一種行業，包括老生、小生、武生、紅生、娃娃生等幾個門類。

老生，又叫鬚生、鬍子生、正生，主要扮演中年以上的男性角色。老生一般分文武兩種，從表演側重來劃分，可分為：唱功老生（也叫安功老生）、做功老生、王帽老生、靠把老生和武老生。

紅生，是指在臉上勾著紅臉，用紅色塗成臉譜的老生，在表演上自成風格。這樣的角色不多，主要是扮演關羽和趙匡胤等角色。

小生，就是比較年輕的男性角色，扮相一般比較清秀、英俊，分文小生和武小生兩大類。細分為雉尾生、扇子生、窮生等。

武生，是擅長武藝的角色。分長靠武生和短打武生兩大類。

娃娃生，是專門扮演兒童的一類角色。

旦行，扮演各種不同年齡、不同性格、不同身份的女性角色。分青衣、花旦、花衫、武旦、老旦等類別。

青衣，也叫正旦，扮演的一般都是端莊、嚴肅、正派的大家閨秀。年齡由青年到中年。青衣在表演上以唱功為主，動作幅度較小，行動穩重。因其扮演的主要角色如王寶釧、羅敷等多穿青衣（黑褶子），故而稱青衣。

花旦，多扮演年輕活潑靈巧的女性，如《紅娘》中的丫鬟紅娘；《花田錯》的丫鬟春蘭；《拾玉鐲》的少女孫玉姣等，多為小家碧玉。與青衣的莊重矜持相反，動作輕快，重念白和身段，多穿裙襖或褲子襖加飯單、四喜帶等。

花衫，由王瑤卿創立。將青衣沉穩端莊的風格，花旦活潑伶俐的表演及武旦的武打、工架等各種不同行業的表演融在一個角色的身上，以表現複雜的人物個性，是唱、念、做、打並重的行業。如《十三妹》的何玉鳳既要有花旦的念白，又有武旦的武打和趟馬動

作工架；如《昭君出塞》的昭君既要有青衣的唱，又要有刀馬旦的舞；穆桂英這一角色有時如青衣重唱，有時如花旦重念白，有時開打如刀馬旦，因此需要相容並蓄。

武旦，是表演精通武藝的女性角色，分短打武旦和長靠武旦。長靠武旦穿靠，頂盔貫甲，一般都是騎馬的將軍或統帥，亦稱刀馬旦，如劉金定、梁紅玉、扈三娘。武旦多穿打衣打褲，如《武松打店》的孫二娘；《盜庫銀》的青蛇等。

老旦，是扮演老年婦女的角色，如《甘露寺》的吳國太；《楊家將》戲中的佘太君。

彩旦，俗稱丑婆子。以丑角應工，表演、化妝很誇張，是以滑稽、詼諧的表演為主，如《鐵弓緣》的陳母；《拾玉鐲》中的劉媒婆。

淨行，俗稱大花臉。分正淨、副淨和武淨三大類。

正淨，也叫大面，以唱功為主，又叫銅錘花臉，如《二進宮》的徐延昭和《鍘美案》的包拯。副淨亦稱架子花臉。原以工架、念白、表演為主，自郝壽臣主張「架子花臉銅錘唱」後，形成了架子花臉的獨特唱法，如《野豬林》中的魯智深；《鬧江州》的李逵。武淨又叫武二花，或摔打花臉。只重武打不重唱念，如《收關勝》的關勝；《通天犀》的徐世英。不過在《竹林記》中的余洪上是武打、摔跌和唱功並重的。

丑行，叫做小花臉，或三花臉。分文武兩大類。一般丑角都用水白粉在鼻梁上畫一「豆腐塊」，方巾丑的蔣幹呈四方形，皂衣丑的店小二呈桃形，武丑的朱光祖呈棗核形。

老北京的票房與票友是怎麼回事

票房是清八旗子弟夜生活娛樂的產物，一般都設在貴族富戶家裡。室內一側擺設一兩張長方形的茶桌，桌前掛著紅緞繡花並繡有票房「堂號」的桌圍，桌上左右兩角各擺一盞四方形的桌燈，燈以硬木支架，鑲以極薄的絹紗，上繪侍女、花卉，並書票房名號。燈內點蠟燭，兩燈正中立「水牌」一面，寫著當日演唱的節目，桌子左右擺著文武場面，演員坐在桌子兩旁的長凳上。清道光前後，一些皇親貴族子弟多以演唱「子弟書」為消遣，並定期在一起聚會演唱，互相觀摩，切磋戲曲藝術，久之成為一種形式。然而，在當時要辦這樣一個票房，須呈請內務府立案，經過批准後發給一張執照，票面上寫著「發給ＸＸ票房」，所以，後來管這種演唱自娛的團隊叫做「票房」，長期參加票房演唱的叫「票友」。最初，票房主要演唱清口大鼓（梅花調）、木板大鼓（京韻大鼓）、八角鼓、單弦等「子弟書」。而且多是自編自演，許多鼓詞都是八旗子弟票友們親自編撰的。同治、光緒之交，京劇興起，八旗子弟的興趣逐漸由「子弟書」轉到京劇上來，票房的活動內容自然也變成了以演唱京劇為主了。票房演唱完全是互相觀摩，無演員、觀眾之分，除了設在茶館裡的票房，一般不招待非票友觀眾。豪門富戶有喜慶之事，如不請專業劇班做堂會，就邀請票友清唱。京劇清唱的堂會，謂之「清音桌」。起初，參加這種堂會的票友，不要事主的任何報酬，甚至將特製的大銅茶壺（沏好茶水）也挑了去，表示「茶飯不擾」，純是盡義務，俗稱「玩票」。後來逐漸形成「票友」，接受事主家的酒席招待。票友，尤其是一些名票，基本都是一些富家子弟。另外，票友對京劇事業的普及和發展的貢獻也是不小的。有許多票友的表演水準遠遠高於專業演員。如「民國四公子」之一的張伯駒先生，對余（叔岩）派的繼承和發展造成了非常重要的作用。

到哪裡能看京劇表演

來到北京的遊人先登長城，再品烤鴨，最後來到馳名中外的長安大戲院，看一場中國的國粹藝術──京劇，已成為來京遊客的首選。長安大戲院有著60多年的歷史，新時期又賦予了她新的契機。戲院開業至今，每晚演出不斷，已成為京城一景。

長安大戲院始建於1937年，原址在北京西單繁華商業街。現位於東長安街北側光華長安大廈內。長安大戲院，是北京長安街上高檔、豪華、舒適的現代化劇院。觀眾廳採用仿明清風格的裝飾，前區的紅木桌椅，手繪嬰戲圖案茶具，清宮食點可使觀眾彷彿置身於明清時代的戲園。

在長安大戲院的歷史中，展現著許多不同流派的劇碼和活躍著許多京劇表演藝術家，如梅蘭芳、尚小雲、程硯秋、荀慧生等。現今，又有許多中國新一代的優秀京劇演員活躍在長安大戲院的舞臺上，他們的演唱，或典雅，或嫵媚，或明快，或雄渾，充分表現出京劇的生、旦、淨、丑等行業的功力，讓觀眾在唱、念、做、打中受到感染，得到美的享受。

長安大戲院除了每晚的旅遊京劇專場外，每逢週六、週日下午還上演傳統京劇。其中具有代表性的劇碼有：《龍鳳呈祥》《鳳還巢》《鎖麟囊》《金龜記》《大保國·探皇陵·二進宮》《秦香蓮》《四郎探母》《趙氏孤兒》等。並且，一大批具有知名度的演員如李世濟、李維康、於魁智、孟廣祿、李勝素、張學津、趙葆秀、王蓉蓉等會紛紛登臺亮相。

老舍茶館

老舍茶館，在國外和港、臺遊客中頗有影響，遊客朋友常專門拿著旅遊指南來找老舍茶館，在前門全聚德烤鴨店吃完鴨子後，順便來到茶館小坐，來上兩杯清茶，既解了油膩又看了國粹，因此很

多旅行社都把老舍茶館列進了「一條龍」服務的一個環節。老舍茶館的分號「前門大碗茶戲樓」中的演出，則是以評書和京劇摺子戲專場為主，也就是20分鐘左右一小段演出。票價也相對便宜，每天下午只要10塊錢就可以既喝茶又看戲。茶館自開業以來熱鬧非凡。

最具北京特色的人藝話劇

北京人民藝術劇院，位於王府井大街22號，成立於1952年6月，首任院長為戲劇大師曹禺。劇院自建院以來共上演古今中外不同形式、不同風格的劇碼近300個，演出1.25萬餘場，觀眾達1400多萬人次。50年來，北京人藝的發展道路是艱難而曲折的，尤為重要的是，它在長期的藝術實踐中，構成了自己的藝術傳統，形成了自己的藝術風格───「北京人藝風格」，成為專家和觀眾公認的藝術標誌，並且建構了北京人藝演劇學派。

1950年代，劇院以上演郭沫若、老舍、曹禺和田漢的劇作而聞名於世，其代表性的劇碼有《虎符》《蔡文姬》《武則天》《龍鬚溝》《駱駝祥子》《雷雨》《日出》《北京人》《茶館》《名優之死》《關漢卿》，以及外國劇碼《慳吝人》《伊索》《帶槍的人》《智者千慮，必有一失》等。

劇院著名藝術家現有林兆華、郭啟宏、李龍雲、顧威、呂中、修宗迪、王領、任鳴、濮存昕、英達、梁冠華、楊立新、張志中、徐帆、宋丹丹、鄭天瑋、馮遠征、何冰、胡軍、陳小藝等。

北京的著名劇場有哪些

除了位於繁華的王府井大街上的首都劇場外，北京還有北兵馬

司劇場、人藝小劇場、天橋劇場、保利劇院等。

　　北兵馬司劇場（北劇場）是北京現時唯一的一家民營劇場，北劇場的前身是中國青年藝術劇院小劇場。它坐落在胡同裡，緊挨著國家話劇院、中央戲劇學院。北劇場的舞臺設置很有特色，為鏡框式舞臺加伸出式舞臺，觀眾席有397個座位，適應多種形式的戲劇、舞蹈、電影、音樂會演出。

　　人藝小劇場毗鄰首都劇場，是北京人氣最旺的小劇場。劇場有活動舞臺、活動座椅，可根據需要任意調整舞臺方向和座位數量，最多時可容納400人。

　　天橋劇場始建於1953年，是新中國成立後的第一家劇院。1991年，國家投入鉅資，在原址上按照國家大劇院的標準重新翻建了天橋劇場。2001年3月，新天橋劇場落成。老劇場舊貌換新顏，裝修更顯典雅氣派，分上中下三層，共1200多個坐席。

　　保利劇院，是鑲嵌在京城文化市場的一顆明珠。隸屬於中國保利集團公司、保利文化藝術有限公司的保利劇院，位於北京市市中心，地理位置優越。劇院自1991年正式承接對外演出以來，已成功接待了中國國內外近300個藝術團體，組織近3000場演出。劇院不但可接待大型歌劇、交響樂、芭蕾舞、音樂劇等各種藝術形式的演出，其高品位的藝術環境、高雅的各類文化活動、高檔次的服務更得到了北京文化演出界很高的讚譽，由於長期堅持對演出的品質把關，保利劇院上演的劇碼在社會上和文化演出界產生了非常好的影響，使觀眾數量越來越多，素質越來越高。北京國際音樂節，是中國唯一的世界性大型音樂盛會，保利劇院已連續三年被指定作為這一盛會的主會場。其他大型演出、比賽活動也多首選保利劇院。

　　您知道老長安大戲院的歷史嗎

老長安大戲院位於西單十字路口東南，原為清代一家槓房倉庫，1930年代為商人楊守一購買。1937年，由楊守一的親戚段正言（當時北京道德學會「壇主」）出資建造了長安大戲院。戲院為二層樓建築，戲臺臺口為半圓形，燈光音響在當時是一流的。由於地點適中，地處繁華商業區，內部格局新舊結合，適合京劇觀眾，所以營業一直興旺。許多京劇名角都在此演出過。新中國成立後，名稱一直未改。1990年代修地鐵出入口時被拆遷。

新中國成立前，北京沒有話劇團演出的專用劇場，長安大戲院上演了不少話劇。如名劇《日出》《賽金花》《茶花女》《復活》《秋海棠》等，都在這裡演出。著名話劇演員白楊、張瑞芳、舒繡文、項堃、謝添、李景波等，都曾在這裡獻過藝。

新中國成立後，戲曲蓬勃發展，1950年代初，著名京劇演員梅蘭芳、尚小雲、荀慧生、張君秋、李萬春、吳素秋等，秦腔劇團著名演員李桂雲，評劇著名演員小白玉霜、喜彩蓮、新鳳霞、鴻巧蘭、邢韶英等均在長安大戲院演出過。1950年夏季，毛主席、周總理等中央首長來到長安大戲院，觀看了李少春、葉盛章主演的《三岔口》，梅蘭芳、劉連榮主演的《霸王別姬》。這次在北京民間劇場看戲，也是毛主席唯一的一次，因此使長安大戲院獲此殊榮。

1991年年底，因地鐵施工，有著近70年歷史的老號的長安大戲院拆遷到建國門內大街路北建國門內大街7號，於1996年9月新的長安大戲院落成。

湖廣會館大戲樓

位於宣武區虎坊橋路口西側的湖廣會館，曾為明萬曆朝大學士張居正的相府，光緒年間又曾轉為兩廣總督葉名琛的私宅，其中戲

樓建於道光十年（西元1830年）。舞臺為方形開放式，正中掛有「霓裳同詠」的匾額，兩側對聯是：「魏闕共朝宗，氣象萬千，宛在洞庭雲夢；康衢偕舞蹈，宮商一片，依然白雪陽春。」臺沿有矮欄，坐南朝北，三面各有兩層看臺，可容千人。名伶譚鑫培、余叔岩曾作為兩湖同鄉在這裡演戲。梅蘭芳、程硯秋等也在這裡登臺獻藝過。樓內三面設有包間，可容納數百人觀看演出。在這座古戲樓內，您可以欣賞到原汁原味的戲曲精品劇碼，體驗到老北京戲樓獨特的文化氛圍。

現在重修的湖廣會館，被開闢為北京戲曲博物館，大戲樓每晚由北京京劇院的名家進行精彩的表演，成為展示戲曲精品，普及戲曲知識的重要陣地。被稱為世界十大木結構劇場之一。

您知道正乙祠戲樓的歷史沿革嗎

正乙祠戲樓，位於前門外西河沿。已有300多年歷史。相傳，曾是明代一處善男信女頂禮膜拜香火極盛的寺廟。清康熙六年（西元1667年），浙江銀號商人在正乙祠建立了銀號會館。現戲樓雖歷經三個多世紀的歲月滄桑，但至今仍保存基本完好。

正乙祠戲樓坐北朝南，現有的建築占地面積1000平方米左右，遵循老式戲園子舊有格局始終未變，戲臺為三面開放式。會館內戲樓分上下兩層。舞臺前三面環樓，兩旁設有樓梯。拾級而上可達官座和兩廊。看樓中心池座為馬蹄形，上有罩棚，可容納數百人。京劇創始人程長庚、盧勝奎、譚鑫培和京劇大師王瑤卿、梅蘭芳均曾在此獻藝。1919年9月11日，名伶余叔岩為母做壽在此辦堂會。白天演出曲藝、雜耍。晚場演出《春香鬧學》，名伶反串，妙趣橫生，花臉李壽山扮演春香，旦角芙蓉草扮演強盜，武花臉錢金福扮演村姑。《轅門射戟》中，梅蘭芳反串呂布，扮相英俊，風度

翩翩，一洗脂粉氣，令觀眾傾倒。文化大革命後，戲樓年久失修。1995年，企業家王宇鳴曾出資重修了戲樓。目前戲樓還進行京劇演出。戲樓被譽為中國戲樓文化史的活化石。

新中國成立前最大也是最先進的戲院是哪一座

新中國成立前最大也是最先進的戲院是1914年興建的「第一舞臺」，它坐落在西珠市口附近，是京劇名武生楊小樓、名旦姚佩秋與商人集資興建的。北京第一舞臺在當時有多個第一，即第一個使用燈光布景；第一個演出晚場夜戲，一反過去都是白天演戲的舊習；第一個突破了男女分座的界線，開賣了男女合座的戲票；第一個具有三層樓觀眾座的戲園子；是第一個實行環形摺疊式排椅的戲園子；是第一個改方形舞臺為橢圓形舞臺的戲園子；是第一個沒有臺柱子的戲園子；是第一個採用大幕和實行人工旋轉舞臺的戲園子。這些舉動在當時是很開放的行動了。在這裡楊小樓、梅蘭芳等名家創作演出了名劇《霸王別姬》，該劇就是在這裡首演的。劇場建成後，眾多名角爭相在此登臺獻藝，許多義務戲也在此演出。可惜，1937年的一場大火，使第一舞臺付之一炬，損失慘重，因無力重建，很快就消失了。

北京最古老的戲樓在哪裡

平陽會館位於前門外迤東小江胡同，是山西臨汾人開設。是北京最古老的戲樓。戲樓在會館的南面，坐西面東。舞臺為伸出式，三面敞開，戲樓前三面各有雙層看樓，看樓中間為平地，可擺放桌椅。整體裝飾雕梁畫棟，富麗堂皇。戲樓內原來高懸幾塊巨匾，現在僅存墨地金字木匾兩方，其中一塊「警世鐸」，是由明末清初書法家王鐸所寫。該戲樓至少有340年的歷史。這在當時世界上也是

少有的木結構建成的室內劇場。

昔日的老戲園子有何特點

昔日的老戲園子與今日之劇場大不相同。老戲園子一般在臨街，門前豎有一個木製單門牌坊，坊額題寫園名，頂部有脊形小屋簷，以防日晒雨淋。戲園子內的戲臺為正方形，磚木結構，檯子四角有木柱，臺前兩根柱子分別掛有對聯，戲臺正面有雕刻精緻的護欄，護欄頂端裝有木刻蓮花或小獅子作為點綴，在戲臺頂部裝有垂花倒欄杆，與下面的欄杆相對稱。

觀眾座位是長桌長板凳。戲臺三面都有座位，三面都有看樓。樓下正面座位與戲臺垂直擺放，聽戲的人面對面坐著品茗聽戲，想看戲得側身扭頭。戲臺兩側的座位是斜著擺放，與戲臺成銳角形，觀眾也是面對面，看戲需側身扭頭。從此也可看出當時叫茶園、茶樓是有原因的，是以品茗為主，看戲為輔。過去一般說「聽戲」，而很少說「看戲」。樓上的座位三面都是正對戲臺的，因為地方窄。座位區域各有名稱，樓下正面叫「池座」，樓下戲臺兩側叫「兩廂」，兩廂後面靠牆處備有高木凳，叫「大牆」；樓上稱「樓座」，前面為「包廂」，樓上戲臺後兩側叫「後樓」。在後樓看戲只能看到背影，所以後樓不收費，往往是內部人員親友看戲之處。昔日老戲園子還有一個特別的地方，就是在戲臺對面樓下後邊中間設有「彈壓席」。彈壓席設有一張長方桌子，桌子上立有一個牌子，上面寫有「彈壓席」三字。桌子上還有一個小木架，上插令箭。這是為維持園中治安而設置的，開戲後士兵全副武裝入座，園方奉上茶點，逢年過節還送紅包，以求官方多多照應。

清代至民國初期戲園子大門外都貼有海報，但不是每日都換。海報只寫某戲班、某演員演出，上寫「吉祥新戲，風雨無阻」，沒

有具體劇碼，每天上演的劇碼全憑看道具就知道了。每天將戲中代表性道具擺在戲園子大門外，戲迷一看便知道當天主要戲碼了。每日的戲單開始是木刻印在黃紙上，收費很低，後來改為石刻印在粉紅紙上。鉛印是1920年代後的事了。

　　清代戲園子演出時間很長，長達10～12個小時，不演夜戲。「茶資」多少不是以戲論價，而是按座位論價。除供應茶水外，還有另付費的小吃（黑白瓜子、鹽炒小花生等）裝在小盤子內。不過當時不收費，到壓軸戲（倒二出）開演前後才收費。「扔手巾把兒」是北京老戲園子一大特色，也是絕活。跑堂的將熱手巾從空中拋向需要的一側，扔的一剎那口中喊道：「手巾把來嘍！」扔得十分準確，另一側跑堂的接得也十分準確。隨時收取小費，多少隨便，從不計較。

　　清代京師內城禁止演戲，因此戲園子都在外城。

　　隨著中國末代王朝的崩潰，戲園的格局也發生了變化。民國元年（1912年）興建的第一舞臺（位於前門外柳樹井街路北），首先打破了舊戲園子的格局。觀眾座位變成了橫排長條木椅子，舞臺為橢圓形，臺中央設有人工轉檯，並第一次使用了幕布。接著，新建的開明戲院仿外國劇場形制，觀眾席是一排排單人座椅，並開始實行對號入座。此風一開，許多舊戲園也紛紛仿效改建。廣和樓、廣德樓和三慶園改得最晚。

舊時戲園子為何分男女座

　　清朝中葉禁止婦女到戲園子聽戲。嘉慶初年，有一個御用文人叫郎葆辰，善於畫螃蟹，偶爾做詩，很詼諧，因此人們送他個詼諧的外號，叫「郎螃蟹」。他認為京師婦女出入戲園子有傷風化，於是上奏摺提出禁止婦女出入戲園子。這是當時一些人的封建偏見，

人們稱戲園子，就是把戲園列入「子」字行業，屬有錢人和士大夫消遣的地方，與店舖是不能相提並論的，屬「下九流」行業。結果，嘉慶皇帝准奏，從此戲園子不賣女座。《清稗類鈔》載：「京師戲園向無女座。婦女欲聽者，必探得堂會時，另搭女桌，始可一往，然潔身自好者，尚裹足不前也。」到光緒末年，女觀眾開始出現了。這是由「庚子賠款」上演「義務戲」開始的。腐敗的清政府為了賠款，強迫上「國民捐」，演義務戲必須滿座。婦女是半邊天，婦女上戲園子聽戲，往往全家跟隨，當然上座率就高了。因此義務戲開禁，但男女分開，婦女在樓上就座。辛亥革命後，才打破了男女界限。婦女湧入戲園，也促使了京劇的發展。過去京劇行業中是以生為主，婦女觀眾的加入，使旦行與生行平分秋色。

到哪裡能看到高水準的歌舞表演節目

位於北京市東城區大雅寶路胡同1號的北京之夜文化城，是經北京市旅遊局核准認定的旅遊定點娛樂演出場所。

作為北京首家以中華歷史文化為表演內容，集觀演、就餐於一體的大型組合式晚宴藝術劇場，北京之夜每晚演出的盛裝樂舞《大中華》，融合了古代敦煌文化、傳統戲曲藝術、少數民族風情、服裝服飾展示等多種藝術元素，獨具民族特色和藝術魅力。樂舞一經推出，即在旅遊文化市場和社會各界引起強烈反響，至今已上演近500場。

此外，北京還有部分有歌舞演出的餐廳，如：

聖淘沙老歌餐廳，地址在朝陽區外館斜街甲1號聖淘沙茶樓三層。每晚8點半以後，都有一些演員現場演唱人們耳熟能詳的老歌，而表演人員全都是專業演員，其中有專門從中央歌劇院等專業團體邀請的老藝術家。

一千零一夜餐廳，在朝陽區工體北路，高雅的鋼琴曲將伴你度過一個溫馨的午宴，晚上你將欣賞到這裡特色的阿拉伯節目及激情優美的東方舞表演。

阿凡提餐廳，在朝內大街188號後拐棒胡同甲2號。到這裡吃飯的人大多盼著九點以後的時間。餐具一撤，剛剛吃飯的桌子立刻變成了舞臺，幾百人在桌子上瘋狂地舞蹈。

新疆紅玫瑰餐廳，在朝陽區工體北路，晚上8點後，餐廳裡聚集了很多喜歡熱鬧的食客，美麗的新疆姑娘在熱烈的音樂下跳起了歡快的新疆舞蹈，挑動了所有食客的興致，氣氛熱鬧非凡。

北京的老戲園子有哪些

提起北京的老戲園子，人們的腦中經常會浮現這樣的畫面：老北京的街坊以及南來北往的各色人等圍著一張張桌子，喝茶、嗑瓜子、閒聊，為臺上唱戲的叫好，一派嘈雜熱鬧的場景，可這些都已留存在人們的記憶中。

老北京的戲園子以正陽門外為盛，內城裡戲園子絕少，蓋因清代恐八旗兵丁以逸樂為習，故戲園子多在外城。正陽門外為鬧市區，茶樓酒肆林立，飲宴消遣者雲集，老戲園子就有慶樂、慶和、廣德、三慶、同樂軒、中和、廣和、天樂、裕興園九家。

今日仍開放的老戲園子多聚集在宣武區一帶，前門飯店裡面有個梨園劇場、虎坊路把口有個湖廣會館、西河沿的正乙祠戲樓、天橋有個曹禺題詞的「樂茶園」、前門大柵欄裡有個廣德樓、前門樓子附近的老舍茶館等。

中國雜技團是北京最有名的雜技團嗎

中國雜技團是北京最有名的雜技團，成立於1950年，是在周

恩來總理直接關心指導下，中華人民共和國成立後由國家組建的第一個雜技團。中國雜技團擁有雜技、馬戲、魔術、馴獸、高空節目、口技等各種門類的100多個節目，是目前中國國內規模最大、節目品種最全、總體實力最強的雜技團之一。近十多年以來，中國雜技團在國內外各類雜技比賽中成績斐然，先後有28個節目41次獲得全國和國際金獎。如2001年魔術節目《移形幻影——三變》，在摩納哥第十六屆蒙特卡羅國際魔術比賽中獲得最高獎——金魔棒獎，成為亞洲唯一獲此殊榮的魔術節目；2003年《翔——軟鋼絲》節目，在法國第二十四屆「明日」（暨第十五屆「未來」）雜技節上，獲得本屆雜技節唯一的法蘭西共和國總統獎。2004年《十三人頂碗》節目，在摩納哥蒙特卡羅國際雜技比賽上一舉奪得國際雜技馬戲界譽為「雜技奧斯卡」的最高獎「金小丑」第一名。2004年1月，《滾杯》和《頂技》參加法國瑪西國際馬戲節比賽，《滾杯》節目獲得了最高獎「水晶杯」。2005年，雜技節目《花旦—空竹》榮獲法蘭西共和國總統獎。

中國雜技團以繼承和發展傳統雜技精華節目見長。該團的保留節目《頂碗》《空竹》《爬桿》《地圈》《花盤》《車技》等都是在傳統節目基礎上發展起來的優秀大型雜技節目，在各種演出當中受到歡迎。中國雜技團在發揚本團傳統特色優勢的同時，將雜技與音樂、舞蹈、戲劇、武術等姊妹藝術進行有機結合，相繼推出《中華神韻》《老北京天橋民俗雜技晚會》《唐人百戲——中華魂》《花的彩虹》《神話雜技》《民族馬戲》《中華魂》《天域奇緣》《如夢》等多臺主題雜技、馬戲晚會。

可到哪裡去看中國雜技表演

位於東三環北路36號的朝陽劇場，演出雜技節目已經有十幾年的歷史了。他們的口號「看雜技到朝陽」，在京城也已經是眾人

皆知了。因為地理條件和硬體設施的優勢，大部分雜技團都希望能在這裡演出。

位於東城區少年宮劇場的天地劇場，位居東二環一側，該劇場已經和中國雜技團合作5年之久，經過了長時間的磨合之後，劇場和雜技團已經形成了十分融洽的關係。中國雜技團又是中國雜技的一塊金字招牌。

位於宣武區虎坊路7號的工人俱樂部也常年有雜技演出。演出劇碼也是傳統雜技，主要接待一些國外演出的團體。

位於朝陽區安華西里甲一號的木偶劇院，也常有雜技演出。

萬勝劇場位居天橋劇場一側，為宣武區天橋市場95號，看上去並不是很起眼。天橋自從舊社會起就是各種藝人撂地雜耍的聚集之地，是北京民間藝人的藝術勝地，聚集著舊中國各行各業的手藝人，也稱得上是傳統的雜技場所。在這裡演出的北京雜技團也是京城較好的演出團體，曾在許多國際比賽中獲得殊榮。在這裡，除了看雜技之外，你還能夠充分瞭解老北京的人物風情。

位於宣武區白紙坊大街16號的鑫融劇院曾因為演出雜技劇《功夫秀》而熱鬧過一陣，《功夫秀》走了，這裡又恢復了平靜。現在該劇院又打造了一臺新的名為《中華國粹》的綜藝晚會，演出內容除了雜技魔術之外，還有京劇、少林氣功和川劇的變臉。

可到哪裡去看中國木偶表演

中國木偶藝術，古稱傀儡戲，是中國藝苑中一枝獨秀的奇葩。歷史悠久、源遠流長，品種繁多、技藝精湛。

中國木偶劇院，是主要以廣大少年兒童為主要服務對象的綜合性娛樂場所，同時也是中國目前唯一的一座以木偶戲演出為主的專

業劇院。劇院位於朝陽區安華西里甲一號。目前劇院開闢了大劇場和小星星劇場兩個木偶戲演出場地。雙休日和節假日均安排木偶劇演出。北京市文化局所屬中國木偶藝術劇團是演出的主力。

中國木偶藝術劇團成立於1955年。建團40餘年來，以木偶表演形式為主，創作並演出了近300個劇碼，攝製了《大林和小林》《野天鵝》等100多集木偶電視劇，拍攝了《小鈴鐺》《中國木偶藝術》等6部影片。劇團的重點劇碼有近百個。傳統劇碼有《大鬧天宮》《八仙過海》《王小二打虎》《八戒背媳婦》《鶴與龜》《小放牛》等；現代題材的劇碼有《草原紅花》《半夜雞叫》《神嗩吶》等；世界著名童話木偶劇有《野天鵝》《美人魚》《木偶奇遇記》等。

老北京的武術有哪些流派

數百年來，北京就是「天子」腳下，全國的政治、經濟和文化中心，所謂「學得文武藝，賣與帝王家」，京城正是武林精英薈萃之地、群雄豪傑相聚之都。

北京武林儘管門派眾多，高手如雲，可是卻沒有土生土長的北京地方拳種。如太極、形意、八卦這三大拳都是外來戶；雖說三皇炮捶、戳腳翻子、白猿通臂是北京的著名拳種，可創始人都不是北京人，還有其他的大大小小的拳種流派，諸如查、花、劈掛、螳螂、潭腿，以及梅花樁、大成拳、八極拳等，都不是生在北京的，但這些當初來自窮鄉僻壤的默默無聞的拳種，卻都是到了北京以後才發揚光大、威名遠颺的！

在北京流傳最為廣泛的拳種，莫過於太極、形意、八卦這三大門派，而其中以太極拳流傳最廣。

太極拳、八卦掌、形意拳，如今不僅鼎足京城武林，而且也是

國內外影響最大、習練人口最多的三大拳種，被人們稱為內家拳。這三大拳種，受京城文化的薰陶，顯現出深厚的文化底蘊，厚重而又大氣。如楊式太極拳的大氣磅礡、八卦掌的舒展靈動、形意拳的氣宇軒昂，都體現出帝王之都的威武之氣。

您知道太極拳是怎樣在北京興起的嗎

太極拳，最早是由河北永年人楊露禪傳到北京，經過100多年的繁衍，現在在北京已經形成了陳、楊、吳、武、孫五大流派。楊露禪學拳於河南溫縣陳家溝的陳長興，中年以後返回故里，後因機緣到北京王府內教拳，這才使得流傳於陳家溝陳氏家族內的太極拳得以登堂入室，進而到如今廣播天下。因此，說北京是太極拳的中興之地，甚或說北京是太極拳的發祥地，也不為過。

當楊露禪進肅王府教授太極拳時，王府內還有一位深藏不露的武術大家，名曰董海川。這董海川是河北文安朱家務人。少年豪俠，濟困扶危。年長後，曾經遍遊四方，尋訪名山大川、高人隱士。中年後入宮充當宦官，在王府中傳出轉掌絕技，名喚八卦掌。據說，董海川和楊露禪曾經比試武藝，不分伯仲。於是，兩人不免惺惺相惜，彼此欽佩，成為摯友，經常在一起切磋武藝，交流拳理拳法。

形意拳是怎樣在北京興起的

在太極拳、八卦掌逐漸盛行於北京之時，發源於河北深縣的形意拳也異軍突起。形意拳是河北深縣人李洛能在山西戴氏心意拳的基礎上發展而來的。李洛能傳人廣泛，著名的弟子有劉奇蘭、郭雲深、車毅齋、宋世榮等。深縣與北京不過數百里之遙，況北京又是皇城，那些身懷絕技的武林中人誰不想到北京揚名立萬？於是就有

了郭雲深上京城大戰董海川的傳說。據說，兩位武術巨匠大戰了三個夜晚，難分高低上下，最後結為莫逆之交。

孫式太極拳的創始人孫祿堂先生早年隨郭雲深學習形意拳，後又到北京隨程廷華學八卦掌，50歲後，向武式太極拳傳人郝為真學得太極拳。孫祿堂總結三家拳法精華，融會貫通，後創出熔太極、形意、八卦於一爐的孫式太極拳。

北京人怎樣玩蛐蛐（蟋蟀）

老北京的男孩，大概很少有沒玩過蛐蛐的。一到秋天，就把大大小小的蛐蛐罐捧出捧進，什麼「蟹殼青」、「棺材板兒」、「棗核兒」等。

蛐蛐又叫蟋蟀，是一種秋蟲。秋風起，蛐蛐叫，說明天氣快要冷了，人們該準備衣被了，所以此蟲又被稱做「促織」。老北京人歷來有養秋蟲的習慣，其中之一便是蛐蛐了。養蛐蛐不單是為了聽它的鳴聲，主要是為決鬥。根據《帝京景物略》記載，在舊京城，上至王公貴戚，下至平民百姓，都對養蛐蛐、鬥蟋蟀有著濃厚的興趣。住南城的京劇名伶譚鑫培、王瑤卿、余叔岩等均樂此不疲。

玩蛐蛐的人，有一套詳盡的方法，鬥蛐蛐更有一套複雜的規則，養或鬥蛐蛐的器具，不但十分考究精緻，而且種類很多，都要有專門的「傢伙兒」。鬥蛐蛐要有「蛐蛐探子」，那是用一根竹籤兒，頭上綁一小段雞毛翎管，在翎管上插上三五根有彈性的毛做成的，最講究的桿是紫檀的，毛是從活的灰耗子身上拔下的鬍鬚，這才是上品。養蟋蟀的泥罐也十分講究，最珍貴的是「古燕趙子玉款」的蟋蟀罐。蛐蛐罐、斗盆、食槽、水槽均按質地劃分，陶的、瓷的、玉的、石的、漆雕的，有錢的人還有玩餞金的。

過去在宣武門外菜市口一帶那些臨街的小樓，每到秋天都用紅

紙寫著「秋色可觀」貼上，這都是以鬥蟋蟀賭博的地方。

鬥蛐蛐的最好時節是在重陽節過後，被稱為「樂哉九秋」。按等級分，一般下等鬥蛐蛐的，只是三五成群的走到一起，手拿粗糙的瓦罐，蹲在大槐樹底下，便可開戰，其最大的賭注不過是洋煙畫、玻璃球、芝麻糖罷了。中等鬥蛐蛐的就比較正規了，一般是約至一家院內，擺上一張桌子，大家圍在四週一試輸贏，賭注一元、兩元不等，但最多不超過三五元。上等鬥蛐蛐，有許多講究。每次都要事先發帖子，比賽時要設好桌案，上面鋪上紅氈，擺上象牙筒、牙籌、鼠探子等器具。赴約者各自帶有蛐蛐把式，專有挑夫挑著蛐蛐籠子。比賽時，主人只在一旁靜觀，由設局者負責鬥事。這裡不僅場面華貴，而且賭注非常之大，因此而傾家蕩產、投河自盡者時有發生。

蟋蟀是一種分布廣泛的昆蟲，北京地區的蛐蛐以京北蘇家坨的「伏地兒蛐蛐」和京西福壽嶺的「青麻頭」最佳。

老北京蛐蛐市場有哪些

舊時，蛐蛐市場，除了廟會、集市外，在北新橋、東四牌樓、天橋等處都有集散地。外地專門到北京販蛐蛐的，如山東、西陵等地的蛐蛐販子則大多住在宣武門外的蛐蛐店裡。校場口六條（在宣武門南）有兩家蛐蛐店，是山東兗州人集中賣蛐蛐的地方，所售佳品每隻可賣銀洋數元。在江西會館北側，有一家大車店，平時供車馬住宿，但秋天一到，就變成蛐蛐店了。裡面不僅有專門盛蛐蛐的籠子，店主還可每天給蛐蛐餵食。所售蛐蛐價格不等，一般平民或兒童花幾文錢便可買一隻一般的蛐蛐，而那些坐著小汽車和洋車來買蛐蛐的富戶大款，為了爭買佳品，往往一擲千金。

老北京人的遛鳥

北京人養鳥久已有之。文人多養百靈、靛頦、紅子一類；體壯者多養畫眉；撂地賣藝者則多養交嘴、「老西兒」。算命先生多養馴化成熟的黃鳥，以用其叼卦騙人。

遛鳥不單獨是給鳥兒「放風」，主要在於馴鳥兒，教給鳥兒一些小技藝，以作觀賞、娛樂。以前北京城空曠地帶很多，於是鳥迷們每天早上聚集在一起，遛鳥放風、交流馴鳥經驗。遛鳥兒，馴鳥兒之餘，多是到附近茶館品茗小憩，把各自的鳥籠掛在茶館門前，任憑鳥兒各自爭鳴，如入森林。鳥迷們聚會的茶館，往往招至一些「慕鳴」而來的顧客。所以，店主人為兜攬生意，就邀請養有好鳥的老主顧前來「賽會」，謂之「串套」。

老北京愛養鴿子、玩鳥

值得注意，也有些意思的是，老北京人——包括一些並非很有錢有閒的小市民，對養鴿子玩鳥十分癡迷，有的甚至到了狂熱的份兒上。

無論鴿子還是鳥兒，牠們間的品級差別極大；然而這極大的差別有許多是外行根本無法知道的，還有些差別甚至連行家都難以用語言、道理說得清楚，有時候只能靠感覺，所謂只可意會不可言傳。發展到極至，比如一隻再常見不過的「點子」，牠的真正的品級有時候就不光靠模樣、血統能形容出來的，有些特徵諸如神態、氣質等都是極其重要，同時很不容易分辨的。同樣一隻百靈，哨起來可能前九後四十三套絲毫不亂，可中間的細微分別還是有的，而某些極難察覺的分別，就使此一隻與彼一隻有了品級上的大差別。

伺候這些小生靈很費時費事，有的時候也不一定不費錢，但是即便傾注了全部的精力，也很難說就能玩出個所以然來。但仍有許

多人樂此不疲甚至全神貫注，其中的大部分人並不一定想或者說奢望玩出個所以然來，差一些的鴿子，哨得不怎麼好甚至有些「毛病」的百靈、靛頦，仍視為寶貝，時刻放心不下。而最有意思的也最值得注意的是，這些玩意兒比起其他玩意兒來又有不同，就是完全地沒有「價值」也根本不能「保值」。一個煙壺，一輛汽車，能長久保存或至少有一定實用價值；一幅古畫，一張郵票，收藏些日子沒準能賺錢，而玩鴿子養鳥就大不一樣了，生命週期相對地短，然而興趣卻是無限的。在老北京，玩鴿子養鳥遠比收藏要普遍得多。

北京的環球嘉年華遊樂活動一般何時舉行

　　嘉年華，是香港人對狂歡節的意譯，並且，在香港的文化中對狂歡節做了當地語系化，形成了「嘉年華」。環球嘉年華是世界知名的娛樂品牌，是與迪士尼主題樂園、環球影城並駕齊驅的世界三大娛樂主題之一，但它的營運形式很獨特。

　　環球嘉年華的場地一般是向當地政府租借使用，活動時間大致在一個月到兩個月之間。另外，環球嘉年華中的大型機動遊戲也是向歐洲各大家族租借，以保證其機械的更新換代和安全性能。

　　作為世界最大型的巡迴移動式遊樂場，環球嘉年華已經遊歷了法國巴黎、英國倫敦、馬來西亞吉隆坡、新加坡、阿拉伯聯合大公國杜拜、香港等諸多城市，受到各地的熱烈歡迎。從2004年起，環球嘉年華活動每年都在7月到10月間落戶北京。2004年環球嘉年華在北京舉辦52天，吸引遊客120萬。2005年7月29日，環球嘉年華在北京國際雕塑公園再次開幕。在全球遊樂業全面疲軟的今天，環球嘉年華開張第一天就迎來了超過1萬名遊客。2005年的環球嘉年華除了傳統的大型遊樂設備外，還增加一些家庭型的遊樂活

動，以適應不同年齡段的人群。

北京遊樂園有什麼遊樂項目

北京遊樂園，坐落在北京城區東南風景宜人的龍潭湖畔，是中日合資經營的大型現代化遊樂園，於1987年正式投入運營。有從國外引進22項近200件現代化遊樂設施，其中「大觀覽車」，如衝向高空的一架大五彩風車。為了進一步豐富園內活動，院內已增添了水上世界和180°、360°電影館以及介紹電影拍攝過程奧祕館等項目。

最適合父母帶兒童遊樂的是「水上漫遊」。坐上彩船，沿120米水道漫遊，舒適愜意，無驚無險，飽覽風光。也可再自由一點，約二三知己或情人伴侶，或一家一戶去乘「湖上遊船」。150多艘龍船、鴨船、鴛鴦船，新穎美觀，供人們遊蕩在中心島周圍的湖面上。

北京遊樂園幻像水族館，位於遊樂園中心島上，面積為2000平方米，是一座無水幻像水族箱與普通水族箱交錯矗立的水族館，也是中國第一家幻像水族館，是首次從國外引進的專利技術，採用現代化聲、光、電等高科技手法表現出了一個五彩斑斕、神奇莫測、變幻不定的深海水族世界。館內設有海底岩洞、古城遺蹟、沉船殘骸、大珊瑚群、UFO水域、深海景色、熱帶風光、中式庭院八個場景。北京遊樂園是寓現代科學技術和現代文化生活於遊樂、休憩之中的最佳場所。

北京石景山遊樂園有什麼遊樂項目

北京石景山遊樂園，位於北京西山風景區南部，交通便捷，風

景秀麗，風格典雅。在碧湖垂影、曲徑環繞之間，在松柏蔥蔥、芳草茵茵之中，哥德式的灰姑娘城堡、阿拉伯式餐廳、歐式風格的藍橋、俄羅斯風情的門樓等世界各國民族特色建築以及原子滑車、勇敢者轉盤、大觀覽車等大型遊樂設施凌空矗立、氣度非凡，交相輝映著驚險神奇、迷離爛漫的童話色彩，是一座以高科技為先導，集知識性、趣味性、娛樂性、參與性於一體，融異國風格建築、郊野園林藝術和各類遊藝設施為一身的大型現代化休閒娛樂場所。

石景山遊樂園內共有20多項大型遊樂設施，主要有旋轉木馬、瘋狂老鼠、童話列車、高空觀光車、雲霄飛車、賽車、海盜船、碰碰船、勇敢者轉盤及水上樂園等，內容豐富、活動刺激，令人其樂無窮、流連忘返。石景山遊樂園的建築布局，是以格林童話中的灰姑娘城堡為中心的，美麗的灰姑娘雕像佇立於城堡前的大水池中，歐式古堡、少女塑像，與四周雕飾的童話人物皮諾丘、唐老鴨和米老鼠等融為一體，構成了富於童話色彩的美妙世界，十分吸引少年兒童及廣大遊人。

北京動物園設有哪些場館

北京動物園是集娛樂、教育為一體的綜合性娛樂場所，位於北京西直門外大街137號，與北京展覽館相鄰，是亞洲面積最大、種類最多的動物園之一。它的前身是1908年建成的萬牲園，迄今已有90多年歷史。來自中國和世界各地的640多種、5萬多隻野生動物在這裡安家落戶。園內設有大熊貓館、兩棲爬行動物館、長頸鹿館、羚牛區、大象館、羚羊展區、大猩猩館、鳥禽館、夜行動物館、獅虎山、鶴島館舍、犀牛河馬館、金絲猴館、小動物愛心俱樂部、雉雞苑、北京海洋館等。

北京野生動物園有哪些遊樂內容

　　北京野生動物園，是集動物保護、野生動物馴養繁殖及科普教育為一體的大型自然生態公園。園區匯集了世界各地珍稀野生動物200多種1萬餘頭（隻），公園所體現的「人、動物、森林」的氣氛，拉近了人與動物的距離。增加了人與動物的接觸，以現代的無屏障全方位立體觀賞取代了傳統籠舍觀賞方式。園區突顯一個「野」字，體現一個「愛」字，建築精美別緻，綠樹環抱，草木扶疏，景色幽雅，令人心曠神怡。

　　園內設散放觀賞區、步行觀賞區、動物表演娛樂區、科普教育區和兒童動物園等，建有主題動物場、館31個。在動物散放區，成群的狼和牛、獅子和狒狒共同生活在一個區域。在步行觀賞區，您可以跟鹿、麂、松鼠等多種溫馴動物玩耍。在主題動物場館內，可以觀賞到世界上最大的人工繁殖國家一類保護動物——棕尾虹雉、白尾梢虹雉、綠尾虹雉等珍稀動物種群，同時還可以觀賞到極為珍貴的大熊貓、金絲猴等。園中還為中、小學生開設了瀕臨絕種動物科普教育基地、兒童動物園和兒童樂園。動物表演娛樂區為遊人提供了各種精彩的動物表演。園區位於北京市大興縣榆垡鎮萬畝森林之中，緊臨京開路，距玉泉營42公里，交通十分便利，驅車沿京開高速公路至此只需30分鐘。

北京八達嶺野生動物世界有哪些遊樂內容

　　八達嶺野生動物世界，是一家依山而建的大型自然生態公園，位於八達嶺長城腳下，設計建有30處景區及一個小型水庫。園內動物規模有47種達2000餘頭。這裡大規模，大種群地散放著各種猛獸，遊人可乘遊覽車在蜿蜒曲折的10公里山路上，從近處觀賞獅、熊、虎、豹剽悍兇猛的身姿；也可在步行區欣賞長頸鹿、斑

馬、獼猴等多種溫馴動物，與它們嬉戲；在山區曠野中建有古羅馬式的動物野性恢復場，遊客可驚奇地看到虎、獅、狼在捕食，進行野外生存訓練的情景；在蔥鬱的叢林中，還有數隻珍稀的白虎，讓人大開眼界。

園區包括野生動物遊覽區、山林觀光區、生態保護區、古文化區、休閒區五大功能區。野生動物遊覽區以大種群散放式猛獸展示為其特色，匯集著世界各地具有代表性的動物，有來自美洲的白虎，非洲的長頸鹿、斑馬、羚羊，澳洲的袋鼠，還有中國的國寶熊貓、金絲猴、朱鷺、金毛扭角羚等。山林觀光區和生態保護區，遊客可以在觀賞秀美山色的同時與溫馴動物親密接觸。古文化區有綿延3.5公里的古老長城和燒製長城磚的古窯址。

北京海洋館是世界上最大的內陸海洋館嗎

北京海洋館是目前世界最大型的、現代化的、先進的海洋生物科普館。它在多方面居於國內外領先地位：整體建築面積最大；占地面積最大；總水量最大；同時生物收藏量也最大，海底生物可到1000餘種，總飼育魚類達3萬～5萬尾。館內共設六大場館：熱帶雨林、觸摸池、海底環遊、鯊魚館、鯨豚灣、海洋劇院。

熱帶雨林濃縮了南美亞馬遜河流域的熱帶雨林自然景觀，使遊客恍若置身於神祕的亞馬遜原始森林，找到一種回歸自然、返璞歸真的感覺。神祕的塑像、古老的神橋，帶給遊客更遙遠的幽思。隨著自然地勢的變化起伏，22個大大小小的展示缸，錯落有致地鑲嵌其中，不留絲毫人工斧跡。從海象到如霞似錦的血鸚鵡、錦鯉，通體透明的玻璃貓，雍容的紅龍、銀龍，珍貴的中華鱘、胭脂魚等，共展示了100多種雨林及內陸河川的淡水魚類。

觸摸池長36米，象徵著屈曲綿延的海岸線。在這裡大量棲息

著淺水海域的潮間生物。有軟體動物紅螺、七角螺、馬蹄螺等，遊客可以輕輕地觸摸這些來自大海的朋友，盡情領略來自大海的柔情。

海底環遊。走出觸摸池，使遊客驚喜地發現眼前豁然開朗，一下子來到了寧靜、遼闊的藍色世界。螺旋形的坡道再次提醒遊客，正置身於一隻美麗的大海螺。坡道上銀光閃閃，彷彿是潔白、柔軟的沙灘，這些快樂美麗的魚兒會帶著你游進海的天堂。超大弧形壓克力展示窗為你撩起大海神祕的面紗，海底隧道好像如歌的行板，輕柔平緩地把你帶入靜謐而瑰麗的海洋世界，藍的是藍鯛，銀白色的竹葉魚，典雅的圓斑擬鱗魨，斑斕飄逸的帆鰭笛鯛，色彩絢麗的小丑砲彈；「鷹嘴鰩」，這個已在地球上存在1億多年的古老生物，像一個輕盈的精靈，正從遊客的頭頂悄然劃過；大海龜悠閒地蕩著清波……32個展示缸，展示著地球上最富典型性、代表性海域的觀賞魚類，它們給遊客講述著一個又一個動人的海洋故事。不用走出北京，遊客就可以經歷一次奇妙的環球海底旅行。

這裡有來自美國加洲海洋森林的珍貴紅寶石；瀕臨絕種珍稀的鸚鵡螺，是海洋館獨有的展示品種，它從5億年前的遠古走來，歷盡風雨滄桑，在殘酷的環境變化和生物進化中堅強地生存下來。出於對奮鬥者和勝利者的敬仰，北京海洋館選擇鸚鵡螺作為企業的象徵，取意其堅強、積極、適應和奮鬥的精神。

許多電影或文學作品都習慣於把鯊魚描寫成嗜血成性、瘋狂兇殘的動物，那麼，真正的鯊魚長得什麼樣子，遊客走進鯊魚館，看了就知道。鯊魚館裡面並不是陰森恐怖和血腥殘殺，倒是擁有幾分悠然，甚至還會有一點浪漫的情調。

鯨豚灣是海洋動物的家，開放式的設計使遊客可以和這些來自海洋深處的朋友面對面地交流。海豚、鯨魚和海獅在這裡愉快地生活、刻苦地訓練，它們和訓練員結下了深厚的友誼。

海洋劇院最受遊客的喜愛。搖搖晃晃、憨態可掬的海獅滑稽、幽默，惹人喜愛。牠們一會兒模仿嘲笑笨拙的海豹，一會兒隨著音樂與人共舞，一會兒又模仿著馴獸員的樣子向大家宣傳環境保護……出色的表演令人忍俊不禁。海豚、鯨魚們身懷絕技，常常令觀眾樂而忘返。歡笑聲聲，掌聲陣陣，臺上臺下形成了一個歡樂的海洋。

北京海洋館所處地理位置優越，南側為動物園長河，東依高粱橋，西靠白石橋。交通十分便利。遊人可從動物園南大門進入海洋館，也可乘地鐵換16路，從北大門進入海洋館。

北京工體富國海底世界中有哪些海洋動物

北京工體富國海底世界位於北京工人體育場人工湖地下，是中國和紐西蘭合作興建的北京第一家五星級大型海水水族館。建築面積7800平方米，總投資為2350萬美元。它擁有亞洲最長的120米壓克力透明水下隧道，可使人全方位地觀賞主池內的海底景觀。主體展示池容納海水450萬升，另有20個不同主題的展示池。在這裡生活著數千條來自世界各地的海洋生物，包括鯊魚、鰩魚、鰻魚、食人魚、深海的龍蝦、海馬、海星和其他各種無脊椎動物。北京工體富國海底世界透過教育、娛樂等高科技幫您認識、欣賞海洋，瞭解海底世界的奧祕。

在海洋館內還專門設立了教育中心，對兒童、青少年和成年人進行海洋生物、海洋生態學、海洋環境等方面的教育。在富國海底世界裡，可穿越透明的海底隧道，暢遊海底與魚同遊，探索海洋奧祕，觀看各種魚類和大型「食人鯊」，親眼目睹人鯊共舞的精彩表演。

在海底教室可傾聽豐富的海洋生物趣聞，觀察各種魚類標本。

最近，富國海底世界最近又推出了豐富的泰國鱷魚表演，既驚險又刺激。

北京演電影的酒吧都在哪裡

酒吧和電影聯繫在一起不是必然的，但也不是偶然。去酒吧看電影，看難以尋覓的經典名片，看難得一見的個人製作，特別是看到那些和你一樣的在黑暗中發亮的眼睛時，你會清晰地感受激動。

燕尾蝶影吧酒吧，在三里屯的一個大院中，門前有一片寬闊的空地，兩旁的牆上貼著當月的上映表，還貼著多家網站的宣傳畫。推開酒吧的門，一眼就會看到那架老式的放映機不斷地把精彩的影片傳輸給懸掛在對面的大螢幕上。每張小桌子上都有一個電影開拍時用的「板兒」，手裡拿著它比劃比劃，還蠻有意思的。

雕刻時光的名字，來自於前蘇聯的導演安德烈·塔可夫斯基（Tarkovsky）的一本傳記。雕刻時光，位於海淀區魏公村路理工大學南門，酒吧的老闆莊仔本就是北京電影學院臺灣來的學生。這裡經常放映的是一些老電影，有臺灣的，有前蘇聯的。

猜火車電影酒吧，位於朝陽區望京西園三區303號樓地下室，週一至週四晚上7點至次日凌晨1點放映，週五至週日下午3點至次日凌晨1點放映，免門票。

我是誰酒吧，位於北京海淀區學院路26號，酒吧隸屬於飛昂影視公司，名字也來源於一部精彩的電影。走進我是誰酒吧，你便可以看見牆上掛著許多電影的海報，電視裡放著精彩的影片。

哈特藝術沙龍，位於東大橋斜街17號三里屯南酒吧街，進門的空間很小，然而沿樓梯爬上2層你就會發現這裡簡直是別有洞天。酒吧的每週六晚上8點都有電影放映，都是國人難得一見的好

電影。

北京曲藝的專案有哪些

　　北京曲藝是中國具有悠久歷史的傳統民間藝術，有相聲、評書、單弦、山東快書、評彈、京韻大鼓、北京琴書等。隨著社會的不斷變革，曲藝的形勢也在不斷地發生著變化，曲目不斷更新。最突出的是相聲藝術，藝人們不斷地對相聲進行著改進，對傳統相聲取其精華，棄其糟粕，重新整理，予以提高。許多段子像《改行》《戲劇與方言》《關公戰秦瓊》《醉酒》等流傳全國，膾炙人口。

相聲是何時形成的

　　相聲藝術的形成時代難以確考，但最遲不晚於清代乾隆時期。它最初流行於北京、天津地區，優秀傳統段子有《連升三級》《巧嘴媒婆》《改行》等；新段子有《一貫道》《婚姻與迷信》《夜行記》《買猴》《帽子工廠》等。為廣大觀眾喜愛的相聲表演藝術家有侯寶林、張壽臣、馬三立、馬季等。

相聲講究哪「四門功課」

　　相聲，是曲藝百花園中最有群眾基礎的一個藝術種類，強調「說、學、逗、唱」這「四門功課」兼備，是相聲特有的基本功。

　　相聲，是以語言為主要表演手段的北方喜劇性曲藝藝術。常在隨意調侃中揭示深刻主題，運用誇張、諷刺等手段干預生活，針砭時弊，以「包袱」（笑料），逗引聽眾的興趣，增強藝術效果。相聲演員不但要有深厚的語言功底，而且還應掌握相聲語言特有的基

本規律。如要求相聲語言說來上口、聽來順耳,儘量使用通俗的口語,準確表達內容涉及的人物、事件等。要求相聲語言概括性強、緊湊連貫,適應捧逗對話、組織「包袱」等的需要。要求相聲語言在運用比喻、想像、成語、歇後語時,做到繪聲繪色和具體鮮明,從而引人入勝。「說、學、逗、唱」是相聲演員的四門功課,也是相聲藝術區別於其他曲藝門類的基本要素。

侯寶林先生對相聲藝術有哪些貢獻

侯寶林先生被人譽為「布衣大師」,深受人民喜愛,這和他推出的「相聲改進運動」有相當大的關係。「幽默相聲千家樂,貧嘴滑舌萬人嫌」,這是侯寶林先生在世時常說的話。侯寶林先生對「說、學、逗、唱」四門功課的研究,其成就使他登上中國最高學府的講臺,成為客座教授。侯寶林先生對於相聲這種幽默的語言藝術,他的最成功地方就是在語言方面下工夫,在「說、學、逗、唱」中,把包袱抖摟出來,贏得了觀眾的陣陣笑聲。

您知道北京曲劇這個劇種嗎

北京曲劇,是發源和形成於北京的戲曲劇種。1949年,新中國成立以後,北京曲藝演員魏喜奎、顧榮甫、孫硯琴等人,在人民政府的說明下,組織班社,演唱新曲藝,同時採用單弦曲牌等北京曲藝唱腔,演唱了由陝北革命根據地傳來的秦腔、秧歌戲劇碼《四勸》《大家喜歡》等和一些新編的小戲,開始具備了北京曲劇的雛形。1952年,成立了公辦民營的北京市曲藝工作團,在排練演出老舍創作的《柳樹井》時,開始建立了導演制度,借鑑學習了兄弟劇種演唱現代戲的藝術經驗表演藝術,使北京曲劇走上逐漸成熟的道路。以後陸續演出了不少新戲,受到觀眾的重視。特別是1959

年以後，在黨和政府的領導下，北京的三個曲藝團聯合建立了國營的北京曲藝團（後改名為北京曲藝劇團），使北京曲劇日益走上穩步發展、藝術上漸趨成熟的道路。多年來，由於不斷注意提高藝術品質，累積自己的保留劇目，多次到外地旅行演出和拍攝藝術影片，北京曲劇已為國內外觀眾所熟悉和喜愛。

北京曲劇的音樂唱腔源於單弦曲牌。單弦早期所用的曲牌，主要是北方的時調小曲和一些江浙地區傳來的民歌小調，抒情色彩很濃厚。後期又吸收了北京流傳的板腔體的曲藝唱腔，發展成說唱風格較強的曲調，多數曲牌、唱腔都以半說半唱的方法來演唱。常用的曲牌和板腔體唱腔有60多個，伴奏樂器以大三弦、四胡、二胡、高胡、琵琶、阮、笛子等國樂樂器為主，並適當運用了小提琴、大提琴等西方樂器。

北京曲劇是新中國成立後興起的劇種，沒有傳統戲曲的表演體制，也沒有嚴格的行業之分。它以演出現代戲而崛起於戲曲舞臺，在表演上以生活氣息濃郁而見長。從劇本到表演和導演處理上都力求體現時代氣息、表現人民的生活風貌。

北京曲劇在1950至60年代，已開始由北京流行到天津，70年代以後又流傳到遼寧省營口市等地。在京、津等地，除專業劇團外，還有一些廠礦業餘劇團演出。

北京曲劇有哪些傳統劇碼，有哪些著名演員

北京曲劇從形成到現在，已經演出了100多個劇碼。有影響的現代題材劇碼有《羅漢錢》《婦女代表張桂榮》《喜笑顏開》《山村花正紅》《雷鋒》《箭桿河邊》《紅花向陽》《淚血櫻花》等；近代歷史題材劇碼有《義和團》《珍妃淚》等；歷史生活題材劇碼有《楊乃武與小白菜》《王老虎搶親》《閻家灘》《屠夫狀元》

等。其中《楊乃武與小白菜》《箭桿河邊》兩劇曾在1960年代拍攝了藝術影片，1982年拍攝了《珍妃淚》藝術影片。

在北京曲劇的發展過程中，成長、培養出了一批有藝術才能的演員隊伍。魏喜奎，是這一劇種有代表性的演員，她在演唱方面以嗓音甜潤見稱，善於用革新的奉調大鼓唱腔來塑造人物的音樂形象，注意聲情結合，行腔收縱自如，圓潤內斂。孫硯琴，以善於表演多種不同類型人物，演唱以圓熟見長。李寶岩（已故），為唱腔戲曲化做了不少努力。佟大方、王鳳朝等和後起的青年演員甄瑩等，也都在很多劇碼中有比較出色的藝術創造，共同豐富了北京曲劇的表演、演唱藝術。另外，顧榮甫、關學曾、曹寶祿等老藝人，對北京曲劇的創造也起了一定作用。伴奏樂師韓德福等長期與音樂工作者合作，為豐富改革曲劇唱腔都做出了貢獻。

八角鼓岔曲是滿族的說唱藝術嗎

八角鼓岔曲，是滿族特有的、京城特有的說唱藝術。是「京味」藝術中的一朵奇葩。

滿族在關外牧居時期，即有自歌自娛的習風。入關後，軍中以流行的俗曲和巫歌曲調，配上八角鼓擊節，編詞演唱時事，抒發懷鄉之情。李聲振寫於康熙三十五年至四十五年（西元1696—1706年）間的《百戲竹枝詞・八角鼓》中說：「形八角，手擊之以節歌，都門有之。」說明至遲在康熙中葉，八角鼓已是京城流行的一種漢語演唱形式。岔曲，就是從八角鼓這一演唱形式發展而來的。

齊如山先生為1935年出版的《昇平署岔曲》一書所寫的序中說得更具體：「岔曲唯舊都有之。故老相傳，始自清高宗之平定金川，蓋凱歌也。」正因為當時岔曲的這種凱歌性質，使乾隆皇帝下旨推而廣之。

那麼岔曲又是怎麼一種藝術形式、怎樣的表現呢？啟功先生說他曾在「《岔曲集》跋」中引用吳曉鈴的話說：「岔曲之作，吾始見之於《霓裳續譜》，皆是簡短數句者。至余幼年所聆，則有數十百句者。其短者曰脆岔，長者曰長岔；中間敷說，曲調較平衍者曰趕板長岔，亦曰琴腔；中間雜以各種曲牌者，曰帶牌子長岔，亦曰牌子曲。此形勢之大略也。伴奏用三弦，自彈自唱，號曰單弦；或一人唱而另一人彈，號曰雙頭人，另一人彈弦時，則唱者可持八角鼓節曲。後世不論一人、二人所演雜牌子曲，俱蒙以單弦之稱，已失其本意。此演奏之大略也。」

單弦與八角鼓岔曲有何關係

單弦產生於北京，又稱單弦牌子曲。是清乾隆、嘉慶年間，在北京的滿族子弟中流行的「八角鼓」（說唱藝術。唱時用弦子和八角鼓伴奏，八角鼓由說唱者自己搖或彈）裡的一種自娛娛人的演唱形式。八角鼓是滿族的一種小型打擊樂器，以手指彈鼓或搖動鼓身使銅片相擊而發出聲音。演唱時，演員手持八角鼓，故又稱之為「唱八角鼓」的。

岔曲，是滿族創造的文化。其中有文人雅士之作，更多的出自平民百姓之手，包括一部分在即興創作演唱的基礎上，經過若干加工形成的說唱藝術、口頭文學，從一個側面生動記錄了清代社會各階層的生活狀況，極具文史價值。

您知道誰是北京琴書的「泰斗」嗎

北京琴書，源於京南的一種叫「犁鏵調」的小調，用揚琴和四胡伴奏，由單琴大鼓發展而來，流行於京津一帶。「北京琴書泰斗」關學曾老先生是曲藝界著名的表演藝術家、演唱家，他對北京

琴書的貢獻，在於對板腔、音樂皆有獨創。尤其是他的創作，題材極為豐富，多與現實生活相關，人物都鮮活而充滿動感。關先生能唱，能演，而且能寫。

關學曾14歲登臺，半個多世紀以來與琴書執著相守，「寫了一輩子，唱了一輩子，對北京琴書改造了一輩子」。關學曾從創立北京琴書迄今，創作演唱了上千個段子，演出近2萬場。他的演唱嗓音洪亮，字音清晰，行腔飽滿，說唱變化水乳交融，表演生動傳神，一個眼神、一個手勢、一個轉身都已出神入化。他表演的《鞭打蘆花》《楊八姐遊春》《周總理永遠活在我們心間》《王貴與李香香》《長壽村》《有話好好說》等膾炙人口的唱段，曾一度轟動曲壇。

您知道「拉洋片」是怎麼回事嗎

「拉洋片」又稱「西湖景」、「西洋景」，表演時藝人將各種畫片裝入特製的大木箱中，箱子外壁設若干圓洞，洞上裝一凸鏡，觀看者透過凸鏡往箱內觀看。表演者一邊拉放畫片，一邊根據畫面內容配以唱詞和鑼鼓。在電影尚未出現和尚未普及的年代，拉洋片是一種代替電影的娛樂方式，堪稱中國獨有的街頭「土電影」。

拉洋片還是老北京天橋雜耍之一，天橋八大怪之一的「大金牙」就是拉洋片的，他拉洋片時的伴唱特別詼諧、動聽。每逢廟會趕集，拉洋片就成了孩子和窮人們最大的樂趣之一。拉洋片的畫片中常有西湖的景緻，所以也叫「西湖景」。至於又叫「西洋景」，大概是因為電影是從西洋傳入的，所以有此名。

京城最早的高爾夫球場在哪裡

出京城阜成門西行有一座小山,坐落於四季青鄉田村。山高不過百米,方圓不足10公里,是距京城最近的一座山。小山東西長而南北窄,山勢平緩草木茂盛。山頂相距三四百米有兩個小山包,東西相對,遠遠望去恰似一峰駱駝靜靜地臥在那裡。過去人們稱之為「駱駝山」。後來此山因田村而得名,人們都叫它「田村山」了。

田村山在滿清時期為斗公府與清室暫安處所共有,山的東部歸斗公府(當年的斗公府墳遺址就在田村西邊廖公莊,現已無存),西部屬暫安處。山頂建有涼亭可供人們休息。由於距京城最近,所以成為京西第一個觀景高點。秋高氣爽,登山遠眺:回望京師,人煙雲集,市井繁華,盡收眼底;西北方向,群山環抱,層林疊翠,圓明園、頤和園、玉泉山、香山,湖光山色一覽無遺;放眼南望,良田萬頃,無邊無際。當年的田村山確是一個登高賞景的好去處。辛亥革命結束了滿清的統治。斗公府沒落,暫安處頹廢,其後人將山地典賣,幾經易手,於20世紀初葉由號稱「梁財神」、曾任民國政府交通銀行總經理的梁士詒將山地買下,與人合資建起了「萬國高爾夫球場」。這就是北京歷史上最早的正規的高爾夫球場。

在1920、30年代,著名的愛國將領張學良將軍就經常來此打球。當年流傳著「張少帥」獎賞「小皇上」的故事。有一次張學良將軍打完球後,給背拐的球僮分發小費,當給田村山南一個叫鞏成志的小孩錢時,由於他太累了,正坐在地上低頭打盹,連叫了他幾聲竟無反應,少帥風趣地說:「我給你錢都不接,還要我遞到你手上嗎?你可比宣統小皇上還有架子。」後來人們都戲稱他為「皇上」或「小皇上」。日久「小皇上」竟成了他的別號,無人不知,傳為佳話。

老北京的廟會節令有何特點

北京作為國都之地，歷代在此大建寺廟，既是國都故人口興旺，又是寺廟故香火繁盛，廟會當然發達。

早期廟會僅是一種隆重的祭祀活動，隨著經濟的發展和人們交流的需要，廟會就在保持祭祀活動的同時，逐漸融入集市交易活動。這時的廟會又得名為「廟市」，成為中國市集的一種重要形式。它的集市交易活動場所，仍然設在寺廟內或其寺廟附近。

舉行廟會的日期多有定例。春節時候，農曆正月初一有大鐘寺和東嶽廟的廟會；初二有財神廟的廟會；初三有蟠桃宮的廟會；十七、十八有白雲觀廟會。平常日子，每逢一、二、九、十有隆福寺廟會；逢三有土地廟的廟會；逢五、六有白塔寺廟會；逢七、八有護國寺廟會。如此看來，一年365天幾乎天天有廟會。

廟會的集市交易既有香、燭等祭祀類商品，也有窗花、春聯等年貨，更常見的是一些民間工藝品，如泥人、風車、空竹等，以及各種風味小吃。廟會期間，通常會有民間雜耍、舞蹈、武術表演，逛廟會的京城百姓可一飽眼福。

現在的北京在節慶的時候，也恢復了一些具有文化傳統的節俗，包括廟會。這些活動的宗教色彩被淡化，偶爾有仿祭祀活動的表演，也是以娛樂為主。活動的場所也不侷限在寺廟內或其寺廟附近，公園、體育場、商場等地都成了廟會的活動場所，於是便有了「有會無廟」的廟會。集市交易的內容依然熱鬧不減，另外，還加入了一些現代化色彩的遊藝活動，為節日中的京城百姓增添快樂。

您知道老北京的花會有哪些

漢族民間於春節等節日進行的各種遊藝活動統稱為花會，花會源於元代佛教的「行像大會」，又稱「香會」等，流行於北京等地區，一年四季都有活動，是民間傳統自娛性的群眾文藝組織。花會

形式多樣，城鄉皆有，深受廣大人民的喜愛。大的寺廟開廟時，都有很多花會參加表演。廟會為花會提供表演場地，花會促進廟會的繁榮。北京每年農曆四月初一到十五在妙峰山舉行的花會，是老北京最著名的花會。

花會的形式多種多樣，有以精湛的武術為特長的，如少林、五虎棍、開路等；有以技巧高超取勝的，如高蹺、中幡、太獅、少獅、槓子等；有以舞蹈俏麗而引人入勝的，如小車、旱船、秧歌、花鈸、挎鼓等。這些花會多為民間自娛組織，城市和鄉村中都有，而且極具地方色彩。

武會中最大的是「開路」會，其次是「五虎棍」會、秧歌會、挎鼓會、吵子會和已經失傳的「扛箱」會等，其中「開路」會的主要節目是耍叉；秧歌會的主要節目是高蹺秧歌和地秧歌，24個角色，講究雙鑼雙鼓，走三步退一步。花會非常講究會規，會規很複雜，錯一點都不行。

北京最大的進香花會莫過於妙峰山廟會。屆時天津、河北等周邊地區的花會必來朝山，同類花會爭相獻技，各有絕招，令人咋舌。據說，朝山花會路過頤和園北牆外，園內慈禧聽見鑼鼓聲極想看會，但又不能隨意出園，於是在園內臨牆建眺遠齋，居高臨下隔牆而望。園外的花會知太后在看表演，便在廣場上特意演出，久之形成慣例，花會過此，必在場上獻出絕技。

您知道老北京的「書茶館」嗎

「書茶館」繼「大茶館」之後出現。老北京有180餘家「書茶館」，這些茶館主業賣茶，也帶說「評書」，以此招徠茶座，因此又被老北京人稱為「書場兒」。

過去的書場兒分為「說早兒的」、「說晌午的」和「說燈晚兒

的」三種。一般的各個角色都是「說晌午的」和「說燈晚的」；而那些學徒的、剛出師的以及一些沒有名氣的角色專門「說早兒的」。幾種「書場兒」都是按段落零收錢，說完一段落收一回錢，直到收場。說評書的又叫「摔評的」，他們在表演時必備幾樣道具：醒木、手帕、扇子、大褂兒（說短打書時，往往穿對襟中式小褂兒），錢板兒和小笸籮。

「書茶館」裡面的陳設同其他茶館不太一樣，屋裡全是一溜一溜的長條桌、長條凳，這主要是方便客人聽書。茶館用的茶具主要也是提梁壺、綠豆碗兩種，喝茶的價碼在茶葉上分。

老北京的書茶館有何特點

北京的茶館種類很多，每日演日夜兩場評書的，名為書茶館，書茶館就是帶演評書、曲藝的茶館，在這裡喝茶不但要花茶錢，還要掏聽書的費用。此類茶館大小不一，主要的顧客是些閒人，他們來此品茗聽書，只是消遣而已，並沒有其他目的。為了吸引茶客，這裡說的評書都是長篇的，每說一段收一回錢，要享受真正的評書藝術，茶館並不是個好去處。

清代著名說書藝人石玉昆、司瑞軒等，都是在茶館中說書。清代有名的景泰、泰華諸園，也都是說書的地方。清末禁止在城裡頭開戲園子，故都叫茶園、茶館。

為何天橋被稱為老北京通俗文化的中心

在前門大街與天壇路交會的一帶有一座古橋，稱為「天橋」，後幾經演變，橋不見了，但名稱一直沿用。晚清和民國時期，天橋一帶非常繁榮，是老北京通俗文化的中心。

當時這裡不僅集酒館、茶、雜技、曲藝等於一處，而且各樣小吃，應有盡有，江湖郎中、卜卦算命看相、五行八作，無所不包，是老北京居民最愛遊逛的去處。天橋雖是各式各樣商店攤販聚集之地，不過最為人稱道的，是一些身懷絕技的民間藝人，表演雜技、曲藝說書、相聲、大鼓等，可說是百藝雜陳。如今，許多老北京市民，提起天橋，仍津津樂道。為此，天橋樂茶園應運開業了，在這裡的人們可以邊品北京風味小吃，邊看民俗演出相聲、評書、雙簧、京韻大鼓，情趣無窮。不僅能體會到世界聞名的京劇的韻味、技巧薈萃的雜技的精彩，還能體會到昔日北京市民的生活情趣。

民間技藝八大怪都是誰

八大怪是慈禧太后60大壽時，由她首先命名的八個技藝或功夫超群的人。在清末及民國的不同時期有不同的「八大怪」組合。

他們多在道路兩旁和天橋等地撂地賣藝，不但長相怪模怪樣，而且演出的內容與形式都以奇來嘩眾，以怪來取寵，故被當時的人們稱為「八大怪」，至今北京的老人們仍津津樂道。1930年代的八大怪，即田瘸子之槓子、萬人迷之雜唱、怔米三之鐵錘、韓麻子之相聲、呼胡李之洋鐵壺、人人樂之口技、醋溺膏之小曲兒、窮不怕白土撒字。如韓麻子，此人專以詼諧逗笑或學各種賣貨聲，非常有趣，其嘴極刻薄，其村野之語不堪入耳。他裝扮的形象很古怪，面紫多麻，其眉目間含有若干浪蕩之意，手執破扇一柄，只見其兩唇掀動，二目亂轉，卻不聞其作何言語，不禁令人失笑。

民國以後，在天橋這塊民間技藝場所又相繼出現了小八大怪。他們繼承了老八大怪及其他一些藝人的優良傳統，並在藝術上又得到了進一步的發揮和創新，在當時同樣受到了市井小民的歡迎和愛戴。第一位是演滑稽二黃的小雲裡飛、第二位是拉洋片的大金牙、

第三位是說改良單春（單口相聲）的大兵黃、第四位是說唱滑稽數來寶的曹麻子、第五位是說對口相聲的焦德海、第六位是練氣功和摔跤的沈三、第七位是賣癬藥和蹭油（賣肥皂）的崔巴兒、第八位是表演賽活驢的關德俊。

購物北京

老北京的古玩業有何特點

古玩舊稱骨董、古董。古玩，乃清代及民國年間常用之詞，今人沿用。今古玩一詞，可理解為「古人遺留器物，可為文人之珍玩者」。按字面解釋，有輕薄之義，類似古代之玩物。其實不然，乃歷代寶物也。古玩種類頗多，凡前人遺存的寶貴珍奇的物品均屬於古玩的範圍。具體有書畫，瓷器，陶器，銅器，古琴，古錢，宣爐，古銅鏡，玉器，古硯，古墨，古書，碑帖，歷代名紙，古代磚瓦，印章，絲繡，景泰藍，漆器，宜興壺，琺瑯，料器，牙器，竹刻，扇子，木器傢俱，兵器，名石等類。

北京的古玩市場有哪些

北京的古玩市場很多，最為著名的購買地方當數和平門外琉璃廠文化一條街和潘家園古玩舊貨市場及其南側的北京古玩城。

琉璃廠，東起延壽寺街，西至南北柳巷，全長約750米。其歷史可追溯到明末清初。琉璃廠主要經營古籍圖書、紙張文具、書畫美術、珍寶古玩及印石陶瓷等文物。現有中國書店、古籍書店、榮寶齋、萃珍齋、墨緣閣、汲古閣、慶雲堂、寶古齋、韻古齋、胡開文、戴月軒等百餘家新老字號。

潘家園古玩舊貨市場，在東三環南部路東，是一座傳統文化極強的古玩舊貨市場，有店舖、大棚、露天等多種經營場地，多以私人經營與擺臨時地攤為主。

其南側的北京古玩城，隸屬於北京首都旅遊集團，主要從事古

玩藝術品市場的物業管理和市場經營，北京古玩城是目前亞洲最大的古玩藝術品交易中心。北京古玩城樓高七層，綠瓦白牆，外部建築古樸典雅，內部裝飾富麗堂皇。現有駐店個體、民營古玩經銷商560餘戶。主要經營古玩雜項、中外字畫、古典傢俱、古舊鐘錶、古舊地毯、古舊陶瓷、白玉、牙雕等十大類，上千個品種，並在白玉、水晶、壽山石、鼻煙壺、佛像、織繡服飾等商品上保持全國之最的領先優勢。

北京古玩城設施齊全，功能完善，擁有自己的賓館、飯店、藝術館和鑑定中心。由國家級文物鑑定專家提供鑑定諮詢服務，為古玩愛好者進行專業指導。北京古玩城經銷商服務優質，守法經營，誠信為本，連續四年榮獲北京市文明市場的稱號。北京古玩城集中華文明於一隅，是中外收藏家、古玩愛好者的樂園，是中外旅遊觀光者瞭解華夏文明的藝術殿堂。

北京著名的商業店舖八大祥是哪些

舊京，前門外和大柵欄一帶有八家帶「祥」字的綢布店，稱為「八大祥」，是綢布業同行中的佼佼者。清嘉慶年間，有三恕堂、其恕堂、容恕堂、矜恕堂四房，並在天津、保定、濟南、瀋陽等地開設分號。主要有：瑞林祥、瑞生祥、瑞增祥、瑞慶祥、謙祥益、益和祥、瑞隆祥和瑞蚨祥。均由山東省濟南府章邱縣舊軍鎮孟姓家族經營。

最初有兩家，一為前門西月牆瑞林祥，二是東月牆謙祥益，經營絲綢錦緞和粗細洋土布，生意興隆。繼而在打磨廠路南，開設瑞生祥。至光緒初年（西元1875年）先後續開三支分店。

謙祥益分支為益和祥，位於珠寶市路西。瑞林祥分支為瑞林祥東記，於前門大街鮮魚口外。瑞生祥分支為瑞增祥，於打磨廠西口

外，全盛時期僅此六家。

光緒十九年（西元1893年），在大柵欄開設瑞蚨祥綢布店。迨庚子年（西元1900年）庚子事變之時，大柵欄一條街成為一片灰燼。後孟覲侯以不足兩萬金，恢復重建瑞蚨祥。前門東、西月牆一帶，因修建火車站，收歸國用，各大商店均拆除或停業，或遷移。

光緒二十九年（西元1903年），火車通進北京城，西月牆的瑞林祥併入鮮魚口東記，謙祥益遷至廊房頭條，並將門市併入益和祥，其後謙祥益又在後門大街路東開設分店，謙祥益北號。規模宏大，因做生意不得法，損失重大，不久歇業。

宣統末年（約西元1911年）後，瑞蚨祥卻生意興隆，在大柵欄大街連開5個分店，成為當時首屈一指的綢布店。瑞林祥東記這時也因清亡，宣告停業。民國時瑞林祥已非孟氏所有。瑞生祥和瑞增祥，先後於1935年12月倒閉。

謙祥益專作批發，益和祥為兩號門市，實為一家。目前現存「八大祥」只剩下瑞蚨祥和珠寶市的謙祥益門市兩家。謙祥益在新中國成立後，改為北京絲綢商店。舊時北京著名的「祥」字號，孟氏所開綢布店，現僅存瑞蚨祥一家老字商號。

瑞蚨祥為何在棉布行業裡最負盛名

瑞蚨祥開業於1893年，在北京綢緞、棉布行業裡最負盛名。它原來主要經營絲綢、皮貨和山東辛家寨的寨子布等。清末，光緒十九年（西元1893年），山東省章邱縣人孟洛川，投資8萬兩白銀，委派已在北京前門外布巷子經營山東「寨子布」多年的孟覲侯，在大柵欄開設了這家綢布店。參照《淮南子》《搜神記》中「青蚨還錢」的典故，取名「瑞蚨祥」。開業後，生意興隆，名聲

大振，僅7年時光已擁有資金40萬兩白銀，居「八大祥」之首。現在，它除經營絲綢、皮貨外還經營各種尼龍、化纖、棉布，花色品種上千種。這個店以貨真價實、尺碼足、服務熱情周到而聞名京城。瑞蚨祥原來的老闆是商賈世家。現在，瑞蚨祥帶有天井的兩層樓房是大柵欄唯一保持老字號原貌的店堂，已列為北京市市級文物保護單位。

北京的風箏有什麼特點

風箏也叫紙鳶，意為會飛的紙鳥。一到春天，老北京的小孩，不分男女，多到郊外放風箏。清代《紅樓夢》一書的作者曹雪芹便是一位製作風箏的高手。他編寫的《南鷂北鳶考工志》一書中，詳盡地記述了風箏的製作過程和技法。

北京的風箏以燕形為主，且有肥燕和瘦燕之別。肥燕喻男，瘦燕喻女。此外，還有黑鍋底、屁簾、蛤蟆骨朵、手捲兒、蜈蚣等式樣。北京風箏的造型藝術有硬膀、軟膀、排子、長串、桶形五種基本形式。北京風箏有4大流派：金、哈、孔、馬。

內聯主要經營什麼商品

內聯陞是一座具有150多年歷史的老字號鞋店，開業於清朝咸豐三年（西元1852年），專做朝靴，店名得於「以求得到朝內官職的連升」。店主名叫趙廷，他早年在一家鞋作坊當學徒，學得一手好技術，又累積了一定的經營管理經驗。後來，京城一位達官丁大將軍出資數千兩白銀入股，幫助趙廷創辦鞋店。趙廷分析北京當時製鞋業現狀，認為製作朝靴的專業鞋店很少，於是決定辦個朝靴店。經過一番苦心思索推敲，取店名為「內聯陞」。內聯陞的名兒就表明它的服務物件：皇宮貴戚和天天盼著「連升三級」、「平步

青雲」的官場。示意顧客穿上此店製作的朝靴，可以官運亨通。內聯陞老闆對來店購鞋的權貴，留意記錄其所需尺碼、愛好，積久匯集成冊，取名《履中備載》。一則可免去再買時往返之路；二則可為外任官晉謁上司，想奉獻靴鞋作為禮品者提供便利。

1956年，內聯陞遷至前門外大柵欄。內聯陞生產的千層底布鞋，穿著輕便舒適，以冬禦寒、夏散熱、吸汗防滑很受老年人的歡迎。在長期的生產經營中，內聯陞形成了工藝精湛、把關嚴緊的好傳統。內聯陞所生產的布鞋都是手工製成，做工細密，用料講究，結實美觀，就連外國朋友也常慕名前來選購。1958年，郭沫若為內聯陞書寫門匾，並題詩一首：「憑誰踏破天險，助爾攀登高峰；志向務求克己，事成不以為功。」

馬聚源是京城有名的帽店嗎

馬聚源是一家已有百餘年歷史的老字號，是京城有名的帽店之一。始創於清嘉慶十六年（西元1811年）。相傳，北京西山一獵戶獵得一隻黑猴，猴毛光亮、柔軟無比，在京城內賣得巨款後，便在前門外鮮魚口開了一家帽店。該店以貨真價實享譽京城，生意興隆，贏利極大。為了紀念這隻黑猴，店主便刻了一隻木頭黑猴立在門前，以示感恩。

現在馬聚源帽店以經營少數民族的帽子為主。其主要經營品種有各樣式男女帽子、皮帽、棉帽、童帽及漢、滿、蒙、回、藏、苗、傜等各式民族帽子、舞蹈帽子。

榮寶齋為何以其絕技「木板浮水印」聞名中外

榮寶齋的前身是「松竹齋」，始建於清朝康熙十一年（西元

1672年），後於清光緒二十年（西元1894年）更名為榮寶齋，至今已有300多年的悠久歷史。松竹齋的創辦者是一個浙江人，姓張，他最初是用其在京做官的俸銀創辦了一家小型「南紙店」，後為琉璃廠內最出名之南紙店，因其承辦官卷、官折而聞名。

後因經營困難，清光緒二十年（西元1894年），將店名改為「榮寶齋」，取「以文會友，榮名為寶」之意，並請當時著名的大書法家陸潤庠（清同治狀元，曾任國子監祭酒）題寫了「榮寶齋」的大字匾額。清末，文人墨客常聚此地，而民國年間老一輩書畫家如于右任、張大千、吳昌碩、齊白石等也是這裡的常客。後榮寶齋又以其絕技「木板浮水印」聞名中外。榮寶齋用木板浮水印法製作過的《七十二候詩箋》《二十四節令封套》等，魯迅、鄭振鐸先生見後曾稱它為琉璃廠諸箋肆中之「白眉」（即同類之間之傑出者——編者按）。

木版浮水印有什麼特點

木版浮水印是中國特有的一種古老的手工印刷技術。用這種方法印刷出來的中國畫，酷似原作，能達到亂真的地步，這是當今任何印刷方法都無法與之比擬的。

木版浮水印的過程，首先要有藝術水準高的專業技術人員，他們能夠細心研究體察原作者的創作意圖，作品的藝術特點，原畫的材料、顏色、性能等。結合原畫中用筆用墨用色的層次、所占面積來分色分版。把原作上所有同一色調的筆跡劃歸於一套版內。再根據不同色調、墨色輕重，分成各種不同套版。按照分就的套數，用墨線勾畫在一張張透明紙上，再把透明紙分別黏在木版上，交付刻製。刻製人員再次參照原作，根據前者勾描摘套的墨線輪廓，一套套刻製出來。各補版刻就，依次逐版套印成畫。

木版浮水印包括勾描、刻板、印刷這三道主要工序，一幅簡單的水墨畫，一般都要刻二三十套板，經四五十印次之多。

北京的一得閣墨汁為什麼著名

北京的一得閣以產銷墨汁、八寶印泥聞名於中外。一得閣開業於同治四年（西元1865年），是國內首創墨汁的第一家。清代同治年間，舉人謝松岱在會試中落第，深感到科舉考場中研墨的費事。於是謝松岱著手將墨塊浸泡於水中，從中得到墨汁。後來研製成功了直接生產墨汁的工藝。

由於用墨汁節省了研磨的時間，因此很受讀書人的歡迎。最初的時候，謝松岱挑著擔子沿街叫賣，當人們認識到墨汁的優越性後，謝松岱便在琉璃廠開了一間閣樓式的鋪面，下店上廠，自產自銷。自帖題店名與門聯。上聯為：一藝足供天下用，下聯為：得法多自古人書。橫匾「一得閣」。

一得閣墨汁具有書寫流利，墨跡光亮，易乾易裱，耐水耐晒，不褪色，不洇紙等特點，受到書畫家們的好評。有詩讚曰：墨味芳香不用磨，助君揮灑意如何？羲之若也生今日，妙寫蘭亭興更多。

您知道王麻子刀剪的歷史嗎

清朝順治八年（西元1651年），一家專營刀剪的商店在菜市口出現。這家商店對收購各作坊生產的刀剪品質要求很嚴，達不到它的品質標準一律不予進貨。因此它取得了顧客的信任，名氣越來越大。當時的掌櫃姓王，又是滿臉麻子，於是市人就把這家出售的刀剪稱為王麻子刀剪。

王掌櫃是一個經營的高手，除了注意進貨之外，還很注意推

銷。顧客上門，總是和顏悅色地接待，無論買與不買，同樣的熱情，在任何情況下都不敢怠慢顧客。賣出的刀剪，要裝進一個印有「王麻子」字樣的紙袋中，紙袋上印有在一年中如果發生某種損壞情況，包換、包退等字樣。一次，有位外地顧客拿來一把鑴有「王麻子」字樣的刀剪要求退換，雖然賣出的時間已經過了一年，小王掌櫃見確實是屬於品質問題，遂立即換給顧客一把新的刀剪，並再三向這位顧客賠禮道歉。這件事傳出後，王麻子刀剪店的聲譽更高了。門市之外，王麻子刀剪店還常派出學徒工走街串巷，去向家庭婦女兜售刀剪。

到了嘉慶二十一年（西元1816年）這家商店在菜市口正式掛起了「三代王麻子」的牌匾，並在刀剪上鑿印有王麻子字樣的商標。不過，王麻子商標有許多仿冒。在前門大街、菜市口、打磨廠一帶相繼出現了10多家刀剪商店，爭相掛起了真正王麻子、老王麻子、小王麻子、汪麻子等招牌，外省市也有許多王麻子刀剪商店。

同仁堂是北京最古老的藥店嗎

同仁堂是北京最古老的藥店之一，前店後廠。門市部在大柵欄內，製藥廠在西打磨廠。同仁堂創始人樂尊育，康熙八年（西元1669年）曾任清皇宮太醫院吏目。同仁堂在雍正元年（西元1723年）左右，開始供奉宮廷御藥房生藥。後來直接為皇宮製作成藥，從而壟斷了京城藥界，人稱同仁堂為樂家老鋪。同仁堂藥品特點是選用宮廷祕方，加工精細，講究地道藥材，藥效好，信譽高。同仁堂自產自銷的丸散膏丹成藥達600多種。

其中，同仁堂最有名的藥號稱十大王牌者是：治療關節炎的虎骨酒；治療日本腦炎有奇效的安宮牛黃丸；治療高燒不退的紫雪

散；治療神志昏迷的局方至寶丹；治療半身不遂的再造丸；治療中風不語、口眼歪斜的蘇合香丸；治療筋骨麻木的大活絡丹；治療痰火內發的牛黃清心丸；治療神經衰弱的參茸衛生丸；治療婦女不孕的女金丹。

六必居的醬菜有什麼特點

六必居醬園在前門外糧食店大街，開業於明嘉靖九年（西元1530年）至今已有470多年的歷史了。六必居的醬菜色澤鮮亮，醬味濃郁，脆嫩清香，甜鹹適度，解膩助食。最負盛名的有：甜醬黃瓜、八寶菜、八寶醬瓜、醬黑菜、醬甘露、什香菜、糖蒜、高醬蘿蔔等。六必居開業時，原是個酒鋪，六必居為了保證酒的品質，給釀酒作坊制訂了六條規定，即：黍稻必齊，曲糱必實，湛之必潔，陶瓷必良，火候必得，水泉必香。六必居由此而得名。

關於六必居那塊古匾，還有一段神乎其神的傳說。六必居的掌櫃的想請嚴嵩題匾，又不敢當面求他，就請嚴嵩的夫人代求。這位夫人深知嚴嵩的脾氣。也不敢輕易啟齒。於是，她以練字為由，騙取嚴嵩寫了「六必居」三個大字，交給了六必居的掌櫃的。六必居的掌櫃的便據此大肆宣揚，六必居醬園立時名震京都，生意興隆。

老北京的鼻煙壺

清代官場的滿族、蒙古族、漢人官員多有吸聞鼻煙的嗜好，而鼻煙壺就成了他們日常生活的必需品。北京市場上的鼻煙壺有下列數種：玻璃鼻煙壺、瓷料鼻煙壺、玉石鼻煙壺、珊瑚鼻煙壺、琥珀鼻煙壺、瑪瑙鼻煙壺、翡翠鼻煙壺、水晶鼻煙壺、石料鼻煙壺、景泰藍鼻煙壺、漆料鼻煙壺、葫蘆鼻煙壺等。現代北京古玩市場上多流行內畫鼻煙壺。

相傳，內畫鼻煙壺的出現是在清代道光年間。一位嗜好鼻煙的文人，在困境時用煙釺子去掏透明鼻煙壺壁上殘留的煙垢解煙癮，無意中在透明鼻煙壺壁上留下了美好的圖案。經過手工藝人的藝術加工，從此京城出現了內畫鼻煙壺的工藝。這種特別的畫法，能在寸方之中畫出萬里山河或各種惟妙惟肖的人物、鳥獸和花卉。

捏麵人

捏麵人正名叫麵塑，是北京傳統的民間技藝之一。捏麵人以麵粉為主要原料，加進不同顏色，捏出各種人物、鳥獸、物品，是一種小巧玲瓏的觀賞品。現在在北京年節期間舉辦的廟會上經常見到捏麵人藝人的精湛表演。他們用蒸熟後著色的麵團，當場捏塑小娃娃、小動物、十二生肖或戲曲人物。

北京最有名的捏麵人老藝人及各派的代表人為郎紹安、湯子博、曹儀簡等。

京劇臉譜是怎樣製作的

京劇的臉譜，主要表現的是戲劇舞臺上的人物，有彩繪、編織、泥塑等，是舞臺人物與民間工藝相結合的工藝品。而戲劇舞臺的人物又多以京劇傳統劇碼中的人物為主。如：《三國》戲中的張飛、關羽、曹操、典韋，《水滸》戲中的李達、魯智深等。臉譜可以用於壁掛裝飾、收藏、觀賞和文史研究，有一定的文化和經濟價值。

北京的京劇臉譜，大約有100多年的歷史。它的製作方法的特點是簡單、樸實。首先用黏土或石膏塑出面型，然後根據需要，再用色彩描畫性格不同的各種戲劇人物。北京的京劇臉譜大約分為光

頭臉譜、泥鬚臉譜、絨鬚臉譜。

為何說舊時北京的商人非常講究誠信

北京商人非常講究誠信。具有570年歷史的北京大柵欄商業街最為著名，雲集其間的張一元茶莊、同仁堂、步瀛齋、內聯陞、瑞蚨祥雖歷經滄桑，因為品質優良，誠信待客，馳譽中外。比如，人們在商店和市場買東西，貨價都很實際，不大會出現漫天要價的情況，而且價格比較一致，能夠做到市無二價。北京商人與人接觸時，不論相識與否，都會坦誠相待，不存爾虞我詐、相互提防之心。全國各地來過北京的人都有一個共同感覺，和北京人打交道比較放心。雖然也有一些人上過商家的當受過商家的騙，但有些是在北京的外地人所為，真正的北京商人會因為天子皇城的京城人的優越感而輕視外地人。因此，儘管全國各地不時爆出幾起詐騙案，但與北京人有關的比較少。

在商界，北京人很重友情，把人際關係看得很重，不論是他們與你交往，還是你與他們交往，都很有人情味。例如，在吃飯問題上，幾個生意人一起去飯店吃飯，大家總會爭著付錢，常常出現相互之間各不相讓、都要交錢的情況。如果一起出門，也總是爭著全部包攬大家吃的用的。在他們看來，如果彼此之間利益劃分太清楚，尤其是斤斤計較，那就是小氣和自私，更重要的是，會因為計較個人利益而會破壞人際關係的和諧。

北京的老字號為何多

北京由於是燕、遼、金、元、明、清六朝的都城，歷史悠久，文化底蘊非常濃厚，因而在各行各業都有許多的之最，有的是帝王御封的，有的是百姓公認的。而這些店鋪久而久之，歷代延續，就

成了著名的「老字號」。全國各地都有自己的「老字號」，可哪兒都比不上北京的老字號多。這可能跟北京有千年以上的建都史有很大的關係。到現在為止，北京的「老字號」也算是吸引很多朋友到北京來的目的之一。慕名來看看北京的老字號，帶點兒土特產品，也享受一番當年只有皇家才能享受的待遇。

琉璃廠文化街位於何處

聞名中外的京城琉璃廠文化街，位於現在北京的和平門外，琉璃廠有許多著名老店，如槐蔭山房、古藝齋、瑞成齋、萃文閣、一得閣、李福壽筆莊等，還有中國最大的古舊書店中國書店，以及西琉璃廠原有的三大書局——商務印書館、中華書局、世界書局。而琉璃廠最著名的老店則是榮寶齋，有人說：琉璃廠因榮寶齋等著名文化老店而享有盛名。這種說法有它的道理。清末民初時，榮寶齋、大千畫廊等琉璃廠老店紛紛爭懸名家書畫於窗前。引來人們駐足觀賞，成為琉璃廠的一道風景。改革開放以來，在北京市和宣武區各級政府的支持和宣導下，琉璃廠經歷多次翻建和修繕，使這條著名的文化老街又煥發出新的青春。如今的琉璃廠文化街，成為廣集天下圖書、字畫、古玩、文房四寶的所在，成為國內外遊客光顧老北京文化的必遊之地。

風習北京

明清北京城的晨鐘暮鼓

鐘、鼓在中國歷史上被普遍使用，作用也不盡相同，但人們最為熟悉的，則是它們的報時功能，也因此，全國各地建造了不少鐘樓、鼓樓，專為懸置鐘、鼓，以達到報時的目的，其中北京鐘鼓樓的名氣尤為突出。北京鐘鼓樓，坐落在北京地安門大街故宮正北方，鼓樓在南，鐘樓在北，兩樓相距100餘米，是北京南北中軸線北端的一組古代建築，氣勢雄偉，巍峨壯觀。

鐘樓始建於元至元九年（西元1272年），清乾隆十年（西元1745年）奉旨再次重建，兩年後竣工。重建時為了防止火災，整個建築採用磚石梁拱券式結構。鐘樓南門正中矗立著「乾隆御製碑」，詳細記載了當時修建鐘樓的情況。鐘樓通高49米，重檐歇山頂，上覆灰筒瓦綠琉璃剪邊，是全磚石結構的大型單體古代建築。鼓樓始建於元至元九年（西元1272年），初名「齊政樓」。新中國成立後，對鼓樓進行了大規模的修繕。鼓樓通高46.7米，三重檐，歇山頂上覆灰筒瓦綠琉璃剪邊，是一座以木結構為主的古代建築。鐘鼓樓作為元、明、清三代的報時中心，鼓樓置鼓，鐘樓懸鐘，「晨鐘暮鼓」，循律韻通。報時用的大銅鐘懸掛在二樓正中的八角形木框架上，兩側吊一根兩米長的圓木，供撞鐘使用。鐘高5.4米，體厚0.27米，重約63噸，是中國最重的大鐘之一。鐘體全部由響銅鑄成，撞擊時聲音純厚綿長，圓潤洪亮，方圓十數里均可聽見。過去每日早、晚各撞鐘報時一次，每次報時要撞擊108下，俗稱「緊十八，緩十八，六遍湊成百零八」。昔日文武百官上朝，百姓生息勞作均以此為度。2005年，北京鐘鼓樓文管所在鼓樓二層安裝了具有計時、報時功能的銅刻漏，與古鐘配合，再現曾經的

「晨鐘暮鼓」。

普通話與北京方言是什麼關係

普通話的定義是現代漢語的標準語。它以北京語音為標準音，以北方話為基礎方言，以典範的現代白話文著作為語法規範。而北京方言在語音變化上的特色和詞彙上的特色是很鮮明突出的。尤其是輕聲和兒化韻運用廣泛，使北京的方言在語音上增加不少變化。在詞彙上也增添了造詞手段，聽起來不單調，而且使外地人感到變化多端，複雜而有趣味。

北京方言的另一特色，便是融和了好多少數民族的語言成分，尤以滿語為多。此外，還有回語、蒙古語等。另外，帶有各行業色彩的用語，也是北京方言詞彙的特色之一。此外，還有一些常用口語詞，來源不明，多為意譯而來。

北京兒歌有什麼特點

兒歌是北京民歌中一個不可忽視的組成部分。它們短小精悍的歌唱形式，簡練生動的歌詞語言，以及純樸明快、活躍流暢的音調、節奏，具有鮮明的兒童性格特徵和濃郁的地方特色，多方面地表現了兒童們的生活情趣，如《水牛兒》《車軲轆圓》和《拜四方》等。特別是《水牛兒》，它不僅流傳最廣，而且在北京兒歌中最有代表性。這首歌早在清乾隆六十年（西元1795年）由王廷紹點訂的《霓裳續譜》第八卷「雲散雨收」中，就有過生動的描述：「雲散雨收（呀呀喲），有一個女孩在房檐底下溜瞅，口口聲聲叫水牛，揀在手裡叫它長，說是牛兒啊牛兒啊，你出來吧，媽媽帶來的牛肝牛肉，牛兒啊，你先出犄角後出頭。」今天，它雖然已時過200多年，但仍為孩子們所喜愛。此外，本卷還收入了幾首兒歌，

如《乖小兒》和《狼來啦虎來啦》等，也都很有北京特點。

（1）上咕嚕臺，下咕嚕臺。隔著牆頭叫奶奶。奶奶奶奶您穿的什麼鞋？大花鞋，誰做的？娘做的。請娘來，喝茶來，茶又香，酒又香，十個駱駝馱百雙。馱不動，叫馬愣。馬愣噙了一口水，噴了小姐的花褲腿。小姐小姐你別惱，弄把火，咱倆烤，烤不迭，車來咧。什麼車？紅板綠板大牛車。什麼牛？金牛、銀牛。什麼鞭？掛拉鞭，跟著小姐上西天。西天有個小孫猴，咬了小姐的媽媽頭兒。

（2）小小子，摘棉花。一摘摘了個小南瓜。爹一口，娘一口，一下咬了孩子的手。孩子孩子你別哭，明天給你買個撥浪鼓。白天拿著玩，夜裡嚇老虎。

（3）每見兩兒，各持一棍，雙方相打，而口中唸唸有詞：一呀，二呀，倒打連三小花棍啊。棍兒棍兒舞，銅錢數。數什麼數，牛皮鼓。牛什麼牛？割狼頭，割什麼割，燕子窩。燕什麼燕，扯條線。扯什麼扯，孫孫扯，孫什麼孫，呂洞賓。呂什麼呂，挑花筆，挑什麼挑，裂花瓢。裂什麼裂，孫猴趕著個豬八戒。拿耙子來，摟豆葉。這頭燒，那頭熱，煲的孫猴叫爺爺。

（4）小小子坐門墩，哭著喊著要媳婦。要媳婦，做什麼，做褲，做褂，做鞋，做襪，黑夜裡睡不著得說話。

（5）小小子，坐門檻兒，摔了個跤，撿了個錢，又打醋，又買鹽，又娶媳婦又過年。

（6）一鍋飯，滿屋香，哥哥嚐，弟弟嚐，哥哥飽，弟弟飽，一塊玩，一塊跑，不打架，不爭吵，爹娘看著好不好。

（7）拉大鋸，扯大鋸，姥姥家，唱大戲，接閨女，請女婿，小外孫子也要去。拉大鋸，扯大鋸，姥姥家，唱大戲，蒸包子，肉碟子，一下撐你個兩節子。

（8）親是親，財是財，吃了我的桑葚拿錢來。

（9）孩啊，孩啊，你別哭，跟著媽媽把牌賭。贏了錢，買燒餅。輸了錢，糶高粱，你爹來了別嚷嚷。

（10）小耗子，上燈檯，偷油吃，下不來。咪，咪，咪，貓來了。看你下來不下來。

京城歇後語有哪些

京城歇後語是京城俏皮話的一種，是由前、後兩部分組成的一句話。前一部分像謎面，後一部分像謎底。通常，北京人只說前面那一部分，後面那一部分不言而喻。比如以下歇後語：

蘆溝橋的獅子——數不清。蘆溝橋上的獅子是大獅子套著小獅子的身體局部，所以不好數。1990年，北京市文物局給數清了，總計485隻。這句歇後語的意思是形容人物數目眾多，不好數。

土地爺掏耳朵——崴泥。崴與挖諧音，此處是挖的意思。崴泥是陷入困境，遇到難題，不好辦了的意思。記住，土地爺，是泥做的。

喇嘛的帽子——黃了。比喻某事沒辦好，半途而廢。

六必居的抹布——酸甜苦辣鹹全嚐過。六必居是北京有名的醬菜園子。酸甜苦辣鹹，五味俱全，抹布常常擦拭裝有酸甜苦辣鹹的罈罈罐罐。形容某人飽經風霜，經歷坎坷。

天橋的把式——光說不練。天橋是舊時民間藝人較為集中的賣藝場所。這些賣藝人在開場獻藝前，大多數先自述師承和表演的項目，其口若懸河令大量觀眾圍觀。在說了很長時間後，才肯表演幾下真工夫。這句歇後語比喻說得多，做得少。

馬尾穿豆腐——提不起來。尾讀乙兒，兒化韻。往往形容經過多次考驗，而證明沒有工作能力的人。

京城俏皮話有哪些

京城俏皮話多為含諷刺口氣的或開玩笑所說的話。歇後語也是其中的一部分。京城的俏皮話用詞舉例。

沒您這個臭雞蛋，照樣做槽子糕。意思是用臭雞蛋諷刺人，沒有你事情照樣能辦成。

聽你這個喇喇蛄叫喚，我們還不下地（種莊稼）了。意思是用喇喇蛄（螻蛄）叫喚諷刺人及其說話。

撅頭拍子。意思是不懂人情世故的人，有一根筋的意思。

傻柱子。意思是呆笨而又幼稚的男孩子。

傻老爺們。是褒義詞，是對極熟、極親近的男性的稱呼。

湯兒泡飯。意思是敷衍了事，工作磨洋工，不抓緊時間幹活。

掰不開鑷子。意思是鑷子只有分開才能用，掰不開鑷子就是事情不太好辦。

孫夥計。意思是爺爺對同輩人 暱稱自己的孫子。

地道的京味地名怎麼說

如，大柵欄，在宣武區，全名大柵欄街，東起前門大街，西至煤市街。讀：大柵（石）欄（爛）兒，兒化韻。

窯臺，在宣武區陶然亭公園內。讀：窯臺兒，兒化韻。

天橋，在宣武區，舊時賣藝人最為集中的地方。讀：天橋兒。北京大多數帶橋的地名，在讀橋字時，多帶兒化韻。

什剎海，在西城區，由前海、後海、西海組成。讀：什剎（差）海。

動物園，讀：動物園兒，兒化韻。

取燈胡同，在東城區，讀：取（起）燈胡同。

觀音寺，北京有多處，讀：觀音寺兒，兒化韻。

官園，在西城區，讀：官園兒，兒化韻。

小街，北京有多處，讀：小街兒，兒化韻。

豁口，北京有多處，讀：豁口兒，兒化韻。

香山紅葉

北京的香山公園是一座山林公園。位於頤和園萬壽山、玉泉山之西。距市區約20公里。園內最高峰俗名叫「鬼見愁」，正名叫「香爐峰」。香山公園以紅葉聞名，為什麼香山紅葉這麼有名呢？北京的香山是西山旅遊中著名的景點，在秋風蕭瑟，草木凋零的季節，唯有美麗的紅葉閃耀著鮮紅的秋光，把山川染得彤紅。10月的香山紅葉就成為北京著名的一大景觀。每年10月香山公園、八大處公園都舉辦紅葉節，有眾多的中外遊客來這裡觀光遊覽。

那麼，綠葉為什麼會變紅呢？原來綠色樹葉變成紅色的樹葉，是由此類樹木的遺傳因素決定的，因此只有部分樹種的樹葉秋季變紅，而不是所有的樹種。這一類秋季樹葉變紅的樹種，是由於該類樹葉中含有紅色花青素的含量變化決定的，而紅色花青素含量的變化與水分、光照和溫度的變化有關。花青素的形成與糖分累積有關，糖分越多，花青素就越容易形成，葉色越紅。秋季的北京香山，光線充足，秋季乾旱少雨，晝夜溫差較大，符合紅葉樹種樹葉變紅的條件，加上香山特殊的人文歷史背景，形成了著名的香山紅

葉風景。香山的紅葉樹種主要由元寶楓和黃櫨組成。

您知道老北京人怎麼過「春節」嗎

農曆的正月初一是春節，北京人和全國人民一樣，不是過這一天，而是過春節前後的一段時間。北京人過春節都是從臘月二十三開始，到正月十九結束，長達近一個月。北京民謠有：

小孩小孩你別饞，過了臘八就是年，臘八粥，過幾天，哩哩啦啦二十三。二十三，糖瓜兒黏；二十四，掃房子；二十五，炸豆腐；二十六，燉羊肉；二十七，宰公雞；二十八，把麵發；二十九，蒸饅首；三十晚上熬一宿，大年初一去拜年；您多禧，您多禮，一手白麵不攙你，回家給老家兒道個喜。

春節這一天，人們開始相互拜年，但此行動只限於男人。女人要等到正月初六方可外出拜年，因為舊時有「忌門」一說。拜年有幾種說法，有走親戚，有禮節性的拜訪，有感謝性的拜訪，有串門式的拜訪。拜年時，人們習慣要給人家買些禮品，如糕點、茶葉、水果、菸酒、花炮或自己自製的特殊食品。春節送禮，與今日行賄送禮無關。因為禮物的價值都不十分高，況且收禮人在回拜時還要相應的還禮。現在拜年多用電話和電子郵件，因為社會在飛快地進步著。

三十晚上的子時一過，全家開始再接著煮餃子。餃子是三十晚上熬夜時包的。三十晚上包餃子不分男女老幼，全家一起動手。餃子餡由家庭主婦親手拌製並調配佐料。餃子餡可分四類：葷餡餃子、素餡餃子、乾菜餡餃子、三鮮（雞肉、鴨肉、口蘑丁）餃子。餃子包出的形狀有鳳凰餃子、肥豬餃子、麥穗餃子、耗子餃子、蒲包餃子。更有人家在包餃子時，拿一硬幣或銅錢，包在其中一個餃子裡，吃的時候，誰吃到帶硬幣或銅錢的餃子，誰將在新的一年裡

走鴻運。

在老北京的心目中，餃子（也叫煮餑餑），是喜慶、吉祥的食品。餃子就是福的象徵，餃子就是過年的象徵。北京人把新的一年的吉祥都寄託在餃子上了。過去的不吉利，不痛快，不順心及其一切倒楣的事，都讓餃子給包上了。不順、不和也都捏和上了。春節的餃子威力太大了。隨著餃子的開鍋，新年的日子就像開鍋的餃子一樣，那樣沸騰，那樣熱鬧，那樣樂和。餃子給北京人帶來了喜慶、吉利、順心。

此外，正月初二要祭各路財神。正月初五要大放鞭炮，以示破五。正月初八，點順星燈。正月十五為元宵節，又稱上元節、燈節。民間大搞元宵燈會。傳說，如果上一年的八月十五是雲彩遮住月亮，那麼正月十五這一天準保下雪，要不怎麼叫「正月十五雪打燈」呢。正月十六，婦女走橋摸釘，以消災、解厄、宜男添丁。正月十九，白雲觀裡會神仙，過燕九節。

「老北京」夏至吃什麼

北京人講究吃喝，也會吃會喝。「冬至餛飩夏至麵」這句諺語就道出了老北京在「冬至」、「夏至」這兩個節氣日的特有吃喝。「夏至」是二十四節氣之一。「至」當「到」講。「夏至」這一天白天漸短，陰氣始生。

清人潘榮陛《帝京歲時紀勝》中說：「京師於是日家家俱食冷淘麵。即俗說過水麵也，乃都門之美品。」夏日，烈日當空，酷暑難耐，人們心情煩躁，令人飲食不佳。北京人極聰明，把煮好的麵條用涼水拔涼麵條本身的熱度。用涼水拔過的麵條一是俐落，二是好拌，三是不易坨。吃過水面講究吃炸醬麵。炸醬需寬油熗鍋，煸好肉丁後再下醬入鍋。肉丁要肥瘦相間，略肥一點也可以。醬用小

火炸透，要炸出肉、醬的香味來。有的人家這時往鍋裡放大料一拌，目的是提味，再放入蔥末，翻炒幾下，即可出鍋。這時炸醬紅褐油亮，肉丁若隱若現，蔥末綠白相間，醬蔥香味撲鼻，使人欲罷不能。

吃炸醬麵講究吃的是菜。菜有：黃瓜絲兒、黃瓜條兒、小蘿蔔絲兒、「心裡美」水（紅心）蘿蔔條、熟青豆、水蘿蔔絲兒、萵筍絲、芹菜丁、嫩香椿末、香菜末、大蒜瓣。還有一種吃法是就著一條整根黃瓜，大口吃麵，大口吃蒜，大口吃黃瓜。一大碗麵，三口五口，就吃到了肚裡。麵條講究一定要吃抻麵（拉麵），筋道有勁，有嚼頭。

「重陽節」時老北京人在哪兒登高

農曆的九月初九是重陽節。北京人過重陽節，一是吃喝，二是登高，三是賞菊。重陽節北京人又叫九九節、重九節、登高節、菊花節。單數為陽，而九為陽數之最大，兩九相重為重九，兩陽相重為重陽。北京農曆的九月是菊花開放的月份，故重陽節又叫菊花節。而登高又是這一天主要的活動之一，所以又叫登高節。當日，京城人家必備盛宴，但都離不開炮羊肉、涮羊肉。因為秋天是羊兒正肥的季節。加之羊肉性暖，可以禦寒。同時羊有吉祥之義，陽之諧音。

明清兩代的帝王后妃，九九登高多在故宮御花園堆秀山上的高亭，東南望皇宮，西北望西山、北海白塔、景山。當帝王后妃興致旺盛時，則出神武門登上景山。王公則在自家花園假山上亭臺與家人團聚。自命非凡的風流雅士則到南城陶然亭、元大都土城的薊門煙樹、西山八大處、香山平臺等處賦詩飲酒，登高眺望，一覽京城全貌。平民百姓也過重陽節，除了家中吃糕賞菊外，也尋附近一高

處而登之，目的是消災去厄，求得一家老小之平安。

1950年代，北京觀賞菊花最佳處為：西城區新街口大四條的劉契園菊展，及中山公園唐花塢菊展。重陽之後，天氣漸冷，即將草木凋零，景物蕭疏。故重陽前後郊遊、登高、野炊等活動謂之「辭青」。

京城滿族風情何處尋

京城滿族風情的地方有：吃在北海的仿膳飯莊、頤和園聽鸝館；研討會在中央民族大學滿學研究所；玩在恭王府花園；郊遊到京北懷柔長哨營滿族鄉、喇叭溝門滿族鄉；名勝古蹟到香山腳下團城閱武樓、八旗學堂、曹雪芹紀念館、實勝寺碑亭、碉樓、松堂。

此外，北京的滿族同胞每年的12月的第二個星期日舉辦一年一度的「頒金節」。主辦單位是北京市民族聯誼會。

「濃情碧水迎賓客，滿韻清風醉遊人。」每年，懷柔喇叭溝門滿族鄉都要隆重舉辦滿族民俗風情節。滿族民俗風情節開幕時，在該鄉滿族八旗文化廣場上，京城遊客和當地群眾觀摩滿族風情文化表演，滿族宮廷舞、團扇秧歌、帽山花會、霸王鞭、賽威呼等具有濃郁滿族文化特色的精彩節目紛紛登臺亮相，令觀眾大飽眼福。遊客能夠欣賞並參與打銅鑼、滾鐵環等10餘項滿族競技體育項目；還可以免費參觀滿族文化陳列館，館內收藏滿族民間實物300多件，滿族民居展、滿族書畫展以及50多幅介紹滿族起源及民間傳說的圖片資料，盡顯滿族風情，充滿了神話色彩。在自然保護區展覽館內，有金錢豹、金雕等珍稀野生動植物標本200多件。並同時舉辦滿鄉土特產品、綠色食品、滿族手工藝品大展賣活動。滿族民俗風情節期間，鄉域內千畝白樺林、五龍潭等景區將提供一日遊免費門票。遊客還可免費參觀遊覽長壽泉、一善松、百丈崖等30餘

處自然風景區。

清代的太監是怎樣選拔的

明清兩代皇宮內，每朝都曾使用大量的太監。清代招募太監，由內務府會計司會同掌儀司辦理。太監大多數來自京城附近的東光、南皮、靜海等地的貧苦人家。太監從六七歲至20歲的漢人男孩中挑選。符合者首先要淨身，閹割後即令其自行投報內務府驗明正身，再頒發給賞銀，讓他們購置衣物，再送到皇宮內當差。

故宮乾清門內西側的敬事房，是具體管理太監的總機構。一般太監要負責宮殿打掃、宮門管理、庫房保管、上飯端菜、送茶倒水、防火坐更，以及奏事、站班、唱名傳旨、記錄等事。一般太監日常都得小心從事，不能有半點粗心大意，稍不留神就會觸犯宮規受到嚴厲的治罪。太監內部又有嚴格等級，大總管及首領太監是太監的上級，都有官銜和品級。官職四品到八品不等。一般太監雖沒有官銜和品級，但每月也有分例銀米多少的差別。

太監大多數終身在宮中當差，有的被折磨致死，他們只有老病無力當差時，方可出宮為民。然而因久別家鄉和被世人社會冷眼相待，多無人相認，最後悲慘的死去。只有極少數上層太監可以捐款修廟，年老之後得以居於寺廟以此終生。

北京的廟會有哪些

北京的傳統廟會，先為崇拜神靈的一種宗教活動；後來，由於遊人雲集，商販紛至遝來，由此而發展為定期的集市。廟會的物資交流十分廣泛，生活日用品無所不有，珠寶玉器，琳瑯滿目，農作工具、雞鴨馬牛都能在廟會上出現。大的廟會都帶有綜合市場的性

質。有的廟會除飲食小吃外，還有雜耍，戲曲演出等。過去廟會都有廟，但後來沒有廟，也舉行廟會。

北京是塊風水寶地，歷代在此大建寺廟，自然廟會也就非常繁盛。僅以明清時期為例，北京幾乎天天都有廟會。如，農曆正月初一的東嶽廟廟會、大鐘寺開廟廟會，初二財神廟會，初三蟠桃宮廟會，十七、十八白雲觀廟會。每月逢九、十、一、二隆福寺廟會，逢三土地廟會，逢五、六白塔寺廟會，逢七、八護國寺廟會等。其廟會之多，規模之大、會期之長，內容之豐富，是其他地方所莫及的。

北京現在仍舉行的廟會有：宣武區的廠甸、崇文區的龍潭湖、安定門外的地壇、朝陽門外的東嶽廟、道家叢林白雲觀，以及遠郊區的門頭溝區的妙峰山、平谷的丫髻山等。

現在每年春節期間，也在多處舉辦有傳統的廟會或花會，熱鬧非凡，成為名聞遐邇的特色旅遊項目之一。主要有地壇的文化廟會、白雲觀的民俗廟會和龍潭湖的大型花會。這些廟會和花會，是從古代寺廟宗教節日的群眾性遊藝活動演變而來的，它集文藝演出、民間雜耍、日用品交易及美食服務於一體，有好吃、好看、好玩、好買的，深為人們所樂道和參與。在明清時代，北京廠甸和燈市口的元宵燈會久負盛名，各種花燈、宮燈、走馬燈、謎語燈等飾滿街頭、曠野，五光十色，供遊人觀賞。現代燈會更是推陳出新，不但用料講究，而且規模空前。除五一節、國慶日、春節於圓明園、勞動人民文化宮等地推出各種燈展外，尤其北海公園所舉辦的大型燈會，以及冬季於龍慶峽舉辦的精彩冰燈、冰雕，更是造型多樣，多彩多姿，成為燈的世界，藝術的海洋，吸引大批遊人前往觀光。此外，還有如下名聞遐邇的民俗活動，即每年農曆三月初三京郊白龍潭的廟會，清明節前後門頭溝的國際風箏會，端午之際的昆明湖龍舟賽，盛夏時令的大興西瓜節，妙峰山觀玫瑰，秋遊香山賞

紅葉等，大大地豐富了人們的文化娛樂生活。

北京的鏢局趣話

鏢局，是封建社會為商戶旅行者保鏢護資的一種正式職業，多在官府登記註冊。清末北京有鏢局30餘家。每個鏢局都有寬大的院子、高大的庫房和居住的房屋。鏢局裡的鏢師各個身懷絕技，武藝高強，本領出眾。

鏢局的規定十分嚴格，每天早上點卯，眾鏢師在門道兩旁的長凳上依次坐定，聽候鏢主安排，有鏢保鏢，沒鏢練功。鏢局對鏢師定期進行武藝考核，並要求鏢師們互教互學，不得自分門派。鏢局押鏢啟程分水旱兩路。北走多為旱路，南路則順通州運河水路而下。鏢局每次出鏢時，鏢局人員都要全體出動，敲鑼打鼓，送到大街上，然後鳴炮啟程，以求平安順利。

北京現存的鏢局遺址，在崇文區西半壁街13號的源順鏢局。鏢局創建於清光緒五年（西元1879年），創始人為京師武林名俠王子斌，人稱「大刀王五」。

北京人「您」字用法的來歷

「您」是北京人特有的恭敬用語。多對年齡大或輩分大的老者，對初見的年輕上級長官、客人也多用「您」。普通話中現已多引用此字。而有些外埠人對此稱謂極不習慣。

問候的語言：早晨好，您早，晚上好，晚安。

致謝的語言：謝謝您，多謝了，十分感謝。

慰問的語言：辛苦了，受累了，麻煩您了。

祝福的語言：托您的福，謝謝您，您真福氣。

問候用語：您好，早安，午安，晚安，多日不見您好嗎？

祝賀用語：祝您節日愉快，祝您生意興隆，祝您演出成功。

徵詢用語：您有什麼事情，需要我幫您做什麼事情，您還有別的事情嗎，如果您不介意的話，我可以做⋯⋯嗎？請您慢點講。

應答用語：沒關係，不必客氣，照顧不周的地方請多指正，非常感謝，謝謝您的好意。

道歉用語：實在對不起，請原諒，打擾您了，失禮了，完全是我們的錯，謝謝您的提醒，我們立即採取措施使您滿意。

婉轉推託語：很遺憾！不能幫您的忙；承您的好意，但是我還有許多工作呢。

北京的地名聯有何特點

對聯是一種特殊的藝術形式。撰寫和欣賞對聯均離不開修辭。所謂修辭，就是修飾文句，使表達恰當、準確、形象生動，富於情趣。比起其他文學形式來，對聯的修辭手段種類多，變化大，這也是對聯的一個特點。為了突出某人某地，把人名地名嵌入聯中一定位置，保持其獨立性，使對聯意中有意，稱為嵌字。嵌字，要求文通意順、自然貼切、不露痕跡。將地名嵌入聯中，則更是別有一番情趣。

1988年，已經93歲的北京文史研究館館員許林邨先生曾為筆者白鶴群題聯。上聯為：禮帥報壽石南太，下聯為：武車石寶大金公，橫批：順皁德安。聯僅14字，然禮、帥、壽、太、寶、大、金、公等吉祥之字盡入聯中，讓人感到聯自天成。此聯正是西四北至新街口路西諸多街巷胡同名字第一個字的縮寫集綴。從西四北往

339

北數：禮路胡同、帥府胡同、報子胡同、壽壁胡同、石老娘胡同、南魏胡同、太安侯胡同，下聯為：武王侯胡同、車兒胡同、石碑胡同、寶禪寺胡同、大帽胡同、金絲溝胡同和公用庫胡同。這些胡同今日尚在，只不過前八條胡同已改為西四北一至八條了。石碑胡同改為育德胡同，寶禪寺胡同改為寶產胡同了。將數百年來遺留下來的14條相鄰的胡同名集成一副具有一定含義、詞句工整的對聯實屬不易，更為難得的是橫批：順阜德安。您瞧這四個字，多吉利。然而，這正是北京四座城門的名字，即順城門（今宣武門）、阜成門、德勝門、安定門。許林邨先生說西四北地區諸街巷時，往事記憶猶新，如數家珍，筆走龍蛇，書寫此聯。談及此聯語調聲高，眉飛色舞，令人回味無窮。

以花木命名的北京胡同知多少

北京城內以花木命名的胡同至少有100多條。從品種上看，主要有椿、槐、松、柏、柳、楊、榆、棗、桃、核桃、葡萄、丁香、芍藥，蓮、藕、蘆葦等。其中，以椿樹命名的有19條，以松樹命名的有8條，以柳樹命名的有7條，以槐樹命名的有3條，以棗樹命名的有2條。

由於重名太多，所以在整理胡同名稱過程中多已改變別名或與其他胡同合併。例如：東城區炮局胡同的椿樹胡同改為育樹胡同。西城區平安裡西大街的椿樹胡同改為月樹胡同。東城區騎河樓附近的椿樹胡同併入草堆胡同。有的胡同原來不是以花木命名的，因為舊名不雅，所以用諧音改為花木名。例如：東城區燒酒胡同南的母豬胡同改為梅竹胡同。前門外的李鐵拐斜街改為鐵樹胡同。這些胡同名的更改，有的尚屬合宜。例如，把母豬胡同改為梅竹胡同。如果把傳奇八仙之一李鐵拐改為鐵樹，就有些勉強了。

您知道北京人「勞駕」一詞的來歷嗎

北京人的「勞駕」一詞，現意為請他人幫助的意思。老北京「勞」是請，「駕」是動。對尊貴的人有「起駕」一詞。

「勞駕」是北京人特有的恭敬用語。如：「勞駕，您挪挪窩兒，我過去一下。」又如：「勞駕，您幫助我買一張票。」「勞駕」一詞之後，多有一「您」字相助。

老北京的人力交通工具都有哪些

北京在機動車出現以前，交通運輸主要靠人力與畜力。

人力車的種類很多，主要有轎子、獨輪車、排子車、洋車、三輪車、自行車；畜力車有牛車、驢車、騾車機、馬車等。獨輪車又叫小車，有一個車輪兩個把，不易掌握重心，較為輕便，但載重不多。舊時獨輪車主要用於賣水、送冰塊、推黃土、運糞便等。現在獨輪車在北京市內已消失。排子車又叫手車，是舊時北京普遍用的運貨工具，最早為木輪，後改為膠皮輪，兩輪中間有一平板車架，裝貨較多。主要用於運輸糧食、煤炭及搬家等。舊時許多勞苦百姓以此為生，在家裡或茶館裡等候僱用。洋車又叫人力車，專為拉運乘客，清末在北京盛行。民國初年改為膠皮輪。因為那時失業人多，拉洋車的人有過驚人的發展。1919年前後，北京城內洋車堵街塞道，洋車伕們爭搶生意。

自行車是在清末傳入北京的，首先是由東交民巷使館和宮廷發展到民間的。民國初年，北京出現了自行車車行，經營英國飛利浦、鳳頭車，德國藍牌車，日本東洋車。新中國成立後，北京人騎的自行車多為飛鴿、永久、鳳凰、青島金鹿、北京燕牌等車。在無

軌電車、汽車擁擠的今天，騎自行車既省時，又鍛鍊身體，還不汙染環境，自行車仍然是北京居民最為流行的代步工具。

舊時北京還有很多畜力車，如牛車、驢車、騾車、馬車等。新中國成立後，因有機動車行駛，一度規定白天不得進城，後改為全天不得進城，現改為全天不得進入三環路。

為何說北京土語極富情趣

中國著名文藝作家端木蕻良曾說過，北京土語「不雕不飾，純出自然」，讀起來情趣盎然。應該說，這些老北京的土語，有些過時，但是它們反映了老北京特有的風土人情。現舉例如下：

窩脖送嫁妝——老北京的苦力，窩著頸項，肩上扛著一個箱子，上面擺著精細易砸破的擺設：梳妝鏡匣、自鳴鐘、瓷帽筒，都是女兒家送到夫家的嫁妝，所以叫「窩脖送嫁妝」。「窩脖兒」和「扛肩兒的」是同一種兩個名詞而已，都是老北京搬運公司的搬運形式。一般搬家也都用車載，但是細瓷玻璃擺設，就不能隨車運送，要找幾個「窩脖兒」代勞了。他們窩著脖子，低著頭，扛著嫁妝，一步步從女家走到夫家，不知道有多遠的路哪！

換取燈兒——在老北京，經常可以看見「換取燈兒」的這種沿街叫的婦女。她們穿著一身藍布棉衣或單衣，背後背著一個大竹筐，邊走邊喊著：「換取燈兒咧！」取燈兒就是火柴。有時也喊：「換洋取燈兒咧！」洋取燈兒是因為北京第一家火柴廠是外國人開的，所以也叫洋火、洋取燈。這種婦女大多是天足，因為她們是旗人（滿族人），民國以後，無以為生，便做了這樣貧苦勞動婦女，大街小巷都可以聽到她們的呼喚聲。所謂「換」，是拿家中的舊報紙、廢紙跟她交談作價換取。北京四大名旦之一的尚小雲，聽說他的母親就是換取燈兒的貧苦婦人出身。

拉洋片——在電影未通行的年代，拉洋片是代替電影的娛樂，逢廟會趕集期，許多孩子各給一個銅子兒，就坐在「電影院」裡（只是坐在一條長板凳上），透過放大鏡向裡看。拉洋片的是拉著繩子把一張張圖片拉下來。拉洋片又叫「西洋景」，因電影是從西洋傳進的，所以有此名。

撿煤核兒——舊時的老北京窮人家的孩子沒錢上不了學，就每天穿著打補丁的棉襖棉褲，提著一個破籮筐，手裡拿著一根鐵棍，「撿煤核兒」。所謂煤核兒是指沒有完全燒盡而被倒掉的煤球，用鐵棍把上面已燒盡的煤渣打去，裡面的煤核兒撿回家去還可以放在爐裡燒，就可以煮水燒飯了。

您知道老北京的喜慶習俗有哪些嗎

從人一出生：洗三、滿月、抓周兒，到生日、婚禮、喪儀等，一直到死，各種慶祝活動都可以在自己的家中舉行。四合院為此提供了合適的空間。

北京有兒歌說道：「二姑娘二，二姑娘出門子給我個信兒，搭大棚、貼喜字兒……箱子櫃子我的事。」這歌說明了辦喜事，要搭大棚、貼喜字兒，在大棚下招待親朋好友。

先說辦喜事的大棚，叫喜柵，體量高大，上設可以捲放的捲窗。四周壁的上部裝玻璃窗。棚頂還可以飾以彩色的掛簷。窗框為紅色的，四角繪蝙蝠圖案。

娶媳婦的用雙喜字「囍」。聘閨女的用單喜字「喜」，用紅紙貼金字。大門、二門的門框上貼喜聯，常見的喜聯如：易曰乾坤定矣；詩云鐘鼓樂之，橫批是「天作之合」。又如：吹笙堪引鳳；攀桂喜乘龍，橫批「龍鳳呈祥」。在大棚中可以設宴席，招待親友，以彌補室內空間的不足。

來賀喜的行動，在北京稱為「隨份子」，即要贈給辦喜事、辦生日等的主家一些錢，以及幛子、喜聯等。喜事的幛子以紅色或粉色、紫紅色等喜慶顏色為主；賀生日的幛心一般用「華封三祝」、「仁者有壽」等。

老北京的新婚嫁娶儀式是怎樣的

自古以來，男婚女嫁被視為人生頭等大事。因為男女結婚才能組成家庭，傳宗接代。因此，人們稱此為「喜事」、「紅事」。圍繞它，有著十分嚴肅、隆重的社會生活禮儀。歷來受到人們的重視。

結婚禮儀不只是孤立的，個人的事，它必然受著人類發展不同歷史時期的社會制度、經濟生活，以及人們的思想、觀念、信仰等的制約和影響。同時，它與社會的物質文明和精神文明密切相關。它不僅包含不同社會形態變動的痕跡，而且顯示出鮮明的階級、民族特色。中國長期封建社會的婚姻制度，都是以不同階級和社會集團的利益為前提的，很少考慮，甚至是根本不考慮男女雙方個人愛情這一最重要的因素。其一整套婚姻制度、禮俗都貫穿了「父母之命，媒妁之言」和「從一而終」的倫理觀念。父母老一輩人認為，給子女找配偶乃是自己的神聖責任，也是一種當然權利。此種情況世代相傳，被視為「祖宗家法」，乃「天地之常經，不可易也」。這在老北京的婚俗禮儀當中，得到了充分的反映。

舊時的婚禮習俗，有它的實際意義，其全部舉動都旨在把婚姻關係合法化、輿論上公開化。即透過所謂「花紅財禮」、「明媒正娶」地辦喜事讓親戚、朋友、同事、鄰居都知道，並予以承認。另外，則是人們透過某些禮儀對新婚夫婦進行祝福，盼望他們婚後生活美滿，發家致富，子孫興旺，傳宗接代等。

作為幾代封建帝王建都的北京，從清末到民國期間，民間的結婚禮儀始終是奢靡豪華，繁文縟節，從訂婚到最後結合，需要經過許多煩瑣的禮儀程序。但是，有其固定形式可循。古語謂：「六禮已成，尚未合巹。」所謂「六禮」包括「納彩」、「問名」、「納吉」、「納徵」、「請期」、「迎親」。後來按《朱文公家禮》予以從簡，但仍未離開原有內容。老北京婚俗禮儀與其他各地一樣，通常與男女雙方家庭經濟狀況有關。它往往是家庭財產、社會地位、門第的標誌。

您知道老北京的喪葬習俗有哪些嗎

辦喪事的大棚稱為「靈棚」，靈棚與喜棚的最大區別在於一切用藍色、白色代替紅色。玻璃窗上用藍色壽字，掛簷用藍色白色。有的在住宅的大門之外，在胡同中就搭起過街棚、過街牌坊。在靈棚內有為喇嘛、和尚、道士等搭的經臺。死者如是宅主或主婦，停靈在堂屋中線上，即所謂的「正寢」。死者如是未成年人，或是姨太太之類的，靈只能停在院中，或不位於中線的房中。停靈的規矩是頭南腳北。

北京人是好面子的嗎

「有裡有面兒」是老北京土話。過去，北京人有句歇後語：丈母娘送被子——有裡有面兒。我們睡覺蓋的被子，可不是有裡有面兒嘛。這個「裡」，既有裡外的「裡」的意思，也有禮節、禮貌、規矩的含義。「面」呢，得加兒化韻，其實指的是面子。懂禮節好面子，是北京人的特點，大家都知道北京人好面子，愛講老禮兒。

舊時好面子的北京人，講究出門有身好「行頭」，所謂「頭頂

『馬聚源』，腳踩『內聯陞』，身穿『八大祥』，腰別『西天成』」，分別講的是帽子、鞋子、衣服和菸袋。馬聚源、內聯陞、西天成都是有名氣的老字號，八大祥則指賣綢布的瑞蚨樣、瑞林祥等八家字號。

也有人說北京人是死要面子活受罪。您瞧，寧可活受罪，也死要面子。面子這個詞含義很深，它不光指臉面，也包括儀表、尊容，甚至還有場面的意思。北京人常說，不管怎麼著，大面兒上得過得去。其實北京人好面子，男的女的都一樣，一談錢就不好意思，愛把「無所謂」、「看著辦」掛在嘴邊上，弄得南方朋友很急：「到底什麼意思？」你追問，她們還是不好意思。我看身邊的女朋友們談戀愛，南方姑娘像帳房先生，跟男的混在一處，「你就該給我錢買這買那」。北京姑娘就不，一到吃完飯買單，全部自覺從兜裡往外抻錢包，經常一個人買一桌的單還說「算給我個面子」。

為何說五朝皇族居北京

北京是世界聞名的古都，年代久遠的燕、薊不說，即從遼建燕京以來，到現在已逾千年。繼遼之後，金、元、明、清歷朝均建都於此。

遼是契丹人，金是女真人，元是蒙古族，明是漢族，清是滿族，五朝的民族不同，他們的後代卻世世代代生活在北京。以皇族而言，遼姓耶律氏，清代滿族有伊拉里氏，即耶律氏譯音之異，嘉慶間山東巡撫和舜武，姓伊拉里，其子工部侍郎鐘翔、刑部侍郎寶清，世居西單牌樓橫二條胡同。

金代皇族的後裔，由於滿族來源於女真的緣故，在清代備受尊崇。北京西南方的房山縣境，有金太祖的香陵和金世宗的興陵，清

346

末入關之前，皇太極就曾派員蒞陵行禮，定都北京以後，清廷又下令修復金陵，並設守陵人50戶，以備春秋致祭。乾隆帝還親到金陵拜謁，由金裔完顏氏子孫陪同祭祀。完顏氏在清代已經隸屬於滿洲旗下，乾隆謁陵時，陪祭的完顏氏後裔，共有59支，時任官員96人之多，是最大的一次祭陵活動。不久清廷編輯《八旗氏族通譜》，乾隆特將完顏氏列為第一，表示不忘根源之意。圖文並茂的《鴻雪因緣圖記》作者麟慶，是金世宗旁支的24代孫，住在東城弓弦胡同，家有園亭，這就是北京有名的半畝園。今天沙灘迤東的中國美術館一帶，即其遺址。麟慶的後人以王為姓，名畫家王愛蘭先生是麟慶的曾孫。

元朝皇族之裔在北京就更多了。文學家考證，科爾沁、巴林、奈曼、敖漢等部落，都是元太祖的後裔。元裔在清代姓博爾濟吉特氏，分別隸於滿洲、蒙古旗下，《妙峰山瑣記》的作者奉寬先生，有一方藏書印，文曰「元太祖三十世孫奉寬印」。奉寬字仲嚴，姓博爾濟吉特，漢姓鮑，又名鮑汴。

明皇族後裔在清代隸於漢軍正白族下，世襲一等延恩侯，清末民初，最後的一位侯爵朱煜勳，字炳南，住東直門內羊管胡同。

清代距離今天較近，皇族人口眾多，1930年代，溥儀在東北印行的《愛新覺羅氏宗譜》，凡1935年以前出生的男性族人，都收入在譜內，世系分明，頗便查考。近現代著名書畫家中屬清皇家族後裔的就有：溥儒、溥松窗、溥傑、溥佐、啟功、啟驤、毓贍、兆豐等。啟功出身皇族，姓愛新覺羅。其祖上是清代雍正皇帝的第五子弘晝（乾隆皇帝是排行第四的弘曆），被封為「和親王」。愛新覺羅‧啟驤，是清朝雍正皇帝的第九代孫。

北京的京腔兒化韻是怎麼回事

「小小子兒，坐門墩兒，哭著喊著要媳婦兒……」北京的童謠充分表現了北京話中兒化韻之豐富。其用途之廣，讓外地人「耳」花撩亂。

兒化韻的北京方言，讓您聽著就那麼舒服，通俗，比喻形象。許多老華僑回到北京，一是先來碗豆汁，二是到小胡同、大雜院裡去找老頭老太太聊天，就是愛聽那帶兒化韻的北京味。

自金朝中期開始，金中都即今日的北京成為中國的政治中心，於是標準話就逐漸由洛陽話轉變為北京話。金人接待宋使，「語音亦有微帶燕音者」，反映了當時中都話的推廣。金朝後期，完顏合周「語鄙俚」，他所寫的榜文說：「雀無翅兒不飛，蛇無頭兒不行。」其俗明顯。看來早在遼金時代，燕地方言即帶「兒」字。如遼代稱漢人為「漢兒」。燕地方言到明清時成了官話。

為何說「兒」字不是隨便加的

北京的兒化韻自有其多年形成的特點，不能以一概全，隨意濫用。以北京的地名而言，同是一個字，就有兒化和不兒化之差，如果忽略了這一點，不加以區分，就不足以顯示出地道的京味來。特舉數例，以證一斑。

「園」：和平門外琉璃廠附近的東南園、東北園、西南園、西北園等胡同，園字不兒化；而與這些胡同近在咫尺的大小沙土園、前後孫公園，以及稍南的梁家園等巷，園字可兒化。

「街」：前門大街、地安門大街、楊梅竹斜街、李鐵拐斜街、櫻桃斜街、白米斜街、一尺大街等，街字不兒化；南長街、北長街、煤市街、興隆大街、寬街等，街字可兒化。有的人這樣解釋：大的通衢如某某大街等，街字不兒化。實則不然。即如上舉的一尺大街，在東琉璃廠與楊梅竹斜街之間，雖名大街，實際等於過道，

名曰一尺，其短可知。可見街名兒化與否，並不在於大小。

「寺」：白塔寺、護國寺、能仁寺、淨土寺、圓恩寺、華嘉寺的寺字不兒化；舍飯寺、給孤寺的寺字則兒化。有人認為白塔寺、護國寺等廟宇宏偉，寺字不兒化以示尊崇。言似有理，但也不儘然。如上舉的華嘉寺，在西城錦什坊街，規模很小，但寺字不兒化。

「廟」：帝王廟、馬神廟、火神廟、藥王廟的廟字不兒化；宣武門外的三廟、五道廟，西單牌樓迤北的白廟、紅廟胡同的廟字則兒化。

「房」：油房、糖房、報房、大小醬房等胡同的房字不兒化；東官房、石板房、餑餑房、妞妞房的房字則兒化。

「口」：阜成門內宮門口的口字不兒化；珠市口、菜市口、磁器口、蒜市口、山澗口的口字則兒化。

「巷」：東西交民巷、南北鑼鼓巷的巷字不兒化；果子巷、陝西巷、南北柳巷、大門巷、方巾巷的巷字可兒化。

「沿」：西河沿、潘家河沿的沿字不兒化；南北河沿、南北溝沿的沿字則兒化。

「池」：金魚池、蓮花池的池字不兒化；豆腐池的池字則兒化。

「橋」：東大橋、高梁橋的橋字不兒化；太平橋的橋字則兒化。

北京常見的土語有哪些

雞賊——小氣，吝嗇，暗藏私心。

果兒——是女人的意思。

尖果——漂亮的女孩。

蒼果——老太太。

尖孫——漂亮的男孩。

傍家兒——情婦，現在亦稱二奶。

土鱉——形容沒見過世面不開眼的人。

點卯——北京土話，到那兒報到或看一眼，打個照面的意思。

言語——北京的口語，即說話的意思。

翻車——北京土話，即翻臉的意思。

瞎了——北京土話，即倒楣了、完了的意思。

念秧子——北京土話，跟人說自己的意思，但又故意讓旁邊的人聽見。

摔咧子——北京土話，發脾氣的意思。

抹不丟地——北京土話，難為情，面子上不光彩。有時，也說成抹咕丟的。

概而不論——京城新土語，一概不管的意思，論，讀「吝」。

消停——北京土語，踏實的意思。

走了眼——即把東西看錯了，北京土話，用在這裡是引申，即分析問題不正確。

忤窩子——北京土話，生性怯懦，靦腆，膽小的意思。

甩片湯話——甩閒話。

說話要走——說話，就是馬上，很快的意思，這是北京人常用的一個口語。

類似的北京口語很多，這裡就不一一列舉了。

湖泊河流為什麼被稱為「海」

北京有不少湖泊、河流甚至水潭被稱為「海」，最典型的莫過於曾為皇家園林的北海和中南海。這片水域之所以被稱為海，與中國古代神話傳說對皇家的影響有重大關係。

「瑤池三仙山」源自中國古代道家的東海之東有「蓬萊、瀛洲、方丈」三座仙山的傳說。由於傳說中的三座仙山上有長生不老藥，吸引了一些希望萬壽無疆的皇帝們竭力尋找蓬萊仙境，秦始皇派遣徐福率領500名童男童女出海東渡尋找蓬萊仙境是規模最大的行動。因為仙境難尋，後來的皇帝們遂按照傳說中的「瑤池三仙山」的布局來建造皇家宮苑以求夢想成真。北海和中南海的「一池三山」正是仿照了傳說的仙境中瑤池與蓬萊、瀛洲、方丈三座仙山的布局。既然將島嶼比喻為三座仙山，水域自然就象徵著東海之水，於是便得名為「海」。

而什剎海、後海和積水潭合稱為「後三海」，是因為進入北京統治中國的元朝蒙古族曾生活在水源稀缺的蒙古高原，為了表示對新建的元大都城內水源的珍視，便用一片汪洋的「海」來稱呼並非一片汪洋的水域。比方說，什剎海原是一片大水潭，遼代和金代稱其為積水潭，到了元代，蒙古族就將它稱為「海子」。一些以「海」命名的湖泊、河流和水潭，其稱呼一代一代地流傳至今，所以北京有不少湖泊、河流甚至水潭就冠名為「海」。

名人北京

劉秉忠是怎樣設計元大都城的

劉秉忠，原名劉侃，生於西元1216年，因曾祖父在金代時任過邢州節度副使，家族定居於邢州（今河北省邢臺市）。西元1232年，劉秉忠17歲時，進邢臺節度使府中做令史（祕書）。

不久，因不甘於埋沒在平庸乏味的文牘工作中，棄職隱居，後拜虛照禪師，出家為僧，法名「子聰」。西元1247年，蒙古朝廷把邢州賜為成吉思汗的孫子忽必烈的封地。海雲禪師聞知劉秉忠「博學多才藝」，便把他推薦給忽必烈。不久，劉秉忠的學問得到忽必烈的賞識，留他在身邊做了謀士。西元1264年，劉秉忠建議忽必烈定都於燕京，並為忽必烈設計了新的年號「至元」。忽必烈言聽計從，下詔改當年的「中統五年」為「至元元年」，定燕京為「中都」，令劉秉忠赴燕京規劃營建。至元八年（西元1271年），忽必烈定都北京，改「中都」為「大都」。

劉秉忠在修建元大都時，是按照《周禮》中關於帝王之都建設的構想去布置和設計規劃的。《周禮》中講，一個帝王都城，設計應是一個正方形的大城，四面各有三個城門，門內有筆直的大道，大城之內中央的前方應為朝廷，而後方應為街市，其四方遠處為民宅。

文天祥曾囚禁在北京嗎

人生自古誰無死，留取丹心照汗青。

這是南宋著名民族英雄、愛國詩人文天祥所著的《正氣歌》中

留下的著名詩句。

　　文天祥（西元1236～1282年），字宋瑞，號文山，江西吉水人。西元1279年抗元失敗後，被擄至大都，囚禁在這裡一個土牢內，在此寫成《正氣歌》。明清兩代為祭祀文天祥，將當年文天祥被囚禁的土牢舊址擴大改建而成祠，並將街名改稱教忠坊。祠堂坐北朝南，由大門、過廳、堂屋三部分組成。

　　文天祥祠，坐落在東城區府學胡同63號，室內屏風正面為毛澤東手書「人生自古誰無死，留取丹心照汗青」，背面為文天祥所著的《正氣歌》全文。過廳內展出文天祥的生平，堂屋中保留原祠堂的部分遺物和文天祥手跡。堂屋內保留有原祠堂的部分珍貴文物。如明《宋文丞相傳》石碑、清《重修碑記》石碑及《宋文丞相國公像》碑等。後院尚存一株棗樹，相傳為文天祥被囚禁期間親手所植，向南歪斜的樹身有如文天祥「臣心一片磁針石，不指南方誓不休」的精神。

姚廣孝及其相關古蹟

　　姚廣孝，不但是傑出的政治家，而且是一位偉大的史學家。他曾和解縉等人編纂巨著《永樂大典》，同時參與《明實錄》的編纂。姚廣孝84歲時，病甚，不能朝，仍居慶壽寺。一日對同僚告以去期，即斂容趺坐而逝。明成祖對姚廣孝之死萬分悲慟，明永樂十六年（西元1418年），成祖皇帝為姚廣孝撰寫碑文，因碑已成，而文未及刻，所以擱置下來了，直到八年後的宣德元年（西元1426年）五月，才刻成並安置。

　　姚廣孝塔，在房山區崇各莊鄉長樂寺村東里許。京原鐵路從這裡曲折穿越。塔前30米，就矗立著成祖皇帝親為姚廣孝撰寫碑文螭首龜趺的神道碑。

有關姚廣孝的古蹟在北京地區還有很多。如明亡元朝後，重建北京城，在德勝門西設置水關，並在此地堆土為島，水從兩旁入積水潭。島上初建有姚廣孝祠，後改為鎮水觀音庵，乾隆二十六年（西元1761年）更名為匯通祠。又如，大鐘寺寺內有500多年前的永樂大鐘聞名於世，鐘為銅質，相傳為明代永樂年間姚廣孝所鑄。鐘高6.75米，直徑為3.3米，總重量為46.5噸，被譽為「中國鐘王」。鐘聲洪亮，數里可聞，鐘體內外鑄有佛教文獻共23萬字之多，全用楷書書寫，故又名「華嚴鐘」。

雍正為何重用年羹堯

年羹堯（西元1679～1726年）是清代康熙、雍正年間人，進士出身，官至四川總督、川陝總督、撫遠大將軍，還被加封為太保、一等公，高官顯爵集於一身。他運籌帷幄，馳騁疆場，曾配合各軍平定西藏亂事，率大軍剿滅青海 羅布藏丹津，立下赫赫戰功。

年羹堯本是文進士，後來跟隨雍親王，被放到外面做了一名武官。年羹堯在這幾年立了幾次大功，康熙頗為欣賞，逐步把他提升起來。康熙末年，年羹堯任川陝總督，十四皇子 胤禵在西北平亂。雍正密令年羹堯牽制 胤禵，使得重兵在握的 胤禵無法興風作浪，終於確保雍正順利即位。年羹堯在雍正即位之初對雍正的幫助不可謂不大。

雍正即位後，朝局不穩，雍正急需用一些功績來穩固自己的政權，安定民心。青海羅布藏丹津蠢蠢欲動，雍正傾盡國力來支持年羹堯剿滅羅布藏丹津，年羹堯並未讓雍正失望，將羅布藏丹津殺得乾乾淨淨，為雍正向八王爺等人發難加重了一個重要的砝碼。而雍正此時也把年羹堯抬高到一個年自己並未察覺到的危險位置，為年

之死種下隱患。

雍正為何殺掉重臣年羹堯

雍正二年（西元1724年），年羹堯入京時得到雍正特殊寵
遇，真可謂大清朝開國以來未有之體面，年羹堯卻來者不拒，受之
泰然。年羹堯的功勳雖說卓著，但比起周培公當年在國家最危難朝
廷幾乎拿不出一兩銀子的情況之下，剿滅三藩之功績來看，的確算
不上什麼。但年羹堯此時志得意滿，春風得意，根本沒有想到雍正
如此抬高自己的真正用心。雍正誇大年羹堯的功勞，完全是為了穩
定朝局，讓八王爺等人不敢有所作為。而年羹堯，完全處於一種被
奉承、被恩寵的自我陶醉中，從來沒有認真分析過自己應該得到這
些與否。

年羹堯在四川，把康熙的行宮當作自己的中軍營帳，每天有
1000多人為自己運送蔬菜食品，吃飯稱之「用膳」。他還令雍正
帝派來的侍衛前引後隨，牽馬墜鐙。按清代制度，凡上諭到達地
方，地方大員須迎詔，行三跪九叩全禮，跪請聖安，但雍正帝恩詔
兩次到西寧，年羹堯竟「不行宣讀曉諭」。更有甚者，對待朝廷派
來的侍衛用盡各種威逼恐嚇之手段，讓這些人直把年當做親爹一
般。他在與督撫、將軍往來的諮文中，擅用令諭，語氣模仿皇帝。
更有甚者，他曾向雍正帝進呈其出資刻印的《陸宣公奏議》，雍正
帝欲為此親撰序言，但年羹堯以不敢「上煩聖心」為藉口，代雍正
帝擬就序言，要雍正帝頒布天下，如此僭越無度，雍正帝能不寒
心！在雍正心中，年已經成為第二個吳三桂。

雍正三年十二月（西元1726年1月），風雲驟變，他被雍正帝
削官奪爵，列大罪92條，賜自盡。縱觀年羹堯一生，文中進士，
得到兩代皇帝賞識，其戰功在雍正朝首屈一指，受到的禮遇在清朝

也是前無古人。按說年應該滿足，但年非但並未知足，韜光養晦，反而變本加厲，導致自己最後慘死的結局。

張廷玉為何成為雍正朝重臣

清初，文華殿大學士、禮部尚書張英，在朝一生，為人師表，卒諡文端。其子張廷玉、張廷璐、張廷珪、張廷珩、張廷瑑，均中進士，有大業績。特別是張英第二子張廷玉留下為人師表之佳話，至今傳頌不衰。

張廷玉，康熙三十九年（西元1700年）庚辰科三甲第152名進士。雍正年間，官至保和殿大學士，封三等勤宣伯，立朝50年，富貴壽考，為清一代之最。

雍正十一年（西元1733年）的癸丑科殿試試卷送到了雍正的手中，雍正閱到第五卷時，看到字跡端莊秀麗，文章頗具古風，非常讚賞，便將他從第五名提到第一甲第三名。等到開封后，才知道這是大學士張廷玉之子張若靄，雍正非常高興，派人去告訴了張廷玉。而張廷玉卻不以為然，對雍正說：國家的考試，三年才有一次，天下的舉子不下數十萬人，而能獲得舉人一科的只千人，各省再會試於禮部，能夠取中進士的才300來人，而這300多名進士中，能上殿試取得一甲的只三人，雖然是從300餘人中拔取的，也實在是天下數十萬舉子的榮譽。我是朝中的大臣，我的兒子怎麼能夠和這些寒窗十年、辛苦搏擊的寒士爭名次呢？雖然承蒙聖上的恩惠，但我於心不安。我懇切希望陛下能把一甲的桂冠賜予天下的寒士，讓我的兒子依然回到他的二甲中去吧。

雍正被張廷玉的這番話深深打動，於是又親筆將張若靄定為二甲第一名，將原二甲第一名沈文鎬改為一甲第三名，中探花。

您知道才子張之洞的文壇趣聞嗎

張之洞作為才子，也有許多文壇趣聞故事。對聯中，有一種頗富情趣的無情對。這種對，出句和對句各自通順成章，但對句的每個詞依其在句中的本義，並不能與出句相對，必須對每個字來一番別解，才能與出句相應的字形成「關係戶」。據說，無情對為清代張之洞所創。

一天，張之洞在陶然亭會飲，以當時人的一句詩「樹已半尋休縱斧」為上句，張之洞對以「果然一點不相干」，另一人則對以「蕭何三策定安劉」。為什麼呢？原來，「樹」、「果」、「蕭」皆草木類；「已」、「然」、「何」皆虛字；「半」、「一」、「三」皆數字；「尋」、「點」、「策」皆轉意為動詞；「休」、「不」、「定」皆虛字；「縱」、「相」、「安」皆虛字（「縱」別解為「縱使」之「縱」；「安」別解作疑問詞，都可看做虛字）。「斧」、「干」、「劉」則皆為古代兵器。尤其是張之洞的對句，更是不拘一格。

最後，張之洞又以「陶然亭」三字命作無情對。一位客人說：「若要無情，除非閣下的姓名。」眾人皆暢懷大笑。這是以「張之洞」對「陶然亭」。

洪鈞與賽金花為何稱為兩狀元

洪鈞，是個外交史上的傳奇人物，又是一個知名學者，他的政治生命大多是在和洋人打交道中度過的，他的私人生活則是和名妓賽金花連接在一起的。因此，可以說洪鈞的名氣是和外交、洋人、才華、風流交織成一體，是在明清兩朝114名狀元中非常具有個人特色的人物。

洪鈞是狀元之鄉吳縣的第15代狀元。他生於西元1839年，29

歲中進士，同治皇帝授予他翰林院修撰，派他到湖北監督學政，30歲出頭擔任過山西、山東的鄉試主考。因為他懂些兵法，又授予他兵部左侍郎。光緒登基後，很器重他的才學，將他晉陞內閣學士。就在這時，洪鈞母親病故，回家料理喪事。按照治喪的慣例應當服喪三年，方歸朝廷。但由於外交的急需，光緒令其三個月後即返朝，出任特命大使赴德、俄、奧、比四國。第一次出使近四年，從此開始了他的外交生涯。

洪鈞認識賽金花是在服喪期間。賽金花其初名為傅鈺蓮，又名彩雲，江蘇鹽城人，約生於西元1872年。幼年被賣到蘇州的所謂「花船」上為妓。西元1887年（光緒十三年），適逢前科狀元洪鈞回鄉守孝，對彩雲一見傾心，遂納妾，洪時年48歲，傅彩雲年僅15歲。剛入妓院半年多，就紅遍蘇州，綽號叫「花國狀元」。兩狀元初次見面便情意綢繆，傅彩雲也十分喜愛這位風度翩翩的狀元郎。服喪期間的洪鈞，礙於倫理的限制不敢表示什麼，一向大膽潑辣的傅彩雲卻認為良機不可失去，施展種種手段使洪鈞就範。接著，洪鈞接到出國的密令，便攜上新婚妻子傅彩雲，登上了外交旅途。洪鈞精通德文，還懂一些俄文，再加上高貴典雅的傅彩雲做點綴，在俾斯麥的首相府第、彼得堡的沙皇宮廷，那些外交界的老手幾乎都為之驚歎和折服。儘管傅彩雲比洪鈞小32歲，但是和洪鈞的感情相當的好，只是好景不長，在回國後的第三年，洪鈞一病不起，將年僅24歲的傅彩雲丟在了人間。

西元1894年，傅彩雲在送洪氏棺柩南返蘇州途中，潛逃至上海為妓，改名曹夢蘭。後至天津，改名賽金花。西元1900年八國聯軍攻陷北京時，居北京石頭胡同為妓，曾與部分德國軍官有過接觸，也曾改換男裝到皇家園林西苑（今中南海）遊玩。西元1903年，在北京因虐待幼妓致死而入獄，解返蘇州後出獄再至上海。晚年生活窮困潦倒，西元1936年病逝北京。

為何說大刀王五和譚嗣同是莫逆之交

清末戊戌變法，風雷激盪，志士流血，神州震撼。譚嗣同就義前用煤屑在牆上題詩：「望門投止思張儉，忍死須臾待杜根。我自橫刀向天笑，去留肝膽兩崑崙。」這個「兩崑崙」就是指康有為和王五。

王五祖籍關東，比較普遍的說法是河北滄縣人，名正誼，字子斌。王五因為在叔伯兄弟（一說盟兄弟或師兄弟）中排列第五就叫做「王五」。他使用過雙鉤、雙刀、單刀，也會使用類似青龍偃月刀的一把大刀，重100多斤，人們就叫他「大刀王五」，正如《水滸傳》中有「大刀關勝」。

王五和譚嗣同是莫逆之交，譚嗣同曾師從王五學習劍術。從現僅存譚嗣同的一張照片來看，他披著大氅，腰結寬頻，說明他不僅是個文人，也是個武士。「戊戌變法」失敗後，譚嗣同曾把心愛的「鳳矩」寶劍贈給王五留作紀念。這把寶劍在王家一直保留到大煉鋼鐵時，連同大刀、雙刀一起處理了。

譚嗣同就義後，王五冒著風險去收屍是比較真實的。趙炳麟《柏岩文存》記載當時的情況說：「戊戌時，譚嗣同之受刑也，人無敢問者。俠客伏屍大哭，滌其血殮之。道路目者，皆曰：『此參政劍師王五公也。』」第二年，骨骸運回原籍湖南瀏陽，葬於城外石山下，後人在他墓前華表上刻上一副對聯，以表揚英靈：「亙古不磨，片石蒼茫立天地；一巒挺秀，群壑奔赴若波濤。」

您知道大刀王五遇害之謎嗎

義和團運動失敗後，王五被八國聯軍侵略者殺害，時年56

歲。王五之死是悲壯的。有幾個說法：一說他為營救被八國聯軍強暴的婦女而被害；一說他參加了義和團，被八國聯軍殺害。狄平子著《平等閣筆記》載：「適聯軍入京，五見西兵之無禮日甚，輒與其徒數十人，日以殺此輩為事。十一月某日，有石某之宅為西兵圍困，五經其地，憤與之鬥，手殺數十人，繼以中彈過多，遂被執。西人以為義和團之餘黨也，槍殺之，棄其屍。」

退叟《記大刀王五》一文載：「土匪又設計與教友報告德國兵營，聲言王五是義和拳頭，曾殺害洋人教友多人。德兵營派兵數十名往捕王五，行在打磨廠遇，槍彈交擊，王五遂遇害，時年五十餘。」

梁啟超在北京都有哪些遺蹟

梁啟超，1873年生於廣東新會縣一個地主家庭，少年時代受的是傳統封建思想教育。1885年，梁啟超北上進京住進新會會館中院內三間北房中，為此屋取名「飲冰室」，1891年在此屋結婚，參與開展改良主義運動，拜在康有為門下，至此開始接觸「西學」，並接受了康有為的改良主張，成為其得力的助手。1895年，梁啟超在京參加了康有為發起的「公車上書」，在政治舞臺上開始嶄露頭角。

梁啟超晚年在清華大學任教，據說梁啟超先生講課時，講到精彩處，「有時掩面，有時頓足，有時狂笑，有時歎息」；「悲從中來，竟痛哭流涕而不能自已」；情緒好轉又「涕淚交流中張口大笑了」。他每次講完課都大汗淋漓，愉快無比。1929年，梁啟超病逝於協和醫院，終年56歲。

新會會館雖然未有被列入文物重點保護單位，但它對革命的貢獻仍不應被忽視，現梁啟超故居「飲冰室」仍存在，與《飲冰室全

集》相互輝映於歷史之中，受到後世的敬仰。梁啟超故居在北京北溝沿胡同23號，故居為坐西朝東的三進四合院，大門1間，院內有影壁、垂花門及正房、花廳等建築，均坐北朝南。院內各屋均由走廊相連。西部是花園，有土山、花廳和山石。整個房屋被磚牆圍起，主要建築尚存。

梁啟超的妻子是北京姑娘嗎

1889年（清光緒十五年），梁啟超17歲。在當時廣東的最高學府學海堂苦讀四年後，他參加了這一年的廣東鄉試，秋闈折桂，榜列八名，成了舉人。主考官李某愛其年少才高，將堂妹李惠仙許配與他，惠仙比啟超長四歲。兩年後，二人完婚。次年夏天，梁啟超偕同夫人李氏南歸故里。梁家世代務農，家境並不寬裕，新婚不久的夫婦只好借用梁姓公有的書室的一個小房間權作新居。廣東的氣候溽熱難當，這使久居北方的李惠仙很不適應，這位生於官宦之家，從北京來的大小姐，並沒有嫌棄梁家的貧寒，她看中的是夫君的才華。梁啟超的生母趙太夫人早已仙逝，繼母只比李惠仙大兩歲，李惠仙仍極盡孝道，日夜操勞侍奉，深得梁家喜愛，在鄉里也博得了賢妻良母的美名。李惠仙既溫良，又賢慧，不僅在生活上關心照顧著梁啟超和他的家人，在事業上對梁啟超也有不少的幫助。

梁啟超生於廣東，官話說不好，為此曾吃過不少虧。「戊戌變法」初期，梁啟超已名噪京華，光緒帝久聞其名。在召見他時，因梁啟超不諳官話，彼此難以交流，光緒帝大為掃興，結果，只賞了個小小的六品官銜。這也促使梁啟超痛下決心學好官話。李惠仙自幼長在京華，官話說得自是流利。在日本時，梁啟超便請夫人教他學習官話。夫妻二人，婦唱夫隨，不消多時，梁啟超的口語水準大有長進，在社交場合就得心應手了。

梁啟超與李惠仙一向敬愛有加，做了一輩子夫妻，只吵了一回架，梁啟超卻為此悔恨終生。在李惠仙彌留之際，他對大女兒梁思順剖白了自己的愧疚心情：「順兒啊！我總覺得你媽媽的那個怪病，是我們打那一回架打出來的，我實在哀痛至極！悔恨至極！我怕傷你們的心，始終不忍說，現在忍不住了，說出來想把自己罪過減輕一點。」

1924年9月13日，李惠仙因不治之症溘然而逝。梁啟超與李惠仙的合葬墓在北京香山植物園內。

您知道清代科舉的第一位滿族狀元是誰嗎

在明清時代的114個狀元中，只有兩個滿族狀元，一個是順治九年（西元1652年）壬辰科的滿榜狀元麻勒吉，另一個是順治十二年（西元1655年）的圖爾宸。但是能夠載入史冊的卻只有麻勒吉一人。

麻勒吉屬於滿族正黃旗，姓瓜爾佳氏，過去是遊牧部落的一支，到他的祖父時，才投靠了努爾哈赤，麻勒吉已是曾孫一輩。順治時期，開始滿文的科舉。當時麻勒吉先以翻譯舉人參加會試，當即奪取第一名，接著在順治主持的殿試中，一舉奪金榜第一名。一時聲名響徹滿漢之間的麻勒吉，為了表示脫胎換骨的進步，又把他的名字改為馬中驥，更得到順治的器重。同時因他精通滿漢文，具有豁達的氣質，深得朝內外官員的尊重，很快成為弘文院的侍講，接著又當了日講官，參加編輯聖訓。他用自己的辛勤換來了一個具有多門文化修養和相當功底的學者狀元的美名。

在康熙時，他升任撫蠻滅寇將軍，並兼任廣西巡撫。在鎮壓吳三桂造反叛亂的戰爭中，麻勒吉負責糧草供應，並兼任軍事指揮，立下了大功，同時洗刷了以前的罪過。後來又奉命出巡廣西柳州，

由於賊寇的騷擾和劫奪殺戮，他到柳州做巡撫時，這裡已是人空地空，農田荒蕪，水利設施全部遭到破壞。他和漢族官員們同心同力，開倉賑濟災民，興辦文教事業，僅一年多的時間，就使這個荒無人煙的災難地區變成了富庶之鄉。由此，廣西人民十分感激他，在他奉調回京時，數萬人夾道挽留，這是在滿族官員中很少能享有的榮譽。

北京西城新街口南端路東，有一條東西走向的胡同，為紀念麻勒吉而稱為麻狀元胡同。後改稱為群力胡同。

您知道曹雪芹的題壁詩在哪裡嗎

據考證，雪芹祖籍遼陽，幼居金陵，雍正六年（西元1728年），曹家敗落，13歲的曹雪芹隨父輩遷往京城，他從37歲左右遷至京西，在海淀居住了11年。《紅樓夢》是清代偉大的文學家曹雪芹在北京香山嘔心瀝血寫出來的。他的好友敦誠在《寄懷曹雪芹》的詩中寫過：「勸君莫彈食客鋏，勸君莫叩富兒門。殘杯冷炙有德色，不如著書黃葉村。」這「黃葉村」就在香山健銳營一帶。但這黃葉村具體在哪個位置？它是專有的村名呢？還是泛指那些黃葉飄飄、秋色幽美的村落？香山正黃旗的張永海老人，在1963年對著名紅學家吳恩裕說過一段掌故：

曹雪芹搬到香山是按撥旗回營的例，住在正白旗，在四王府之西地藏溝口左邊靠近河灘的地方。那兒今天還有一棵200多年的大槐樹。

他還說：鄂比曾送給雪芹一副對聯：

遠富近貧，以禮相交天下有；

疏親慢友，因財絕義世間多。

到了1971年4月，處在地藏溝口的正白旗三十九號西軒，這裡的房主在剝落的牆壁上發現了題詩，西壁正中寫的就是鄂比那副對聯（僅有三字之差）。當初口述中傳出此聯時，人們對它的真實性還難以確定，如今發現了對聯的文字記載，說明此聯並非後人編造；在雪芹的居處發現朋友贈雪芹的對聯，這應該是順理成章的事情。而且房屋的歷史、結構、布置都符合當年的實際情況，現在，這裡已經是北京植物園內的曹雪芹故居紀念館。

您知道曹雪芹在京城的遺蹟還有哪些嗎

西單的小石虎胡同33號，在清代時是右翼宗學府，曹雪芹到西山著書之前曾在這裡任差。乾隆二年（西元1737年），曹雪芹之父在經過數年的監禁之後，終於被赦免還家，雪芹也得授從六品州同的官職。曹氏一家眼看興旺在即，然而晴天霹靂，另一樁大案使得這一家人再次慘遭抄沒，曹雪芹的祖母也終於在連番打擊後撒手人寰。屢逢劇變的曹雪芹也離開了蒜市口，遷居到小石虎胡同33號居住。傳說，這個小院是北京「四大兇宅」之一。聽說駙馬吳應熊也曾經在此居住，後來是著名的百花市場，不久即行倒閉，現在被某單位占用。

通州的曹家當鋪，也是曹氏故居所在。在曹氏抄家後，雍正諭旨「留與度日」的房屋17間半，以及通州典地600畝（40公頃），當鋪一所，以及本銀7000兩。可見，通州的殘餘產業，是曹家雍正年間維持生存的根本。據學者甘海嵐考證，據當地的老人講，當年確曾有一座當鋪，而且是張家灣唯一的一座老當鋪（還有後開的當鋪）。這座當鋪是一座四合院，臨街的鋪面已拆建為張家灣派出所和人民銀行張家灣營業所。正房7間，也在1967年拆除，改建為張家灣鎮第六生產隊隊址及飼養室，西廂房原在派出所院內，亦已拆除，唯東廂房三間僅存，古舊破敗，早已廢棄不用，看來年代是

很久遠的了。

　　海淀的禮親王府，是曹雪芹離開小石虎胡同後投靠親朋故舊之處。禮親王，太祖努爾哈赤第二子，其王爵世襲罔替，是清初八大鐵帽子王之一。曹雪芹的姑母是禮親王之子納爾蘇的王妃。如今這裡已經改為食府，食客雲集，書香不再。

　　恭王府，是京城最美的王府花園。據說，曹雪芹窮困潦倒時曾經在這裡的馬廄居住過。

　　官園，是今日的中國少年兒童活動中心，這裡原是慎郡王府的花園，也稱隨園。慎郡王胤禧，是平郡王福彭（納爾蘇之子）的好友，也因此與曹雪芹過從甚密。後人分析，慎郡王便是北靜王的原型。但當年的痕跡已無可稽考了。

　　北京有紀曉嵐故居嗎

　　紀昀，字曉嵐（西元1724—1805年），河北獻縣人，清代著名的學者，清乾隆時期進士，官至禮部尚書、協辦大學士。他曾任大型百科全書《四庫全書》的總編纂官，歷時13年，同時還撰寫了200卷的《四庫全書總目提要》，成為中國現存最重要的史籍。他撰寫的《閱微草堂筆記》具有很高的思想、學術和文獻價值。宣武區珠市口西大街241號，就是紀曉嵐在北京的住所。院內保存的紫藤蘿、海棠，是紀曉嵐親手所植。

　　紀曉嵐晚年的著述多在現存的故居寫成。他死後，其子孫將「閱微草堂」的一半賃給了一位姓黃的人。1987年，劉葉秋先生曾撰文記述紀氏故居情況，紀曉嵐故居從1930年代起多次易主，梅蘭芳、余叔岩曾在此設國劇傳習所，後名丑蕭長華，賃為富連成科班宿舍。

1930年，愛國民主人士劉少白租下此宅，「閱微草堂」遂成為「劉公館」。1936年，京劇科班富連成將此宅購買作為學員宿舍和練功場地。1958年，在此建起了晉陽飯莊，門庭如故，屋舍依然，古藤無恙。1986年，紀曉嵐故居被列為宣武區文物保護單位。1987年，晉陽飯莊於原地之東，擴建新樓，當年懸有閱微草堂舊額的東小院北屋舊址，俱在樓基之內。現在「閱微草堂舊址」為啟功先生所書。

　　閱微草堂中的海棠有什麼傳說故事嗎

　　現存的紀曉嵐故宅中，還有兩樣紀曉嵐當年的舊物，一是藤蘿，二是海棠，海棠原為兩株，是紀大學士親手所植，並記載著他與四叔家的婢女文鸞的一段戀情。文鸞聰明伶俐，溫柔貌美，與紀曉嵐兩小無猜，長大後，兩人在海棠樹下海誓山盟，定下終身。因文鸞的哥哥向紀家索要的彩禮太高，將兩人給拆散了。文鸞為此憂傷過度，香消玉殞。此後，紀曉嵐納了一妾，名叫明玕，長得酷似文鸞。紀氏把她比作海棠。並且在宅內種下兩株海棠，一棵紀念文鸞，一棵比作明玕。紀氏48歲那年，做了一夢，在夢中與老情人文鸞見了面。紀大學士醒後，站在海棠樹下沉思良久，萬般感慨，寫了一首詩：「憔悴幽花劇可憐，斜陽院落晚秋天。詞人老大風情減，猶對殘花一悵然。」海棠留下了紀大學士的一段情話，可惜的是其中一棵海棠在「文革」改造老房時被砍，現在只剩下一株了。

　　您知道紀曉嵐在北京的趣聞軼事嗎

　　紀曉嵐在京都算是名士，風流倜儻，有關他的趣聞軼事頗多。

　　如乾隆二十五年（西元1760年），乾隆50壽辰，文武百官紛紛撰聯賦詩，無非萬壽無疆之類。而紀曉嵐所寫之聯別出心裁：

四萬里皇圖，伊古以來，從無一朝一統四萬里；

五十年聖壽，自前茲往，尚有九千九百五十年。

上聯指清朝統一全國後，西起蔥嶺，東瀕大海，北至外興安嶺，南至南海，縱橫均為四萬里，版圖之大，為歷史上所未有；下聯指五十聖壽再加九千九百五十歲，正好合為萬歲，敬祝乾隆萬壽無疆。見到此聯後，乾隆大喜，當即傳旨，將紀曉嵐擢為京察一等，以道府記名。

有一次紀曉嵐入值南書房，有位老太監久聞紀曉嵐大名，特地前來一睹風采，只見他身穿皮袍，按當時文人的習慣，手持摺扇。這位太監便出題：

小翰林，穿冬衣，持夏扇，一部《春秋》曾讀否？

此聯巧妙地將春、夏、秋、冬四季相嵌，且暗含對紀曉嵐打扮的譏諷，非常不易回對。不料紀曉嵐輕鬆應對：

老總管，生南方，來北地，那個東西還在麼？

此事迅速被傳為笑談。

為何說清代末科狀元劉春霖是因名得狀元

光緒三十年（西元1904年），甲辰恩科會試，這是清代科舉的最後一次考試，考官們為此競相作弊，私拆彌封，推舉自己所閱之卷。考官陸潤手持一卷道：「此卷書法工整，為通場冠，廷試可望大魁。」原來此卷即是劉春霖的卷子。另一考官張百熙亦執一卷，言道：「吾鄉本朝二百餘年，三鼎甲俱備，獨少會元。現得湖南一卷，寫作俱佳，以次序而論，我班次居二，例中會魁。科舉將停，機會難得。懇將此卷作為會元，庶使吾鄉科名免留缺陷。」眾考官無奈，只得同意。此卷之主是譚延闓。

至殿試時，閱卷大臣不敢以譚卷列於前三名，因怕慈禧見「譚」色變：譚延闓與因戊戌變法被處死之譚嗣同，同為一「譚」，難免會招來衝天怒氣。為此把朱汝珍一卷列於第一。可誰知慈禧一見「珍」字，雙眉緊皺，厭惡之情露於二目之間。眾閱卷大臣始悟：太后殘害珍妃，亦忌「珍」字。再看朱汝珍乃廣東人氏，與洪秀全、康有為同出一地，便把卷子擱置一邊。慈禧看第二卷是熟識之字體，卷主是肅寧縣劉春霖，隨即雙眉舒展，喜上心頭。

　　原來劉春霖從上年會試落榜後，偶然間其恭謹嚴正而又透出剛勁、瀟灑神韻之字體透過駐德國的欽差大臣陶世筠之手進獻，得到慈禧太后賞識，並奉旨謄抄《文昌帝君陰騭文》《大唐三藏經‧聖教序》兩篇呈進。慈禧向大臣稱道：「今歲天下大旱，舉國焦慮，春霖乃『春風化雨，普降甘霖』之意；而肅寧，則預兆大清肅靖安寧。此有大吉兆。」遂提硃筆批上「第一甲第一名」六字，中國歷史上最後一名狀元便告產生。

　　您知道民國總統徐世昌的原籍是哪裡嗎

　　北洋政府時期前後有過七個總統及執政首腦，他們中有六個是行伍出身，唯有徐世昌是無一兵一卒之文人。徐世昌以翰林起家，攀附袁世凱，投其所好，因緣際會，扶搖直上，最終躋身總統寶座。徐世昌是從進士到共和總統的少數幾個人之一，頗為有名。他20歲中進士（清光緒十二年丙戌科二甲第55名），成為翰林院的庶吉士，也是年輕的翰林之一。他辦事精明，在清朝歷任國子監的司業、軍機大臣、督辦軍務大臣、民政部的尚書等職，很得封建王朝的青睞。

　　徐世昌作為政客有其獨到的心得，他在籍貫上做足了文章，令

人驚歎。清咸豐五年九月（西元1855年10月）徐世昌生於河南開封，城內的雙龍巷是他出生地和少年時代活動的地方，算是他的第一個籍貫；據徐氏家譜考證，徐世昌的遠祖明朝末年居住在浙江鄞縣，這是他的第二個籍貫；乾隆年間，徐家又從北京大興移居天津。徐認為大興是他的第三個籍貫，天津是他的第四個籍貫。

別人也許會覺得有這麼多籍貫是個麻煩，而徐世昌卻利用這多個籍貫大做文章：因此他跟袁世凱論河南同鄉，跟馮國璋、曹輥論直隸同鄉，與錢能訓、孫寶琦論浙江同鄉。涉足社會之中，能夠處處得到同鄉的幫助。中山公園內的「來今雨軒」的匾額就出自徐世昌的手筆。徐世昌曾居住在北京東城區東四六條路南，今為北京128中學。舊宅院極大，進大門即為過街樓，建築從防衛角度上極為森嚴。1918年，在段祺瑞的御用安福國會中徐世昌被推選為大總統。好景享用了四年，到1922年被直系軍閥趕下臺，從此他隱居天津，直到病死。

朱彝尊的古藤書屋在哪裡

朱彝尊，浙江嘉興人，康熙初年來到北京，結識了當時的文壇前輩孫承澤、龔鼎孳等。康熙十八年（西元1679年），參加了博學鴻詞科殿試，被選進翰林院編修《明史》。康熙二十年（西元1681年），又充當了日講起居注官，這是個隨侍皇帝左右、記錄皇帝言行的官職。因此，他得以參加太和門、保和殿、乾清宮的宴會，並且能出入南書房，有機會接觸大量宮廷文獻，為他以後的寫作，創造了有利條件。

朱彝尊在北京住過幾個地方。起初皇帝賜宅景山以北，康熙二十三年（西元1684年），他因攜帶小吏進宮抄書，被人彈劾降級，謫居宣武門外海波寺街。因院裡有兩株紫藤，朱彝尊就把他的

寓所取名「古藤書屋」。他的詩中有不少是吟詠紫藤的。在「古藤書屋」，朱彝尊主要從事《日下舊聞》的寫作。在他謫居的時候，他沒有消沉，用了兩年時間撰寫刊印了《日下舊聞》，為北京留下了一部珍貴的地方文獻。

他在書屋對面，蓋有一座亭子叫「曝書亭」，亭子有柱無壁，是專為晒書用的。當時朱彝尊為寫作《日下舊聞》採輯書籍1600多種。康熙三十年（西元1691年），朝廷恢復了朱彝尊的官職。康熙三十一年（西元1692年），他請假南歸，在故鄉嘉興也蓋了同樣一座「曝書亭」。朱彝尊晚年與《紅樓夢》的作者曹雪芹的祖父曹寅友好，曹寅為他刊刻全集，名字就叫《曝書亭集》。

朱彝尊於康熙四十八年（西元1709年）病逝。他在北京居住的海波寺街寓所，從前叫順德會館。據老街坊說，古藤早已無存。「曝書亭」一直保存到1949年以後，不幸毀於「十年動亂」。只有「古藤書屋」還保留著。從它古老的外貌，可以想像出當年這位著名文人在這裡讀書、寫作的情景。

康有為在北京的故居在哪裡

光緒八年（西元1882年），24歲的康有為來京參加會試，寓居於南海會館，原會館是個分四路的四進院，規模很大，康有為住在北跨院兒的中間院子裡，因院中有七棵樹，故康有為居室起名為「七樹堂」。七樹堂小院內有山石堆砌的假山，長廊壁間嵌有鐫刻的蘇東坡觀海堂貼片石刻，院北屋猶如小船，窗上鑲著西洋五色玻璃，康有為稱之為「汗漫舫」。

康有為曾住過的南海會館，位於宣武區米市胡同43號，始建於清道光四年（西元1824年），共有13個院子，190餘間房。各院落自成體系，院與院之間有門相通，房與房之間有走廊相連，布

局整齊，環境幽雅。

辮帥張勳的故居在哪裡

張勳，清咸豐四年（西元1854年）生於江西新奉縣一個貧苦農民家裡，自幼因父母雙亡而為奴。30歲在長沙投軍，後為廣西提督蘇春元部下，在中法戰爭中屢立戰功而升為參將。「甲午戰爭」後轉投袁世凱，在山東鎮壓義和團運動中聲名顯赫。1913年10月6日，袁世凱任民國總統後，改張勳部為定武軍。因念其在「二次革命」中攻陷南京之功，授其為定武上將軍。但張勳懷念先朝，令其部蓄髮留辮以誓忠義，世人稱其部為「辮子軍」，尊其為辮帥。

張勳頗喜愛宣外菜市口北的南昌會館164號院，於是投巨資在院中修造山石、亭臺、禮堂，並命名為「瑞園」。因張勳視其為府邸，世人稱其為「張勳花園」。

名伶劉喜奎是怎樣逃出張勳魔爪的

張勳是個好色之徒，家中蓄養五個美妾寵姬，猶覺不夠，曾向名伶劉喜奎伸出過陰森可怖的魔爪。20世紀初的北京戲曲舞臺上，梅蘭芳和劉喜奎是兩個最走紅的演員。1917年出版的《京師女伶百詠》一書評價說：劉喜奎貌與男伶梅郎（蘭芳），皆有天仙化人之貌，其身份高絕，風姿絕韻，猶如兩顆璀璨的雙子星，正煥發著奪目的光芒。那時只要劇院上演他們演出的劇碼，總是觀者如堵。

張勳聽說劉喜奎美豔，故意借祝壽為名，邀她到府中唱戲，然後「金屋藏嬌」，以圖霸占。這一詭計被劉喜奎母女識破，遂離京

去徐州等地演出。她們哪裡知道，當時的徐州也是張勳的轄地。他尾隨劉喜奎母女，很快來到徐州。只要是她們的演出，張勳總是隨演隨到，場場不漏。劉喜奎到濟南演出，張勳也尾隨而至，大有不達目的絕不甘休的架勢。劉喜奎無奈，但抓住他的軟肋，態度堅決地表示，張勳不割辮，她就誓死不從。張勳聽後大叫一生說：「這小妮子真是惡作劇，豈不是要難煞老夫矣！」後來，劉喜奎母女得友人相助，悄悄逃出濟南，才免遭這個惡魔的毒手。

孫中山先生居京都之地有哪些

粵東會館，在宣武區南橫街11號，原為明代嚴嵩的別墅，是「戊戌變法」時「保國會」舊址和維新派人士聚會之地。1912年9月，孫中山第二次來北京也在此居住，並向在京的廣東人發表演講。

孫中山行館，位於張自忠路23號，為孫中山逝世所在地。原是明朝末年崇禎皇帝的田妃娘家，叫天春園，清末改為增歸園。民國初年是當時外交總長顧維鈞的住宅。1924年，馮玉祥邀請孫中山先生北上主持大計時，孫先生在京的行館便設在這裡。孫先生因旅途勞頓，肝病復發，於1925年3月12日在此逝世。現居室按其原狀布置陳設。為三進院落，四周迴廊環繞，花園幽美。門口掛有「孫中山先生逝世紀念室」匾。外間西牆上鑲有一長方形漢白玉刻石，上刻「中華民國十四年（西元1925年）三月十二日上午九時二十五分孫中山先生在此壽終」。刻石上懸掛孫中山遺像。右方鏡框內是在此寫的《總理遺囑》，左邊鏡框為《致蘇聯書》。

條案上放著《建國方略》《中山全書》等。一切均照其生前樣子陳列。1984年，定為北京市重點保護文物。

陳獨秀在北京的寓所在哪裡

陳獨秀（西元1879～1942年），生於安徽懷寧縣，青年時曾留學日本，積極參加資產階級革命，辛亥革命後曾一度出任安徽省祕書長。1917年，陳獨秀應聘出任北大文科學長，由其主編的《新青年》亦隨之遷入北京，落戶在東安門箭桿胡同19號陳獨秀寓所內。因陳獨秀是懷寧陳家老屋人，所以常到安慶會館內居住，聯絡同鄉，宣傳真理。

1918年12月22日，陳獨秀以徽籍身份在安徽涇縣新館內，與李大釗共同創建了《每週評論》，成為新文化運動的領袖之一。今日涇縣會館依存，在宣武區米市胡同中段路西，北與康有為故居為鄰，是宣武區區級文物保護單位。

李大釗是北京共產黨的籌建人嗎

1920年春，李大釗和陳獨秀開始醞釀組建中國共產黨，發起組織了馬克斯學說研究會。同年10月，建立了北京共產主義小組。毛澤東曾經說過，李大釗是他的老師，他是在李大釗的幫助和影響下才接受了馬克斯主義的。中國共產黨成立後，李大釗負責中共北京區委和北方區委的工作。先後發動了開灤大罷工、京漢鐵路大罷工等著名鬥爭。在中國共產黨第二、三、四次全國代表大會上當選為中央委員。1924年1月，出席國民黨第一次全國代表大會，幫助孫中山確定了「聯俄、聯共、扶助農工」三大政策，為改組國民黨、實現國共合作起了重要作用。同年6月，作為中國共產黨代表團首席代表，赴蘇聯參加共產國際第五次代表大會。

1925～1926年，李大釗積極參加和領導了「首都革命」、「三一八」運動，被北洋軍閥政府下令通緝。遂於1926年3月避入蘇聯駐北京大使館，繼續堅持鬥爭。1927年4月6日，張作霖派軍

警搜查蘇聯大使館，李大釗等60餘人被捕。28日慷慨就義。

李大釗生活在北京的遺蹟有哪些

李大釗，西元1889年生於河北樂亭，1913年赴日留學，在日本積極參加反袁鬥爭。1916年回國，歷任北京《晨鐘報》總編輯，北京大學經濟學教授兼圖書館主任。1918年12月22日，李大釗與陳獨秀在北京的宣武區騾馬市米市大街64號安徽涇縣新館北室內創辦了「五四」時期的進步政治刊物《每週評論》。李大釗還於1919年7月1日，與王光祈發起，在位於宣武區盆兒胡同55號浙江鄞縣西館內成立了「少年中國學會」。

鄞縣西館，是指與崇文區薛家灣先建的鄞縣會館相對而言。鄞縣西館是在浙鄞義地的基礎上，於清光緒年間興建的，會館北面有民宅，東南西三面皆為荒郊，十分荒涼。「五四」運動後常有革命者到附近的陶然亭集會，鄞縣會館才被革命者所重視，並經常在此集會。1920年，少年中國學會會員鄧中夏、張申府曾在此留影紀念，現會館已改建成北京聯合大學輕工工程學院。

李大釗被害後是誰為其入殮的

李大釗在北京被害後，那萬祿為李大釗收屍入殮。張嘉鼎在《人民政協報》撰文說，那萬祿是香山健銳營正黃旗人氏，滿族，姓葉赫那拉氏，他早年在西單商場當公務員。那時，商場內有個書鋪子，他在那裡賣「活頁國文」。書鋪經理是李先生，在天津當大學教授，每週六回京，帶回來的公文也交那萬祿抄寫，有時一抄就是大半夜，很受李經理的喜愛。李經理是河北樂亭人，與李大釗是同宗同鄉，又是革命同志。李大釗遇害後，李經理不便公開出面料理此事，於是便把那萬祿找去，叫他拿上錢偷著去置買棺材和裝裹

衣服，為李大釗穿上壽衣入殮，停靈宣武門長春寺。因為那萬祿是個公務員，他做這件事沒引起任何人注意，受到李經理的讚揚。解放後那萬祿在《北京日報》社做行政工作，已去世。

魯迅先生是在哪裡寫下的《狂人日記》等著作

魯迅先生在北京工作多年，在北京有多所住處，如西城八道灣、阜成門內宮門口、西四磚塔胡同等。但魯迅先生最早居住的地方卻是宣武門外南半截胡同7號的紹興會館。

據《魯迅全集》中的日記記載，先生於1912年5月5日傍晚來到北京，當晚住在騾馬市的長發客棧，6日上午即搬進紹興縣館的「藤花館」。「藤花館」有一棵盤根錯節的古藤，這棵藤花曾被魯迅先生寫入小說。有人為它題過匾：

深紫濃香三百朵

露紅凝豔數千枝

可以想像這棵藤花盛開時嬝娜多姿的景鷥。「藤花館」原有三間正房，東西各三間廂房。

紹興縣館雖門面不大，但其中規模不小，大小房屋有84間。會館前廳稱仰蕺堂，供奉著紹興人引以為豪的先賢牌位；後廳稱晞賢閣，供奉著文昌魁星；另外館內還有嘉蔭堂、修禊堂、藤花館、補樹書屋等廳軒。這些名稱大都與紹興掌故或院中景色有關。大門上方懸掛著一塊魏龍常題寫的木匾，上書「紹興縣館」四字。

魯迅先生在這裡寫下了《狂人日記》《孔乙己》《藥》《一件小事》等著名小說，《我之節烈觀》《我們現在怎樣做父親》等重要雜文，還有72篇隨感錄和50多篇譯作。

魯迅在紹興會館長居七年半，起先住藤花館，因不堪喧鬧，

1916年搬入補樹書屋。傳說院內最初長著一株大楝樹，因被大風颳倒，又補種了槐樹，故名「補樹書屋」。

補樹書屋有四間朝東的正房和兩間「北向小舍」。魯迅先住正房的南屋，後讓給周作人，自己移住北屋。北屋因為有兩間「小舍」的遮擋，光線較暗。《狂人日記》就是在這裡寫就的。由於清代和民國初年，紹興地區文風極盛，因此，在紹興縣館建館的100多年間，曾有許多文化名人在此居住。其中包括金石篆刻家趙之謙，《越縵堂日記》的作者李慈銘，也包括魯迅的祖父周福清。還有許多文化名人在這裡留下了足跡。中國著名教育家蔡元培先生也曾到此看望過周氏兄弟。現在會館是個居民大雜院，門牌為7號，屬北京宣武區文物保護單位。

西城區阜成門內宮門口二條19號也是魯迅故居，是魯迅1924至1926年在北京的住所，在此期間，他寫下了《華蓋集》《續編華蓋集》《墳》《野草》《徬徨》等不朽作品，印行了《中國小說史略》《熱風》等著作，同時還主持編輯了《語絲》《莽原》等週刊雜誌。1979年，被列為北京市文物保護單位。

魯迅先生與北京的趣聞有哪些

魯迅先生與北京的趣聞很多。

1934年，國民黨北平市長袁良下令禁止男女同學、男女同泳。魯迅先生聽到這件事，對幾個青年朋友說：「男女不准同學、同泳，那男女一同呼吸空氣，淆亂乾坤，豈非比同學同泳更嚴重！袁良市長不如索性再下一道命令，今後男女出門，各戴一個防毒面具。既免空氣流通，又不拋頭露面。這樣，每個都是，嗒！嗒！……」說著，魯迅先生把頭微微後仰，用手模擬著防毒面具的管子……大家被魯迅先生的言談動作逗得哈哈大笑。

1934年，《人世間》雜誌開闢了「作家訪問記」的專欄，並配合刊出接受採訪的作家的肖像。該雜誌的編輯寫信給魯迅，要求應允前去採訪，並以書房為背景拍一張照片，再拍一張魯迅與許廣平、周海嬰的合照。魯迅寫了一封十分幽默的信予以拒絕：

作家之名頗美，昔不自重，曾以為不妨濫竽其例。近來悄悄醒悟，已羞言之。頭腦裡並無思想，寓中亦無書齋，「夫人及公子」更與文壇無涉，雅命三種，皆不敢承。倘先生他日另作「偽作家小傳」時，當羅列圖書，擺起架子，掃地歡迎也。

滿族抗日將軍佟麟閣墓在哪裡

佟麟閣（西元1892—1937年），河北高陽人。1911年，投筆從戎。1925年，擔任馮玉祥國民革命軍第一師師長。1933年，馮玉祥在張家口組織抗日同盟軍，佟麟閣任察哈爾省主席兼任抗日同盟軍第一軍軍長。1937年，任29軍副軍長。「七七」事變後，在北京南郊南苑前線親自指揮部隊抗擊日本侵略軍的進攻，不幸中彈犧牲。佟麟閣將軍是抗日戰爭時期為國捐軀的第一位國民黨高級將領。1937年7月31日，國民政府命令褒獎佟麟閣副軍長，追贈為陸軍上將。

抗日戰爭勝利後，北平市政府各界將寄厝北新橋柏林寺內的佟麟閣將軍遺體移至八寶山忠烈祠。1946年7月28日，葬於香山腳下。1979年8月，中共北京市委經報請中共中央統戰部同意，追認佟麟閣將軍為抗日陣亡革命烈士。北京市人民政府將人跡罕至的佟麟閣墓修葺一新，樹立了漢白玉石碑，以紀念他英勇抗日的業績。佟麟閣墓坐南朝北，寶頂為半圓凸形，墓碑字跡清晰，墓地四周極為潔淨、肅穆。

佟麟閣將軍是河北人，為什麼葬於香山腳下北正黃旗村的山坳

上呢？原來據當地老住戶寧海老人講，佟將軍是滿族人，滿族中的佟姓是八大姓之一（吳、馬、索、佟、郎、齊、富、那〈南〉），滿族佟姓官宦親貴極多，如東城佟府的佟國維、佟國綱，內務府中的雞鴨佟等。正黃旗南三里的主昭與園昭之間還有佟額娘的墓。如果從佟將軍是滿族這個角度上分析，佟麟閣將軍葬在清時健銳營正黃旗所轄的旗界裡就不奇怪了。

王國維墓在何處

王國維（西元1877—1927年），浙江海寧鹽官鎮人，字靜安、伯隅，號觀堂，又號永觀。清朝秀才。他一生著作和譯著甚多，其質與量在近代學者中是極為罕見的。王國維在學術上的成就，使他成為清末民初中國最著名的學者、國學大師。1925年，清華國學研究院正式開學，聘他任教。他在溥儀的勸說下赴任，與梁啟超、趙元任、陳寅恪並為清華「四導師」。

1927年6月2日，王國維在「五十三年，只欠一死，經此世變，義無再辱」的思想驅使下，自投於萬壽山昆明湖。王國維去世後，遺體埋葬在清華大學東側西柳樹的七間房。1960年，清華大學將其墓遷葬到西山南辛莊南的福田公墓內。1985年，國家撥款3萬元對王國維墓及碑予以重修。白色大理石墳墓的北端立著一座墓碑，上書「海寧王國維先生之墓」，書者為沙孟海老人。碑背為戴家祥撰寫長達千餘字的碑文。

王國維最為經典的治學思想是什麼

王國維的治學思想最為經典的，是他在《人間詞話》中的以下詞句，勉勵著眾多的學者不懈追求真理：

昨夜西風凋碧樹，獨上高樓，望盡天涯路。

衣帶漸寬終不悔，為伊消得人憔悴。

眾裡尋他千百度，驀然回首，那人卻在燈火闌珊處。

王國維將晏殊、柳永、辛棄疾的佳句比喻古今成大事、大學問者的三種境界。意謂在追求的起步過程中，展望著美好的未來，嚮往著更高、更遠、更遼闊的天涯路，必將飽嘗追尋中的蒼茫、寂寞和孤獨。然而只要你信守追求理想的執著堅定，雖飽經挫折、煎熬，嘗遍世之艱辛，仍不放棄嚮往、鍾情，那麼，你千辛萬苦努力追尋的理想終將出現，並給你帶來難以用文字表達的喜悅和快樂。

香山慈幼院是民國總理熊希齡創辦的嗎

在新中國誕生不久，周恩來總理曾站在香山慈幼院的舊址前，對人們說：「這就是北洋軍閥時期內閣總理熊希齡修建的。熊希齡是鳳凰（縣）人，當時有熊鳳凰之稱。」

熊希齡，字秉三，別號明志閣主人；他曾長期居住在香山雙清別墅，又號雙清居士；晚年學佛，佛號妙通；因隸籍湖南鳳凰廳（今鳳凰縣），才有「熊鳳凰」的稱謂。

熊希齡先生是中國近代史上很有影響的著名人物。他的祖輩「三代皆隸軍籍」，出身於晚清軍人家庭。他勤奮好學，少有大志，12歲中秀才，24歲成進士（光緒二十六年〈西元1900年〉二甲第63名）。早年投入「維新變法」運動。他積極參與倡立憲、興教育、創實業、理財政、辦鹽運等，而且多著成效。

西元1905年，隨端方等五大臣出洋考察憲政，任參贊。辛亥革命後，任袁世凱政府財政總長。1913年7月，他被袁世凱任命為國務總理，但幾經周折，費時一個多月才勉強組成由北洋派和進步

黨參加的聯合內閣。袁世凱蓄意復辟，熊氏斷然辭職，實際在總理位才幾個月。

1917年夏秋之間，京畿直隸一帶陰雨連綿，山洪暴發，災民超過630萬人。這年9月，當時的馮國璋大總統任命熊希齡督辦京畿一帶水災河工善後事宜。熊氏出於對災民的同情心，便接受了這項重任，創辦了馳名中外的香山慈幼院，做出了獨特的貢獻。

而33歲的熊繼夫人毛彥文女士，與66歲的熊希齡在上海慕爾教堂結婚時就曾大力襄助他經辦香山慈幼院。抗日戰爭時期，熊希齡先生已逝，但毛彥文女士在廣西桂林、柳州和湖南又辦香山慈幼院分院多處。抗戰勝利後，仍在北京香山繼續辦慈幼院，直到1949年1月北平解放。

當今天人們到香山公園內參觀毛澤東主席在香山居住的「雙清別墅」時，其北側的平房就是熊希齡夫婦的臥室。當年毛澤東主席就在這裡指揮了百萬雄師過大江的壯舉，譜寫了「鐘山風雨起蒼黃」的詩篇。

您知道賀熊希齡毛彥文夫婦聯的內容嗎

楹聯界曾盛傳作家沈尹默所作賀熊希齡毛彥文夫婦聯：

且舍魚取熊，大小姐溝通孟子

莫吹毛求疵，老相公重作新郎

熊希齡與復旦大學女教授毛彥文戀愛時，有位年齡與毛相仿的教授、紅學家吳宓（字雨僧），也在狂熱地追求她。最後毛還是選擇了年長她一倍的熊希齡，一時傳為社會新聞。

「舍魚取熊」，典出《孟子·告子》：「魚，我所欲也；熊掌，亦我所欲也。二者不可得兼，舍魚而取熊掌者也。」這裡以

「魚」、「熊」之諧音，隱指吳宓、熊希齡之姓（吳、魚二字蘇滬一帶發音相近）。「吹毛求疵」是句成語，出自《韓非子·大體》，原意是把獸皮上的毛吹開，去細找其間的毛病。在聯語中隱括了熊與毛的一件趣事：婚前，66歲的熊希齡蓄鬍鬚尺餘，毛彥文嫌其累贅，示意熊於婚時剃去鬍鬚，熊照此辦理。「毛」字在此又切毛彥文之姓。

此聯用典與敘事融為一體，不留痕跡。雙關語般地隱嵌了「熊」、「毛」之姓，幽默中有趣，妙在其中。

齊白石老人為何被稱為「國寶」

齊白石（西元1864—1957年），湖南湘潭人。原名純芝，後改為璜，字瀕生，號白石，別號寄萍老人。早年曾為雕花木工。1888年，開始作畫，學習詩詞篆刻、書法。後遍遊全國，創作了大量山水畫。1919年遷居北京，以治印賣畫為生，擅長花卉、蟲鳥等。建國後，曾任中國文學藝術界聯合會主席團委員、中國美術家協會主席、中央美術學院名譽教授、北京中國畫院名譽院長、北京藝術專科學校教授。1953年，被文化部授予「人民藝術家」稱號。1954年，被選為第一屆全國人大代表。1956年，獲世界和平理事會1955年度「國際和平獎」。

他從摹古師今起始，在博採眾長的基礎上，對描繪的物象作不懈地揣度、觀察、描繪。他的畫做到了平中見奇，把極普通的繪畫題材，蝦、蟹、蟲、雞畫得既逼真又簡約，在畫紙上呼之欲出，活靈活現。與畫上的題字、題詩、印章互相配合，更加妙趣橫生。最終創建了他獨一無二的繪畫風格，非繪畫大師所不能，成為國畫界的一代大師。齊白石老人在80餘年的藝術活動中，創作了大量的詩、書、畫、印，一生繪畫從未停筆，中間歇十天不畫，僅有兩

次：一次是慈母過世悲傷不能自拔；另一次是身染重病不能自持。齊白石的作畫風格被後人總結為：「作畫不求形似，而重傳神。作畫妙在似與不似之間。太似為媚俗，不似為欺世。」其留給人類的國畫、印章、詩文甚多，其作品受到全世界人民的喜愛，為中國之國寶。

齊白石老人的故居在哪裡

齊白石故居位於西城區太平橋大街東側辟才胡同內跨車胡同15號。故居是一座三合院帶跨院的住宅，坐西朝東，面積204平方米。齊白石於1927年購得該寓所，在此作畫2萬餘幅。故居1984年9月被北京市文物局列為市級文物保護單位。晚年的白石老人已是世界公認的中國畫大師，來京的各國政治文化界人士往往都要求登門拜訪。考慮到他自置的位於跨車胡同的住宅比較簡陋，在周總理的親自過問下，北京市特別在沙井胡同給他撥了一所大宅。周總理親自審視陳設，親自去迎接老人移住新居。不料老人情緒波動很大，天天鬧著要回舊居。沒有辦法，周總理只好又親自送他老人家回跨車胡同。

齊白石與毛澤東為何成為至交

毛澤東主席與齊白石是湖南老鄉，他們的交往很深。開國大典前夕，齊白石曾精雕細刻了兩方「毛澤東」朱、白文壽山石名章，請著名詩人艾青獻給毛澤東主席。到了1950年國慶前夕，齊白石又從自己珍藏多年的國畫精品中選出一幅《鷹》送給毛澤東，這是一幅作於1941年的立軸。同時齊白石還將作於1937年7月的一副對聯「海為龍世界，雲是鶴家鄉」相送。1950年夏，毛澤東派人派車把齊白石老人接到中南海，促膝長談達數小時。兩人攜手品茶

賞花，好不愜意。朱德副主席也來了，他是毛澤東特意請來的，三人共進晚餐，毛澤東不住地給白石老人敬酒、夾菜。

齊白石送給毛澤東的禮品中，特別為毛澤東看重，並留在身邊使用的唯一一件就是一方青石硯。此硯為湖南產花崗岩質地，石質堅硬。長26公分，大的一頭寬15.5公分，小頭寬14公分，厚2公分，外面還套著一個精緻的楠木盒子。硯的表面約一半面積微凹，用於磨墨，其餘部分雕花，如煙雨雲蒸，意蘊悠綿。齊白石對此硯極為珍愛，生怕丟失，又擔心他百年之後，子孫將其轉贈予人，於是親手在硯體上刻下一行小字：「片真老空石也，是吾子孫不得與人，乙酉八十五歲，齊白石記於京華鐵柵屋。」「士為知己者死」，齊白石認定毛澤東是自己的知音，遂自己違背「不得與人」的規約，將該硯送給了毛澤東。

齊白石老人的墓地在哪裡

1957年9月16日在京病逝，壽高93歲。其靈柩為生前自己設計製作，用湖南杉木料。齊白石治喪儀式是在今北海公園後門西側的嘉興寺殯儀館舉行的。靈堂布置莊重肅穆。在同年9月22日舉行公祭時，黨和國家領導人董必武、陳叔通、林伯渠、周恩來、陳毅和有關人士400多人到場。旋即移靈西郊湖南義園，入葬生壙中。早在1944年1月7日，夫人胡寶珠難產去世後，齊白石將其葬入西直門外魏公村村南的湖南義園，並建有自己的生壙。

原碑文是白石老人生前在1944年自營生壙並勒石刻碑時所書。但原碑在「文革」中被推倒毀成兩半，因為墓室深且堅固，才倖免於難。現有的這兩塊碑是「文革」結束後由齊白石先生的學生、著名畫家李苦禪先生書寫的，左側碑銘是「湘潭齊白石墓」，右側碑銘是「繼室寶珠之墓」，書法遒勁古樸。墓地位於海淀區白

石橋北側的魏公村社區的樓群之中。

梁巨川為何投水積水潭

梁濟，字巨川，廣西桂林人，生於1858年。27歲應順天鄉試
中舉人，40歲任內閣中書，內閣侍讀，官至四品，是當代著名學
者、愛國老人、中國文化書院院務委員會主席梁漱溟先生之父。
1918年，農曆十月初十（一說十月初七）梁巨川因憤時世，於積
水潭投水而死。

在陳宗蕃所著的《燕都叢考》一書中，對梁巨川自溺有較詳細
的記載。1986年北京的《燕都》雜誌再度提到梁巨川先生殉道一
事，時隔已有70年了。最早記述梁巨川先生殉道一事的文字是
1935年北平市政府編繪的《舊都文物略》一書。

梁巨川先生生前著有各種新潮劇本，留有《敬告世人書》，他
的著作對於開發民智和改善社會風氣具有一定的貢獻。對於梁巨川
先生的自溺，中國國內與海外學者見識不一，褒貶不同，陳獨秀、
胡適之等學者紛紛發表自己的獨特見解，至今仍是中國國內、海外
學者爭論的話題。

梁之摯友彭翼仲先生作銘立碑，此碑為悼念梁濟先生而立。碑
在北京北城風景如畫的積水潭畔，與匯通祠（鎮水觀音庵）隔水相
望的普濟禪林寺（高廟）山門外，碑四周磚裹造成青磚石龕之像，
正面面向淨業湖水，上面刻有「桂林梁巨川先生殉道處」十個大
字。碑陰面為彭汶蓀先生所書的梁巨川簡歷，書體為隸書，字形極
莊重沉厚。此碑立時，只有碑石一座，下為漢白玉石階，1938
年，普濟禪林寺中的寬祥法師受友之托，為保護碑碣，故用磚石砌
龕予以保護，碑下襯青灰瓦簷，建築較為精細。1957年4月，寬祥
法師再度對碑進行修繕，故此碑在「文革」前保存完好，但毀於

1966年8月25日。

毛澤東在北京的故居有哪些

毛澤東（西元1893～1976年），湖南韶山人，是中國共產黨、中國人民解放軍和中華人民共和國的領導人。毛主席在北京的故居有五處。

第一處在景山東街三眼井吉安所左巷8號，是毛澤東第一次來北京時的住所。1918年，毛澤東組織新民學會會員赴法勤工儉學，從湖南首次來京，曾在北京大學圖書館任助理管理員。為工作方便，與蔡和森、羅章龍等七人共同租下此地的三間北房。在此期間，毛澤東邊工作，邊在北京大學旁聽，並開始研讀馬列主義著作，在京期間，毛澤東利用一切時間尋找革命道路並結識了李大釗，直到1919年離京去上海。毛澤東第一次來京，對於他找到馬列主義，向馬列主義者轉變意義重大。

第二處在舊鼓樓大街豆腐池胡同15號。這裡是毛澤東老師楊昌濟家，1918年毛澤東和蔡和森辦理湖南學生留法的事情借住在前院靠東的一間南房中。那時毛澤東晚上次來都要和楊先生及其女兒楊開慧等人縱談國家大事及偉大的抱負。從此毛澤東與楊開慧結下了友誼，奠定了結成伉儷的基礎。

第三處是毛主席建國前剛到北京時住的香山雙清別墅。第四處和第五處是進城後居住的中南海菊香書屋與游泳池。

為何說梁思成是中國建築歷史上公認的「宗師」

梁思成（西元1901～1972年），出生於日本，回國後入北京匯文學校、清華學堂。1924年，赴美國留學，獲賓夕法尼亞大學

建築系碩士學位。1928年，攜妻子、中國第一位女建築師林徽因回國。1948年，為國立中央研究院第一屆院士。1948年12月，他協助解放軍繪製了一幅北平古建築位置圖，以備攻城時保護古建築，解放後歷任第一、二、三屆全國人大常委、北京市政協副主席。梁思成愛祖國，也愛祖國的文物。1950年代初，梁思成提出保護古老北京的方案，保存北京的宮殿、城牆、寺廟、碑樓等建築，應在西郊興建新北京。可惜，建議不但未被採納，還受到了「復古主義」的批判。沒有把北京古城保護下來，則是梁思成先生一生的憾事。梁思成先生是中國建築歷史上公認的「宗師」。

林徽因的墓在哪裡

林徽因原名徽音，西元1904年6月10日出生於杭州，祖籍福建。1916年入北京培華女子中學，1920年4~9月遊歷倫敦、巴黎、日內瓦、羅馬、法蘭克福、柏林、布魯塞爾等地，同年以優異成績考入倫敦聖瑪利女校學習。1921年回國復入培華女中讀書。1924年與梁思成一道留學美國，入賓夕法尼亞大學美術學院，1927年畢業，獲美術學士學位。同年入耶魯大學戲劇學院學習舞臺美術設計，同年12月8日梁啟超在北京為公子梁思成和林徽因的婚事舉行了文定禮。1928年3月與梁思成在加拿大渥太華結婚，婚後去歐洲考察建築，同年8月回國，與梁思成一同受聘於東北大學建築系，梁任主任、林為教授。

1931年，林徽因受聘於北平「中國營造學社」。次年，她為北京大學設計地質館，並與梁思成共同設計北大沙灘灰樓學生宿舍。她從20年代至50年代中期曾經寫下許多詩歌、散文、小說和劇本以及翻譯了一些外文作品，如《在九十九度中》《你是人間四月天》《夜鶯與玫瑰》等，均收錄在《林徽因文集》文學卷中。

1949年以後，林徽因在美術方面曾做過三件大事：第一是參與國徽設計，第二是改造傳統景泰藍，第三是參加天安門人民英雄紀念碑設計，為民族及國家做出莫大的貢獻。1955年4月1日，林徽因終因肺結核久治無效去世，終年51歲。

1958年，林徽因的遺灰安葬在北京西郊八寶山革命公墓。她在八寶山這座無字碑塋正面的石刻雕花圖案，是當年她為天安門廣場中央人民英雄紀念碑設計的圖形。林徽因整座墓體是由丈夫梁思成先生親手設計。潔白大理石棺墓坐北面南，淨潔墓身，沒有一字遺文。除了在厚重大理石墓體的冠首擁有一行7字隸書「建築家林徽因墓」外，林墓身沒有任何墓誌銘文。

為何說梁思成與林徽因的愛情是傳奇

梁思成與林徽因的愛情留下了很多傳奇。據說，徐志摩一直苦戀才女林徽因，而林與梁啟超之子梁思成相愛，梁與林常在北京圖書館幽會，志摩不識相，梁思成不能容忍，在門上用英語寫上「情人相會，請勿打擾」。從此，志摩只能望門興歎。多年以後，徽因告訴兒子：「徐志摩當時愛的並不是真正的我，而是他用詩人的浪漫情緒想像出來的林徽因，可我並不是他心目中所想的那一個。」當金岳霖愛上林徽因時，她告訴了梁思成。梁思成痛苦了一個晚上後，對她說她是自由的，她可以選擇，祝她幸福。連金岳霖聞說之後都大為折服，表示「思成的愛更為深沉」，自己瀟灑退出，終身未娶，成就了一段文壇佳話。這樣的寬廣胸懷，這樣的摯愛與尊重，說明了為什麼林徽因選擇了梁思成。

老舍為何自溺太平湖

老舍（西元1899～1966年），滿族，原名舒慶春，字舍予，

北京人。現代小說家、劇作家。1918年畢業於北京師範學校。曾任英國倫敦大學東方學院教師，山東濟南齊魯大學和青島國立山東大學教授。1946年赴美國講學，1949年回國後曾任中國文聯副主席、中國作家協會副主席、北京市文聯主席等職。各類作品很多，其中有《四世同堂》《龍鬚溝》《茶館》等膾炙人口的名篇巨著。1951年被授予「人民藝術家」稱號。

1966年8月23日，老舍在「文廟」被毒打之後，被帶回到機關，繼續遭打。當時在場的作家楊沫，在三個月後的日記中追記8月23日的情景道：「在文聯樓門前的臺階上，有幾個女學生緊圍他，詢問他，不時還用皮帶抽打兩下。我們都被迫圍繞在這個會場邊。當時，我不敢走開，站在旁邊，心如火燎。我們中的一位作家還當場站出來，義憤填膺地批判老舍拿了美金。」那晚，老舍後來又被送到公安局，第二天，因為他未在機關中出現，有紅衛兵拎著銅頭皮帶到他家中找尋。8月24日清晨，人們在西城區新街口豁口外的太平湖湖面上發現了老舍的屍體，老舍沉湖自殺。

歐陽山尊曾講過，老舍的死使他聯想到一次夏天出遊。那天郭沫若、老舍等與人藝的領導、演員們一起坐船逛頤和園，演員狄辛下水了，曹禺也下去了。歐陽山尊在一旁勸老舍也下水，老舍說：「我紮猛子下去，半天都上不來，上來後又白又胖。」

老舍故居位於東城區的豐富胡同19號，是老舍先生1950～1966年在京時的住所。1984年，老舍故居被列為北京市文物保護單位。

愛新覺羅家族為何書畫家輩出

愛新覺羅氏是赫赫有名的清朝皇室家族，在書畫方面頗有建樹，出現了許多能書善畫之人。到目前為止，愛新覺羅家族裡有

100多位在海內外很有影響的書畫家，溥傑、啟功、溥佐、溥松窗、溥心畬、毓峨、毓嶦、兆豐等都是被大家常常提起的書畫大家。那麼，為什麼一個只有幾百年歷史的騎馬射箭的民族會在短短的時間裡出現這麼多位書畫大家呢？

滿族入關前是一個金戈鐵馬、十分剽悍的民族，入關後，竟突然湧現了那麼多的「文化人」，這與清朝的發展歷史以及滿族善於學習、嚴格的家族教育是分不開的。

滿族人入關後，對於漢族文化，上至皇帝下到各級官員都抱著虛心學習的態度。皇上為大臣做了表率，王公貴族就都重視並帶領子弟學習漢文化，所以早在清初，內務府就創辦「如意館」，培養書畫人才，書畫藝術同時也成為皇室成員的家傳，數百年來，「宮廷畫派」已形成了清逸典雅、雍容華貴的獨特風格。

這樣一個社會和家族的氣氛對後代的薰陶作用是很明顯的。比如，愛新覺羅家族最年輕的畫家——愛新覺羅‧毓崌，字紫薇，是中國當代著名畫家、天津美院教授溥佐的女兒，她就是自幼跟父親溥佐學習傳統書畫創作，再加上自己用功鑽研，中學畢業後就成為專業畫家。

書畫藝術是一種高雅藝術，某種程度上需要一定的物質基礎，即使愛新覺羅家族後來成為沒落皇族，但終究還是有供這種藝術存在的土壤。而且，一旦迷上書畫，就不會輕易放棄。像毓嶦，他曾經一度跟著溥儀在皇宮裡生活，後來雖然歷經坎坷，但是對書畫的癡迷一直未減。

書畫大師啟功是怎樣成才的

啟功，滿族，愛新覺羅氏，字元白，1912年生。清皇室後裔。當代著名的古文學家、書法家、書畫鑑定專家、北京師範大學

教授。

　　啟功先生屬於清代皇族的支系，身體裡流淌著的是清皇室的血脈。曾祖溥良向朝廷請求革除了封號和俸祿，作為一介平民走入了科舉之路。曾任廣東學政、理藩院左侍郎、戶部右侍郎、督察院滿左都御史、禮部滿尚書、禮部尚書。祖父毓隆以科舉進入朝廷，翰林出身，曾任典禮院學士、四川學政和主考。父親恆同在啟功一歲的時候便去世了，母親克連珍雖沒有什麼文化，但她卻把全部母愛都傾注在孩子的身上。比啟功先生僅大10歲的姑姑恆季華把自己當做這個家庭中的男人，為了教養一線單傳的侄子，毅然終身不嫁。所以啟功先生一直稱姑姑為「爹爹」（滿族人的習俗「爹爹」是叔叔的意思）。

　　啟功先生的文字啟蒙人是姑姑，姑姑每天教先生識字，一百字包成一包。啟功先生的書法啟蒙人是祖父，祖父寫出字來，讓先生影寫，後來沒有專門拜師學藝，竟然自成一家。先生的繪畫啟蒙人也是祖父，祖父筆下的花鳥草蟲讓先生垂涎不已，立志將來要成為一名畫家；後師從吳鏡汀先生，在匯文小學讀書時，先生的習作就被學校當作禮品贈送友人。啟功先生書畫鑑賞的啟蒙人是賈羲民先生，賈先生經常帶啟功去故宮博物院去看那裡陳列的古字畫，從中加以點撥，為先生的書畫鑑定打下了基礎。先生古典文學的啟蒙人是戴姜福先生，在他「追趕」式的幫助下，啟功先生在古典文學上取得了突出的成就。而對啟功先生的思想、學識有再造之恩的啟蒙者是陳垣先生，陳垣先生與啟功情同父子，不僅在事業上給予了無私的援助，更在思想和學識給予了深刻的影響。陳老的以身作則、言傳身教、耳提面命，至今讓先生感覺歷歷在目，永遠難以忘懷。沒有他，就沒有今天的一代博學大師啟功。

　　啟功夫婦為何夫妻情深

啟功先生20歲時在母親和姑姑的撮合下，與滿族女士章寶琛完婚。寶琛女士雖無深厚的文化，但她的勤勞質樸、善良賢德讓啟功先生找到了心靈的終生依靠。在啟功先生被打成「右派」時，是她陪著受苦，給予先生莫大的安慰；在啟功先生接受審查時，是她守候在姑婆床前，盡心盡孝；在啟功先生經濟拮据處於困境時，是她賣掉自己的首飾，給丈夫買些肉改善夥食；「紅衛兵」抄家時，是她偷偷把啟功先生的畫冊埋藏起來，使之得以保存；當啟功先生守候在病床前，為愛妻病重而垂淚不已時，她還勸啟功再找一位妻子，並為自己不能為之生育一兒半女而深深自責。每當夜深人靜無以成眠時，妻子的音容笑貌，總是時時浮現在先生的眼前。啟功先生婉拒友人的介紹或是求愛，在愛妻西去後的30年中，思念之情始終未曾淡薄。甚至不敢偕友人遊山玩水，生怕眼見別人雙雙對對而觸景傷懷。

您知道中央人民政府的開國大印是由誰刻的嗎

　　民國時期一代刻銅聖手張樾丞是琉璃廠的代表人物，為篆刻大家，是同古堂圖章墨水匣鋪經理人，曾因當時為改良派梁啟超刻製其親筆所書的「龍飛虎臥」四字，讓時人讚歎不已，由此獲「鐵筆」美稱。作為冠絕一代、成就最高的刻銅藝術家，他曾為末代皇溥儀製過「宣統御覽之寶」、「宣統御筆」、「宣統之寶」等璽。其印藝最輝煌的一筆就是1949年初為中央人民政府刻製大印。為刻此印，他讓家人將自己反鎖在一間小屋中，不分晝夜地刻製，終於大功告成。這枚國璽的字體，一反用篆體的傳統，而改用宋體。如今，張樾丞刻製的國璽仍舊完好地珍藏在中國革命歷史博物館，屬國家一級文物。

　　當時的人們都以能得到張樾丞所刻製的印章、銅墨水匣、銅鎮紙為榮。張樾丞還曾與魯迅先生有過很深的交往，那時魯迅先生一

到琉璃廠購書，便到同古堂與張樾丞聊天。魯迅先生當時給張老先生的書信後來被捐獻給了國家。如今那書信已是文物。此後，張老先生還給周恩來、朱德刻過印章。北京市人民政府的大印，也出自張老先生之手。

您知道國際奧會主席羅格的印章是由誰刻的嗎

2003年，北京奧組委代表團一行7人來到位於瑞士洛桑國際奧會總部送審北京2008年奧運會會徽方案。按照慣例，國際奧會主席羅格要在會徽樣本上簽名確認，就在這時，他拿出了「羅格之印」，蘸上紅色的印泥，在會徽樣本左下方端端正正地蓋上了「羅格之印」，隨即又在印章的下面簽上了自己的名字。這枚羅格之印是由北京的著名的青年篆刻家張國維所刻。張國維的祖父就是受政協籌備會委託，承擔刻製「中華人民共和國中央人民政府」印鑑的張樾丞。

2001年羅格來京參加世大運，何振梁主席發現他總是對漢字簽名很感興趣，便請張國維先生刻製了這枚名章。印章送到羅格手裡後，羅格說：「這是我收到的最高興的禮物。」張國維畢業於北京大學中文系，字效丞，北京市青聯委員。祖父張樾丞是清末及民國時期的篆刻大家，有「鐵筆聖手」之譽，早年在北京琉璃廠創辦名揚南北的同古堂。父親張幼丞是同古堂第二代傳人、京城著名的金石治印名家，應北京奧組委之邀，參與了北京2008年奧運會會徽的評議。北京2008年奧林匹克運動會組委成立時，羅格的賀信就是用這枚印章落的款。

在張國維堆滿書桌的印譜上，留下了許多各界名流的印記，他們都是慕名來請他為自己刻製印章的，這些人當中即有劉海粟、黃永玉等著名的書畫家，也有吳祖光、新鳳霞、冰心、李雙江等社會名流。

主要參考書目

1.北京市文物事業管理局．北京名勝古蹟辭典．北京：北京燕山出版社，1989

2.叢宏業．北京風物散記（第一集）．北京：科學普及出版社，1983

3.陳文良．北京傳統文化便覽．北京：北京燕山出版社，1992

4.常林，白鶴群．掌故北京．北京：旅遊教育出版社，2005

5.白鶴群．老北京的居住．北京：北京燕山出版社，1999

6.常人春．老北京的風情，北京：北京出版社，2001

7.張雙林．老北京的商市．北京：北京燕山出版社，1999

8.崔普權．老北京的玩樂．北京：北京燕山出版社，1999

9.胡春煥，白鶴群．北京的會館．北京：中國經濟出版社，1994

10.白寶權，白鶴群．北京街巷胡同分類圖誌．北京：金城出版社，2006

11.胡玉遠，胡春煥，白鶴群．京都勝蹟．北京：北京燕山出版社，1995

12.胡玉遠，胡春煥，白鶴群．燕都說故．北京：北京燕山出版社，1996

13.胡玉遠，胡春煥，白鶴群．春明敘舊．北京：北京燕山出

版社，1999

14.胡玉遠，胡春煥，白鶴群．日下回眸．北京：學苑出版社，2001

15.胡玉遠，胡春煥，白鶴群．京華漫憶．北京：中國致公出版社，2002

16.趙書．踏歌尋典．北京：文物出版社，2003

17.上官豐．禁宮探祕．北京：中國文學出版社，1997

18.上官豐．深宮軼事．北京：中國文學出版社，1998

19.柳茂坤，白鶴群等．京旗外三旗．北京：北京出版社，2000

20. [瑞典] 奧斯伍爾德．喜仁龍．北京的城牆和城門．北京：北京燕山出版社，1985

21.蕭正文．故宮叢談．北京：中國旅遊出版社，1998

22.薛曉金．戲劇北京．北京：旅遊教育出版社，2005

23.郗志群．歷史北京．北京：旅遊教育出版社，2005

24.秦華生，丁汝芹．歷史北京．北京：旅遊教育出版社，2005

25.宋衛忠．民俗北京．北京：旅遊教育出版社，2005

26.張寶章．曹雪芹和香山．北京：北京出版社，1998

27.王永斌．商賈北京．北京：旅遊教育出版社，2005

28.北京市政協文史資料研究委員會選編．風俗趣聞．北京：北京出版社，2000

29.金受申．北京的傳說．北京：北京出版社，1981

30.常人春．陳燕京．老北京的年節．北京：中國城市出版社．2000

後記

　　當完成本書的書稿時，我們對北京文化有了更深一步的認識，突出的認識有三個方面：一是北京的歷史、地理、民俗等文化資源太豐富了，豐富得使我們在稿子編寫完以後，總覺得還有許多內容也應該介紹給讀者。北京文化像一部卷帙浩繁的史書、像凝聚著歷史的煙雲，刻畫著歲月的滄桑、展現出民族的魂魄。令人讚歎的北京文化博大精深。二是北京文化是一個系統的整體，北京的歷史、人物、建築、遺蹟、風俗等，它們相互依存、相互作用、共生共榮，共同組成了一個真實、鮮活的北京文化生態環境，其中的任何一個組成部分，若離開了這個環境便會失去生命力，因此我們的保護必須是綜合的、系統的保護才有效果。三是北京文化的生存狀態目前存在著危機，在我們現場考察的過程中，除了部分著名的古代建築和遺蹟在國家的重視下得到了撥款修繕外，大部分的建築和遺蹟正在被拆除或已被拆除，如被稱為北京文化土壤的胡同和四合院，已經被大量地拆除了；還有一些非物質文化遺產，隨著傳承人的逝去而消亡，令人惋惜，這些都應採取措施給予搶救。

　　我和本書的另一位作者常林先生在北京市民間文藝家協會主席趙書先生的舉薦下，出版了《掌故北京》一書，受到了讀者好評。今天，我與常林先生應邀共同編寫了《趣聞北京》一書，這是旅遊教育出版社對我們的信任，無疑將使我們為恢復北京文化的記憶做出一點努力，為北京文化的累積和傳播貢獻一些力量。

　　與《掌故北京》一書相比較，《趣聞北京》的編寫更難一些。儘管我們都是滿族人的後裔，儘管我們的先人曾有十數代居住在北京，可以設想，不論是北京的老字號全聚德、同仁堂、烤肉季、八大樓；還是旅遊景點頤和園、長城、天壇和景山；以及戲曲、飲

食、市井民俗等，題材浩如煙海，每個主題內容豐富得都可以出單行本了。

隨著社會的進步，資訊化時代的到來，有關北京的人文知識不斷湧現，但也正是因為材料太豐富了，內容太多，難於取捨。所以，我們就注意在「趣」與「聞」二字上下工夫。我們要用通俗的語言，把每個主題精練，同時還要系統地體現出該書的知識性、趣味性、可讀性和史料性。無疑這是一件比較難的工作。為此，我們將豐富的內容編為十二個大的綱目，即：歷史、城垣、皇城、宮廷、旅遊、宗教、住宿、飲食、娛樂、購物、風習、名人等，下設數百個小題目。

本書的資料主要源於老北京人世代的口傳身教，如民俗中的兒歌、歇後語、京味方言等；也有自己的親身感受，如旅遊、飲食等；還有前人筆下的正史文字，如宮廷、城垣、古建築等；有些則是來源於網路的新資訊，如娛樂、酒吧等；當然還有我們與其他老師們精品文獻的再提煉，如《掌故北京》《老北京的居住》《北京的會館》《北京街巷胡同分類圖誌》《京都勝蹟》《燕都說故》《春明敘舊》《日下回眸》《京華漫憶》《京旗外三營》等。為此，我們對所有被本書參考和引用過的文獻作者表示感謝，沒有你們的著述也就沒有本書的成功完成。

在本書的撰寫過程中，我們還得到了北京市民間文藝家協會主席趙書先生、北京市社科院滿學研究所閻崇年先生、北京市青聯祕書處余俊生祕書長、北京群眾藝術館張莞爾館長、北京市文物局北京文物公司張國維先生、中央美術學院中國畫系畢建勳副教授、全國青聯委員崔萬田先生和北京松下有限公司李靜、張穎兩位女士的熱情幫助，借此機會表示我們衷心的謝意！

讓人們更加熟悉北京、熱愛北京，是我們編著本書的最大願望。

白鶴群

趣聞北京

作　者：常林、白鶴群

發行人：黃振庭

出版者：崧博出版事業有限公司

發行者：崧燁文化事業有限公司

E-mail：sonbookservice@gmail.com

粉絲頁　　　　　　網址

地　　址：台北市中正區重慶南路一段六十一號八樓 815 室

8F.-815, No.61, Sec. 1, Chongqing S. Rd., Zhongzheng

Dist., Taipei City 100, Taiwan (R.O.C.)

電　話：(02)2370-3310 傳　真：(02) 2370-3210

總經銷：紅螞蟻圖書有限公司　　網　址：

地　　址：台北市內湖區舊宗路二段 121 巷 19 號

電　話：02-2795-3656　　傳　真：02-2795-4100

印　刷：京峯彩色印刷有限公司（京峰數位）

定　價：650 元

發行日期：2018 年 8 月第一版

◎ 本書以POD印製發行